贵州省交通建设系列科技专著

乌江航道整治与枢纽通航技术研究

贵州省交通运输厅　组织编写
马殿光　黄　强　李华国　编　著

内 容 提 要

本书为“贵州省交通建设系列科技专著”中的一本。全书针对乌江中下游受枢纽调度影响下的航道建设开展研究，较系统地介绍了山区枢纽渠化条件下航道整治、枢纽通航及交通组织和管理等问题，书中第 1 篇详细介绍了乌江干流自然条件、航道及枢纽情况；第 2 篇介绍了高通航标准条件下急险滩航道整治技术和电站调度对下游航道的影响及对策；第 3 篇介绍了世界提升高度最大的构皮滩枢纽通航建筑物的平面布置和水位衔接研究，以及上下游引航道口门区及连接段通航试验研究；第 4 篇介绍了复杂航区和枢纽船舶通航交通组织规划以及枢纽通航管理系统。

本书内容针对乌江枢纽工程建设中关键的航道和通航技术总结，逻辑缜密，概念清楚，实用性强，可供水运、水利等部门工程设计、规划等科技人员和相关专业院校师生参考使用。

图书在版编目(CIP)数据

乌江航道整治与枢纽通航技术研究 / 马殿光，黄强，李华国编著 ；贵州省交通运输厅组织编写. — 北京 ：人民交通出版社股份有限公司，2015.11

（贵州省交通建设系列科技专著）

ISBN 978-7-114-12598-0

Ⅰ. ①乌… Ⅱ. ①马… ②黄… ③李… ④贵… Ⅲ. ①乌江—航道整治—研究 ②乌江—水利枢纽—通航—研究 Ⅳ. ①U617②TV61

中国版本图书馆 CIP 数据核字(2015)第 259116 号

贵州省交通建设系列科技专著

书　　名：乌江航道整治与枢纽通航技术研究
著 作 者：马殿光　黄　强　李华国
责任编辑：周　宇　牛家鸣
出版发行：人民交通出版社股份有限公司
地　　址：(100011)北京市朝阳区安定门外外馆斜街 3 号
网　　址：http://www.ccpress.com.cn
销售电话：(010)59757973
总 经 销：人民交通出版社股份有限公司发行部
经　　销：各地新华书店
印　　刷：北京市密东印刷有限公司
开　　本：787×1092　1/16
印　　张：21.25
字　　数：480 千
版　　次：2015 年 11 月　第 1 版
印　　次：2015 年 11 月　第 1 次印刷
书　　号：ISBN 978-7-114-12598-0
定　　价：75.00 元
(有印刷、装订质量问题的图书，由本公司负责调换)

贵州省交通建设系列科技专著

编审委员会

总　序

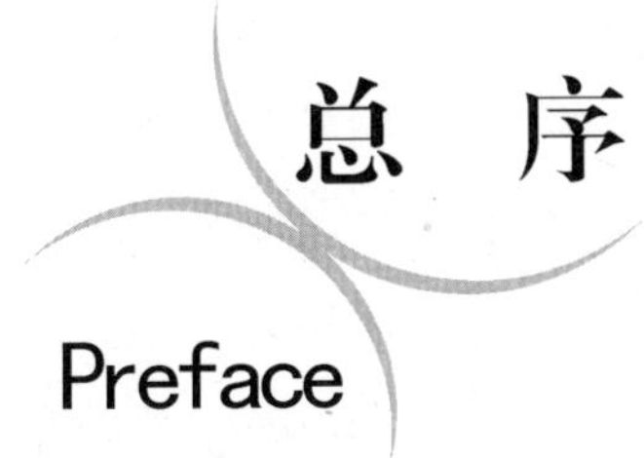

Preface

古往今来，独特的地形地貌赋予贵州重峦叠嶂山高谷深的隽秀之美，但山阻水隔也桎梏着贵州经济社会发展的步伐。打破交通运输瓶颈，建设内捷外畅的现代综合交通运输体系，与全国同步迈向小康，一直是贵州人的夙愿。

改革开放特别是进入"十二五"以来，党中央、国务院及交通运输部等国家部委高度重视贵州经济社会发展。2012年年初，国务院出台支持贵州发展的国发2号文件，将贵州省经济社会发展的战略规划上升到国家层面。贵州省委、省政府立足当前、着眼长远，提出坚持把交通作为优先发展的重大战略，举全省之力加快交通基础设施建设。2012年以来，贵州省先后启动了高速公路建设、水运建设三年会战，普通国省干线公路建设攻坚，"四在农家·美丽乡村"小康路行动计划，"多彩贵州·最美高速"和"多彩贵州·平安高速"创建等一系列行动，志在"十二五"末，通过交通大建设一举打破大山的束缚，畅通经济发展的交通网络。

广大交通建设者紧紧抓住发展的历史机遇，凝心聚智，在广袤的黔山秀水之间，用光阴和汗水构筑贵州面向未来的交通新格局。"十二五"期间，全省交通基础设施建设将完成投资4 500亿元，新建成高速公路3 600公里，高速公路通车总里程将突破5 100公里，全省88个县(市、区)将全部通高速公路。乌江、赤水河建成四级航道700公里，改写了贵州无高等级航道的历史。建成构皮滩水电站翻坝枢纽工程，实现乌江航道全线通航。曾经的黔道天堑正变成康庄大道，一张以高速公路为骨架、国省干线公路为支撑、县乡公路为脉络、小康路为基础的四级公路路网正在形成，"扬帆赴江海"指日可待。

围绕贵州交通发展中出现的科技需求，贵州省交通运输厅组织开展了一批省部级重大科研项目攻关，重点突破一批关键、共性技术难题，在支撑工程建设、引领行业创新发展方面成效显著。在山区复杂条件下大型桥梁建设技术方面，形成了千米级悬索桥、高墩大跨刚构桥和钢管混凝土拱桥等设计施工成套技术，有力支撑了坝陵河大桥、清水河大桥、鸭池河大桥、赫章大桥、木蓬大桥等一批世界级桥梁建设工程，实现了我省桥梁建设技术的大跨越；针对西部山区复杂地质地形条件，从勘察设计、建设施工、养护管理和生态环保等方面系统开展基础研究和技术开发，形成一批山区高速公路修筑技术，其成果居国内先进水平，有力支撑了复杂山区环境下高速公路项目建设；在山区航道整治、船型标准、通航枢纽建设等方面取得的创新性成果，促进了贵州航运工程的发展；完成了“贵州乌蒙山区毕都高速公路安全保障科技示范工程”等交通运输部科技示范项目，有力推动了交通科技成果推广应用；以“互联网+便捷交通”推进智慧交通建设，率先开展智能交通云的建设和应用。交通运输科技成果连续3年获得贵州省科技进步和成果推广一等奖。

为展现在公路、水路和交通安全、信息化建设等方面取得的技术成就，促进技术交流，加大推广应用，贵州省交通运输厅组织编写了“贵州省交通建设系列科技专著”。这套科技专著的出版，对传承科技创新文化，提升交通科技水平，深入实施科技兴省战略，促进贵州经济社会快速发展，意义重大、影响深远。

交通成就千秋梦，东西南北贯黔中。编撰这套系列科技专著，付出的是艰辛、凝结的是智慧、反映的是成绩，折射了交通改变地理劣势、奋斗推动跨越的创新精神，存史价值较高，是一笔当代贵州的可贵财富。

2015年10月

前　言

Foreword

乌江是长江上游右岸最大的支流，发源于贵州乌蒙山区，横穿贵州省中部，自涪陵汇入长江，全长1 037km，总落差2 124m。乌江源远流长，与我国黄金水道长江直接连通，贵州境内煤、磷等矿产资源需大量外运至长江中下游经济发达地区，沿江两岸的生产生活资料也需通过乌江运入。乌江航运在贵州的经济发展中具有十分重要的作用，并纳入国家高等级航道规划。为了利用乌江枢纽建设发展航运，提高航道等级，贵州省发展和改革委员会于2009年3月批复了《乌江(乌江渡—龚滩)航运建设工程可行性研究报告》，2010年2月初步设计通过评审。通过全面提升乌江的航道等级，以适应乌江流域经济发展对航运的迫切需求。本书是乌江航运建设工程前期研究的技术总结，主要包括航道整治和枢纽布置两大部分。

(1)乌江航运建设工程中除库区航道外，乌江渡—龚滩范围内84km的变动回水区是制约乌江航运整体效益发挥的"瓶颈"，需进行整治。两坝间变动回水区中的石质滩险，目前还没有治理经验可循，而小幺滩—漩塘河段河道相对狭窄、单向通航，枢纽调节情况下尤其在中、洪水期河道流速大、比降大，水流条件非常复杂，不宜通航。

(2)构皮滩枢纽作为乌江航运建设中的龙头，通航设施建设中存在诸多技术难题，如：构皮滩枢纽河段地处深山峡谷，河道狭窄、水流湍急，自然条件较差；采用三级提升升船机，三级升船机由两段中间渠道连接(含通航隧洞和渡槽)；引航道下口门位于弯道，通航建筑物平面布置对船舶顺利进、出升船机船箱存在很大影响。如何确保实现水利枢纽安全高效通航管理，对设计、设备和管理等提出了很高的要求。

本书分为四篇共八章，第一篇介绍了乌江的自然条件、航道和枢纽情况；第二篇介绍了两坝间石质急险滩航道整治技术、电站防洪调度和电网调频调峰调度对下游航道的影响及对策；第三篇介绍了通航建筑物平面布置和水位衔接、通航建筑物上下游引航道口门区及连接段通航水力学试验；第四篇介绍了复杂航区船舶通航交通组织规划、构皮滩枢纽通航管理系统。

全书由马殿光负责统稿，黄强、李华国负责校核。第1、2章由贵州顺达水运规划勘察设计院何余海执笔，第3～5章由交通运输部天津水运工程科学研究院马殿光、贵州省航务管理局黄强执笔；第6～8章由交通运输部天津水运工程研究院马殿光、李华国执笔。贵州省交通运输厅康厚荣、杨倩，贵州省航务管理局徐仕江、李作良、王诚、李玉林，贵州顺达水运规划勘察设计院陈启文、代永志、任成柱，交通运输部天津水运工程研究院李旺生、王永成、刘臣、张波、黎国森、刘新、董伟良，长江水利委员会长江勘测规划设计研究院程子兵、韩继斌，以及交通运输部水运科学研究院张鹭等专家参与了本书相关研究工作。

本书在编写过程中还得到交通运输部科技司和交通运输部西部交通建设科技项目管理中心的大力支持与帮助，武汉理工大学、四川省交通运输厅交通勘察设计研究院和其他相关单位领导和专家对本书也提供了大量帮助，在此一并表示感谢！

由于山区渠化枢纽河流通航技术涉及面较广，加之作者水平有限，书中观点、理论难免有不足之处，敬请读者批评指正。

作　者

2015年8月

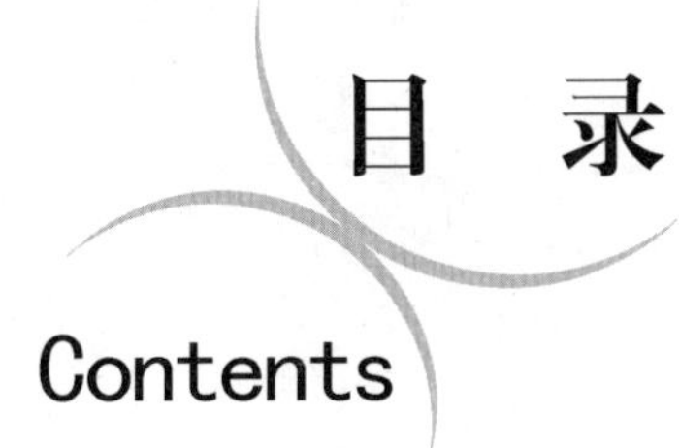

目　录

Contents

第1篇　乌江自然条件和枢纽概况

第2篇　航 道 整 治

第3篇 枢 纽 布 置

第4篇 交通组织规划及管理

第1篇

乌江自然条件和枢纽概况

第1章

乌江自然条件

1.1 河流概况

1.1.1 流域概况

乌江是云贵高原上的一条大江，是长江上游右岸最大的支流，它发源于云、贵两省交界线上的乌蒙山东麓。有南北两源，南源三岔河是其主源，发源于威宁县境，长 322km；北源六冲河源于赫章县境，长 210km。南、北两源在贵州黔西县化屋基合流后始称乌江。乌江自西南向东北蜿蜒流经贵州省中部和重庆市边陲，在涪陵汇入长江，全长 1 037km。其中：贵州境内 802km、重庆境内 163km，贵州、重庆界河 72km。

乌江干流在 1 037km 的流程中沿程接纳猫跳河、偏岩河、洪渡河、郁江和芙蓉江等 23 条主要支流及两岸数以百计的小溪，流域面积 8.8 万 km^2。

乌江是一条山区河流，流域地势呈西南向东北倾斜，水系发育，支流呈羽状分布，流域面积 1 000km^2以上的支流有 16 条，3 000km^2以上的有六冲河、猫跳河、湘江、清水江、濯河（唐昌河）、洪渡河、郁江、芙蓉江共 8 条。乌江自源头至河口天然总落差 2 124m，平均比降 2.05‰。按乌江地形地势可分为三个不同特点的河段。

(1)源头三岔河至化屋基为上游，流经普安、六枝丘陵区，长 322km，天然落差 1 399m，平均比降 4.29‰，流域面积（包括左岸汇入的六冲河）1.8 万 km^2，占乌江流域总面积的 20.6%，该区域属云贵高原过渡山区，河流流向南东，两岸多悬崖峭壁，大部为深切峡谷、岩溶发育，河床陡险狭窄，滩多流急、水流咆哮，不具备通航条件。

(2)化屋基至思南为中游，长 369km，天然落差 504m，平均比降 1.37‰，该段流域面积 3.3 万 km^2，占乌江流域总面积的 37.7%，该流程的上段穿越黔中丘陵区、下段为盆地至高原斜面河谷深切地带，河流流向北东，两岸多绝壁，河床深切成峡谷，宽谷地较少，河道滩多水急，尤以乌江渡至构皮滩河段内有漩塘、天生桥、镇天洞、一子三滩等特等险滩，通航条件差，其中大乌江以下河势平缓，通航条件好，常年行驶机动船；该段支流甚多，其中流域面积在 1 000km^2以上的有猫跳河、清水江、余庆河、石阡河、野纪河、偏岩河、湘江、六池河共 8 条。

(3)思南至河口（涪陵）为下游，长 342km，天然落差 221m，平均比降 0.64‰，流域面积 3.7 万km^2，占乌江流域总面积的 41.7%，河流渐进入低山丘陵与盆地区，河流流向正北折转北西，两岸地形相对较缓，峡谷与宽谷相间，河流坡降较小，河面较宽，河道内多滩险，其中有潮砥、新滩、龚滩和羊角等特等碍航滩险，经多次整治，改变了汹滩恶水，取消了绞滩，航道已畅通。河流两岸分布着较为完整的2～5级基岩型或侵蚀型阶地，区间流域面积在1 000km²以上的支流有印江河、甘龙河、濯河(唐昌河)、郁江、洪渡河、芙蓉江、大溪河共7条。乌江干流和主要支流里程及集水面积等见表1.1。

乌江干流和主要支流调查　　表1.1

河流名称	河长(km)	多年平均流量(m^3/s)	集水面积(km^2)
乌江	1 037	1 690	87 920
六冲河	273	176	10 874
猫跳河	181	56	3 195
野济河	106	31	2 167
偏岩河	139	29	2 234
湘江	137	84	4 865
清水河	209	118	6 538
余庆河	111	28	1 493
六池河	98	36	2 132
石阡河	114	45	2 084
印江河	95	21	1 256
甘龙河	100	43	1 700
濯河	249	143	5 585
洪渡河	194	91	3 664
郁江	176	134	2 800
芙蓉江	231	169	7 793
大溪河	120	31	2 065

乌江干流需整治河段为乌江渡至龚滩407km河段，该段70%属峡谷，洪枯水位变幅大，河道弯曲，河谷深切，滩多流急，河床比降陡，峡谷与宽谷交替出现；以及支流清水河河口以上24km的航道，该河段全长431km。

1.1.2 整治沿革

1)历次整治工程

乌江航运历史悠久，公元前3世纪末已利用乌江运送各类物资，唐、宋、元、明、清各朝代亦有乌江航运的史料记载。新中国成立后，党和国家高度重视乌江航运，历经多次整治，终于实现了大乌江至涪陵河段的畅通。

乌江经历了自1950～2000年以来三次系统性整治：第一次是1957～1959年，打通了潮砥、新滩、龚滩三大断航滩险；第二次是1979年底利用乌江渡水电站截流蓄水之机，对龚滩至大乌江段从未露出水面的礁石进行较大规模的清槽和炸礁工程，使航道条件进一步改善；第三次是“九五”期间进行的大乌江—龚滩航运建设工程，完成水下炸礁 309 397m^3，水上渣礁 55 347m^3、疏浚 14 677m^3、筑坝 81 817m^3、拣滩 6 144m^3。航道整治后，大乌江—龚滩 264km 航道等级得到了提升、通航船舶吨位得到了提高、航行安全得到了保障。乌江整治采用筑坝、炸礁、疏浚主要工程措施，改造了汹滩恶水、改变了水流环境、改善了航行条件，航行于乌江的船舶吨位逐年增大，300 吨级自航机驳可来往大乌江以下河段，在一定程度上促进了沿江两岸经济发展和物资交流。

2)已有整治建筑物的形式

整治建筑物(丁坝、顺坝)的平面布置视滩险碍航原因及整治线的规划要求具体而定。丁坝的坝头或顺坝的轴线位置不得超过规划的整治线向河心延伸；坝与坝之间的距离一般为 50～100m，或为丁坝长度的 1～3 倍。顺坝一般布置在被水流冲刷的一岸导顺水流。丁坝往往布置在水深最浅的一岸或碛坝上，以巩固边滩但又不使其向外伸展。

丁坝断面尺寸：顶宽 1.5～2.0m，迎水坡 1∶1，背水坡 1∶1.5。

顺坝断面尺寸：顶宽 1.5m，迎水坡 1∶1.5，背水坡 1∶1。

1.1.3　环境现状

1)水环境

根据地表水现状监测资料，需要整治乌江干流、清水河河段。河段局部总磷超标，清水河工程河段悬浮物轻微超标外，其余各项监测指标均满足《地表水环境质量标准》(GB 3838—2002)Ⅲ类标准；除总磷、COD、SS 外，工程所在乌江、清水河河段其余各项监测指标达到《地表水环境质量标准》(GB 3838—2002)Ⅱ类标准。

2)环境空气

根据遵义市环境监测中心站、铜仁地区环境监测站、黔南州环境监测站、贵州开磷集团环境监测站在各港区选址处的环境空气监测结果，工程区域环境空气质量满足《环境空气质量标准》(GB 3095—1996)二级标准。

3)声环境

根据遵义市环境监测中心站、铜仁地区环境监测站、黔南州环境监测站、贵州开磷集团环境监测站在各港区选址处的声环境监测结果，工程区域昼间、夜间噪声值均满足《声环境质量标准》(GB 3096—2008)中的 2 类标准。

4)水文设施及文物

整治河段有乌江渡、江界河、思南、沿河及龚滩 5 个水文站，均有长期的水文、泥沙观测资料系列。

根据调查，整治河段不涉及相关文物。

5)临(跨)河建筑物

乌江渡—龚滩共有 15 座跨越乌江主航道的桥梁，其中乌江铁路桥、乌江大桥和乌江渡公路桥均位于整治河段起点上游。需整治河段内共有跨河电话线、高压电线 42 处。临河建筑物有大乌江、思南、沿河和涪陵 4 处码头，共 10 个泊位。

1.2 气象与水文泥沙

1.2.1 气象

1)气候

乌江流域除高程2 000m以上的西部河源地区属暖温带气候外,大部分地区属中亚热带季风气候,冬季受欧亚大陆冷高压影响,夏季受西太平洋副热带高压影响,气候具有明显的季节性。流域内绝大部分地区因北部高山屏障,使冷气团大为减弱,冬无严寒;夏季由于流域为高山丘陵区,平均高程在1 160m左右,夏无酷暑。上游地处云贵高原,具有高原气候特征,气温较低,雨量偏少,春季易干旱。中下游地区,全年温和多雨,湿度大、温度高、日照少。

2)气温

流域多年平均气温14.6℃,年、月平均气温总的趋势是自西向东、自南向北递增,温度随着高程降低而增高,年平均气温从上游13℃逐渐增至下游的18℃。全年平均最低月气温出现在1月份,为2~7℃,极端最低气温,西部威宁-15.3℃,中部贵阳-7.8℃,东部沿河-5.4℃,河口涪陵-2.2℃。全年平均最高月气温出现在7月份,为18~29℃,由于流域地形、地势的差别,极端最高气温也有差异,上游32~35℃,中游37~41℃,下游38~44℃。

3)湿度及日照

乌江流域年平均相对湿度为77%~89%,江界河以上区域年平均相对湿度为80%,江界河至河口区间年平均相对湿度为77%~79%。

年日照时数1 130h左右,与理论日照时数相比,实际日照百分率仅为25%。

4)降水

乌江流域降水多以大雨和阵性暴雨为主,多年平均年降水量1 163mm(表1.2),流域降水量分布呈现下游大于上游、右岸大于左岸之势。以贵阳站为例,极端最大年降水量1 664.7mm(1954年),极端最小年降水量765.7mm(1956年)。降水年内有明显的雨季和旱季,88%降水量集中在4~10月,其中5~9月的降水量约占全年降水量的70%,5~7月降水量占全年降水量的50%左右,各月降水量占全年降水量的百分比以6月份的比重最大。

乌江流域多年平均降水量 表1.2

流 域	多年平均降水量(mm)
三岔河	1 241
六冲河	1 010
乌江渡以上	1 110
沿河以上	1 125
全流域	1 163

5)风况

乌江流域全年地面盛行偏北风(静风除外)。年平均风速为1.7~2.0m/s,呈现上游大于下游趋势，局部地区时有大风发生。思南和沿河县各风向频率见表1.3～表1.5及图1.1～图1.3。

遵义县风向频率　表1.3

风向	N	NNE	ENE	E	ESE	SE	SSE	S
频率	3	5	18	9	6	3	5	3
风向	SSW	SW	WSW	W	WNW	NW	NNW	C
频率	1	3	1	2	1	1	1	34

思南县风向频率　表1.4

风向	N	NE	E	SE	S	SW	W	NW	C
频率	14	13	3	5	10	5	0	4	46

沿河县风向频率　表1.5

风向	N	NE	E	SE	S	SW	W	NW	C
频率	7	6	3	4	5	8	4	3	60

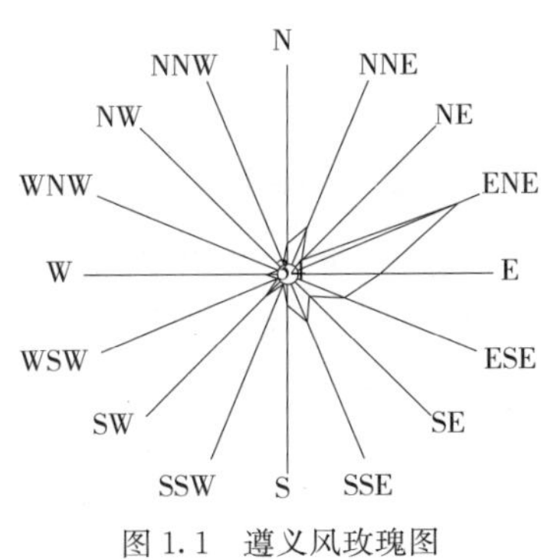

图1.1　遵义风玫瑰图

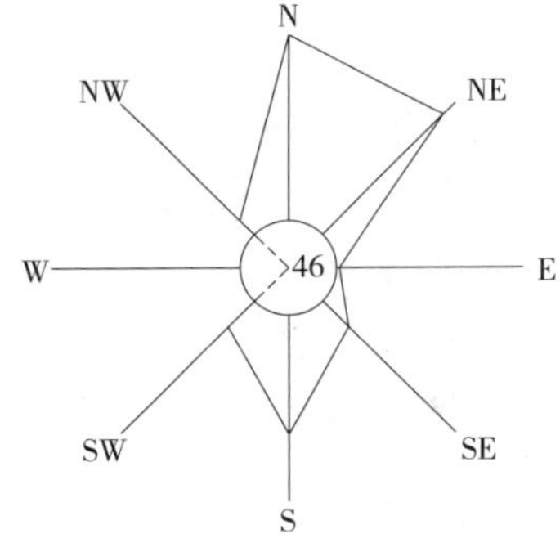

图1.2　思南风玫瑰图

6)冰、雷、雾、霜和雪况

乌江河段冬季不结冰。

乌江流域暴雨集中在5～10月，持续时间大多为1～2h，暴雨以下游思南～彭水右岸最大。5～9月无论暴雨日数或暴雨量均占全年70%左右，6月上旬～7月中旬多出现面积广、强度大的暴雨，9、10月常出现秋季暴雨，其强度和量均不及夏季暴雨，夏季暴雨伴随着雷击。一般雷雨天对航运影响不大，特大雷暴造成山洪暴发，冲积物可能淤塞河床，对航运影响较大。

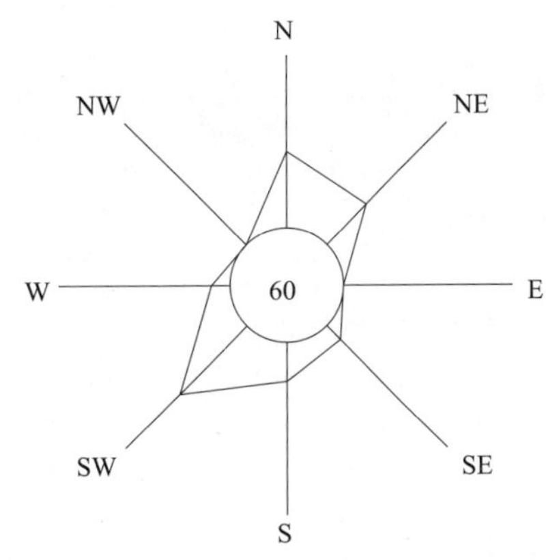

图1.3　沿河风玫瑰图

乌江流域雾日不多、霜少雪稀。遵义站多年平均雾日21.5天，思南站多年平均雾日24天，历年最多雾日44天；沿河站多年平均雾日17.2天，历年最多雾日 34 天。雾、霜、雪出现时间不长，对航运影响不大。

1.2.2 水文

乌江干流（乌江渡—龚滩河段）内有乌江渡、江界河、思南、沿河和龚滩 5 个水文站，各站概况如下。

（1）乌江渡水文站位于贵州省遵义县乌江镇盐仓坝，1939 年建站，控制集水面积 27 838km^2，测验项目有雨量、水位、流量、泥沙、水温等，水位观测使用吴淞基面，黄海基面水位＝吴淞基面水位－1.623m。调查到的最大历史洪水位为 657.40m（1920 年），流量为 16 300m^3/s；实测最高洪水位为 654.30m（1964 年）。

（2）江界河水文站位于贵州省瓮安县天文镇，1939 年建站，控制集水面积 42 306km^2，测验项目有雨量、水位、流量、泥沙等，水位使用吴淞基面，黄海基面水位＝吴淞基面水位－1.79m。调查到的最大历史洪水位为 519.43m（1830 年）；实测最高洪水位为 513.43m（1963 年）。

（3）思南水文站位于贵州省思南县思塘镇，1939 建站，控制集水面积 51 270km^2，测验项目有雨量、水位、流量、泥沙、水温等，水位使用吴淞基面，黄海基面水位＝吴淞基面（冻）水位－3.122m。调查到的最大历史洪水位为 389.04m（1587 年），此洪水仅供参考，较为可靠调查的历史洪水位 384.48m（1830 年），实测最高洪水位 379.56m（1954 年）。

（4）沿河水文站是乌江干流的控制站，集水面积 55 237km^2，于 1981 年 6 月设立，现为长江上游水文水资源勘测局管理，测验项目有水位、雨量、流量、泥沙等，水位使用黄海基面（冻结）。调查到的最大历史洪水位为 316.20m（1830 年），实测最高洪水位为 309.79m（1996 年）。

（5）龚滩水文站位于重庆市龚滩镇，集水面积为 64 200km^2，该站于 1939 年设立，现为长江上游水文水资源勘察局管理，测验项目有水位、雨量、蒸发、流量、泥沙等，水位使用吴淞基面（冻结）。调查到的最大历史洪水发生在 1830 年，水位为 285.67m；最高实测洪水位为 1964 年 6 月 30 日，水位为 275.81m。龚滩水文站的测验河段顺直段长约 300m，河床较稳定。在断面下游约 100m 处有杨家滩，为低水控制；下游约 1 000m 处有思茅滩起中水控制；下游约 2.5km 有大银滩及峡谷起高水控制；下游约 6km 处有洪渡河从左岸汇入。测流断面上游约 400m 有一大滩——龚滩。

根据水文站实测流量统计资料，各水文站主要特征值见表 1.6。

各水文站主要特征值　　表 1.6

站名	流域面积（km^2）	多年平均径流量（亿 m^3）	多年平均流量（m^3/s）	历史最大洪水流量（m^3/s）	历史最小枯水流量（m^3/s）
乌江渡	26 496	161	511	11 400	53.7
江界河	43 292	226	716	14 500	86
思南	50 791	266	844	17 000	117
沿河	—	305	966	19 200	—
龚滩	64 200	417	1 320	26 200	169

1.2.3 泥沙

乌江水沙一般相适应，一次洪峰过程伴随着一次大的输沙过程，但有时沙峰落后于洪峰。

在时间上，年内输沙率分布不均，汛期（6～9 月）输沙量占全年输沙量的 70%～80%，其中 4～6 月的输沙量占全年总沙量的 20%～30%。

乌江渡水库于 1979 年 11 月 20 日蓄水后，上游来沙大部分被拦蓄在库区，以江界河水文站为例，乌江渡水库蓄水后输沙量发生明显变化，1957～1979 年蓄水前的多年平均输沙量为1 371万 t，蓄水后的 1980～1999 年多年平均输沙量仅 261 万 t，江界河站沙量减少 80%。月输沙量最大发生在水量最大的 6 月份，5～9 月输沙量占全年输沙量的 90%。

乌江渡水库蓄水后的 1994～2003 年共计 10 年间各水文站的泥沙统计资料见表 1.7。表 1.7 中数据说明，乌江渡—龚滩河段含沙量及输沙量有沿程变大的趋势，这是因为乌江渡枢纽拦截了大部分泥沙后，下泄基本为清水，随着区间的水土流失，越往下游含沙量及输沙量越大。

各水文站的泥沙统计资料　　表 1.7

站名	流域面积（km^2）	多年平均含沙量（kg/m^3）	历年最大含沙量（kg/m^3）	多年平均输沙量（10^6t）	历年最大输沙量（10^6t）
乌江渡	26 496	0.004	0.009	0.1	0.167
江界河	43 292	0.108	0.196	2.80	5.61
思南	50 791	0.154	0.27	5.10	9.86
沿河	—	0.267	0.421	8.81	15.9
龚滩	64 200	0.277	0.467	11.1	21.3

1.3　地质与地貌

1.3.1　地质

1)地质构造

乌江流域所处的黔东北地区属杨子准地台（一级构造单元）—黔北台隆（二级构造单元）—遵义断拱（三级构造单元）中的凤岗北北东向构造变形区（四级构造单元），区内地层以北北东向的褶皱变形为主，为较稳定地质单元。

2)岩体工程特性

根据国家相关的岩土工程规范和本场地地层岩性及其工程地质特征，整治河段岩土体分为硬质岩类、较硬质岩类、软质岩类和松散岩类工程地质岩组四个大类。

(1)硬质岩类工程地质岩组。主要为含燧石层白云岩、含燧石团块灰岩及各种灰岩、白云岩。新鲜岩体岩质坚硬、结构致密，岩石物理力学性能良好，力学强度高，抗风化能力强，工程地质性能良好，为硬质岩类工程地质岩组。本组岩石岩体完整程度在较破碎到较完整之间，岩体基本质量 3～4 级，以 4 级为主。承载力 4 500～6 000kPa。以 4 500kPa 为主。较典型的有寒武系娄山关群局部层位的燧石层白云岩，燧石为硅质团块，胶结于白云岩中，硬度大，力学强度高；奥陶系下统红花园组灰色厚层块状灰岩，岩体完整，节理裂隙不发育，硬度大，力学强度高。该两种岩体基本质量等级均为3级，承载力值约在6 000kPa以上，疏浚分级15。

(2)较硬质岩类工程地质岩组。主要为砂岩及泥质灰岩、泥质白云岩，岩石岩质较坚硬，断面较粗糙，结构较致密，岩石物理力学性能、力学强度、抗风化能力、工程地质性能稍逊于硬质岩类，为较硬质岩类工程地质岩组。本组岩石岩体完整程度为破碎，岩体基本质量5级。承载力约为1 500kPa。其中泥质灰岩、泥质白云岩强度较高，砂岩强度较低，疏浚分级14。

(3)软质岩类工程地质岩组。主要为页岩、薄层砂岩与页岩互层类岩体，本组岩石断面参差不齐，结构较疏松。岩石物理力学性能一般、力学强度较差、抗风化能力弱、工程地质性能较差，为软质岩类工程地质岩组。本组岩石岩体完整程度为破碎，岩体基本质量5级。承载力约为1 000kPa。其中分布于思南县城江两岸的页岩，薄层砂岩与页岩互层类岩体强度低，抗风化能力弱，极易受江水侵蚀使江岸后退，疏浚分级12。

(4)松散岩类工程地质岩组。第四系残坡积红黏土及其他性质土类。这里主要指在调查区段河床上较广泛分布的各种粒径的卵石层。结构在疏松到松散之间。具有较高的压缩性和可塑性，工程力学性能差，为松散岩类工程地质岩组。主要分布于思林猪圈门—镇江阁段。沙沱—黑獭段也有分布。分选性较好，结构松散，疏浚分级11。

岩体的力学性能应取样做饱和极限强度抗压试验和岩块声波测试及相关规范确定，此次时间有限，没有取样做试验，仅根据工程地质手册取经验平均值。可根据现场岩体风化程度，岩体的破碎程度加减20%。

根据实地调查、结合资料将需整治三个河段经过的地层岩性、岩体工程特征见附表1.1～附表1.3。

3)区域地壳稳定性

根据国家质量技术监督局颁布的《中国地震动参数区划图》(GB 18306—2001)(1∶400万)，乌江流域抗震设防烈度为6度，设计地震分组为第一组，设计基本地震加速度为0.05g，地震动反应谱特征周期为0.35s。贵州所处的杨子准地台是相对稳定的地质单元，远离地震活动带，多年来未发现有地震活动，相应的地震基本烈度为6度，属于地壳基本稳定区域。

乌江流域属扬子江准地台大地构造单元，地层自古代至第四系均有出露，并有岩浆岩展布，岩石构造类型基本齐全，岩组多样，各岩组间地层特征有差异，新构造运动和地震有微弱活动，区域稳定性较好，外动力地质作用和现象均较发育，如滑坡、崩岩、岩溶坍塌、水流侵蚀等，因而又具有较复杂的地质。乌江流域地层岩性以碳酸盐类岩石分布较广，分布面积占70%以上，砂页岩呈间互层带状分布。流域所属大地构造单元，Ⅰ级为扬子准地台，Ⅱ级为上扬子台褶带和川东台坳区，Ⅲ级构造分7个单元，即Ⅲ_1印江早古陷褶断束，Ⅲ_2正安早古拱褶断束，Ⅲ_3桐梓毕节早古陷褶断束，Ⅲ_4黔中早古拱褶断束，Ⅲ_5黔南古陷褶断束，Ⅲ_6威宁—水城迭陷褶断束，Ⅲ_7川东高褶带。

流域岩溶水文地质以碳酸盐类岩广布，在不同的地貌单元显示出不同的岩溶地貌和水文地质特点，如分水岭地带多为峰林、洼地等垂直岩溶形态，地下水以垂直运移为主；高原台面上洼地、落水洞、溶洞、暗河等垂直、水平岩溶形态发育完整，地下水埋藏较浅，以水平运移为主；河谷地带的溶洞、暗河、竖井等相互串通，多具有成层发育的特征，地下水垂直运移深度大，交替强烈，在上游河段和支汊河谷中，因地表、地下水流为适应侵蚀基准面的急速下切，常形成伏流、裂点等现象。

4)地震

乌江流域位于我国西部龙门山北北东向强烈带之东的地震弱震地区，一般频度低、强度小，断裂的近期活动较微弱。据资料记载，近700年来，区域内发生≥4级地震的次数少，灾情也不严重。流域范围除水城、威宁、金沙、贵阳、贵定、印江、彭水、黔江等地的地震烈度划为≥6度外，其余地区属<6度地震烈度区。

1.3.2　地貌

乌江流域地处云贵高原向湘西丘陵过渡的斜坡带，地势西南高、东北低，流域内地形起伏、河谷深切。西有乌蒙山，主峰韭菜坪高程为2 900m，与牛栏江、横江为界；北有大娄山，高程1 500m左右，为乌江与赤水河、綦江分水岭；南面苗岭横于乌江与珠江之间，分水岭高程1 150～2 200m；东有武陵山，高程700～2 572m，与洞庭湖沅水流域为界。流域西部高原高程2 000～2 400m，流域中部高程为1 200～1 400m的黔中丘陵平原，流域东北部为高程500～800m的低山丘陵，东西向高差变化大，南北向高差变化小。

流域内岩溶岩广泛分布，砂页岩呈间互层带状分布，岩溶地貌发育，侵蚀地貌穿插其间，形成复杂多样的地貌类型和形态，并具有层状发育特点。在砂页岩、玄武岩分布区，地表冲刷强烈；碳酸盐类岩石分布区则岩溶地貌特别发育，多溶洞。流域内高原山地面积占87%，丘陵区占10%，盆地及河流阶地面积占3%。

构皮滩枢纽回水变动区：从乌江渡—三星场段两岸均为V字形峡谷地貌，江面宽40～70m，其中大塘段长约2km，江面稍宽(约150m)。

沙坨枢纽回水变动区：从县水厂取水口—扁担碛段两侧高山已外退数公里，县城建筑位于两岸中低山上，江面宽阔，约150m；县水厂取水口—镇江阁段，两侧高山收窄，呈V字形峡谷地貌，江面宽50～80m；镇江阁—猪圈门段，江东岸山势骤然降低，视域内均为中低山丘陵，江西岸高山外退约1km，邻江为低山丘陵。

彭水枢纽回水变动区：沙沱—黑獭段两侧高山外退数公里，江面宽约250m；小河口—中山村下游段为高山峡谷，江面宽50～80m，江水清澈，两岸悬崖峭壁直立，高百数十米，崖顶植被发育，曲径通幽，誉称十里画廊。

本章参考文献

[1] 王春霞. 乌江白马复杂滩群整治数学模型研究[D]. 重庆：重庆交通大学，2011.

[2] 王国富. 乌江白涛河段复杂滩群碍航机理及整治技术研究[D]. 重庆：重庆交通大学，2012.

[3] 黄凯. 乌江多梯级枢纽区域船舶货运组织方式优化及仿真[D]. 武汉：武汉理工大学，2011.

[4] 吴家浩. 乌江航道滩险整治研究[J]. 水运工程，2002(9):62-64.

[5] 李一兵，陈凤云.乌江龚滩航道整治试验研究[J].水道港口，2001(2):80-84.
[6] 何余海.乌江(乌江渡—龚滩)航运建设工程初步设计 [R].贵州：贵州顺达水运规划勘察设计院，2009.
[7] 唐洪波，望建成，杨建赟，等.乌江流域气象、水文特性分析[J].贵州水力发电，2010(1):6-9.
[8] 张明波，张新田，余开金.乌江流域水文气象特性分析[J].水文，1999(6):34-37.
[9] 谢树庸.贵州乌江梯级水电站工程地质特征[J].贵州水力发电，2005(5):1-5.

第2章 航道及枢纽工程

2.1 航道现状

2.1.1 整治河段概况

乌江渡—龚滩河段 407km，属乌江中游河段。其航道现状如下。

乌江渡—马洛渡 124km 河道属未经整治过的天然河床，但局部河段航道条件较好。其中：乌江渡电站—小河口 81km 河段滩陡水急，通航条件较差，小河口—马洛渡 43km 河段航道条件较好，小型机动船舶能畅行于此航段。

马洛渡—龚滩 283km 为整治后通航条件稍好的河段。其中：马洛渡—大乌江 19km 航道能通行 100 吨级机驳；大乌江—龚滩 264km 航道经"九五"期的整治，已达到Ⅴ级航道尺度（1.6m×30m×270m）标准，常年通行 300 吨级自航机驳。

清水河开阳港区洛旺码头—清水河口 24km 河段，天然状态下不通航，在构皮滩枢纽建成蓄水后，该段航道处于枢纽常年回水区，经局部整治，可达到Ⅳ级航道标准，从而将成为贵阳地区通江达海的水上通道。

乌江干流规划 11 级水电梯级开发，整治河段内有已建的乌江渡和在建的构皮滩、思林、沙沱及龚滩以下 40km 的彭水枢纽。其中：构皮滩枢纽和乌江渡枢纽具有多年调节功能；思林枢纽、沙沱枢纽和彭水枢纽均属季调节性能。随着上述在建枢纽相继建成投产运行，流量调节功能的相应加强和常年回水段内滩险的淹没，形成库区宽水域、大水深的航道，航行条件得到改善，但由于相邻两枢纽水位的不衔接，形成了回水变动区。这些回水变动区主要受枢纽上游水位升降和下泄非恒定流的影响，水位变幅大，除基岩河床外，河床演变快、整治难度大、通航条件很不理想。现就回水变动区的航道情况分叙如下。

1）构皮滩枢纽回水变动区

构皮滩枢纽回水变动区为洗柴滩与漩塘之间的 44.8km，段内有 34 个滩险需要整治，其滩名、滩险性质及现行航道尺度分别列入表 2.1。

构皮滩需要整治滩险　　表 2.1

序号	滩　名	航道尺度（m）			滩险性质
		水深	航宽	弯曲半径	
1	洗柴滩	0.8	10	50	石质浅滩

续上表

序号	滩　　名	航道尺度(m)			滩险性质
		水深	航宽	弯曲半径	
2	小幺滩	2.5	20	大于 330	石质浅滩
3	于龙洞滩	2.5	17	大于 330	石质险滩
4	纸牌滩	2.5	20	大于 330	石质险滩
5	小滩	0.4	15	大于 330	石质险滩
6	鱼塘河口	2	12	大于 330	石质浅滩
7	青坑滩	2	9	300	石质险滩
8	鱼洞滩	0.8	10	60	石质险滩
9	两耳洞	1.1	20	大于 330	石质浅滩
10	红岩滩	0.7	15	大于 330	石质浅滩
11	三角石	1.1	20	200	石质浅滩
12	油篓滩	1.7	18	大于 330	石质险滩
13	腰滩	1.5	12	大于 330	石质险滩
14	干沟滩	1.0	20	大于 330	石质险滩
15	猴洞滩	0.9	5	300	急流滩
16	大塘口	0.7	8	30	石质险滩
17	羊塘滩	1.4	25	大于 330	卵石浅滩
18	桃子台	1.6	25	大于 330	卵石浅滩
19	石坝子	1.5	8	150	卵石浅滩
20	高坎子	1.1	10	250	石质险滩
21	鸡冠石	1.2	13	80	石质险滩
22	马鞍桥	0.8	5	70	急流滩
23	磊石滩	0.5	3	大于 330	急流滩
24	茶山关	2.5	15	大于 330	石质险滩
25	小花滩	0.8	10	大于 330	石质险滩
26	下滩	1.5	10	大于 330	石质险滩
27	大沙坝	0.8	7	大于 330	石质险滩
28	落水洞	2.2	11	200	石质险滩
29	青龙洞	0.8	5	50	石质险滩
30	钓鱼台	0.6	10	100	石质浅滩
31	小巷口	1.1	9	80	石质浅滩
32	猫儿洞	2.3	35	200	石质险滩
33	花滩	—	3	大于 330	石质险滩
34	漩塘	—	—	—	石质险滩

2)沙沱枢纽回水变动区

沙沱枢纽回水变动区为三汊河至鬼错路长23.1km河段,段内有16个滩险需要整治,其滩名、滩险性质及现行航道尺度分别列入表2.2。

沙沱枢纽需要整治滩险　表2.2

序号	滩　名	航道尺度(m)			滩险性质
		水深	航宽	弯曲半径	
1	鬼错路	1.2	22	210	石质险滩
2	江口滩	1.6	22	170	石质险滩
3	猪圈门	1.6	22	210	石质险滩
4	红石头	1.6	30	210	卵石浅滩
5	大梁滩	1.5	25	210	卵石浅滩
6	龙船尾	1.6	25	210	卵石浅滩
7	刘家寨	1.4	20	165	卵石浅滩
8	荒闪沱	1.4	20	170	卵石浅滩
9	镇江阁	1.4	25	185	卵石浅滩
10	晒谷坪	4.0	45	大于330	不碍航
11	大洞滩	6.5	50	大于330	石质浅险
12	白虎沱	10	70	大于330	不碍航
13	扁担碛	1.4	30	210	卵石浅滩
14	母猪盘	1.5	25	180	卵石浅滩
15	乌杨树	1.5	20	大于330	石质滩险
16	三汊河	1.3	23	大于330	沙卵石浅滩

3)彭水枢纽回水变动区

彭水枢纽回水变动区为雷子滩至老土坎之间长16.0km河段,段有18个滩险需要整治,其滩名、滩险性质及现行航道尺度分别列入表2.3。

彭水枢纽需要整治滩险　表2.3

序号	滩　名	航道尺度(m)			滩险性质
		水深	航宽	弯曲半径	
1	雷子滩	3.0	35	80	石质急险滩
2	偏岩角	2.3	70	大于330	卵石枯水滩
3	严家背	4.0	25	大于330	石质枯水浅滩
4	黄泥桩	1.5	45	大于330	石质枯水浅滩
5	于溪沟	1.6	25	180	石质中枯水险滩
6	猫滩	1.6	16	大于330	石质中水急险滩

续上表

序号	滩　　名	航 道 尺 度 (m)			滩 险 性 质
		水深	航宽	弯曲半径	
7	沙溪子	3.0	45	大于 330	中水岩崩险滩
8	磨子路	1.6	20	150	石质枯水弯滩
9	五门滩	1.5	20	200	石质枯水弯浅滩
10	小五门	1.4	25	大于 330	石质枯水窄浅滩
11	肖家湾	1.6	40	大于 330	石质枯水浅滩
12	三门子	1.6	20	100	石质中枯水弯滩
13	羊跳石	1.1	35	大于 330	石质枯水浅滩
14	陈家梁	2.0	30	200	石质中枯水险滩
15	桃花溪	1.2	25	大于 330	卵石枯水浅滩
16	小河口	1.2	25	200	卵石枯水浅滩
17	新木滩	1.4	20	250	卵石枯水浅滩
18	老土坎	1.2	20	大于 330	卵石枯水浅滩

根据现有水文资料分析在保证率 95％时各水文站水位及流量特征见表 2.4。

保证率为 95％时水位流量关系　　表 2.4

水　文　站	水位(m)	流量(m^3/s)	备　　注
乌江渡	623.67	112	吴松
江界河	487.56	203	吴松
思南	357.81	235	吴松
沿河	285.49	245	黄海
龚滩	239.03	301	吴松

2.1.2　航道等级及维护尺度

乌江渡—马洛渡 124km 河道属未经整治过的天然河床，但局部河段航道条件较好，当地村民操舟于区间运输。其中：乌江渡电站—小河口 81km 河段滩陡水急，通航条件较差，小河口—马洛渡 43km 河段航道条件较好，小型机动船舶能畅行于此航段。

马洛渡—龚滩 283km 为整治后通航条件好的河段，其中：马洛渡到大乌江 19km 航道能通行 100 吨级机驳；大乌江—龚滩 264km 航道经“九五”期的整治，已达到Ⅴ级航道尺度(1.6m×30m×270m)标准，常年通行 300 吨级自航机驳，目前按Ⅴ级航道维护。

2.1.3　临(跨)河建筑物、堤防工程与城市引排水设施

1)桥梁

乌江渡—龚滩河段内早年建成的桥梁共有 13 座，12 座跨越乌江干流主航道，1 座跨越支

流清水河(表 2.5),其中乌江铁路桥、乌江大桥和乌江渡公路桥均位于研究河段起点上游。枢纽建成后各桥梁的净高都较高,能满足《内河通航标准》(GB 50139—2014)Ⅳ级航道要求。净空尺度方面,除回龙桥、乌江铁路桥不能满足Ⅳ级航道单向通航要求,沿河大桥、构皮滩乌江临时大桥、构皮滩乌江大桥、构皮滩铁索桥、乌江渡公路桥等均能满足Ⅳ级航道单向通航要求。

除表 2.5 所列桥梁以外,对新近已建和在建的河闪渡、楠木渡、白果、大乌江等跨越乌江桥梁进行了现场调查。情况如下:

(1)乌江渡新建的乌江特大桥,位于乌江渡大坝—川黔铁路大桥间的非整治河段内,距乌江渡大坝约 3.2km,该桥梁的净空尺度大小,对通航安全无关紧要。

(2)河闪渡大桥、楠木渡大桥、大乌江特大桥均为一孔跨越通航水域,线路走向也较高,其净空尺度满足《内河通航标准》(GB 50139—2014)的要求。

(3)白果沱大桥位于沙沱枢纽库区的峡谷河段,河面窄,采用拱桥桥式一孔跨过乌江水域。但由于沙沱枢纽正常蓄水位抬高 5～365m 后,该桥梁净空尺度不能满足通航要求,有碍船舶安全航行。

乌江主航道及支流的桥梁技术指标　　表 2.5

序号	桥梁名称	结构形式	设计最高通航水位(m)	桥梁净高(m)	桥梁净宽(m)	所在位置
1	沿河大桥	拱桥	308.88	25.90	66.00	彭水库区
2	沙沱大桥	拱桥	314.30	22.10	100.00	彭水库区
3	白果沱大桥	拱桥	375.00	25.00	100.00	沙沱库区
4	思南乌江大桥	梁桥	378.00	26.80	100.00	沙沱库区
5	回龙桥	拱桥	443.17	34.45	40.00	思林库区
6	构皮滩乌江临时大桥	其他	462.50	68.00	80.00	思林库区
7	构皮滩乌江大桥	梁桥	462.50	70.00	50.00	思林库区
8	构皮滩铁索桥	其他	463.00	68.00	50.00	思林库区
9	江界河大桥	拱桥	652.00	115.10	330.00	构皮滩库区
10	乌江铁路桥	梁桥	654.30	21.00	40.00	构皮滩库区
11	乌江大桥	其他	655.00	26.50	280.00	构皮滩库区
12	乌江渡公路桥	拱桥	655.00	16.00	86.00	构皮滩库区
13	洛旺河大桥	梁桥	462.50	26.00	115.00	清水河

2)架空电缆

乌江渡—龚滩河段内共有跨河电话线、高压电线 42 处(表 2.6),据资料分析,在天然情况下其高度均能满足《内河通航标准》(GB 50139—2014)Ⅳ级航道规定的要求,但随着各枢纽的相继建成,其正常蓄水位比现在设计最高通航水位大大提高,部分架空电缆将不能满足要求。

跨河电话线、高压电线统计

表 2.6

序号	管理单位名称	目前净高(m)	所在库区	序号	管理单位名称	目前净高(m)	所在库区
1*	沿河县供电局	25.00	彭水库区	22*	思南县供电局	31.00	思林库区
2*	沿河县供电局	25.00	彭水库区	23*	思南县供电局	30.00	思林库区
3*	沿河县供电局	25.00	彭水库区	24	余庆县供电局	30.00	思林库区
4	沿河县供电局	25.00	彭水库区	25	余庆县供电局	70.00	思林库区
5	沿河县供电局	25.00	彭水库区	26	余庆县供电局	30.00	思林库区
6	沿河县供电局	30.00	彭水库区	27	余庆县供电局	30.00	思林库区
7	沿河县供电局	25.00	彭水库区	28	余庆县供电局	30.00	思林库区
8*	德江县电信局	30.00	彭水库区	29	余庆县供电局	70.00	思林库区
9*	德江县供电局	30.00	彭水库区	30	余庆县供电局	50.00	思林库区
10*	沿河县供电局	30.00	沙沱库区	31	水电八局	130.00	思林库区
11*	德江县电信局	25.00	沙沱库区	32	余庆县供电局	30.00	思林库区
12*	德江县供电局	30.00	沙沱库区	33	余庆县供电局	70.00	思林库区
13*	思南县供电局	30.00	沙沱库区	34	余庆县供电局	90.00	思林库区
14*	德江县电信局	30.00	沙沱库区	35*	余庆县供电局	50.00	构皮滩库区
15	德江县供电局	30.00	沙沱库区	36*	湄潭县供电局	120.00	构皮滩库区
16	德江县电信局	30.00	沙沱库区	37*	瓮安县供电局	30.00	构皮滩库区
17	思南县供电局	31.00	沙沱库区	38	瓮安县供电局	150.00	构皮滩库区
18*	思南县供电局	30.00	思林库区	39	瓮安县供电局	130.00	构皮滩库区
19*	思南县供电局	30.00	思林库区	40*	瓮安县供电局	110.00	构皮滩库区
20*	思南县供电局	30.00	思林库区	41	遵义县供电局	60.00	构皮滩库区
21*	思南县供电局	30.00	思林库区	42	遵义县供电局	35.00	构皮滩库区

注：* 表示枢纽蓄水后该电缆净高不足，仅为本研究阶段初步推算结果。

3)河底管线和隧道

乌江渡—龚滩河段内尚无穿越河底的管线和隧道。

4)堤防工程

乌江主要为岩石河床，两岸岸坡普遍较坚固，因此该河段内的堤防是沿河、思南县城的防洪堤，这些堤防均为挡土墙，结构稳定，其基本情况见表 2.7。通过实地调查和对搜集到的有关资料分析认为，现有堤防的防洪高程、堤防布置、结构形式、防洪、排洪能力等已达到防洪标准且较坚固。

乌江渡—龚滩河段堤围基本情况　　表 2.7

序号	堤围名称	岸别	工程现状			防洪标准(年)		历史最高水位		备注
			堤长(km)	堤顶高程(m)	堤顶宽(m)	重现期(年)	水位(m)	水位(m)	时间(年份)	
1	沿河防洪堤	左	1.7	312.10	3.0	20	312.04	309.79	1996	黄海
2	思南防洪堤	左	1.5	376.00	3.0	50	374.5	376.44	1954	黄海

5)城市和工农业引、排水设施

乌江渡—龚滩河段两岸耕地面积宽广,但是沿江城市分布不多,大型抽水站较少(表 2.8),引水设施主要以两岸小抽水站为主,乌江流量大,引水设施对航运影响小。

乌江渡—龚滩河段抽水站基本情况　　表 2.8

序　号	距河口里程(km)	位置名称	岸　别
1	245.81	沿河县城	右
2	246.41	沿河县城	右
3	347.21	思南县医院	右
4	349.21	思南县自来水厂	左

2.2　库区河床演变及碍航特征

2.2.1　构皮滩枢纽回水变动区

构皮滩枢纽航道从洗柴滩—漩塘 44.8km 河段尚处于天然状态,还未进行过整治,该河段共有滩险 34 处,其中:洗柴滩、大塘口、羊塘滩、桃子台 4 处为卵石滩;洗柴滩、油篓滩、腰滩、干沟滩、鸡冠石滩和猫儿洞 6 处为溪锥滩;其余主要有崩岩滩、石盘滩,其中有部分断航滩险。

该河段由于受岩性、构造控制,河谷呈 V 字形敞谷区,河势稳定;滩险分布较密集,其中,分布于峡谷内崩岩滩、石盘滩所占比例在 70%以上,乌江水电站建成后,受电站水沙调节的影响,该河的段总体的河床变形不大,但受山溪来流携沙的影响,在部分河段存在规模不大的卵石或粗沙淤积体,这些淤积体在水流的作用下产生推移,一定程度地影响河床变化,不过由于溪沟来沙量不是很大,因而带来的泥沙问题不是很严重。

在峡谷河段枯水河宽多在 35～50m,其余河段枯水河宽 50～80m。河段内河床物质组成主要为基岩、礁石、大卵石,局部存在小卵石和粗沙,属混合底质以基岩为主的河床。在水流与河床相互作用中,河床起支配作用,比降大、水流湍急,滩头巨浪、跌坎。受突嘴、石梁、礁石制约产生各种复杂的流态,如剪刀水、滑梁水等,从而导致流态紊乱、航行水流条件恶劣,水库的日调节更是加剧了这种恶劣的流态。

构皮滩枢纽回水变动区碍航情况分析见附表 2.1。

构皮滩枢纽下游设计最低通航水位 430.70m,与思林库区死水位 431m 相衔接,库区滩险均被淹没。

2.2.2 沙坨枢纽回水变动区

沙坨库区从鬼错路滩—三汊河滩长 23.1km,共有滩险 16 处。该河段具有典型的山区河流特性,峡谷段和宽谷段相间出现。峡谷河段谷身狭窄,谷底被水流切削较深,谷坡陡峻,基岩裸露,具有槽窄、流急、水深、弯等特点;宽阔河段谷身比较开阔,谷底被水流切削较浅河床比较宽浅,两岸常有台地,河中有江心洲等特点。“九五”期间曾经按航道尺度达到 1.6m×30m×270m 进行过整治,沙坨库区位于回水变动区,航道等级提升为内河Ⅳ级后,滩险碍航仍较为严重,需开展整治。

鬼错路滩—三岔河滩段河床质组成主要为石盘、崩岩、卵石,也存在卵石和基岩混合底质以为主的河床。因此,在水流与河床相互作用中,河床起支配作用,受突嘴、石梁、石盘挑流制约产生各种复杂的流态,如剪刀水、滑梁水等,在峡谷河段还存在比降大、水流湍急,巨浪、跌坎而碍航。

石盘滩主要是在鬼错路滩—猪圈门滩段,河面较宽,属深塘过渡段,两岸石盘交错伸入河心阻塞航槽,使航线弯曲、狭窄碍航。

卵石、基岩和卵石混合底质主要是在峡谷进口上游河段以及峡谷下游河段。在峡谷进口上游河段河面较宽,由于受谷口壅水作用,在不同水位下河床发生冲淤变化,形成过渡段浅滩;在峡谷出口以下河段,河面宽阔,枯水位时,形成过渡段浅滩或汊流滩,主要以弯浅碍航。

鬼错路滩—三汊河滩长 23.1km,共有滩险 16 处。主要有崩岩滩、石盘滩、沙卵石浅滩,滩险的成因及其碍航情况分析见附表 2.2。

2.2.3 彭水枢纽回水变动区

彭水枢纽回水变动区 16km 中共有滩险 18 个,平均 0.89km 有一滩,滩险分布较密,以石质滩险为主,另有少量沙卵石滩险,河床稳定。该河段经过“九五”期间的筑坝、炸礁、疏浚等整治措施,改造了汹滩恶水,改善了水流条件,重点碍航滩险险情被消除或缓解,航道等级得以提高,航行条件变好,目前滩情并不严重。该段滩险中可分为以下三种类型。

(1)基岩滩。该段共有基岩滩 11 个。因地层岩性的不均匀性,松软的岩层被水流侵蚀,坚硬岩石裸露河床成为明礁或暗礁,水流击石,形成不良流态,因此造成的窄航槽、陡比降、大流速、浅水深、急弯道等是基岩滩的主要碍航因素。

(2)沙卵石滩。该段共有卵石滩 6 个。沙卵石滩河床平坦宽阔,受两岸地形控制,各级水位条件下水流流向不一,水流分散,流速缓慢,卵石在此落淤,该类滩险以水浅槽窄为主要碍航因素。

(3)溪锥滩。该段共有溪锥 1 个。暴雨形成山洪,泥石流将支沟内的可动物搬运至沟口形成不同形状的溪锥体,侵占干流过水断面,使河床缩窄变形,阻挡水流行进,产生急湍流速、紊乱流态而碍航。

该河段以基岩河床为主,除少数沙卵石滩因上游来水来沙的组合改变而发生局部河床的冲淤演变外,该河床呈现稳定趋势。现将需要整治的 18 个滩险的成因及碍航情况分析,见附表 2.3。

2.3 枢纽工程与其他涉水工程

乌江渡—龚滩河段内有乌江渡、构皮滩、思林、沙沱4个枢纽已建或在建，下游有在建的彭水枢纽，属于重庆市，但整治河段位于其回水变动区。

2.3.1 已建和在建枢纽

乌江流域规划的水利枢纽有：银盘枢纽、彭水、沙沱、思林、构皮滩、乌江渡及其以上的索风营、东风、洪家渡、引子渡、普定共11级，其中银盘枢纽、彭水在重庆市境内，其余均在贵州省境内。江渡—龚滩河段407km内有沙沱、思林、构皮滩枢纽；龚滩下游40km处有彭水枢纽；上游紧接本河段的乌江渡枢纽已建成投产，该枢纽未建过船建筑物，只留有过船建筑物位置。沙沱、思林、构皮滩、彭水4座枢纽在建中，其过船建筑物与枢纽工程同步实施。

1)乌江渡枢纽

乌江渡枢纽位于贵州省中部乌江中游遵义县境内、构皮滩枢纽上游137km，距贵阳市105km。该电站于1979年底第1台机组发电，1983年完建，它的建设是以发电为主、兼有航运和发展渔业等综合效益为目的。其坝址控制流域面积27 790km^2，占全流域的31.6%，多年平均流量为511m^3/s。乌江渡枢纽工程的规模和主要参数是：正常蓄水位760.00m，死水位720.00m，坝顶高程765.00m，总库容21.4亿m^3，调节库容13.5亿m^3，装机容量为63万kW（3台21万kW机组），保证出力20.2万kW，多年平均年发电量33.4亿kW·h，年利用小时5 300h。此枢纽具有季调节性能，与上游电站联合运行具有多年调节能力。乌江渡枢纽于2005年完成了从63万kW增加至113万kW的扩机工作。

(1)工程等级及建筑物级别。工程规模为大型，其中：大坝、泄洪建筑物、电站厂房等主要建筑物为1级建筑物，次要建筑物为3级建筑物。

(2)设计洪水标准。主要建筑物按500年一遇洪水设计，5 000年一遇洪水校核。

(3)枢纽总体布置。

①大坝。坝型为整体式拱形重力坝，全长368m，共分为18个坝段。坝顶高程为765m，最大坝高165m，坝底最大宽度为119.5m。大坝河床段设有6孔开敞式溢洪道，中部4孔为堰流厂前挑流式，左右两边为滑雪式溢洪道，左右两岸各设泄洪隧道一条，进口高程为720m。还有排沙、泄洪中孔两个，进口高程680m。右岸设有一条导流兼防空洞，进口高程663m。

②电站。发电厂房采用河床坝后封闭式。长106.6m，净宽20.5m，高56m。内装21万kW机组三台。左岸建一条长529m的交通隧洞进入厂内。

③通航建筑物。预留100t级船舶过坝位置，上游水下部分已做好。

④防渗工程。大坝基础防渗采用悬挂式帷幕线沿坝轴向两岸上游延伸，总长1 000m，帷幕底线最深处延伸至河床以下200m。

⑤导流工程。采用隧洞导流，上游为混凝土拱围堰，下游为混凝土及堆石混合围堰。

(4)扩机后水库调节运行方式及有关情况。乌江渡水电站扩建机组台数选择2台，乌江渡水电站扩机容量50万kW，电站总装机规模113万kW，相应年利用小时数为3 625h。乌江渡枢纽单独运用具有季调节能力，与上游水库联合运行则具有多年调节功能。其正常蓄水位760.00m，相应库容21.4亿m^3，死水位736.00m，相应库容12.12万m^3，调节库容9.28万m^3。

2)构皮滩枢纽

构皮滩枢纽位于贵州中部余庆县境内的乌江干流中游河段，距上游乌江渡枢纽137km，距下游在建思林枢纽和河口涪陵市分别为88km和455km。构皮滩枢纽的开发以发电、航运、防洪及其他综合利用为目的。坝址控制流域面积43 250km^2，占全流域的49.2%，多年平均流量742m^3/s，属年调节水库，工程具体情况如下。

(1)工程等级及建筑物级别。构皮滩枢纽正常蓄水位和校核洪水位分别为630.00m和638.33m，相应静库容为55.64亿m^3和64.51亿m^3；电站装机容量为300万kW。工程为Ⅰ等工程，其中大坝、泄洪建筑物、电站厂房、通航建筑物等主要建筑物为1级建筑物，次要建筑物为3级建筑物。

(2)设计洪水标准。大坝、泄洪建筑物和通航建筑物挡水部分的洪水标准按500年一遇洪水设计，5 000年一遇洪水校核；电站厂房按200年一遇洪水设计，1 000年一遇洪水校核；消能防冲建筑物的设计洪水标准按100年一遇洪水设计，1 000年一遇洪水校核。

(3)枢纽总体布置。

①拦河大坝采用混凝土双曲拱坝型，坝身表、中孔泄洪，坝下水垫塘消能防护。

②右岸布置地下厂房。

③左岸布置3级垂直升船机和导流隧洞，坝基采用垂直防渗帷幕。

(4)水库调节运行方式及有关情况。构皮滩枢纽单独运行具有年调节能力，与上游水库联合运行则具有多年调节功能。其正常蓄水位630.00m，校核洪水位(洪水频率$P=0.02\%$)638.33m，设计洪水位($P=0.2\%$)632.89m，防洪高水位630.00m，死水位590.00m。正常蓄水位相应水库面积96.46km^2。回水长度137km。水库总库容($P=0.02\%$)64.51亿m^3，正常蓄水位以下库容55.64亿m^3，调洪库容8.87亿m^3，死库容24.10亿m^3。

3)思林枢纽

思林枢纽位于贵州省乌江中游河段的思南县城上游23km，距贵阳市和乌江河口分别为328km、366.77km。思林枢纽担负发电、航运、防洪、灌溉等综合利用任务。坝址控制流域面积48 558km^2，占全流域的55.2%，多年平均流量863m^3/s，属季调节水库，工程具体情况如下。

(1)工程等级及建筑物级别。思林水电站属大(1)型一等工程，主要建筑物大坝、泄洪系统、引水系统、发电厂及开关站为1级建筑物，次要建筑物为3级建筑物，临时建筑物为4级建筑物。通航建筑物中参与挡水部分以及设置主要机电设备的部分为1级建筑物，上、下游引航道及中间渠道为3级建筑物。

(2)设计洪水标准。大坝(混凝土坝)和泄洪系统按500年一遇洪水设计，5 000年一遇洪水校核；电站厂房按100年一遇洪水设计，1 000年一遇洪水校核；消能防冲建筑物的设计洪水标准按100年一遇洪水设计。

(3)枢纽总体布置。枢纽主要建筑物由拦河大坝、坝身泄洪表孔、坝身冲沙底孔、右岸引水系统及地下厂房、左岸通航建筑物组成。

(4)水库调节运行方式及有关情况。思林枢纽具备季调节性能，按日、周调节运行。其正常蓄水位440m，校核洪水位(P=0.02%)448.55m，设计洪水位(P=0.2%)447.65m，防洪高水位440m，死水位431m。正常蓄水位相应水库面积38.35 km^2。回水长度88km。水库总库容(P=0.02%)16.54亿m^3，正常蓄水位以下库容12.05亿m^3，调节库容3.17亿m^3，死库容8.88亿m^3。

4)沙沱枢纽

沙沱水电站位于贵州省沿河县上游约7km处，是乌江干流上贵州省境内最后一个梯级，距上游思林水电站116km。沙沱枢纽工程以发电为主，兼顾航运、防洪、灌溉等综合效益。坝址控制流域面积54 508km^2，占全流域的62%，多年平均流量953m^3/s，属日周调节水库，工程具体情况如下。

(1)工程等级及建筑物级别。沙沱水电站工程为Ⅱ等工程，工程规模为大(2)型，各主要建筑物如重力坝、泄洪建筑物和厂房为2级建筑物，次要建筑物为3级建筑物。通航建筑物中参与挡水部分以及设置主要机电设备的部分为2级建筑物，其他部分为3级建筑物。

(2)设计洪水标准。混凝土坝按500年一遇洪水设计，2 000年一遇洪水校核；引水系统及厂房按200年一遇洪水设计，500年一遇洪水校核；下游消能防冲工程采用100年一遇洪水设计。

(3)枢纽总体布置。枢纽由碾压混凝土重力坝、坝顶泄洪溢流表孔、坝身冲沙孔、左岸坝内引水系统、左岸坝后发电厂房及右岸垂直升船机等建筑物组成。

(4)水库调节运行方式及有关情况。沙沱枢纽属日周调节水库。其正常蓄水位365m，校核洪水位369.33m，设计洪水位366.75m，死水位353.50m。正常蓄水位回水长度126km。

5)彭水枢纽

彭水枢纽位于重庆市彭水县城上游11km的乌江干流下游，下距河口涪陵147km。彭水电站是乌江干流梯级开发中开发规模仅次于构皮滩水电站的大型骨干工程，开发的任务是以发电为主，其次是航运、防洪及其他。坝址控制流域面积69 000km^2，占全流域的78.5%，多年平均流量为1 320m^3/s，属季调节水库，工程具体情况如下。

(1)工程等级及建筑物级别。彭水水电站正常蓄水位和校核洪水位分别为293.00m和298.36m，相应静库容分别为12.12亿m^3和14.44亿m^3；电站装机容量为140万kW。工程为Ⅰ等工程，工程规模为大(1)型。大坝永久性主要建筑物为1级建筑物，永久性次要建筑物为3级建筑物；通航建筑物中主要建筑物为3级，次要建筑物为4级。

(2)设计洪水标准。大坝等挡水建筑物挡水部分的洪水标准按500年一遇洪水设计，5 000年一遇洪水校核；电站厂房按200年一遇洪水设计，1 000年一遇洪水校核；永久性次要建筑物设计洪水重现期100年。

(3)枢纽总体布置。枢纽布置为河床布置混凝土溢流坝、两岸非溢流坝，右岸布置地下厂房，左岸布置船闸加一级垂直升船机。

(4)水库调节运行方式及有关情况。单独运用具有季调节能力，与上游大水库联合运行具有多年调节能力。其正常蓄水位293.00m，校核洪水位(P=0.02%)298.36m，设计洪水位

(P=0.2%)294.30m,防洪高水位 293.00m,死水位 278.00m。正常蓄水位相应水库面积 48.20km^2。回水长度 103km。水库总库容(P=0.02%)14.44 亿 m^3,正常蓄水位以下库容 12.12 亿 m^3,调节库容 5.18 亿 m^3,死库容 6.94 亿 m^3。

6)银盘枢纽

银盘枢纽位于重庆市武隆县黄草乡下游约 8km,下距河口涪陵 93km,上距彭水电站 54km。根据枢纽的开发任务和坝址地形、地质条件,枢纽主要由挡水建筑物、泄水建筑物、厂房和通航建筑物等组成。

银盘枢纽正常蓄水位 215.00m,校核洪水位时最大洪水力量 35 600m^3/s,相应洪水位 223.50m,坝顶高程 229m,最大坝高 79m,坝顶长度 330.9m。电站装机容量为 60 万 kW。

2.3.2 通航建筑物

与乌江渡—龚滩河段有关的枢纽(含彭水和银盘两枢纽)通航建筑物形式概述如下。

1)乌江渡枢纽

乌江渡枢纽于 1983 年竣工,未建过船建筑物,仅留有位置。

2)构皮滩枢纽

构皮滩枢纽通航建筑物布置在左岸,主要由上引航道、中间渠道、三级垂直升船机和下引航道组成。设计年过坝货运量为 142 万 t,承船厢有效尺寸 59m×11.7m×2.5m,设计一次过坝最大船舶吨位 500t,上游设计最高通航水位 630.00m、设计最低通航水位 590.00m;下游设计最高通航水位 459.00m、设计最低通航水位 430.70m。

3)思林枢纽

思林枢纽通航建筑物布置在左岸,为单级垂直升船机,主要由上游引航道、中间通航渠道、升船机和下游引航道组成。设计年过坝货运量为 539.42 万 t,承船厢有效尺寸 60m×12m×2.5m,设计一次过坝最大船舶吨位 500t,上游设计最高通航水位 440.00m、设计最低通航水位 430.70m;下游设计最高通航水位 374.50m、设计最低通航水位 363.30m。

4)沙沱枢纽

沙沱枢纽通航建筑物布置在右岸,为单级垂直升船机,主要由上游引航道、中间通航渠道、升船机和下游引航道组成。设计年过坝货运量为 341.25 万 t,承船厢有效尺寸 60m×12m×2.5m,设计一次过坝最大船舶吨位 500t,上游设计最高通航水位 365.00m、设计最低通航水位 353.50m;下游设计最高通航水位 297.10m、设计最低通航水位 290.12m。

5)彭水枢纽

彭水枢纽通航建筑物布置在左岸,主要由上游引航道、船闸、中间渠道(含渡槽)、垂直升船机和下游引航道组成。设计年过坝货运量为上、下水各 230 万 t,设计一次过坝最大船舶吨位 500t。

上游引航道为人工航道,长约 242.0m,上游最高通航水位 293.00m,最低通航水位 278.00m,引航道开挖底高程为 275.50m,水位变幅 15.0m,最小水深 2.5m,底宽 45.0m。

船闸主要由上闸首、闸室、下闸首及输水系统组成,上闸首总长 28.2m,总宽 32.0m,其中通航槽有效宽度 12m,闸室有效尺寸长 62.0m,宽 12.0m,最小水深 2.5m,下闸首长 17.0m,总宽 32.0m，通航槽宽度 12m，输水系统采用长廊道多管出水分散式输水系统，其主廊道断面尺寸 1.6m×2.5m。

中间渠道位于船闸和升船机之间，长 421.7m，最大水面宽 51.0m，渠底高程 275.50m，恒水位 278.0m，通航水深 2.5m。

垂直升船机主要由上闸首、承重塔柱和下闸首组成，为钢丝绳卷扬全平衡垂直升船机，总长 89.1m，总宽 50.0m，最大提升高度 66.5m，总建筑高度 119.0m，其承船厢有效尺寸为 59m×11.4m×2.3m。

下游引航道为人工航道，长约 187.00m，下游最高通航水位 225.80m，最低通航水位 211.50m，引航道开挖底高程 208.50m，底宽 45m。

6)银盘枢纽

银盘枢纽采用右岸单线船闸，设计水头 36.5m。船闸有效尺寸为 75m×12m×3.0m(长×宽×槛上水深)。船闸由上游引航道、上闸首、闸室、下闸首、输水系统和下游引航道组成。上、下游引航道直线段底宽 38m 口门段宽度 57m；上、下游引航道底高程分别为 208.50m 和 175.50m。

鉴于乌江航运的重要性，重庆市银盘水电站预可行性研究报告审查意见中已明确："通航建筑物按Ⅳ级航道标准，暂按 500 吨级船闸设计，单向年通过能力 280.0 万 t，下阶段应开展本工程航运问题的专题研究。"

以上各枢纽通航建筑物特征值见表 2.9 和表 2.10。

各枢纽经济技术指标　　表 2.9

项　目	单位	乌江渡		构皮滩	思林	沙沱	彭水	银盘
		现状	扩机后					
积水面积	km^2	27 790		43 250	48 558	54 508	69 000	—
距乌江河口里程	km	593.90		454.93	366.77	250.76	147	93
多年平均流量	m^3/s	511		742	863	953	1 320	—
天然最枯流量	m^3/s	53.7		87.9	119	135	175	—
正常蓄水位	m	760		630	440	365	293	215
死水位	m	720		590	431	353.50	278	211.5
正常蓄水位时总库容	亿 m^3	21.40		55.64	12.05	—	12.12	—
调节库容	亿 m^3	12.12		31.54	3.17	—	5.18	—
水库性能		单独运行季调节；联合运行多年调节		年调节	季调节	日周调节	季调节	—
调节流量	m^3/s	354		590	660	—	814	—
保证出力	万 kW	20.2		34.9	83.8	36.9	—	55.6
装机容量	万 kW	63		113	300	84	—	120
年发电量	亿 kW·h	33.4		43.8	94.8	40.9	—	73.2

续上表

项　　目		单位	乌江渡		构皮滩	思林	沙沱	彭水	银盘
			现状	扩机后					
年利用小时		h	5 300	3 625	4 740	4 869	—	6 100	—
淹没耕地	总数	亩	20.488		26 877	9 045	—	10 141	—
	每万 kW 装机	亩	325	195	134	108	—	85	—
迁移人口	总数	人	10 630		11 337	7 865	—	17 030	—
	每万 kW 装机	人	169	101	57	94	—	142	—
最大水头		m	133.1		197.1	74.1	—	87.5	36.5
坝型			混凝土重力坝		混凝土拱坝	混凝土重力坝			
最大坝高		m	165		225	122		119	79
土石方工程量		万 m^3	267	315.1	1 041.6	282.9	—	1 185	—
混凝土工程量		万 m^3	242	256.2	539.7	126.0	—	290.8	
总投资		万元	59 885	81 665	299 382	124 548	—	183 148	—
每 kW 装机投资		元	951	778	1 497	1 483	—	1 526	—
每度电投资		元	0.179	0.186	0.316	0.305	—	0.250	—
总工期		年	—	—	10	8～9	8	11	—
建设情况			已建	已建	在建	在建	在建	在建	可研

注：1 亩＝666.6m^2。

各枢纽过船建筑物特性 表 2.10

项　　目	单位	构皮滩	思林	沙沱	彭水	银盘
过船设施		升船机	升船机	升船机	升船机、船闸	船闸
设计年通过能力	万 t	单向 125	双向 539.42	双向 341.25	上、下各 230	单向 280
承船厢有效尺寸	m	59×11.7×2.5	60×12×2.5	60×12×2.5	59×11.4×2.3	—
船闸有效尺度	m	—	—	—	62×12×2.5	75×12×3.0
设计一次过坝最大船舶吨位	t	500	500	500	500	500
上游设计最高通航水位	m	630.00	440.00	365.00	293.00	215.00
上游设计最低通航水位	m	590.00	431.00	353.50	278.00	211.50
下游设计最高通航水位	m	459.00	374.50	297.10	225.80	193.42
下游设计最低通航水位	m	430.70	363.30	290.12	211.50	178.54

2.3.3　枢纽下泄非恒定流对下游的影响

乌江渡枢纽的建成对乌江中下游航道有明显的影响，主要表现在两个方面。一方面，大乌江以下通航河段的枯水流量增大，据资料统计，武隆、龚滩和思南水文站保证率 95%的设计最小通航流量分别达到 395m^3/s、301m^3/s 和 245m^3/s。枯水流量增大使浅滩水深增深

0.2～0.3m,航道条件有所改善;另一方面,由于电站调峰无规律,下泄非恒定流,航道水位随着流量的大小时高时低,流速时大时小,泥沙运动毫无规律,造成航道变化无常,营运船舶在运行中往往搁浅遇险和被迫等水停航,航运周期增长、周转率降低、营运成本增高、经济效益下滑,同时,港口作业船舶装卸货物及锚地泊船随着水情的变化,船舶位移频繁,不利于船舶安全。

有关资料表明,河流上水电梯级开发的枢纽建成后,其下泄水流由混浊变为相对较清,引发枢纽大坝下游河道较长距离的冲刷,导致水位降低,河床演变,这种现象对防洪、航运以及生态平衡等的影响都是值得重视与研究的问题。乌江渡至龚滩 407km 河道内的构皮滩、思林、沙沱及其下游相邻的彭水枢纽建成后,纽枢大坝下游河道因其下泄非恒定流和滩险或浅水段及其碍航因素也将发生变化。为此,对枢纽下泄非恒定流对下游的影响仅作以下分析,待通过模型研究进行研究来进一步验证枢纽下泄非恒定流对下游的影响。

1)对通航水位的影响

在天然河流上,《内河通航标准》(GB 50139—2014)规定的设计最低通航水位计算的方法是日平均水位综合历时曲线法,该方法是以日平均水位为基础进行统计分析的。天然河流未受人工调节影响时,枯水期低水位的每日水位变化很小,可视为渐变。而枢纽下游的水位因受非恒定流影响,随电站调峰而忽高忽低,尤其在枯水期因电站无法保证基流,使得实际的最低水位低于按日平均水位综合历时曲线法统计的设计最低通航水位,实际通航历时缩短,甚至发生不能通航的时段,造成船舶只能等水通航。

2)对下游航道的影响

枢纽调峰的无规律性使得下游航道水位时高时低,流速时大时小,也造成泥沙时冲时淤,毫无规律。在未建枢纽前,乌江航道也是同其他河流一样以泥沙为边界的可变体,具有洪水比降小,枯水比降大,汛期淤积,落水冲刷的规律,有了这一规律,航道年复一年地从高水位到低水位,从大流量到小流量的逐渐冲刷、清洗航槽,使水流归槽,这就促使了航道历年能获得基本尺度的可能。随着乌江渡及其以下各级枢纽的建成,它将完全改变来水来沙基本规律,而且会出现同其他河流的梯级一样,发电时大流量、高水位和变化频繁,不发电时,下泄流量小,在同一时间流量随电站调节沿程变化,为非恒定流,船舶难以行驶在同一流量基准面,易出现等水、搁浅等状况。同时,非恒定流造成沙卵石河床演变复杂化,规划的航道线路将随着河床的演变而变化。

3)对航道维护的影响

枢纽下泄非恒定流对航道维护工作带来极大困难,表现在两方面:一是航道冲淤变化难测,加大了疏浚与坝体的维护工程量;二是频繁的移置航标标示航槽位置及方向,其难度不可设想。维护工作量的增大,维护经费随之倍增。

4)对船舶营运的影响

基于受枢纽下泄非恒定流影响水位忽高忽低的事实,营运船舶就不可能像天然河流状况视季节水位变化高低配载,提高装载吨位;枢纽的运行调度方式,迫使船舶在运行中往往遭遇搁浅和等水通航,使航运周期增长,周转率降低,运输成本增高,经济效益下滑。

5)对港口作业和锚地的影响

由于电站日调节下泄非恒定流引起的水位等诸多变化,港口作业船舶装卸货物及锚地泊船难度都有所加大，稍有不慎，遇非恒定流波峰，锚泊于岸边的船只在水位降至波谷时搁浅，对港口作业、装卸、锚泊船只均带来安全隐患。

电站日调节下泄非恒定流对上述五方面的影响度沿程变小，越近枢纽坝下影响越大。

2.3.4 其他涉水工程

1)整治工程

乌江自1950年以来进行了三次系统性整治，大乌江至龚滩264km航道经"九五"期的整治，已达到Ⅴ级航道尺度(1.6m×30m×270m)标准，常年通行300吨级自航机驳。

2)堤防

思南、沿河两县城防洪堤按20年一遇防洪标准建设，思南在左岸防洪堤，全长1.5km；沿河防洪堤在左岸，全长1.7 km。

3)跨河建筑物

乌江渡—龚滩河段有16座跨越乌江航道的桥梁，其中包括早年建成的桥梁13座，新建的乌江特大桥、河闪渡大桥、楠木渡大桥3座。

本章参考文献

[1] 彭善群. 乌江干流规划报告将对乌江开发起重要作用[J]. 人民长江，1989(11):62.

[2] 王三一，陈霞林，李森. 乌江渡水电站十年运行情况[J]. 水力发电学报，1994(4):12-24.

[3] 沈春勇. 乌江思林水电站主要工程地质问题综述[J]. 贵州水力发电，2003(2):18-20.

[4] 顾龙. 沙沱水电站工程介绍[J]. 贵州水力发电，2008(1).

[5] 杨本新，陈烈奔. 彭水水电站勘测设计过程及主要技术问题研究[J]. 人民长江，2006(1):9-11.

[6] 涧琪. 乌江中游五滩险整治完成[J]. 中国水运，1996(8):24.

[7] 万英. 彭水水电站调峰对下游航运影响的研究[J]. 人民长江，1998(7):20-22.

[8] 管益平，邹幼汉，胡滢. 彭水电站下泄水流对下游航运的影响及对策[J]. 人民长江，2006(1):15-16.

第2篇

航道整治

第3章 高通航标准条件下两坝间石质急险滩航道整治技术

3.1 概述

乌江横贯贵州腹地，流域内的煤、磷等矿产资源需大量外运至长江中下游经济发达地区，沿江两岸的生产生活资料也需通过乌江运入，乌江航运在贵州的经济发展中具有十分重要的作用。

乌江渡—龚滩航运建设工程中建设构皮滩、思林、沙沱、彭水、银盘枢纽5座，由于受地质、地形等多因素限制，枢纽间存在"非衔接段"，据统计，乌江渡—龚滩范围内各库区变动回水区累积长度84km，其中，构皮滩枢纽末端—乌江渡枢纽长44.8km，枢纽间"非衔接段"成为制约乌江航运整体效益发挥的"瓶颈"，需要进行整治。

乌江河段两坝间变动回水区中碍航河段基本为石质滩险，由于上游枢纽防洪调度和电网调频调峰调度，产生附加流速、附加比降，恶化了下游通航条件，采取什么样的对策解决"枢纽非恒定流下泄对下游近坝段通航影响"问题，还需进一步探讨研究。洗柴滩和小幺滩河段位于构皮滩枢纽变动回水区末端，洗柴滩上部乌江铁路桥上距乌江渡枢纽仅3.5km，洗柴滩、小幺滩两滩段全长1.7km。该河段河道狭窄，河床礁石林立，同时，根据航道规划，乌江渡枢纽下游第一港——乌江渡码头位于乌江渡—龚滩河段，河段水流条件复杂、航道整治难度大。

3.2 河段自然条件

乌江化屋基以上为上游，化屋基—思南为中游，思南以下为下游。乌江水系呈羽状分布，流域地势西南高、东北低，流域内喀斯特发育。天然河道由于地势高差大、切割强，自然景观垂直变化明显，以流急、滩多、狭美闻名于世。乌江年径流稳定，水资源丰富，改革开放以来，已建、在建、规划批复水电站多达10个梯级，水电站的开发建设，有效地改善了乌江干流的水流流态，为河道通航创造了有利条件（图3.1）。

洗柴滩、小幺滩河段地处乌江渡枢纽下游近坝段，为乌江中游构皮滩枢纽回水变动区末端，河段水位受上游乌江渡水电站年调节和下有构皮滩水电站多年调节影响。

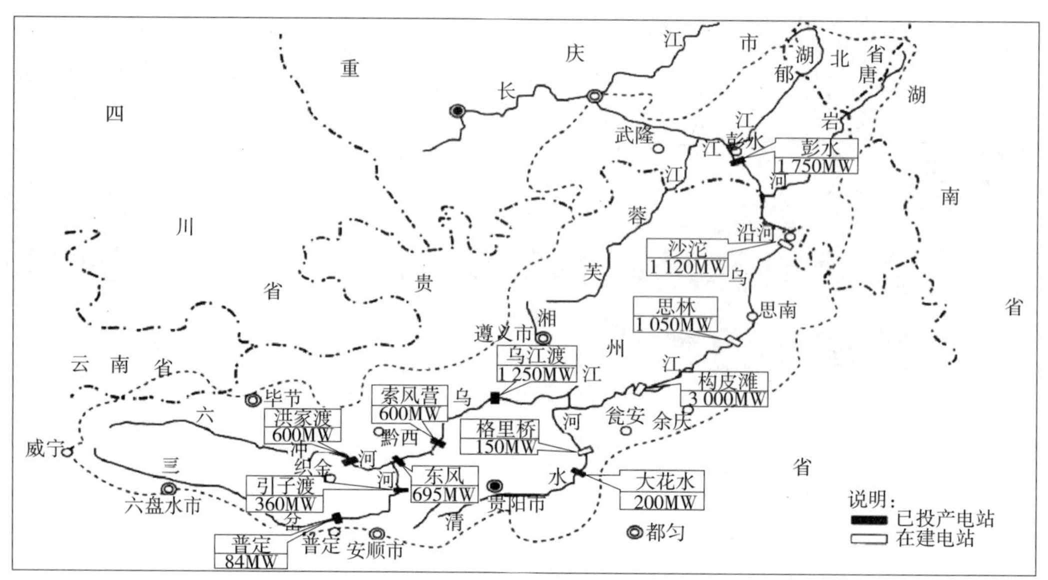

图 3.1　乌江河势与梯级水电站分布示意图

洗柴滩、小幺滩河段上游紧临乌江渡水文站，该水文站设立于1939年，河段的水文泥沙特征依据该水文站1951～2003年的观测资料进行分析。

1)水文

乌江渡水文站多年平均径流量161亿 m^3，多年平均流量 $511m^3/s$，实测历史最大流量为 $11\ 400m^3/s$(1964年)，历史最小枯水流量为 $53.7m^3/s$，洪枯流量比最大为212。调查到的最高历史洪水位为657.40m(1920年)，实测最高洪水位为654.30m(1964年)。

乌江是典型的山区性河流，洪水由暴雨形成，具有陡涨陡落的特点。洪水多发生在5～9月，年最大洪水多出现在6月中旬～7月中旬。一次洪峰的涨、落过程一般历时不长，干流一次洪水历时10天左右，支流洪水历时更短。乌江中、下游的水位年变幅一般有20～30m，表3.1和图3.2为乌江渡水文站水位流量关系。

乌江渡水文站水位流量关系　　表3.1

水位(m)	流量(m^3/s)	水位(m)	流量(m^3/s)	水位(m)	流量(m^3/s)
621.38	45	623.38	450	634.38	3 170
621.48	52	623.88	575	635.38	3 500
621.58	59	624.38	700	636.38	3 840
621.68	68	624.88	790	637.38	4 200
621.78	78	625.38	880	638.38	4 570
621.88	89	626.38	1 080	640.38	5 320
621.98	102	627.38	1 300	642.38	6 100
622.08	117	628.38	1 530	643.38	6 540

续上表

水位(m)	流量(m^3/s)	水位(m)	流量(m^3/s)	水位(m)	流量(m^3/s)
622.18	136	629.38	1 770	644.38	7 010
622.28	159	630.38	2 020	646.38	7 990
622.38	183	631.38	2 280	648.38	9 000
622.58	240	632.38	2 570	—	—
622.78	286	633.38	2 870	—	—

注:水位高程系统为56黄海高程。

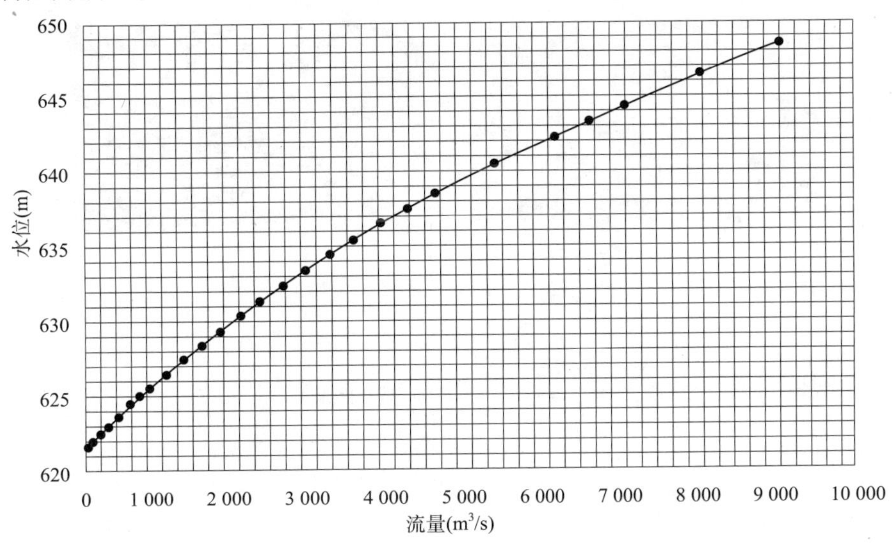

图3.2　乌江渡水文站水位—流量关系图

2)泥沙

表3.2统计了乌江渡水文站泥沙特征值分布情况,乌江渡水文站多年平均含沙量为0.004kg/m^3,历年最大含沙量为0.009kg/m^3,多年平均输沙量为10万t,历年最大输沙量为16.7万t,年际间输沙量变化不大,由于乌江渡枢纽拦截作用,推移质泥沙被拦截在库区,因此,乌江渡—龚滩河段基本为少沙、无沙河段。

乌江渡水文站泥沙特征值　　表3.2

项　目	单　位	特　征　值	统计年份
多年平均含沙量	kg/m^3	0.004	1994～2003
历年最大含沙量	kg/m^3	0.009	
多年平均输沙量	10^4t	10.0	
历年最大输沙量	10^4t	16.7	

3)河道断面形态与河床组成

乌江渡下游洗柴滩、小幺滩河段断面形态为V形河谷,两岸为高山丘陵,河势稳定,见

图 3.3。河段内河床物质组成主要为基岩、礁石、大卵石，局部存在小卵石和粗沙，属以基岩为主混合底质的河床。受突嘴、石梁、礁石影响流态复杂，通航航行水流条件恶劣。

a) b) c) d)

图 3.3 断面形态与河床组成

3.3 通航保证率与最小设计流量

3.3.1 航道建设标准

根据乌江渡水文站 1984～2003 年日平均水位、流量，统计水位和流量综合历时曲线，最终成果见表 3.3。

乌江渡水文站水位、流量综合历时曲线保证率 表 3.3

保证率(%)	水位(m)	流量(m^3/s)
50	622.827	323
60	622.707	280
70	622.597	245
80	622.457	204
85	622.367	180
90	622.247	151
95	622.047	112

乌江渡—龚滩河段的航道建设标准是：按内河Ⅳ级航道标准进行建设，相应航道尺度为 1.6m×30m×330m(单向航道)，保证率为 95%。

由表 3.3 可知，乌江渡水文站设计最低通航水位为 622.047m，设计最低通航流量(设计流量)为 $112m^3/s$。

3.3.2　通航流量保证率分析

乌江渡枢纽改变了上游的来水过程和来水量,年内来流过程的改变,同一天不同时段的来流量相差很大,在此情况下,日平均流量为统计参数的通航保证率也就不具有代表性。

由表 3.4 可知,如果每天最小流量小于设计流量则被认为不能通航的话,2008 年 5 月～2009 年 4 月(中水年际)通航保证率为 91.5%,小于 95%;2009 年 5 月～2010 年 4 月(枯水年际)通航保证率为 34.7%,远小于 95%。

不同典型年际各月乌江渡枢纽下泄流量大于原设计流量(工可研究)天数统计　　表 3.4

2008 年 5 月～2009 年 4 月(中水,$Q_{均}$=510.8m^3/s)			2009 年 5 月～2010 年 4 月(枯水,$Q_{均}$=329.6m^3/s)		
月份	按日最小流量计	按日均流量计	月份	按日最小流量计	按日均流量计
5	31	31	5	31	31
6	30	30	6	27	30
7	31	31	7	22	31
8	31	31	8	29	31
9	30	30	9	17	29
10	31	31	10	0	24
11	30	30	11	1	25
12	15	31	12	0	23
1	26	31	1	0	28
2	27	28	2	0	12
3	26	31	3	0	24
4	26	29	4	0	4
全年	334	364	全年	127	292
保证率(%)	91.5	99.7	保证率(%)	34.7	80.0

洗柴滩、小幺滩河段处于下游构皮滩枢纽的变动回水区,当构皮滩枢纽蓄水运行水位壅高时,即使乌江渡枢纽下泄流量很小,该河段的通航条件也是很好的,因此在分析通航保证率时要考虑回水时间,根据构皮滩枢纽相关资料,乌江主汛期为 6～7 月,构皮滩防洪限制水位为 626.24m,死水位为 590.0m,可初步推测构皮滩枢纽正常运行后的坝前水位调节过程为:1～5 月为 630.0m;6～7 月为 590.0～626.24m;8～12 月为 630.0m。但是近期根据观测,在遇到特枯水年时,构皮滩枢纽入库水量不足会发生蓄水不足的情况,以 2010 年为例,枯水期构皮滩枢纽的坝前水位仅维持在 590.0m 左右,而到了汛期由于入库水量增加坝前水位才逐渐抬高,至 2010 年 8 月初升至 615.0m 左右。由此看来,洗柴滩、小幺滩河段的通航保证率、设计流量及设计水位很难有明确的方法予以确定,下面对洗柴滩、小幺滩河段的通航保证率、设计流量的计算方法进行相关探讨。

3.3.3 设计流量的确定方法分析

在不受潮汐影响或潮汐影响不明显的天然河流中，国内外航道整治工程中设计水位确定方法通常有三种：算术平均法、综合历时曲线法和保证率频率法。美国、欧洲各国和前苏联均采用综合历时曲线法确定航道的设计最低通航水位。我国将综合历时曲线法和保证率频率法作为推求设计最低通航水位的基本方法。

对于建有枢纽的河段，由于枢纽建设后改变了原天然河流的水文特性，并引起枢纽上下游的水流泥沙运动及河床出现重大变化，因而使得通航设计水位确定的问题复杂化。我国一般采用日最低水位平均法、日最低水位频率法、枯水年瞬时水位频率法、综合历时曲线法、枯水期日保证率频率法、枯水期瞬时水位历时频率法和水动力学等方法进行推求河道的设计流量。目前也有学者[1-7]提出了设计最低通航水位推求的新方法。

乌江渡枢纽下游的通航保证率按不同方法将得到不同结果，那么乌江渡枢纽下游的设计流量到底如何确定呢？要回答这个问题确实比较困难，现有日均流量保证率法、日最小流量平均法以及日最小流量保证率法等方法，而初步设计中所采用的方法为日均流量保证率法，下面以日最小流量平均法以及日最小流量保证率法对设计流量值进行计算分析。

1)日最小流量平均法

该方法就是把一年内每天的日最小流量进行算术平均计算而得。求得乌江渡水文站2008年5月～2009年4月(中水年际)日最小流量算术平均为 $Q=320.0\text{m}^3/\text{s}$，这个数值远大于原设计流量 $Q=112\text{m}^3/\text{s}$；而2009年5月～2010年4月(枯水年际)的日最小流量算术平均为 $Q=152\text{m}^3/\text{s}$ 也大于原设计流量。之所以这样，主要是由于洪水时期，乌江渡枢纽瞬时下泄的最小流量较大所致，最后平均后所得结果就偏高。

2)日最小流量保证率法

该方法就是把每天的最小流量进行统计后，然后按照流量从低到高进行排列，进行保证率计算。按次此方法只要给定保证率，就可知道相应的流量，依此求得乌江渡水文站2008年5月～2009年4月(中水年际)、2009年5月～2010年4月(枯水年际)的结果(表3.5)。结果表明：

(1)2008年5月～2009年4月(中水年际)、2009年5月～2010年4月(枯水年际)乌江渡枢纽下泄的年平均流量分别为 $510.8\text{m}^3/\text{s}$、$329.6\text{m}^3/\text{s}$，分别代表了中水年际和枯水年际，所求得的设计流量相差太大，这表明不同的中、枯水年份统计的结果相差较大，因此，当系列年份较短时，不适用采取此方法。

(2)中、枯水年份所求的95%保证率对应的设计流量太小，要达到这样的标准实际上很困难，该流量不可取。

日最小流量保证率—流量计算 表3.5

大于某流量的保证率(%)	乌江渡水位站	
	代表年际	
	2008年5月～2009年4月(中水年际)	2009年5月～2010年4月(枯水年际)
95	99	1
90	119	3

续上表

大于某流量的保证率(%)	乌江渡水位站	
	代表年际	
	2008 年 5 月～2009 年 4 月(中水年际)	2009 年 5 月～2010 年 4 月(枯水年际)
80	159	56
70	185	62
60	200	64
50	277	72
40	335	89
30	398	125
20	467	223
10	530	393

3)设计流量的合理取值

河道上修建日调节水库后,通航流量保证率都大大地降低,难以达到按照日均流量统计计算的通航保证率的标准。

原则上来说,如果日最小流量小于设计流量则定义为不能通航,而实际上,一天内连续两个中等或者大流量之间夹带一个小于设计流量的流量,由于河道槽蓄作用的影响,也许对正常的通航没什么影响。

研究认为,采用日最小流量保证率法来推算设计流量,以目前有限的乌江渡枢纽调度资料统计,2008 年 5 月～2010 年 4 月最小流量保证率法计算的 80%保证率对应的流量值与设计值一致。

3.4　河工模型试验

3.4.1　模型设计与制作

1)模型设计

(1)模型范围。模型进口位于乌江铁路桥上游约 150m 处,出口位于龙洞滩滩尾处,模拟天然河段全长约 3 500m,最大河宽 270m,最小河宽 90m。

(2)模型比尺。定床河工模型需满足下列相似关系和限制条件。

①水流重力相似:

$$\lambda_v=\lambda_h^{\frac{1}{2}} \tag{3.1}$$

②水流连续相似:

$$\lambda_Q=\lambda_l\lambda_h\lambda_v=\lambda_l\cdot\lambda_h^{\frac{3}{2}},\lambda_t=\frac{\lambda_l}{\lambda_v} \tag{3.2}$$

③阻力相似条件：

$$\lambda_n=\frac{\lambda_h^{\frac{2}{3}}}{\lambda_v}\lambda_J^{\frac{1}{2}}=\frac{\lambda_h^{\frac{2}{3}}\lambda_h^{\frac{1}{2}}}{\lambda_h^{\frac{1}{2}}\lambda_l^{\frac{1}{2}}}=\lambda_h^{\frac{2}{3}}\lambda_l^{-\frac{1}{2}} \tag{3.3}$$

式中：λ_l——水平比尺；

λ_h——垂直比尺；

λ_v——流速比尺；

λ_Q——流量比尺；

λ_n——糙率比尺；

λ_t——时间比尺。

④紊流限制条件：模型雷诺数 $Re_m \geqslant 1\ 000$。

⑤表面张力影响限制条件：为避免表面张力影响，模型试验段的最小水深不应小于 0.03m。

根据上述相似关系，结合地形资料和试验场地条件，并考虑河段的山区水流特性及试验目的，模型设计为正态，几何比尺取 $\lambda_l=\lambda_h=50$，模型长 60m，得到模型相关比尺见表 3.6。

模　型　比　尺　　表 3.6

内　　容	名　　称	符　　号	数　　值
几何相似	水平比尺	λ_l	50
	垂直比尺	λ_h	50
水流运动相似	流速比尺	λ_v	7.071
	糙率比尺	λ_n	1.919
	流量比尺	λ_Q	17 677.7

制模时，模型地形表面采用小卵石平铺加糙处理，模型加糙采用的小卵石粒径按公式 $n=0.016\ 6d^{\frac{1}{6}}$ 计算。乌江渡—龚滩河段天然曼宁糙率介于 0.03～0.05，$\lambda_n=1.919$，求得模型糙率介于 0.015 6～0.026 1，计算得到小卵石粒径 $d=7$～15mm。

2)模型制作

制模地形采用 2004 年 3 月实测的 1∶1 000 地形图。

模型采用断面法制作，共布置了 79 个断面，断面间距基本在 0.8m。图 3.4 为模型制模断面与导线布置示意图。

模型进口流量由矩形量水堰控制；模型下游水位采用带微调的翻板式尾门进行控制；模型水位采用由"毕托管"原理置于模型外侧的水位计测针读取，读取精度 0.1mm(相当于原型 0.05m)；断面流速分布及流量采用交通运输部天津水运工程科学研究院研制的 DPJ-Ⅲ型旋桨流速仪采集；流场观测采用清华大学研制的 VDMS 流场实时测量系统。

3.4.2　模型验证

模型验证采用 2010 年 6 月底～7 月初实测的水位、流量、流速分布等资料，测流断面及水尺布置见图 3.5，验证试验采用的流量资料详见表 3.7。

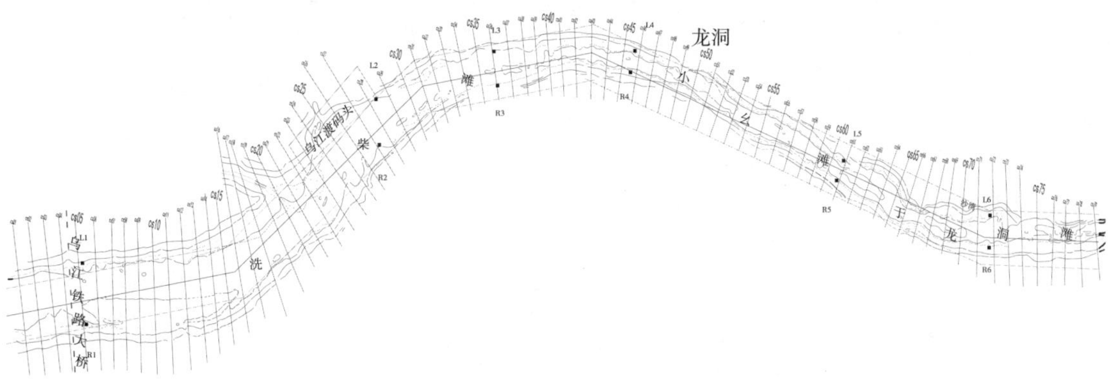

图 3.4　模型制模断面与导线布置示意图

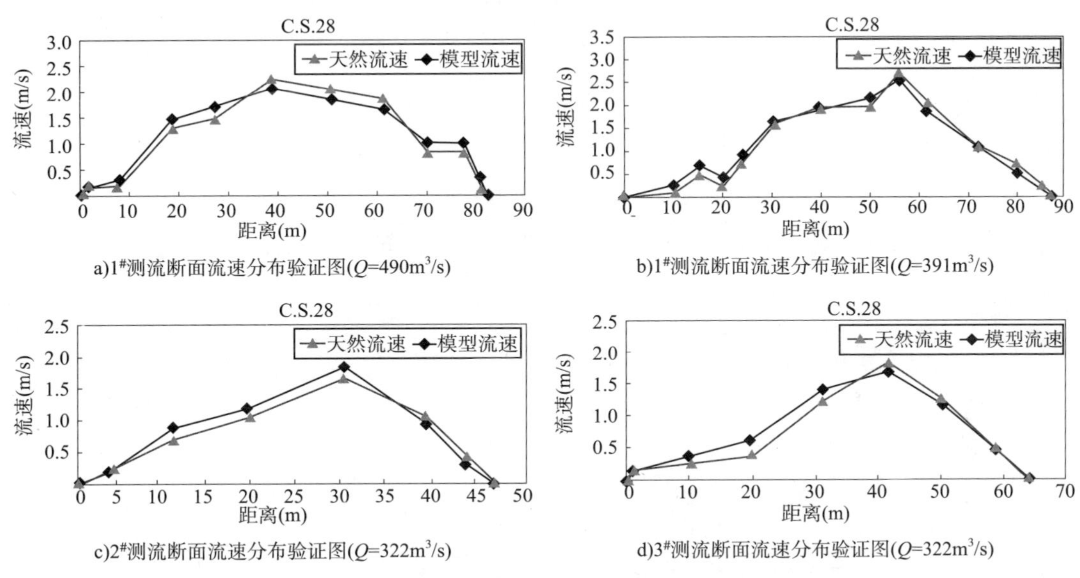

图 3.5　断面流速分布验证与实测比较示意图

模 型 验 证 流 量　　　　表 3.7

类　别	测 量 日 期	实测流量(m^3/s)
水面线	2010 年 6 月 31 日	108
	2010 年 6 月 31 日	322
	2010 年 7 月 1 日	391
	2010 年 7 月 2 日	490
	2010 年 7 月 3 日	924
流速分布	2010 年 6 月 31 日	322
	2010 年 7 月 1 日	391
	2010 年 7 月 2 日	490

表 3.8 为水位验证成果。图 3.5 为模型与天然实测横断面流速分布示意图。由表 3.8 可见，各级流量模型实测水位与原型实测水位的偏差值基本都在±0.10m 以内，各测流断面的垂线平均流速与天然实测流速分布规律基本一致，满足《内河航道与港口水流泥沙模拟技术规程》[8]（JTJ/T 232—1998）要求。

由模型水面线及断面流速分布的结果表明，模型可以进行工程试验研究。

模型水位验证成果（单位：m）　　表 3.8

水尺号		$108m^3/s$			$322m^3/s$			$391m^3/s$			$490m^3/s$			$924m^3/s$		
		天然	模型	偏差	天然	模型	偏差	天然	模型	偏差	天然	模型	偏差	天然	模型	偏差
左岸	L1	620.85	620.88	0.03	621.79	621.84	0.05	622.01	622.06	0.05	622.37	622.43	0.06	625.06	624.99	−0.07
	L2	618.64	618.59	−0.05	620.53	620.46	−0.07	620.79	620.77	−0.02	621.59	621.52	−0.07	624.72	624.74	0.02
	L3	617.85	617.82	−0.03	620.30	620.23	−0.07	620.55	620.53	−0.02	621.32	621.31	−0.01	624.69	624.62	−0.07
	L4	617.69	617.63	−0.06	620.05	620.05	0.00	620.30	620.30	0.00	621.10	621.05	−0.05	624.39	624.43	0.04
	L5	617.54	617.51	−0.03	619.89	619.86	−0.03	620.08	620.05	−0.03	620.81	620.81	0.00	624.20	624.18	−0.02
	L6	617.50	617.50	0.00	619.78	619.77	−0.01	619.91	619.92	0.01	620.67	620.67	0.00	624.07	624.07	0.00
右岸	R1	620.84	620.86	0.02	621.83	621.82	−0.01	622.04	622.04	0.00	622.40	622.40	0.00	625.08	624.99	−0.09
	R2	618.54	618.55	0.01	620.52	620.47	−0.05	620.72	620.76	0.04	621.54	621.50	−0.04	624.77	624.75	−0.02
	R3	617.82	617.85	0.03	620.32	620.27	−0.05	620.57	620.55	−0.02	621.27	621.32	0.05	624.67	624.64	−0.03
	R4	617.62	617.64	0.02	620.06	620.08	0.02	620.31	620.32	0.01	621.03	621.07	0.04	624.43	624.45	0.02
	R5	617.57	617.56	−0.01	619.86	619.89	0.03	620.02	620.07	0.05	620.82	620.81	−0.01	624.19	624.21	0.02
	R6	617.45	617.49	0.04	619.72	619.74	0.02	619.91	619.88	−0.03	620.67	620.62	−0.05	624.06	624.03	−0.03

注：高程基准为黄海高程。

3.4.3　天然状态滩性特征试验

1）试验流量的确定与船舶上滩能力评价方法

（1）试验流量与模型尾门水位。对洗柴滩、小幺滩河段现状条件下水流特性的了解和认识是确定整治工程方案的基础，由于原体资料观测的有限性，为弥补天然资料的不足，在开展试验之前，首先在模型上进行了洗柴滩、小幺滩河段工程前的水流特性试验。模型选取包括枯、中、洪共 7 级流量（表 3.9）进行流速分布和沿程水位的观测。其中 $391m^3/s$、$490m^3/s$、$924m^3/s$ 三级流量的尾门水尺控制水位采用实测值，表 3.9 为实验具体控制参数。

（2）船舶推力与阻力计算。船舶上行条件由船舶自身动力和水流阻力组成，当船舶自身动力大于水流阻力时，船舶可正常上行。乌江渡码头设计停靠船型为 500 吨级单船，见表 3.10，下面就乌江渡下游河道代表船型船舶推力及船舶上行阻力计算进行详细说明。

天然水流特性试验流量级　　　表3.9

流量(m^3/s)	尾门控制水位(m)	特　征	备　注
112	617.50	设计流量	
305	619.78	整治流量	
391	619.91	中水期	实测值
490	620.67	接近平均流量	实测值
924	624.07	中水期	实测值
2 000	627.24	洪水期	
3 000	631.02	洪水期	

乌江渡码头停靠设计船型主要尺度　　　表3.10

载重吨(t)	代表船型及尺度				设计排水量(m^3)
	船　型	长度(m)	宽度(m)	设计吃水(m)	
500	实船	54.7	10.8	1.6	634

①船舶推力。船舶有效推力估算公式

$$T_0 = e \times 75 H_p / V_s \tag{3.4}$$

$$V_s = V_f + U_w$$

式中：T_0——船舶有效推力(kg)；

H_p——船舶主机总功率(hp,1hp=0.746kW)；

e——有效推力系数，一般取0.85；

V_s——上水船的船水相对速度(m/s)；

V_f——水流表面流速(m/s)；

U_w——船舶上行至少应保持的对岸速度，一般至少大于0.5m/s。

②航行阻力。内河船舶航行阻力是指船舶逆水上行时受到的水流阻力和水面坡降阻力。阻力的物理意义不同，应分别计算。

A. 水流阻力。水流阻力是船舶逆水上行时，伴随船舶与水流之间的相对运动而产生。由两部分组成，一部分是船舶浸入水中船体与水流接触面由水流黏性而产生的表面摩擦阻力，一部分是船舶形态阻力。水流阻力计算通常采用兹万科夫公式

$$R_V = 0.17 \Omega V^{1.83} + \xi \delta A_m V^{1.7+4Fr} \tag{3.5}$$

$$\xi = 1.77 \delta^{2.5} / [(L/6B)^3 + 2]$$

$$A_m = \beta B T$$

$$V = V_s + V_c$$

$$\Omega = L_W (1.8T + \delta B)$$

式中：R_V——水流阻力(kg)；

Ω——船舶浸水面积(m^2)；

L_W——船舶水线长(m)；

T——船舶吃水(m);

B——船宽(m);

δ——船舶方形系数,机动船取 0.58~0.60;

V——船舶相对水速度(m/s);

V_s——水流对岸表面流速(m/s);

V_c——船舶逆水上行对岸航速(m/s);

A_m——船舶浸水部分舯横剖面面积(m^2);

β——舯横剖面方形(断面)系数,机船取 0.93;

ξ——机动船剩余阻力系数;

Fr——水流弗劳德数;

$$Fr=V/(gL)^{1/2}$$

式中:L——船长(m)。

从上述计算公式可以看出,当船型一定的情况下,水流阻力约与船舶和水流之间的相对速度的平方成正比。在航道狭窄、水深较浅(断面系数小)的情况下,船舶对航道水流干扰较大,即船体周围水流由于绕流而加速,通过船模试验表明,水流流速增幅为 15%~20%,则计算船舶对水公式为:$V'=1.15V_s+V_c$。

B. 水面坡降阻力。水面坡降阻力是船舶在航行中船舶自重沿与水面平行方向的分力,计算公式为

$$R_J=\beta_1 WJ \tag{3.6}$$

式中:W——船舶排水量(kg);

J——水面坡降(‰);

β_1——水面坡降增大系数,按实船资料 $\beta_1=1.1$。

在日调节产生的波流在传递过程中,除有天然比降外,还有附加比降,在计算水面坡降阻力时,坡降的取值应是两者之和。

所谓成滩是指对一定的船型、载量和船舶推力而言,是相对的,消滩水力条件(V,J)也是可变的,在满足以下条件下,V、J 可以有无数组组合。

$$R=R_j+R_v\leqslant T_0 \tag{3.7}$$

当船舶处于自航上滩的临界状态时,给定一个 V 值,总有一个 J 值与之相对应,通常被称为该流速下的允许比降,反之给定一个 J 值,总有一个 V 值,称为该比降下的允许流速。无数组允许流速和允许比降所构成的曲线也可以称为船舶上滩能力曲线。图 3.6 为乌江 500t 船型满载上滩能力曲线。该曲线表明,在某一流量下,若某一河段航道内的表面流速和局部水面比降所构成的点位于该曲线的左下方,则消滩,反之则成滩。

(3)船舶上滩能力评估方法。船舶上行能力评估指标有两个:一是船舶推力大于阻力,即船舶上行条件由船舶自身动力和水流阻力组成,当船舶自身动力大于水流阻力时,船舶可正常上行;二是最大流速,根据乌江现有船舶航行情况,水流最大表面流速小于 3.5m/s 时,即使水面比降略大,但船舶基本可通过自身动力调整上行。

2)计算成果

(1)设计流量下河段航行尺度分析。112m^3/s 为洗柴滩、小幺滩河段设计最低通航流量。

图 3.7 为设计最低通航流量下河段航槽内底高程沿程变化。

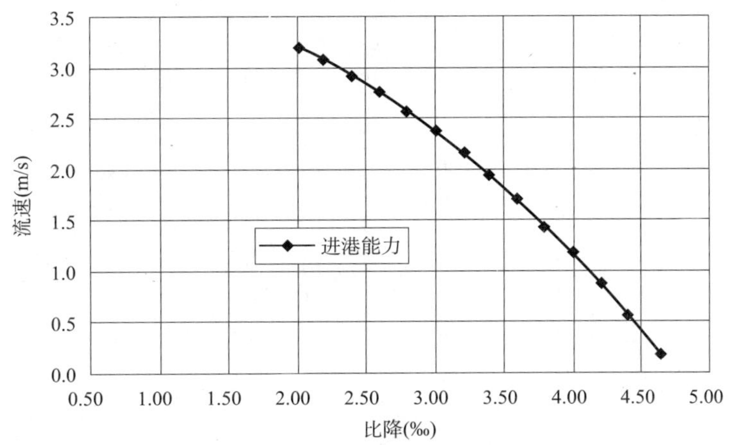

图 3.6　乌江渡码头 500 吨级单船进港能力曲线

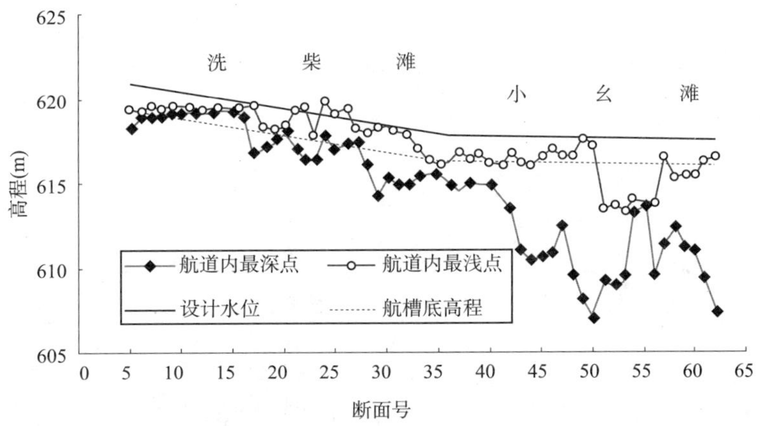

图 3.7　洗柴滩、小幺滩 $Q=112\text{m}^3/\text{s}$ 航槽内底高程沿程变化

①洗柴滩。表 3.11 为洗柴滩设计最低通航流量和 $391\text{m}^3/\text{s}$ 下河段航槽内最小水深。乌江铁路大桥河槽的右岸侧存在长约 380m、最宽约为 55m 的狭长边滩(C. S. 05～C. S. 15)，该边滩滩脊高程为 621.3m，在枯水时出露水面，边滩宽度约占中水河宽(140m)的 40％。由于居右的边滩存在，主槽位于左侧，槽底较平坦，高程多为 619～620m。

洗柴滩(C. S. 16～C. S. 46)起始于上述边滩的下游，滩体长约 1 150m，滩头处主槽由左岸而右岸过渡，且深泓底高程明显较上游河段低，C. S. 18 断面最深处高程为 616.7m。在左岸侧(C. S. 18 附近)有溪沟(支流)汇入，沟口上、下侧存在溪堆边滩，该溪堆边滩和上游的右边滩左、右对峙。自断面 C. S. 23 向下至 C. S. 33，河槽的右岸侧存在密布的孤礁及石嘴，孤礁及石嘴的存在将深泓又挤压向左岸。

由表 3.11 可见，规划航槽内最高高程几乎全部高于航道底高程，最小水深为－1.03m(C. S. 24)，高程高于设计水位，航槽内局部最低底高程高于航道底高程，流量至 $391\text{m}^3/\text{s}$ 时仍有局部河段不满足 1.6m 通航设计水深要求。

洗柴滩枯水规划航槽内最小水深　　表 3.11

断面号	最小水深(m)		断面号	最小水深(m)	
	$112m^3/s$	$391m^3/s$		$112m^3/s$	$391m^3/s$
C.S.16	0.29	1.95	C.S.31	0.27	2.67
C.S.17	0.09	1.79	C.S.32	0.28	2.74
C.S.18	1.28	3.04	C.S.33	1.09	3.62
C.S.19	1.26	3.07	C.S.34	1.71	4.29
C.S.20	1.06	2.91	C.S.35	1.81	4.46
C.S.21	−0.03	1.86	C.S.36	1.62	4.33
C.S.22	−0.32	1.61	C.S.37	0.9	3.61
C.S.23	1.27	3.24	C.S.38	1.38	4.08
C.S.24	−1.03	0.99	C.S.39	1.07	3.76
C.S.25	−0.13	1.93	C.S.40	1.65	4.34
C.S.26	−0.62	1.48	C.S.41	1.74	4.42
C.S.27	0.37	2.52	C.S.42	0.92	3.6
C.S.28	0.58	2.77	C.S.43	1.5	4.18
C.S.29	0.27	2.54	C.S.44	1.68	4.35
C.S.30	−0.04	2.30	C.S.45	1.06	3.72

②小幺滩。表 3.12 为小幺滩设计最低通航流量和 $391m^3/s$ 下河段航槽内航槽内最小水深。小幺滩(C.S.47～C.S.62)位于洗柴滩下游,河段微弯,滩体长约 550m,为石质河床,石嘴和零星(暗)礁侵入航槽,河中也有暗礁,左岸有小石嘴伸出。该滩河型为峡谷型,洪枯水河宽相差不大,其中最窄处河宽约 50m,两岸线崎岖不平、极不规则。

对于小幺滩航槽内设计水位下水深,最深点全部满足 1.6m 要求,最浅点基本不满足 1.6m 要求,碍航特征基本为航宽不足。

小幺滩枯水规划航槽内最小水深　　表 3.12

断面号	最小水深(m)		断面号	最小水深(m)	
	$112m^3/s$	$391m^3/s$		$112m^3/s$	$391m^3/s$
C.S.47	1.03	3.68	C.S.51	4.20	6.82
C.S.48	1.02	3.67	C.S.52	3.89	6.50
C.S.49	−0.99	1.65	C.S.53	4.28	6.88
C.S.50	0.41	3.04	C.S.54	3.57	6.17

续上表

断面号	最小水深(m)		断面号	最小水深(m)	
	$112m^3/s$	$391m^3/s$		$112m^3/s$	$391m^3/s$
C. S. 55	3.66	6.25	C. S. 59	2.03	4.58
C. S. 56	3.75	6.33	C. S. 60	2.12	4.67
C. S. 57	1.04	3.61	C. S. 61	1.21	3.75
C. S. 58	2.33	4.90	C. S. 62	3.41	5.94

(2)比降。图 3.8 为河段比降流量关系曲线，由图 3.9 可见：

①全河段比降洗柴滩大、小幺滩小。1 000m^3/s 左右时最小，约为 0.4‰；112m^3/s 时比降最大，约为 1.41‰；流量介于 900～2 000m^3/s 时，随流量增大而增大；2 000m^3/s 后变化不大，基本稳定在 0.65‰左右。

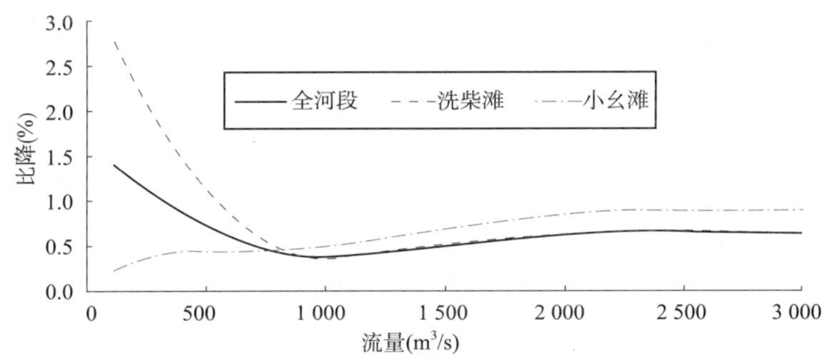

图 3.8　比降流量关系曲线

②比降与流量关系洗柴滩趋势与全河段基本一致。1 000m^3/s 左右时最小，约为 0.4‰；112m^3/s 时最大，约为 2.75‰；流量介于 900～2 000m^3/s 时，比降随流量上升而增大；2 000m^3/s后变化不大，基本稳定在 0.65‰左右。

③小幺滩比降。112m^3/s 左右时最小，约为 0.2‰；流量介于 112～2 000m^3/s 时，比降随流量上升而增大；2 000m^3/s 后变化不大，基本稳定在 0.85‰左右。

(3)流速。图 3.9 为各级流量下航槽内沿程最大表面流速，表 3.13 为各级流量下洗柴滩和小幺滩滩段航槽内最大流速，由图 3.10 可见：

①全河段。对于 C. S. 30 上游河段，流量由 112m^3/s 上升 924m^3/s 时流速减小，流量由 924m^3/s 上升 2 000m^3/s 时流速增加，流量大于 2 000m^3/s 后流速变化不大；对于 C. S. 30 下游河段，流速随流量的上升而逐渐增加。

②洗柴滩河段。流量由 112m^3/s 上升 924m^3/s 时流速减小，河段最大流速3.53m/s，发生在滩段上部 C. S. 23 处，河段最小流速 2.75m/s，发生在滩段尾部 C. S. 40 处；流量由 924m^3/s 上升 3 000m^3/s 时流速增加，河段最大流速 3.63m/s，发生在滩段尾部 C. S. 41 处。

③小幺滩河段。流速随流量上升 924m^3/s 增大，河段最小流速 1.25m/s，发生在滩段上部

C. S. 47 处；河段最大流速 3.51m/s，发生在滩段上部 C. S. 49 处。

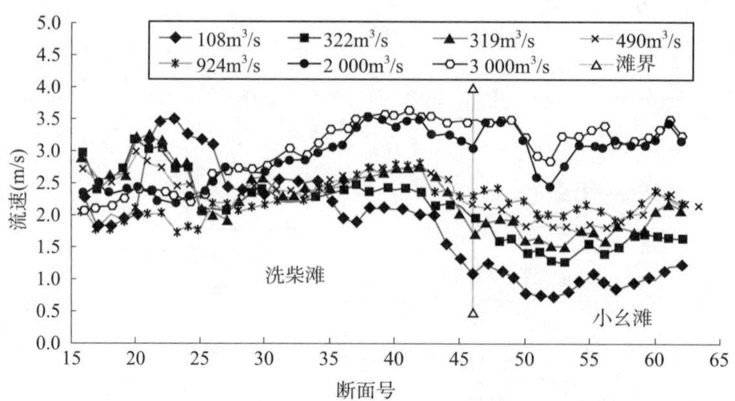

图 3.9　各级流量下航槽内最大表面流速沿程变化

洗柴滩、小幺滩滩段航槽内最大流速　　表 3.13

流量(m^3/s)		112	305	391	490	924	2 000	3 000
洗柴滩	流速(m/s)	3.53	3.21	3.29	2.97	2.75	3.54	3.63
	位置(C. S.)	23	20	21	20	40	38	41
小幺滩	流速(m/s)	1.25	1.92	2.20	2.35	2.41	3.51	3.51
	位置(C. S.)	47	47	60	61	47	47	49

(4)船舶上滩能力。将图 3.8 中比降和表 3.13 中流速绘入图 3.6，得到各级流量下船舶上滩能力曲线，图 3.10 为洗柴滩上滩能力曲线，图 3.11 为小幺滩上滩能力曲线。

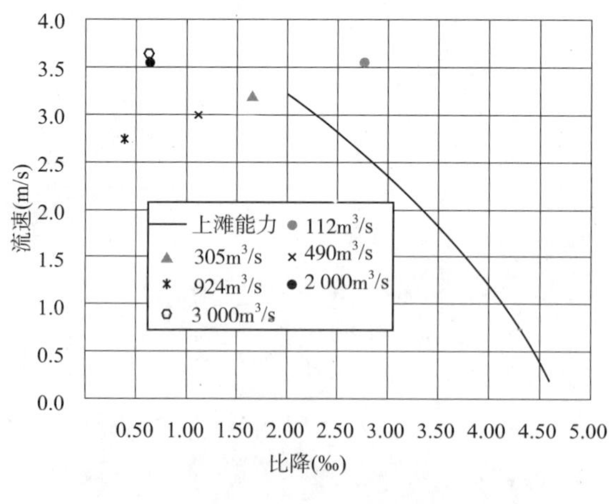

图 3.10　洗柴滩上滩能力

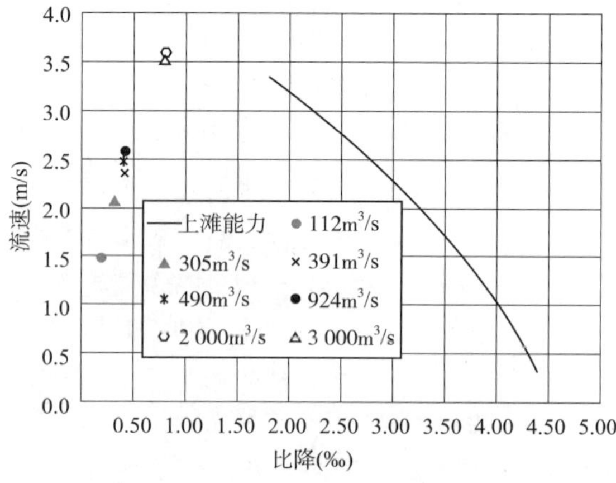

图 3.11　小幺滩上滩能力曲线

由图 3.10、图 3.11 可见，洗柴滩只有 $112m^3/s$ 时绘点处于能力曲线上方，船舶上滩困难，小幺滩绘点均位于能力曲线下方，船舶可自由上滩。

根据以上计算成果，可得出以下结论。

①洗柴滩比降。1 000m^3/s左右时最小，约为0.4‰；112m^3/s时比降最大，约为2.75‰；流量介于900～2 000m^3/s时，随流量上升而增大；2 000m^3/s后变化不大，基本稳定在0.65‰左右。

②小幺滩比降。112m^3/s左右时最小，约为0.2‰；流量介于112～2 000m^3/s时，随流量上升而增大；2 000m^3/s后变化不大，基本稳定在0.85‰左右。

③洗柴滩航槽内最高高程全部高于航道底高程，最小水深为－1.03m(C.S.24)，高程高于设计水位，航槽内局部最低底高程高于航道底高程，流量至391m^3/s时仍有局部河段不满足1.6m通航设计水深要求。在设计最低通航流量时，航道内水面比降、水流流速指标不满足船舶上滩能力要求，表明洗柴滩滩性为枯水期浅险、急流滩。

④小幺滩航槽内设计水位下水深，最深点全部满足1.6m要求，最浅点基本不满足1.6m要求，航道水域比降、流速指标满足船舶上滩能力要求，表明小幺滩滩性为枯水期航宽不足碍航浅滩。

3.5　初步设计方案试验

3.5.1　试验条件

1)航道尺度

洗柴滩和小幺滩河段航道设计标准为内河Ⅳ级，单向通航500吨级船舶，整治后航道具体尺度为1.6m×30m×330m(航深×航宽×曲率半径)。最小通航流量通航保证率为95%，相应设计流量为112m^3/s，根据乌江以往的整治经验，采用高于设计水位0.8m为整治水位，相应整治流量为305m^3/s，整治线宽度为70m，航道边坡1∶1。

根据设计，乌江渡码头港池水深为2.0m。

2)整治原则与技术路线

洗柴滩和小幺滩河段为石质河床，河段礁石、凸嘴林立，该河段枯水期“浅”、“险”碍航。为此确定治理原则为“疏炸结合”，研究采取的具体技术路线为“按设计尺度要求，调整航道坡度，达到增加枯水航深、改善水流流态目的，实现设计要求”。

3)试验流量与模型尾门水位

洗柴滩、小幺滩河段地处乌江构皮滩枢纽变动回水区末端，航道治理是乌江构皮滩枢纽库区航道治理工程组成部分，因此该河段治理研究必须结合其下游航道治理工程进行，即研究时，河段下游水位需采取下游工程实施后成果。针对下游航道治理，“乌江构皮滩枢纽变动回水区二维非恒定流数学模型”进行了详细计算研究，表3.14为“乌江构皮滩枢纽变动回水区二维非恒定流数学模型”计算的工程后河段尾门(天然测流6号水尺)资料，共7级流量。

天然水流特性试验流量级 表 3.14

流量(m³/s)	尾门控制水位(m)	特　　征	备　　注
112	615.25	设计流量	—
305	618.28	整治流量	—
391	618.71	中水期	实测值
490	619.87	接近平均流量	实测值
924	623.54	中水期	实测值
2 000	626.68	洪水期	—
3 000	630.55	洪水期	—

4)船舶上滩能力评估

船舶上滩能力评估同“3.4.3 中船舶上滩能力评估方法”。

3.5.2 初步设计方案

1)工程布置

图 3.12 为初步设计方案工程布置平面图,乌江渡码头位于铁路桥下部左岸,码头岸线长 240m,船舶通过趸船停靠,泊位底高程比航道底高程低 0.4m。航道具体设计指标如下。

港区河段(C. S. 05～C. S. 15):挖槽宽度为 30m,航槽底坡 2.0‰;并在乌江铁路桥下(C. S. 05～C. S. 11)的右侧布置 1 号拐头顺坝,用以导顺水流。

洗柴滩(C. S. 16～C. S. 46):挖槽宽度为 30m,C. S. 16～C. S. 36 滩段航槽底坡 3.0‰;滩尾 C. S. 37～C. S. 46 滩段航槽底坡 1.5‰;并在洗柴滩中部 C. S. 22～C. S. 26 河段布置 2 号顺坝,用以束水归槽。

小幺滩(C. S. 47～C. S. 62):挖槽宽度为 30m,航槽底坡 0.3‰。其中,航道底高程 C. S. 06 处 618.02m、C. S. 60 处 614.71m,航道边坡取 1∶1。

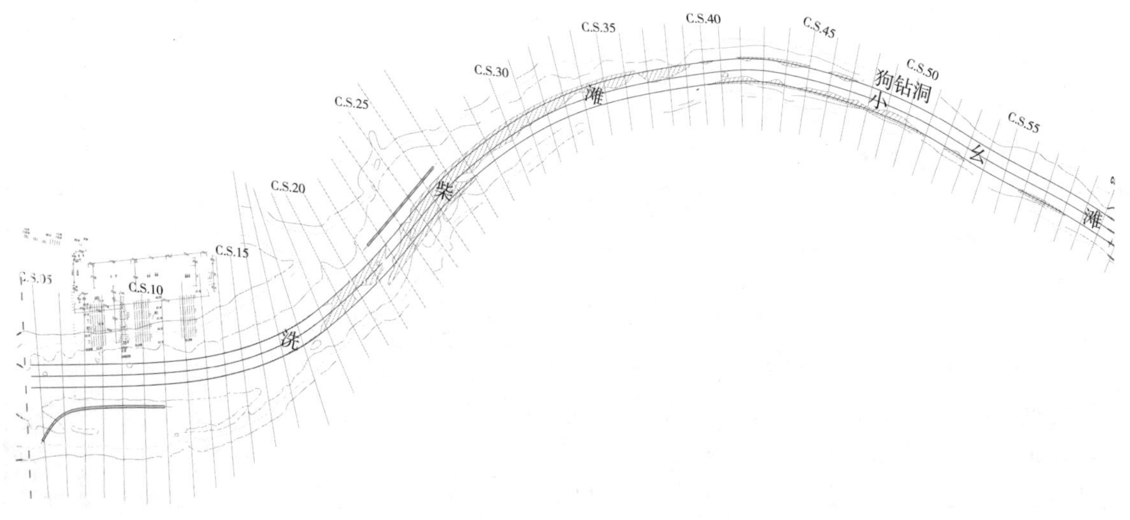

图 3.12　初步设计方案平面布置示意图

2)试验结果

表3.15为初步设计方案设计流量下航道内最小水深,图3.14为初步设计方案设计流量下的沿程地形与水位。由图3.13和表3.15中试验资料可以看出,工程实施后,港区河段、洗柴滩尾部及小幺滩河段航道内的水深均不满足1.6m的设计航深要求。其中,港区航道上部(C.S.6)水深1.22m、下部(C.S.15)水深1.42m,小幺滩水深介于0.8～1.1m。

航槽内水深不满足设计要求,表明该初设方案需优化。

初步设计方案设计流量下航槽内最小水深　　表3.15

滩　名	模型断面号	航槽内水深(m)	滩　名	模型断面号	航槽内水深(m)
洗柴滩	C.S.06	1.22	洗柴滩	C.S.37	1.86
	C.S.10	1.26		C.S.38	1.79
	C.S.13	1.30		C.S.39	1.73
	C.S.14	1.38		C.S.40	1.66
	C.S.15	1.42		C.S.41	1.60
	C.S.16	1.45		C.S.42	1.52
	C.S.17	1.47		C.S.43	1.44
	C.S.18	1.55		C.S.44	1.34
	C.S.19	1.61		C.S.45	1.25
	C.S.20	1.64		C.S.46	1.11
	C.S.21	1.68	小幺滩	C.S.47	1.10
	C.S.22	1.75		C.S.48	1.08
	C.S.23	1.78		C.S.49	1.06
	C.S.24	1.85		C.S.50	1.04
	C.S.25	1.88		C.S.51	1.02
	C.S.26	1.92		C.S.52	1.00
	C.S.27	1.94		C.S.53	0.98
	C.S.28	1.95		C.S.54	0.96
	C.S.29	1.96		C.S.55	0.94
	C.S.30	1.97		C.S.56	0.92
	C.S.31	1.96		C.S.57	0.90
	C.S.32	1.95		C.S.58	0.88
	C.S.33	1.98		C.S.59	0.86
	C.S.34	1.98		C.S.60	0.84
	C.S.35	1.96		C.S.61	0.82
	C.S.36	1.96		C.S.62	0.81

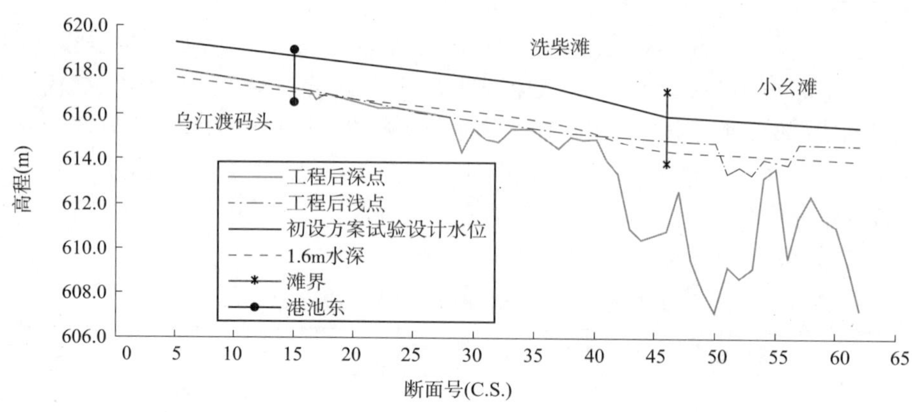

图 3.13　初步设计方案设计流量下沿程水位地形变化

3.5.3　修改方案一

1)工程布置

根据初步设计方案航宽不足问题,对设计方案航槽底坡进行修改,以航深达到设计要求。图 3.14 为修改方案一工程平面布置图,乌江渡码头设计参数、航道平面位置同初设方案,航道底坡具体调整如下。

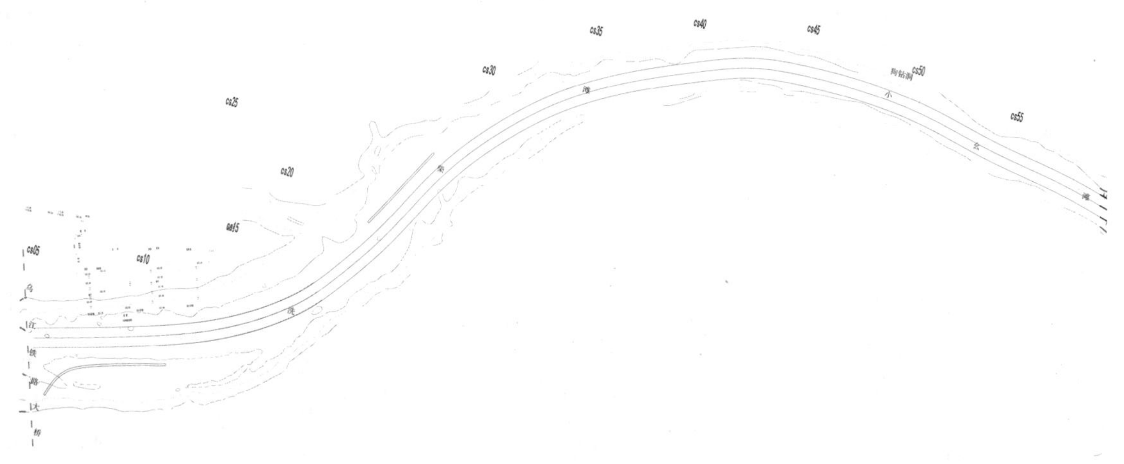

图 3.14　修改方案一平面布置示意图

港区河段(C. S. 05～C. S. 15):同初设方案,即挖槽宽度为 30m,航槽底坡 2.0‰;并在乌江铁路桥下(C. S. 05～C. S. 11)的右侧布置 1 号拐头顺坝,用以导顺水流。

洗柴滩(C. S. 16～C. S. 46):挖槽宽度为 30m,C. S. 16～C. S. 25 滩段底坡改为 2.0‰,同港区河段保持一致;滩尾 C. S. 37～C. S. 46 底坡改为 3.0‰。2 号顺坝布置同初步设计方案。

小幺滩:航槽底坡改为 1.5‰。

其中,航道底高程 C. S. 06 处 617.46m、C. S. 60 处 613.76m,考虑河道石质特性,航道边坡取 1∶1。

2)试验结果

表3.16为修改方案一设计流量下航槽内最小水深,图3.15为修改方案一设计流量下的沿程地形与水位。与初步设计相比,航槽内水深有了明显改善,但港区河段、洗柴滩和小幺滩衔接河段航道内的水深尚不满足1.6m的设计航深要求。其中,港区航道上部(C.S.6)水深1.41m、中部(C.S.10)水深1.49m,小幺滩最小水深(C.S.47)1.45m。

上述数据表明,方案实施将导致河段水位大幅降落,设计流量下水流已基本落入开挖的航槽内,但航槽内水深不满足设计要求。

修改方案一设计流量下航槽内最小水深　表3.16

滩　名	模型断面号	航槽内水深(m)	滩　名	模型断面号	航槽内水深(m)
洗柴滩	C.S.06	1.41	洗柴滩	C.S.37	1.82
	C.S.10	1.49		C.S.38	1.78
	C.S.13	1.56		C.S.39	1.74
	C.S.14	1.58		C.S.40	1.70
	C.S.15	1.60		C.S.41	1.67
	C.S.16	1.62		C.S.42	1.63
	C.S.17	1.65		C.S.43	1.58
	C.S.18	1.67		C.S.44	1.53
	C.S.19	1.70		C.S.45	1.48
	C.S.20	1.72		C.S.46	1.43
	C.S.21	1.74	小幺滩	C.S.47	1.45
	C.S.22	1.76		C.S.48	1.46
	C.S.23	1.78		C.S.49	1.47
	C.S.24	1.80		C.S.50	1.49
	C.S.25	1.83		C.S.51	2.21
	C.S.26	1.85		C.S.52	1.88
	C.S.27	1.87		C.S.53	2.26
	C.S.28	1.89		C.S.54	1.54
	C.S.29	1.89		C.S.55	1.60
	C.S.30	1.88		C.S.56	1.68
	C.S.31	1.88		C.S.57	1.58
	C.S.32	1.88		C.S.58	1.60
	C.S.33	1.88		C.S.59	1.61
	C.S.34	1.88		C.S.60	1.62
	C.S.35	1.87		C.S.61	1.63
	C.S.36	1.87		C.S.62	1.63

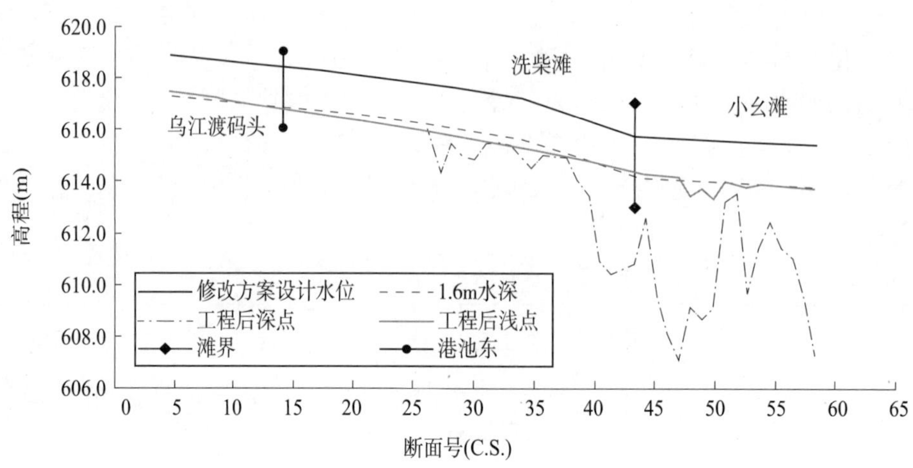

图 3.15 修改方案一设计流量下沿程水位

3.5.4 修改方案二

1)工程布置

乌江渡码头紧邻铁路桥时，航道、港池水深不满足设计要求，但洗柴滩 C. S. 23～C. S. 35 河段河道存在相对较深的深槽，航道水深可达 1.8～1.9m，特别是在 C. S. 23～C. S. 28 河段左岸的凹塘，河床高程基本在 618m，是天然的港湾，适合港区规划，经相关单位协商，将乌江渡码头移至此处。图 3.16 为修改方案二工程平面布置，码头通过趸船停靠船舶，泊位泥面比航道底高程低 0.4m。航道具体设计指标如下。

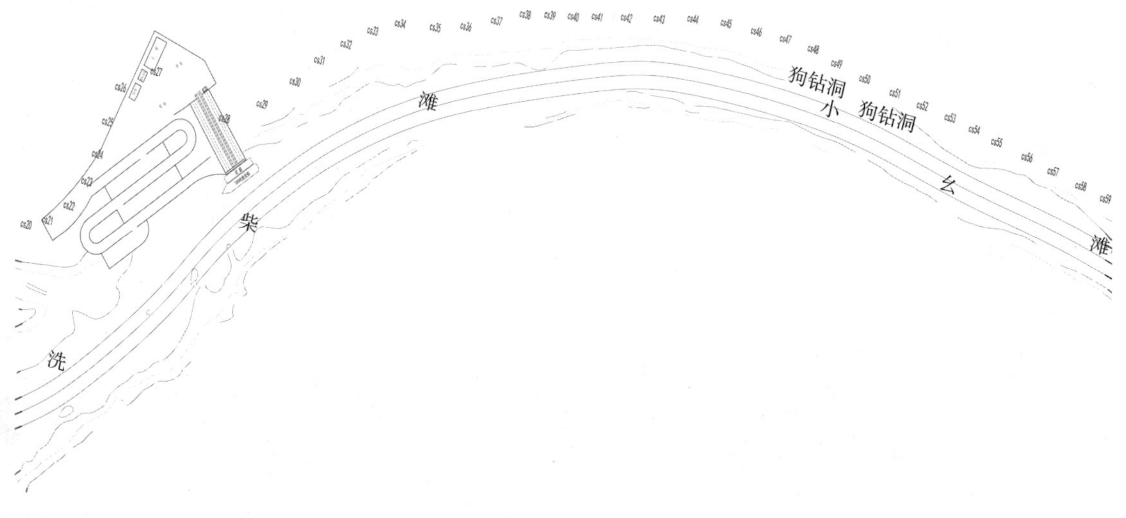

图 3.16 修改方案二平面布置示意图

小幺滩(C. S. 47～C. S. 60)模型尾部河段航槽底坡 0.8‰,其中小幺滩尾部(C. S. 60)天然实测水尺 L5 位置航槽底高程为 614.74m。

洗柴滩 C. S. 37～C. S. 47 滩段底坡为 2.8‰,码头起始 C. S. 20～C. S. 36 滩段底坡为 2.0‰。虽然乌江渡码头为乌江渡下游第一港,码头上游无通航要求,但考虑水流的过渡衔接需求,上游需对航道进行延伸开挖,考虑在进行修改方案一试验时,模型已进行底坡为 2.0‰ 的疏挖,本方案研究在此条件下进行。

2)设计流量下水深

表 3.17 为修改方案二设计流量下航道及港池内水深观测情况,图 3.18 为修改方案二工程实施后设计流量下的沿程水位与地形。由图 3.17 和表 3.17 中试验资料可以看出,工程实施后设计流量下乌江渡码头及其下游航道满足设计航深 1.6m 的要求,港池内满足航深 2.0m 的要求。其中,港区航道上部(C. S. 25)水深 1.87m、泊位正对航道(C. S. 27)水深 1.92m,洗柴滩和小幺滩最小水深为 1.60m。

修改方案二设计流量下航道及港池内水深　　表 3.17

名　　称	模型断面号	水深(m)	名　　称	模型断面号	水深(m)
港区航道	C. S. 24	1.84	洗柴滩航道	C. S. 46	1.60
	C. S. 25	1.87	小幺滩航道	C. S. 47	1.60
	C. S. 26	1.89		C. S. 48	1.61
	C. S. 27	1.92		C. S. 49	1.61
	C. S. 28	1.95		C. S. 50	1.61
	C. S. 29	1.92		C. S. 51	1.61
洗柴滩航道	C. S. 30	1.89		C. S. 52	1.61
	C. S. 31	1.87		C. S. 53	1.61
	C. S. 32	1.85		C. S. 54	1.61
	C. S. 33	1.82		C. S. 55	1.61
	C. S. 34	1.80		C. S. 56	1.61
	C. S. 35	1.78		C. S. 57	1.61
	C. S. 36	1.75		C. S. 58	1.61
	C. S. 37	1.74		C. S. 59	1.61
	C. S. 38	1.72		C. S. 60	1.61
	C. S. 39	1.71		C. S. 61	1.62
	C. S. 40	1.70		C. S. 62	1.61
	C. S. 41	1.68	港池内	C. S. 25	2.27
	C. S. 42	1.67		C. S. 26	2.29
	C. S. 43	1.65		C. S. 27	2.32
	C. S. 44	1.64		C. S. 28	2.35
	C. S. 45	1.62		—	—

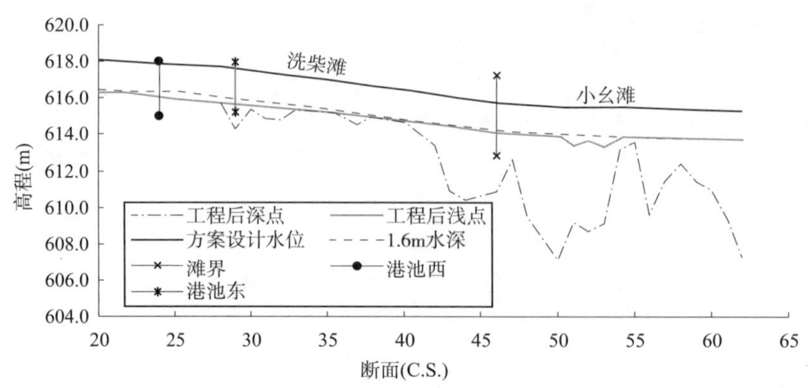

图 3.17　修改方案二设计流量下沿程水位与地形

3)水位与比降

表 3.18 为修改方案二不同流量河段对应水位,图 3.18 为比降流量关系曲线。

修改方案二沿程水位(单位:m)　　表 3.18

位　置	流　量　(m^3/s)						备　注
	112	305	391	490	924	2 000	
CL2	618.75	620.72	621.22	624.23	627.79	631.67	码头泊位
CL3	617.71	619.68	620.55	624.06	627.64	631.53	
CL4	616.87	619.28	620.25	623.88	627.38	631.25	滩界
CL5	615.72	618.98	620.05	623.74	627.15	630.99	
CL6	615.34	618.77	619.92	623.61	626.84	630.63	于龙洞滩尾

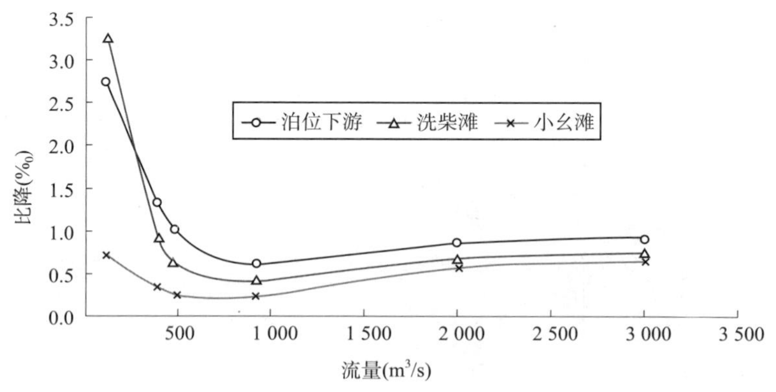

图 3.18　比降流量关系曲线

由图 3.18 和表 3.18 可见:

(1)泊位处水位(CL2)。设计水位(112m^3/s)618.75m,305m^3/s 流量 620.72m,391m^3/s 流量 621.22m,490m^3/s 流量 624.23m,924m^3/s 流量 627.79m,2 000m^3/s 流量 631.67m。

(2)泊位下游进港航道段(C.S.27～C.S.36)比降。1 000m^3/s 左右时最小,约为 0.86‰;

112m³/s 时比降最大，约为 2.77‰；流量介于 900～2 000m³/s 时，随流量增大而增大；2 000m³/s后变化不大，基本稳定在 0.9‰左右。

(3)洗柴滩航道段(C. S. 36～C. S. 46)比降。1 000m³/s 左右时最小，约为 0.4‰；112m³/s 时最大，约为 3.26‰；流量介于 900～2 000m³/s 时，比降随流量上升而增大；2 000m³/s 后变化不大，基本稳定在 0.7‰左右。

(4)小幺滩航道段(C. S. 46～C. S. 60)比降。1 000m³/s 左右时最小，约为 0.25‰；112m³/s时最大，约为 0.71‰；流量介于 112～2 000m³/s 时，比降随流量上升而增大；2 000m³/s后变化不大，基本稳定在 0.65‰左右。

4)流速

图 3.19 为乌江渡码头及其下游航槽内最大流速，图 3.20 为乌江渡码头附近不同流量下流场，表 3.19 为乌江渡码头及其下游滩段槽内最大流速，由图 3.19、图 3.20、表 3.19 可知：

(1)全河段。最大流速 3.40～3.50m/s；乌江渡进港航道段下游的洗柴滩河段和小幺滩下游河段，流量小于 2 000m³/s 时流速沿程变化幅度大；2 000～3 000m³/s 时流速沿程趋于一致，其中发乌江渡码头及其进港航道段略小。

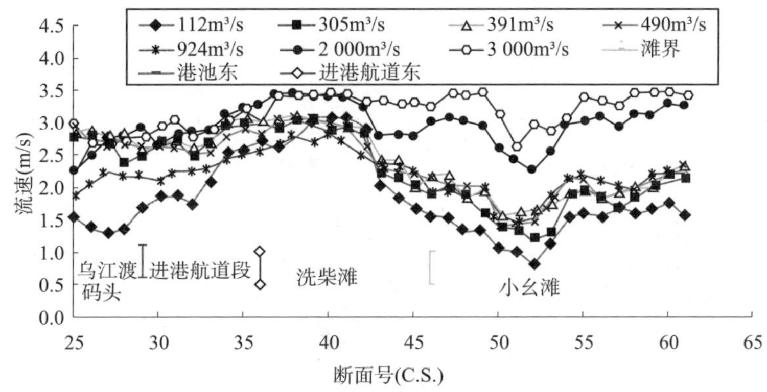

图 3.19　各级流量乌江渡港区下游航槽内最大表面流速

(2)乌江渡码头及其进港航道段。流量为 112m³/s 时流速最小，其中港区最小流速 1.25m/s；流量由 112m³/s 上升 305m³/s 时流速增加明显；流量介于 305～490m³/s 时流速变化不大，最大流速介于 2.99～3.06m/s；流量由 490m³/s 上升到 924m³/s 时流速减小明显，其中最大流速由 2.95m/s 减小为 2.57m/s；流量由 924m³/s 上升 2 000m³/s 时流速再次增加，流量大于 2 000m³/s 后流速变化不大，河段流速大小、沿程分布与 305～490m³/s 时基本一致。

(3)洗柴滩河段。C. S. 38～C. S. 42 处 924m³/s 时流速最小，C. S. 43～C. S. 46 处112m³/s 时流速最小；流量由 924m³/s 上升到 3 000m³/s 时流速增加，河段最大流速 3.47m/s，发生在 C. S. 38～C. S. 42 段。

(4)小幺滩河段：流速沿程分布表现为上下游大、中部小；流量为 112m³/s 时流速最小，最小流速 1.25m/s 发生在 C. S. 52 处；流量由 112m³/s 上升到 305m³/s 时流速增加明显；流量介于 305～924m³/s 时流速变化不大，最大流速介于 2.13～2.31m/s；流量由 924m³/s 上升到 3 000m³/s时流速大幅增加，沿程分布趋于均匀，其中 3 000m³/s 时最大流速 3.48m/s 发生在小幺滩尾部 C. S. 60 处。

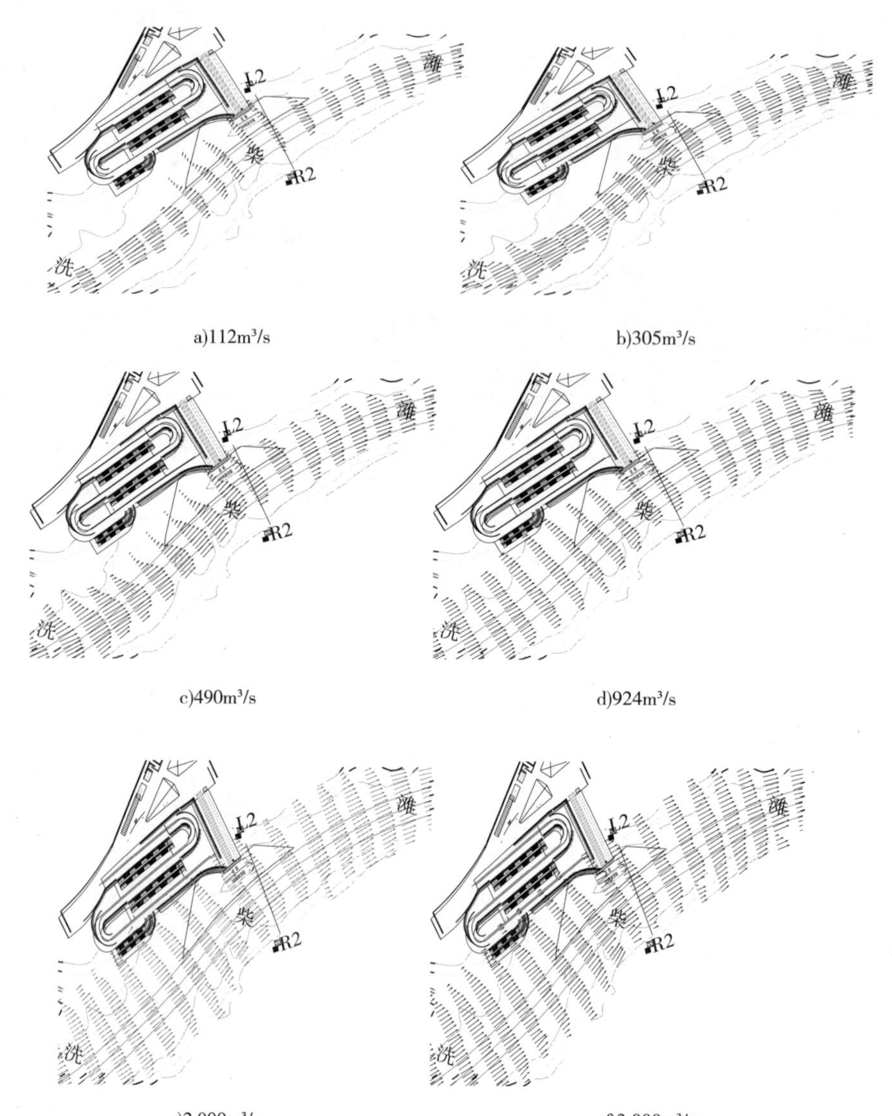

a)112m³/s　b)305m³/s　c)490m³/s　d)924m³/s　e)2 000m³/s　f)3 000m³/s

图 3.20　部分流量下乌江渡码头附近流场

各级流量乌江渡港区及其下游浅滩段航槽内最大表面流速　表 3.19

流量(m^3/s)		112	305	391	490	924	2 000	3 000
进港航道	流速(m/s)	2.70	2.99	3.06	2.95	2.57	3.27	3.18
	位置(C.S.)	36	36	35	35	36	36	36
洗柴滩	流速(m/s)	3.07	3.03	3.09	3.07	2.82	3.47	3.47
	位置(C.S.)	39	38	38	38	40	38	40
小幺滩	流速(m/s)	1.79	2.13	2.31	2.28	2.23	3.31	3.48
	位置(C.S.)	60	61	61	61	61	60	60

5)流态

流量为 112m³/s 时,流速港区明显小于上下游河段;港区上部、溪口下部水域水流位于开挖航槽内;港区下游航道左侧滩地淹没、右侧滩地出水;来自上游挖槽水域内水流进入港区水湾开始扩散,至泊位处水流主流基本扩散到泊位处,泊位上游近岸水域为缓流、回流区。

流量为 305m³/s 时,流速港区上游大、港区与下游河段基本一致;港区上部、溪口下部水域航道左侧滩地出水、右侧滩地淹没;港区下游航道两侧滩地均淹没;来自上游水流进入港区水湾开始扩散,水流主流基本扩散到泊位处,主流基本位于开挖航槽泊位中部。

流量为 490m³/s 时开挖航槽已完全处于水下;流速港区及其上游航道段略大于港区下游河段;港区上部、溪口下部水域近岸水域为回流缓流区,主流基本位于开挖航槽泊位中部。

流量为 924m³/s 时港区上部、溪口下部水域近岸水域回流缓流区消失,流速上下游、断面横向分布均匀,水流平顺。

流量为 2 000～3 000m³/s 时河道全断面过流,流速沿程分布表现为逐渐增加;流速横向分布,码头上游分布均匀,泊位及其下游左侧小、右侧大,码头近岸(包括泊位)处于相对流速较小的水域。

6)船舶上滩能力

将图 3.19 中比降和表 3.19 中流速绘入图 3.6,得到各级流量下船舶上滩能力曲线,图 3.21为乌江渡港区及进港航道段船舶上滩能力曲线,图 3.22 为洗柴滩船舶上滩能力曲线,图 3.23 为小幺滩船舶上滩能力曲线。

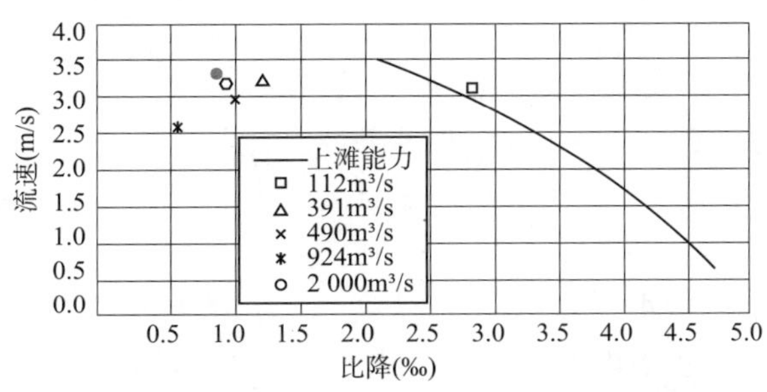

图 3.21　乌江渡港区及其进港航道上滩能力曲线

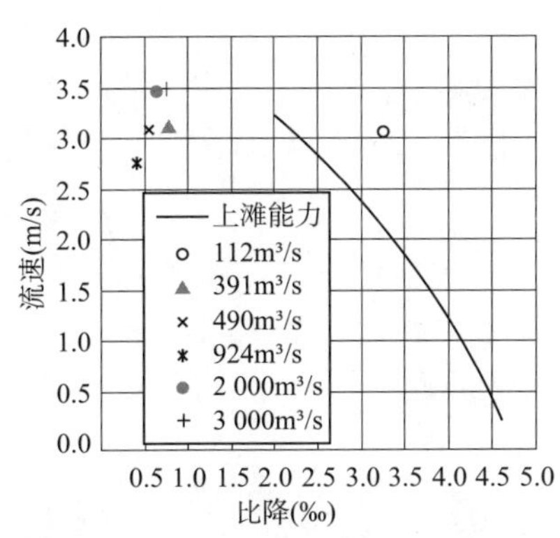

图 3.22　洗柴滩上滩能力曲线

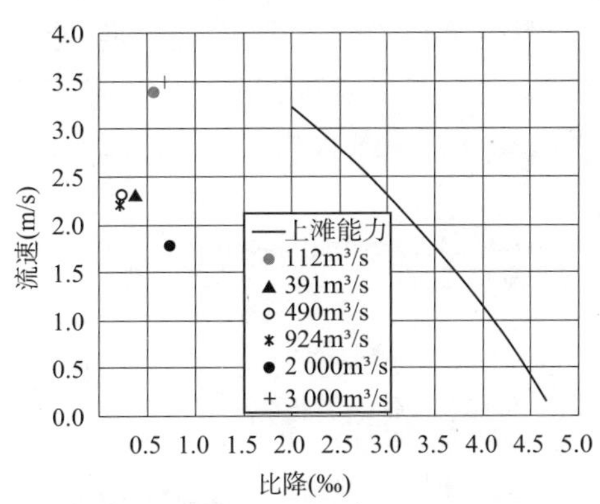

图 3.23　小幺滩上滩能力曲线

由图 3.21～图 3.23 可见，只有洗柴滩在 112m^3/s 时比降 3.26‰、流速 3.07m /s 绘点处于能力曲线上方，船舶上滩有一定难度，但结合乌江现有 500t 船舶航行情况，当流速不大于 3.5m/s，船舶通过自身动力调整，基本可自航上滩。

7)修改方案二研究成果评估

修改方案二模型试验结果表明：工程实施后，乌江渡码头及其下游洗柴滩、小幺滩河段航槽内的水深均可满足 1.6m 的航深要求，乌江渡码头港池内水深也可满足 2.0m 设计要求；各级流量下航槽内水流平顺，流速分布均匀，无不良流态；河段比降、流速在船舶航行能力曲线图上绘点，虽然洗柴滩在 112m^3/s 时比降 3.26‰、流速 3.07m/s 绘点处于能力曲线上方，但结合乌江现有 500t 船舶航行情况，当流速不大于 3.5m/s 时，船舶通过自身动力调整，基本可自航上滩。

3.5.5 试验成果综述

洗柴滩、小幺滩河段位于乌江渡铁路桥下游，滩首距乌江渡枢纽 4.0km，该河段又是构皮滩枢纽变动回水区末端，河段微弯狭窄，河段全长 3 500m，其中两滩长 1 700m。经对实测资料分析、实地考察和河工模型试验等的研究，得到结论如下。

(1)河段断面形态为 V 形，两岸为高山丘陵，河势稳定。河段内河床物质组成主要为基岩、礁石、大卵石，局部存在小卵石和粗沙，属混合底质以基岩为主的河床。受突嘴、石梁、礁石制约产生各种复杂的流态，航行水流条件恶劣。

(2)河工模型设计为正态，比尺为 1∶50。各级流量下水面线、流速分布模型验证试验取得的成果与实测资料比较，满足相关规程要求，表明物理模型设计合理，研究成果可信。

(3)天然状态河段滩性试验研究，分析了该河段设计流量下水深及多级流量的比降、流速和船舶上滩性能。研究表明，小幺滩因航宽不足碍航，为石质河床浅滩；洗柴滩水浅、流急，为石质河床急流浅滩，即该滩具有“浅”、“险”双重特性。

(4)初步设计方案试验研究表明，工程实施后港区河段、洗柴滩、尾部及小幺滩河段航道内的水深均不满足 1.6m 的设计航深要求。其中，港区航道上部(C.S.6)水深 1.22m、下部(C.S.15)水深 1.42m，小幺滩水深介于 0.8～1.1m，初设方案需进行优化。

(5)修改方案一试验研究表明，乌江渡码头紧邻铁路桥时，航道、港池水深难于满足设计要求，但洗柴滩 C.S.23～C.S.35 河段河道存在相对较深的深槽，航道水深可达 1.8～1.9m，特别是在 C.S.23～C.S.28 河段左岸的凹塘，河床高程基本在 618m，是天然的港湾，适合港区规划。

(6)修改方案二试验研究表明，乌江渡码头移至溪口下游左岸凹塘后，经进一步调整航道底坡，乌江渡码头及其下游航道满足设计航深 1.6m 的要求，港池内也满足 2.0m 的设计航深，该方案各级流量下航槽内水流平顺，流速分布均匀，无不良流态，船舶基本可自航上滩。

3.6 数学模型试验

3.6.1 平面二维非恒定流数学模型简介

1)平面直角坐标系下二维水流数学模型基本方程

水流连续方程

$$\frac{\partial H}{\partial t}+\frac{\partial uh}{\partial x}+\frac{\partial vh}{\partial y}=0 \tag{3.8}$$

水流运动方程

$$\frac{\partial u}{\partial t}+u\frac{\partial u}{\partial x}+v\frac{\partial u}{\partial y}=fv-g\frac{\partial h}{\partial x}-gu\frac{\sqrt{u^2+v^2}}{C^2H}+\nu_t\left(\frac{\partial^2 u}{\partial x^2}+\frac{\partial^2 u}{\partial y^2}\right) \tag{3.9}$$

$$\frac{\partial v}{\partial t}+u\frac{\partial v}{\partial x}+v\frac{\partial v}{\partial y}=-fu-g\frac{\partial h}{\partial y}-gv\frac{\sqrt{u^2+v^2}}{C^2H}+\nu_t\left(\frac{\partial^2 v}{\partial x^2}+\frac{\partial^2 v}{\partial y^2}\right) \tag{3.10}$$

式中：x、y、t——分别为平面坐标与时间；

H、h——分别为水位和水深；

u、v——分别为垂线平均流速在 x 和 y 方向上的分量；

C 与 ν_t——分别为阻力系数与紊动黏性系数。

2)区域转换方程

采用正交曲线网格，该网格既能贴合河道弯曲边界，同时克服了计算域长度宽度悬殊的困难。依照有势线和流线正交的机理，导出了以网格间距变化为调节因子的曲线坐标方程，依此生成的网格既能保持正交，又能控制网格的疏密。生成正交曲线网格的转换方程为

$$C_\eta^2 x_{\xi\xi}+C_\xi^2 x_{\eta\eta}+J^2(x_\xi P+x_\eta Q)=0 \tag{3.11}$$

$$C_\eta^2 y_{\xi\xi}+C_\xi^2 y_{\eta\eta}+J^2(y_\xi P+y_\eta Q)=0 \tag{3.12}$$

式中：ξ、η——变换平面坐标；

x、y——物理平面坐标；

C_ξ、C_η——分别为正交曲线坐标系中的拉梅系数。

$$C_\xi=\sqrt{x_\xi^2+y_\xi^2},C_\eta=\sqrt{x_\eta^2+y_\eta^2},J=C_\xi C_\eta,P=-\frac{1}{C_\xi^2}\frac{\partial(\ln R)}{\partial\xi},Q=\frac{1}{C_\eta^2}\frac{\partial(\ln R)}{\partial\eta},R=\sqrt{C_\xi/C_\eta}$$

3)新坐标系下水流运动基本方程

(1)新坐标系下水流运动基本方程。平面二维正交曲线坐标系下沿水深平均的零方程紊流模型控制方程为

连续方程

$$\frac{\partial h}{\partial t}+\frac{1}{C_\xi C_\eta}\left[\frac{\partial(C_\eta Hu)}{\partial\xi}+\frac{\partial(C_\xi Hv)}{\partial\eta}\right]=0 \tag{3.13}$$

动量方程

$$\begin{aligned}&\frac{\partial(Hu)}{\partial t}+\frac{1}{C_\xi C_\eta}\left[\frac{\partial}{\partial\xi}(C_\eta Huu)+\frac{\partial}{\partial\eta}(C_\xi Hvu)+Hvu\frac{\partial C_\xi}{\partial\eta}-Hv^2\frac{\partial C_\eta}{\partial\xi}\right]\\&=-\frac{gu\sqrt{u^2+v^2}}{C^2}-\frac{gH}{C_\xi}\frac{\partial h}{\partial\xi}+\frac{1}{C_\xi C_\eta}\left[\frac{\partial}{\partial\xi}(C_\eta H\sigma_{\xi\xi})+\frac{\partial}{\partial\eta}(C_\xi H\sigma_{\eta\xi})+H\sigma_{\xi\eta}\frac{\partial C_\xi}{\partial\eta}-H\sigma_{\eta\eta}\frac{\partial C_\eta}{\partial\xi}\right]\end{aligned} \tag{3.14}$$

$$\begin{aligned}&\frac{\partial(Hv)}{\partial t}+\frac{1}{C_\xi C_\eta}\left[\frac{\partial}{\partial\xi}(C_\eta Huv)+\frac{\partial}{\partial\eta}(C_\xi Hvv)+Huv\frac{\partial C_\eta}{\partial\eta}-Hu^2\frac{\partial C_\eta}{\partial\eta}\right]\\&=-\frac{gv\sqrt{u^2+v^2}}{C^2}-\frac{gH}{C_\eta}\frac{\partial h}{\partial\eta}+\frac{1}{C_\xi C_\eta}\frac{\partial}{\partial\xi}(C_\eta H\sigma_{\xi\eta})+\frac{\partial}{\partial\eta}(C_\xi H\sigma_{\eta\eta})+H\sigma_{\eta\xi}\frac{\partial C_\eta}{\partial\xi}-H\sigma_{\xi\xi}\frac{\partial C_\xi}{\partial\eta}\Big]\end{aligned} \tag{3.15}$$

式中：　u、v——分别为 ξ 和 η 方向流速分量；

h——水深；

H——水位；

g——重力加速度；

C——谢才系数；

$\sigma_{\xi\xi}$、$\sigma_{\eta\eta}$、$\sigma_{\xi\eta}$、$\sigma_{\eta\xi}$——分别为应力项。

表达式分别为

$$\begin{cases}\sigma_{\xi\xi}==2v_t\left[\dfrac{1}{C_\xi}\dfrac{\partial u}{\partial\xi}+\dfrac{v}{C_\xi C_\eta}\dfrac{\partial C_\xi}{\partial\eta}\right]\\ \sigma_{\eta\eta}==2v_t\left[\dfrac{1}{c_\eta}\dfrac{\partial v}{\partial\eta}+\dfrac{u}{C_\xi C_\eta}\dfrac{\partial C_\eta}{\partial\xi}\right]\\ \sigma_{\xi\eta}=\sigma_{\eta\xi}=v_t\left[\dfrac{C_\eta}{C_\xi}\dfrac{\partial}{\partial\xi}\left(\dfrac{v}{C_\eta}\right)+\dfrac{C_\xi}{C_\eta}\dfrac{\partial}{\partial\eta}\left(\dfrac{u}{C_\xi}\right)\right]\end{cases} \tag{3.16}$$

式中：v_t——紊动黏性系数。

$$v_t=\alpha u_* h, u_*=\sqrt{ghj} \tag{3.17}$$

（2）水流基本方程的离散及求解。新坐标系下水流运动基本方程较笛卡尔坐标系下复杂，但式（3.13）～式（3.17）可表示成如下统一形式

$$\frac{\partial(C_\eta Hu\Phi)}{\partial\xi}+\frac{\partial(C_\xi Hv\Phi)}{\partial\eta}=\frac{\partial}{\partial\xi}\left(\Gamma_\Phi H\frac{C_\eta}{C_\xi}\frac{\partial\Phi}{\partial\eta}\right)+\frac{\partial}{\partial\eta}\left(\Gamma_\Phi H\frac{C_\xi}{C_\eta}\frac{\partial\Phi}{\partial\eta}\right)+S_\Phi \tag{3.18}$$

对应于各方程主要差别体现在源项 S_Φ 上，源项是因变量的函数，为了使计算收敛或加快收敛，需对源项进行负坡线性化处理，即 $S_\Phi=S_p\Phi_p+S_c$，$S_p\leqslant0$ 各方程负坡线性化处理后的 S_p、S_c。

将式（3.18）在交错网格结点的控制体积内积分，并代入连续方程，得到同时满足连续方程的离散形式

$$\alpha_p\Phi_p=\alpha_E H_e\Phi_E+\alpha_W H_w\Phi_W+\alpha_N H_n\Phi_N+\alpha_S H_s\Phi_S+b \tag{3.19}$$

其中

$$\begin{aligned}&\alpha_E=D_eA(|P_e|)+\max(-F_e,0), \alpha_W=D_wA(|P_w|)+\max(F_w,0)\\&\alpha_N=D_nA(|P_n|)+\max(-F_n,0), \alpha_S=D_sA(|P_s|)+\max(F_s,0)\\&\alpha_p=H_e\alpha_E+H_w\alpha_W+H_n\alpha_N+H_s\alpha_S-S_p\Delta\xi\Delta\eta, b=S_c\Delta\xi\Delta\eta\\&P=F/D, A(P)=\max[0,(1-0.1P^5)]\end{aligned} \tag{3.20}$$

式中：F、D——分别为对流强度和扩散率。

$$F_e=(uC_\eta)_e\Delta\eta, F_w=(uC_\eta)_w\Delta\eta, F_n=(vC_\xi)_n\Delta\xi, F_s=(vC_\xi)_s\Delta\xi$$

$$D_e=\left(\Gamma\frac{C_\eta}{C_\xi}\right)_e\frac{\Delta\eta}{\Delta\xi_e}, D_w=\left(\Gamma\frac{C_\eta}{C_\xi}\right)_w\frac{\Delta\eta}{\Delta\xi_w}, D_n=\left(\Gamma\frac{C_\xi}{C_\eta}\right)_n\frac{\Delta\xi}{\Delta\eta_n}, D_s=\left(\Gamma\frac{C_\xi}{C_\eta}\right)_s\frac{\Delta\xi}{\Delta\eta_s}$$

式中：u_e、u_W、v_n、v_s——分别为控制体垂直面上的速度；

Γ_e、Γ_w、Γ_n、Γ_s——分别为控制面上紊动扩散系数；

C_ξ、C_η——分别为布置在主网格点上、动量网格点上，C_ξ、C_η 采用相邻自然网格点线性插值；

$\Delta\xi_e$、$\Delta\xi_w$、$\Delta\eta_n$、$\Delta\eta_s$——分别为相邻节点距离，交错网格和各物理量的控制可参照矩形网格下的示意图。

离散方程式(3.19)只有在水位分布给定以后才能求解,若给定的水位不正确,计算出的速度场不满足连续方程。在计算水位时采用 Patanker 水深校正法。令 $u=u^{*}+u'$,$v=v^{*}+v'$,$h=h^{*}+h'$,u'、v'及 h'为速度和水深校正值,u^{*},v^{*}用 h^{*}代入动量方程求出的速度值,即

$$\alpha_{e}u_{e}^{*}=\sum\alpha_{nb}^{u}H_{nb}^{u}u_{nb}^{*}+b_{e}+g\,(C_{\eta}H)_{e}(h_{p}^{*}-h_{E}^{*})\Delta\eta \tag{3.21}$$

$$\alpha_{n}v_{n}^{*}=\sum\alpha_{nb}^{v}H_{nb}^{v}v_{nb}^{*}+b_{n}+g\,(C_{\xi}H)_{n}(h_{p}^{*}-h_{N}^{*})\Delta\xi \tag{3.22}$$

同理可写出 u_{w}、v_{s} 的类似表达式,在离散的连续方程中代入 u、v 可得到水深校正方程,即

$$\alpha'_{p}h'_{p}=\alpha'_{E}h'_{E}+\alpha'_{W}h'_{w}+\alpha'_{N}h'_{w}+\alpha'_{s}h'_{s}+B \tag{3.23}$$

其中

$$\alpha'_{E}=g(C_{\eta}H\Delta\eta)_{e}^{2}/(\alpha_{e}-\sum\alpha_{nb}^{u}H_{nb}^{u}),\alpha'_{W}=g(C_{\eta}H\Delta\eta)_{w}^{2}/(\alpha_{w}-\sum\alpha_{nb}^{u}H_{nb}^{u})$$

$$\alpha'_{N}=g(C_{\xi}H\Delta\xi)_{n}^{2}/(\alpha_{n}-\sum\alpha_{nb}^{v}H_{nb}^{v}),\alpha'_{S}=g(C_{\xi}H\Delta\xi)_{s}^{2}/(\alpha_{s}-\sum\alpha_{nb}^{v}H_{nb}^{v})$$

$$B=[(C_{\eta}Hu^{*})_{w}-(C_{\eta}Hu^{*})_{e}]\Delta\eta+[(C_{\xi}Hv)_{s}-(C_{\xi}Hv^{*})_{n}]\Delta\xi+\frac{C_{\xi}C_{\eta}\Delta\xi\Delta\eta(h_{p}^{*}-h_{p})}{\Delta t}$$

求得水位格点上水深校正值后可进行水深和速度校正

$$h_{p}=h_{p}^{*}+h'_{p} \tag{3.24}$$

$$u_{e}=u_{e}^{*}+\frac{g\,(HC_{\eta})_{e}\Delta\eta}{\alpha_{e}-\sum\alpha_{nb}^{u}H_{nb}^{u}}(h'_{p}-h'_{E}) \tag{3.25}$$

$$u_{w}=u_{w}^{*}+\frac{g\,(HC_{\eta})_{w}\Delta\eta}{\alpha_{w}-\sum\alpha_{nb}^{u}H_{nb}^{u}}(h'_{p}-h'_{W}) \tag{3.26}$$

$$v_{n}=v_{n}^{*}+\frac{g\,(HC_{\xi})_{n}\Delta\xi}{\alpha_{n}-\sum\alpha_{nb}^{V}H_{nb}^{V}}(h'_{p}-h'_{N}) \tag{3.27}$$

$$v_{s}=v_{s}^{*}+\frac{g\,(HC_{\xi})_{s}\Delta\xi}{\alpha_{s}-\sum\alpha_{nb}^{V}H_{nb}^{V}}(h'_{p}-h'_{S}) \tag{3.28}$$

求解离散方程式(3.19)时采用 Patanker 和 Spalding 给出的欠松弛技术、块校正技术及逐行扫描的 ADI 法。

整个水流计算步骤为:

①根据已知条件及经验确定初始水位场 h^{*};

②求解动量离散方程式(3.21)、式(3.22),得 u^{*}、v^{*};

③计算式(3.23)中 B,检验 u^{*}、v^{*}是否满足连续方程,若满足则执行步骤 e,否则继续下一步;

④求解水深校正方程式(3.23),得 h';

⑤由式(3.24)~式(3.28)得到 h、u 和 v;

⑥计算紊动黏性系数分布;

⑦将校正后的水位作为新的估计值,返回步骤 2。

(3)平面二维水流计算有关问题的处理

①各物理量初始场的设定。初始水位场可利用计算域上、下边界水位和纵向网格间距进行线性插值,在横向上可以不考虑横比降。对于初始速度场,一般设定 $u=v=0$。

②边界条件。水流运动方程必须在一定的定解条件(初始条件和边界条件)下才能构成定

解问题，并得到求解，其中边界条件尤为重要，边界条件是否合理，直接影响计算的精度和稳定性。

在河道水流计算中，通常有入流边界、出流边界、闭边界和自由面边界。

③入流进口水流边界条件。对进口边界条件需确定水流的流速（或单宽流量）等所有的水流参数，本模型给定上游来水条件，即流量的大小。

④出口水流边界条件。计算域的出流在出口边界，一般来说，出口边界给出水位过程线和流速（单宽流量）过程线。上述两个条件最好给出，但在实际计算中，流速条件往往不易给出。因此，可以放弃流速边界条件，这是因为在正确的水位边界条件控制下，流速会由地形逐步调整。

⑤闭边界。在闭边界上，根据流体在闭边界上不可穿越的原理，在不考虑渗透的情况下，我们可以认为闭边界的法向流速为 0，而沿切线方向的流速非 0，也称为滑动边界。严格地说，实际流体是黏性的，因此，水体与固体边界是滑动的，即根据水流的无滑动原理，流体在闭边界上的切向流速也为 0。但在实际计算中，由于我们不可能将边界节点取在实际边界上（即水深为 0 处），所以，在闭边界上，特别是在水深变化剧烈的地方，如狭窄水道，应用水流无滑动条件往往得不到令人满意的结果。一般情况下，我们认为这些闭边界切向流速不为 0，在某些特殊情况下，可以采用流速壁函数作为边界条件。

（4）移动边界的处理。河道中的边滩和江心洲等随水位波动其边界位置也发生相应调整。在计算中精确地反映边界位置是比较困难的，不同水位和流量下边界采用“冻结”技术进行处理，即将露出单元的河床高程降至水面以下，并预留薄水层水深，同时更改其单元的糙率（n 取 10^{30} 量级），使得露出单元 u、v 计算值自动为 0，水位冻结不变，这样就将复杂的移动边界问题处理成固定边界问题。

（5）水流方程计算时间步长的选择。模型采用守恒性较好的控制体积法离散水流方程，该计算模式具有较好的稳定性。水流方程组迭代计算时间步长 $\Delta t=1\text{s}$。

3.6.2 数学模型的建立与验证

1）模型建立

图 3.24 为模拟河段平面示意图。模型上起贵国道 201 西桥（上距乌江渡水电站 2.5km），下至于龙洞滩尾部，河段全长 4km。

计算网格为正交曲线，纵、横向网格线分别布置了 80 条和 400 条。在网格布置时，进行复杂河段加密断面、顺直河段断面相对略疏处理，网格示意图见图 3.25。

2）模型验证与校验

（1）验证与糙率率定。河工模型对河段水流边界特征进行了详细调查分析，并对 108m^3/s、322m^3/s、391m^3/s、490m^3/s、924m^3/s 五级流量的实测资料进行了验证，数学模型亦采用此五级流量进行水位、断面流速分布的验证，并确定河段糙率。表 3.20 为水位验证成果，图 3.26 为各级流量下测流断面流速计算与实测比较，由图 3.26 和表 3.20 可见，水位计算与实测的偏差在 ±0.05m 以内，断面流速大小及沿断面分布计算与实测基本一致。通过上述模拟研究，得到该河段的河道曼宁糙率基本介于 0.03～0.05。

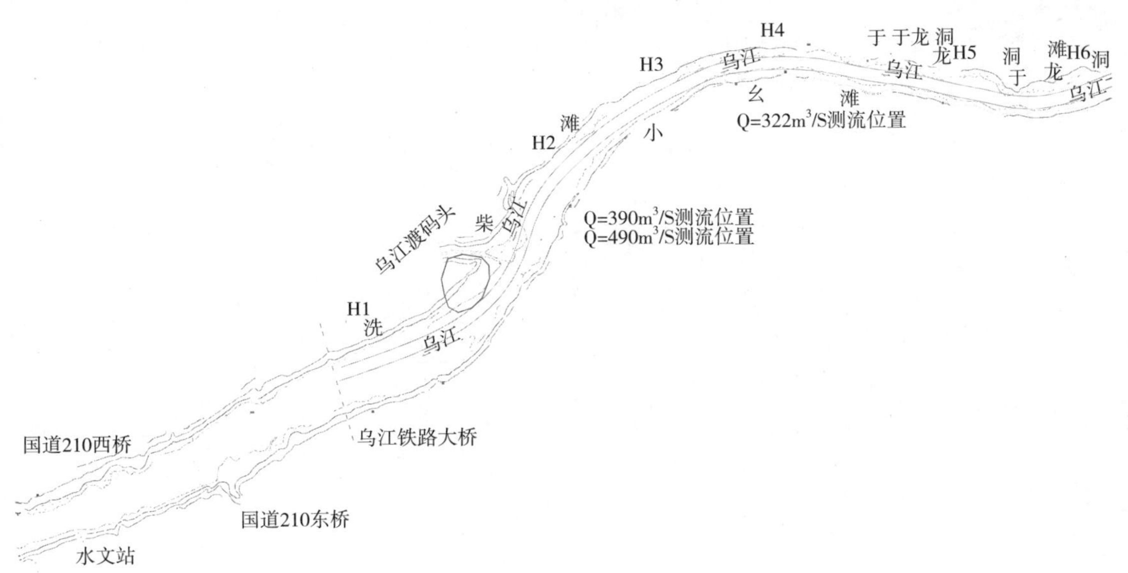

图 3.24　河道平面示意图

图 3.25　小幺滩于龙洞滩交界河段计算网格布置示意图

沿程水位计算与实测比较(单位:m)　　　　表 3.20

序号	流量(m^3/s)	类别	水尺位置						
			水文站	1	2	3	4	5	6
1	108	实测	622.02	620.85	618.64	617.85	617.69	617.54	617.50
		计算	622.01	620.89	618.66	617.87	617.65	617.56	617.48
		偏差	−0.01	0.04	0.02	0.02	−0.04	0.02	−0.02

续上表

序号	流量 (m^3/s)	类别	水尺位置						
			水文站	1	2	3	4	5	6
2	322	实测	622.91	621.79	620.53	620.30	620.05	619.89	619.78
		计算	622.91	621.82	620.51	620.29	620.05	619.90	619.75
		偏差	0.00	0.03	−0.02	−0.01	0.00	0.01	−0.03
3	390	实测	623.17	622.01	620.79	620.55	620.30	620.08	619.91
		计算	623.16	622.02	620.78	620.55	620.28	620.08	619.91
		偏差	−0.01	0.01	−0.01	0.00	−0.02	0.00	0.00
4	490	实测	623.50	622.37	621.59	621.32	621.10	620.81	620.67
		计算	623.50	622.38	621.59	621.34	621.07	620.84	620.67
		偏差	0.00	0.01	0.00	0.02	−0.03	0.03	0.00
5	924	实测	625.50	625.06	624.72	624.69	624.39	624.20	624.07
		计算	625.52	625.11	624.77	624.67	624.38	624.19	624.08
		偏差	0.02	0.05	0.05	−0.02	−0.01	−0.01	0.01

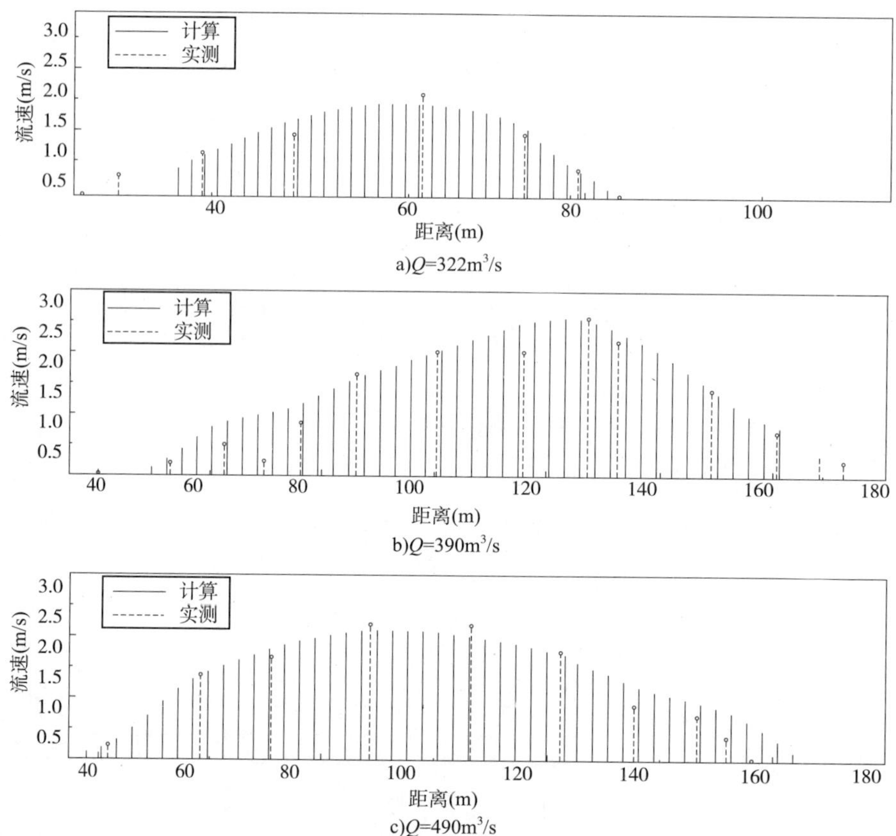

图 3.26　测流断面流速计算与实测比较

(2)水流传递校验。2010年4月12日～4月15日期间，乌江渡下游河段进行了逐时水面线观测，其中乌江渡水文站和于龙洞水尺位于模拟河段内，校验计算选用水位变幅较大的2010年4月13日7:00～4月14日23:00历时42h水位流量过程，图3.27和表3.21为校验计算成果。最大水位偏差0.08m，水位变化过程计算和实测吻合良好，表明模型可准确模拟乌江渡水电站非均匀泄流引起的水流运动特征。

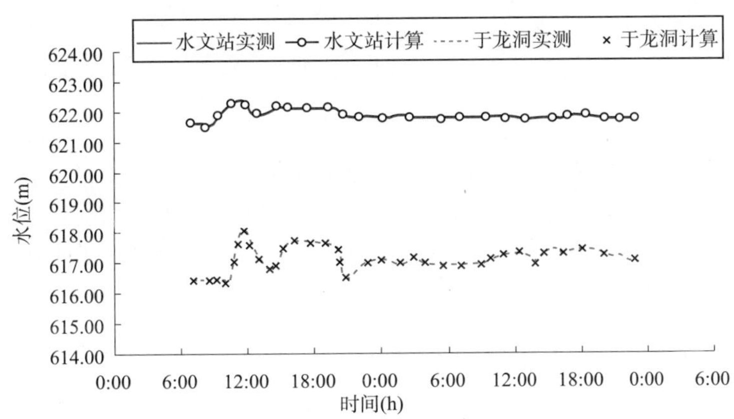

图3.27　乌江渡水文站、于龙洞水尺水位历时变化图

乌江渡水文站水位变化校验成果(单位:m)　　表3.21

时　间	实测	计算	偏差	时　间	实测	计算	偏差
2010年4月13日7:00	621.77	621.77	0.00	2010年4月13日23:00	622.03	622.01	−0.02
2010年4月13日8:00	621.77	621.76	−0.01	2010年4月14日0:00	622.09	622.08	−0.01
2010年4月13日9:00	621.77	621.76	−0.01	2010年4月14日1:00	621.94	621.95	0.01
2010年4月13日10:00	622.13	622.10	−0.03	2010年4月14日2:00	622.08	622.05	−0.03
2010年4月13日11:00	622.48	622.53	0.05	2010年4月14日3:00	621.96	621.96	0.00
2010年4月13日12:00	622.38	622.46	0.08	2010年4月14日4:00	621.95	621.94	−0.01
2010年4月13日13:00	621.95	622.01	0.06	2010年4月14日5:00	621.95	621.94	−0.01
2010年4月13日14:00	622.16	622.15	−0.01	2010年4月14日6:00	621.95	621.94	−0.01
2010年4月13日15:00	622.35	622.39	0.04	2010年4月14日7:00	621.95	621.94	−0.01
2010年4月13日16:00	622.26	622.32	0.06	2010年4月14日8:00	621.95	621.94	−0.01
2010年4月13日17:00	622.26	622.31	0.05	2010年4月14日9:00	621.95	621.94	−0.01
2010年4月13日18:00	622.26	622.31	0.05	2010年4月14日10:00	622.08	622.06	−0.02
2010年4月13日19:00	622.26	622.31	0.05	2010年4月14日11:00	622.08	622.07	−0.01
2010年4月13日20:00	622.22	622.27	0.05	2010年4月14日12:00	622.09	622.08	−0.01
2010年4月13日21:00	621.94	621.97	0.03	2010年4月14日13:00	621.97	621.97	0.00
2010年4月13日22:00	621.94	621.93	−0.01	2010年4月14日14:00	621.97	621.96	−0.01

续上表

时　间	实测	计算	偏差	时　间	实测	计算	偏差
2010年4月14日15:00	622.03	622.01	−0.02	2010年4月14日20:00	622.07	622.06	−0.01
2010年4月14日16:00	622.00	621.99	−0.01	2010年4月14日21:00	621.93	621.93	0.00
2010年4月14日17:00	622.16	622.15	−0.01	2010年4月14日22:00	621.90	621.89	−0.01
2010年4月14日18:00	622.10	622.10	0.00	2010年4月14日23:00	621.90	621.88	−0.02
2010年4月14日19:00	622.07	622.07	0.00				

上述计算成果表明，模型计算精度满足《内河航道与港口水流泥沙模拟技术规程》(JTJ/T 232—2001)[8]和《通航建筑物水力学模拟技术规程》(JTJ/T 235—2003)[9]的要求，计算成果基本正确模拟了天然河道水流运动特征，模型可用于模拟乌江渡泄流对洗柴滩、小幺滩河段通航水流条件影响的计算。

3.6.3 工程前通航水流条件

通航水流条件包括水深、比降、流速大小和流态等，水深条件主要指设计最低通航水位下水深能否满足通航要求；比降、流速大小和流态问题则囊括设计最低通航水位至设计最高通航水位之间所有来流条件。

洗柴滩、小幺滩河段航道设计尺度为1.6m×30m×330m(航深×航宽×曲率半径)(单向航道)，最低通航流量为112m³/s，于龙洞处最低通航水位为617.50m。采用前文率定糙率进行计算。

图3.28为模拟河段河道中心线地形和最低通航水位沿程变化，由图3.28可见：

(1)水面比降，210国道东桥上游和小幺滩下游水面平缓，乌江渡码头所在的洗柴滩河段比降较大，210国道东桥至洗柴滩下游1.37km长河段，水位降落3.56m，水面平均比降2.6‰。

(2)根据设计，航道设计水深1.6m，航道开挖至川黔铁路乌江大桥下游。结合河道平面地形分析，小幺滩、龙洞河段设计水位下水深大于1.6m设计标准，河段碍航表现为“航宽不足”；乌江渡码头所在的洗柴滩河段几乎全线航深不满足设计要求，其中乌江渡码头下游和洗柴滩尾部航中线河底高程几乎平设计水位。

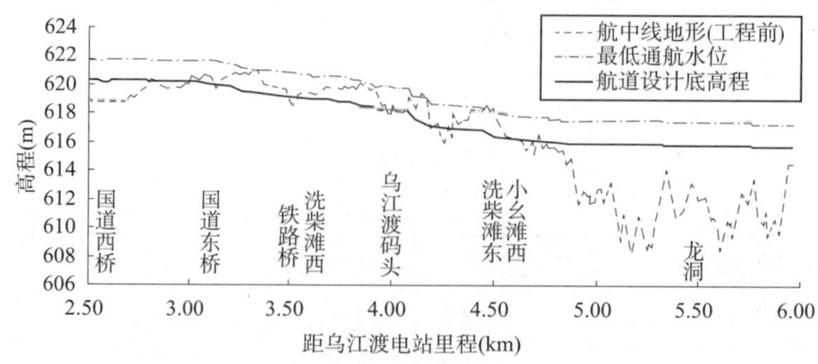

图3.28　航中线地形最低通航水位剖面图

3.7 施工图设计方案试验

3.7.1 施工图设计方案乌江渡码头港区恒定流水流特性

1)计算条件

(1)工程布置。根据《乌江(乌江渡—龚滩)航运建设工程遵义港区乌江渡码头施工图设计》,乌江渡码头(与水流模拟计算)相关参数如下。

码头长度:234.80m

港区设计水深:2.00m

航道宽度:30.00m

航道水深:1.60m

航道曲率半径:330m

图 3.29 为乌江渡码头平面设计。

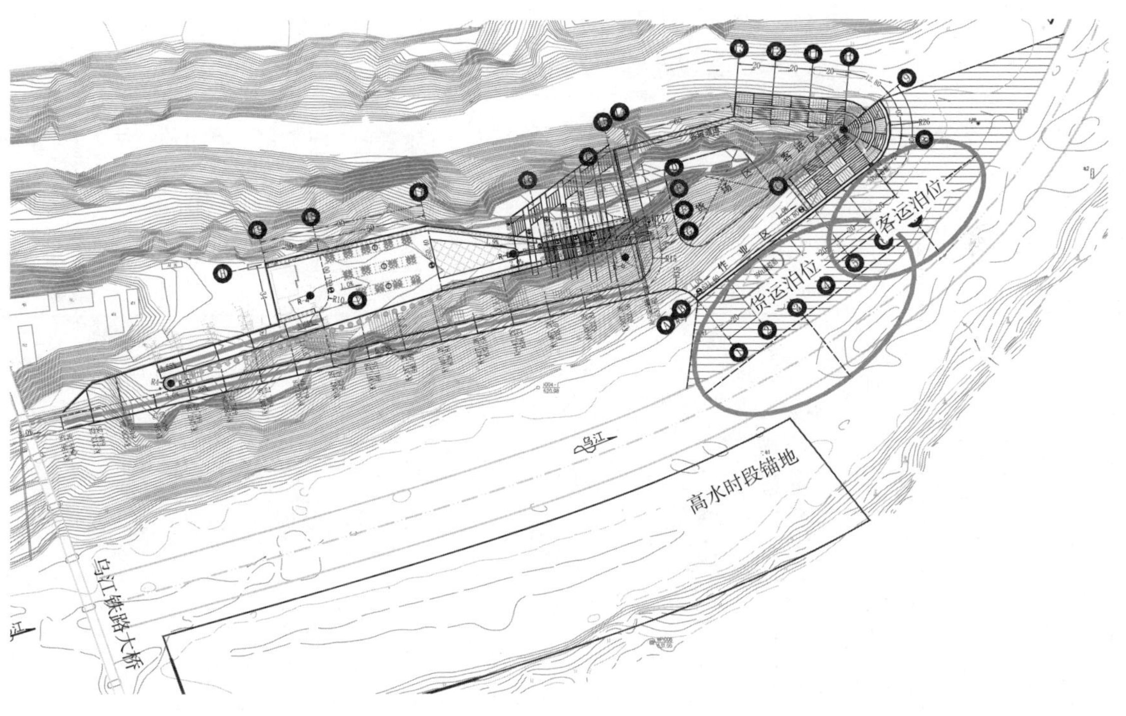

图 3.29　乌江渡码头平面设计

(2)恒定流水位流量。河道节点水位主要受下游河段控制,目前下游河段航道治理已进入施工阶段,为此洗柴滩—小幺滩河段航道治理研究在下游工程竣工条件下进行。下游航道整治工程竣工后,模型下游于龙洞处水位列于表 3.22。

数值模拟选用特征流量及工程后于龙洞水尺水位　　表 3.22

序　号	流量(m^3/s)	于龙洞水位(m)	备　注
1	112	616.02	最低通航流量
2	490	619.87	2 台机组满发
3	924	623.54	实测中水期流量
4	2 000	626.68	中洪水
5	5 242	637.60	两年一遇洪水
6	7 660	644.75	五年一遇洪水,最高通航流量

(3)船舶进港能力评估方法。船舶上滩能力评估同第 3.4.3 节讲述的船舶上滩能力评估方法。

2)设计低水位与挖槽底高程确定

乌江渡码头建设是乌江渡枢纽—构皮滩枢纽河段航道治理工程组成部分。对于河道节点某流量下水位,主要受下游河段控制,为此在进行乌江渡码头处设计低水位确定研究时,下游(于龙洞处)水位采用下游工程实施后值 616.02m。考虑洗柴滩、小幺滩河段为"石质"河床碍航浅滩,确定航道治理的基本原则为"疏炸结合",经多次计算,得到满足设计要求的航道、港池疏浚参数,表 3.23 给出了图 3.29 平面设计方案的航道港池疏挖参数。

工程后航中线水位、地形纵剖面　　表 3.23

河段	铁路桥—乌江渡码头	乌江渡码头		乌江渡下洗柴滩	小幺滩	于龙洞河段
		航道	港池			
底坡(‰)	2.50	0.0	0.0	2.50	0.87	0.87～0.25
高程(m)		616.5	616.05			
备注	航宽:30m,边坡:1∶1。					

图 3.30 为工程后航中线水位、地形纵剖面。乌江渡码头及其下游河段航深全部达到 1.6m 要求,乌江渡码头港池水深大于 2.0m,也满足设计要求。

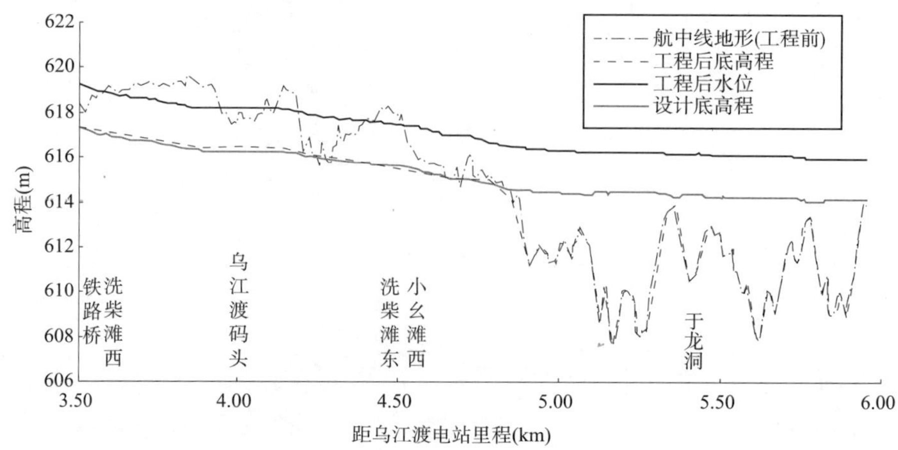

图 3.30　工程后航中线水位、地形纵剖面

3)港区通航水流条件

共模拟计算了6级流量,来流与水位控制参数见表3.24。

港区各级流量下水位与比降　　表3.24

序　号	流　量		码头水位(m)	码头下部比降(‰)
	流量(m^3/s)	来流特征		
1	112	最低通航流量	618.24	3.29
2	490	两机组满发	621.13	1.11
3	924	实测中水期流量	624.38	0.61
4	2 000	中洪水	627.79	1.03
5	5 242	两年一遇洪水	638.84	0.96
6	7 660	五年一遇洪水最高通航流量	645.93	1.00

(1)水位比降。图3.31为河段沿程水位,表3.24为港区水位与比降,由图3.31和表3.24可见:

①码头水域最低通航水位、两年一遇水位、最高通航(五年一遇)水位分别为618.24m、638.84m、645.93m。

②枯水期比降较大,最低设计流量($112m^3/s$)时比降为3.29‰,2台机组满发流量($490m^3/s$)时比降为1.11‰;流量在$1\ 000m^3/s$时比降最小,比降为0.61‰;流量大于$2\ 000m^3/s$后比降较为稳定,基本在1.00‰左右。

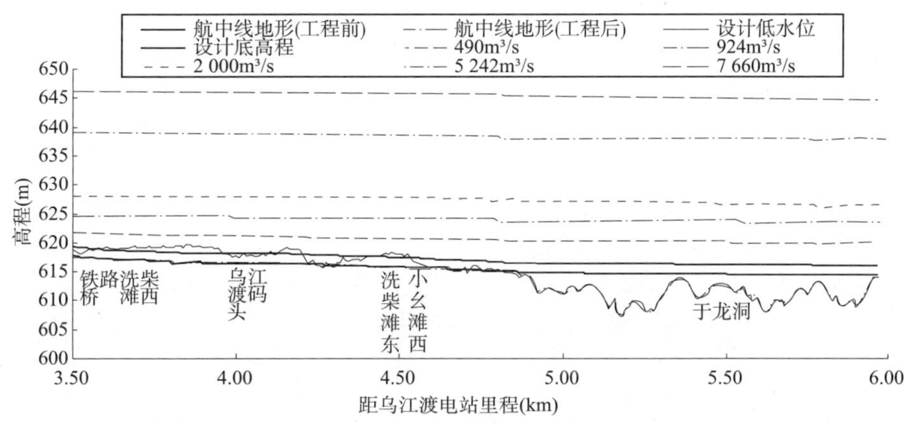

图3.31　乌江渡下游近坝河段各级流量下沿程水位

(2)流速与流态。图3.32和表3.25分别为港区流速分布图与表,由图3.32和表3.25可见:

①泊位处流速。流速随流量的上升而加大,最大流速出现在客运泊位下段,流速为2.37m/s。

②航中线处流速。港区上端,流量由$112m^3/s$上升到$924m^3/s$时流速递减,流量由$924m^3/s$上升到$7\ 660m^3/s$时,流速具有逐渐增加趋势,即$924m^3/s$时流速最小;港区下端流量为$112m^3/s$时流速最小。

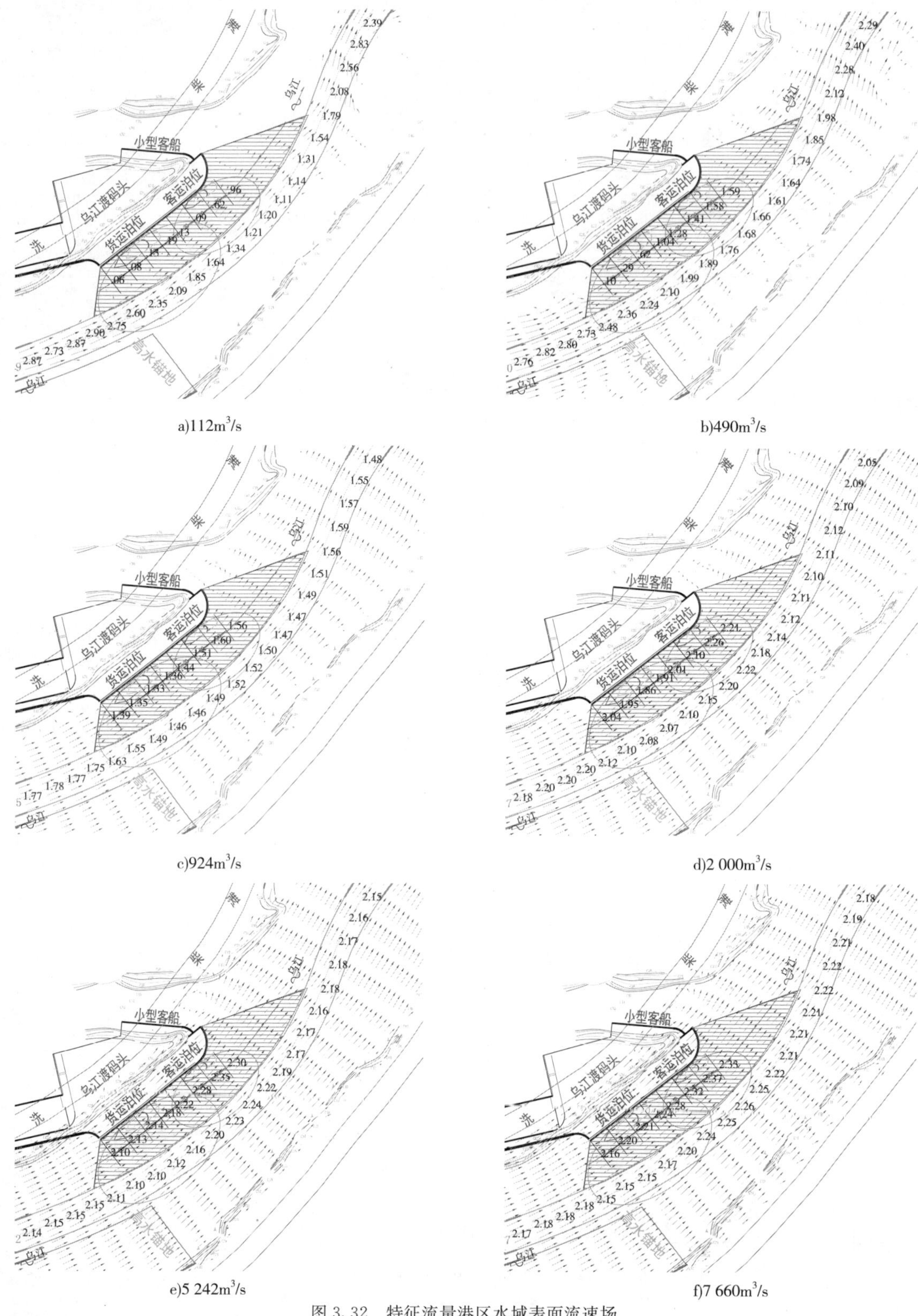

a)112m³/s　b)490m³/s　c)924m³/s　d)2 000m³/s　e)5 242m³/s　f)7 660m³/s

图 3.32　特征流量港区水域表面流速场

港区水域表面流速　　表 3.25

位置	距码头西端距离(m)	流　量　(m^3/s)					
		112	490	924	2 000	5 242	7 660
距码头前沿20m	0	0.06	0.10	1.39	2.04	2.10	2.16
	20	0.08	0.29	1.35	1.95	2.13	2.20
	40	0.13	0.62	1.33	1.86	2.14	2.21
	60	0.19	1.04	1.36	1.91	2.18	2.24
	80	0.13	1.28	1.44	2.01	2.22	2.28
	100	0.09	1.41	1.51	2.10	2.28	2.32
	120	0.62	1.58	1.50	2.26	2.35	2.37
	140	0.96	1.59	1.56	2.21	2.30	2.33
航中线	0	2.60	2.36	1.55	2.10	2.10	2.15
	20	2.35	2.24	1.49	2.08	2.10	2.15
	40	2.09	2.10	1.46	2.07	2.12	2.17
	60	1.85	1.99	1.46	2.10	2.16	2.20
	80	1.64	1.89	1.49	2.15	2.20	2.24
	100	1.34	1.76	1.52	2.20	2.23	2.25
	120	1.21	1.68	1.52	2.22	2.24	2.26
	140	1.20	1.66	1.50	2.18	2.19	2.25
港池下部最大		2.83	2.40	1.59	2.12	2.18	2.22

③通航最低流量 112m^3/s 时，水流完全归入开挖航槽与港池水域，上游来自开挖航槽的水流至港池开挖区开始向泊位水域扩散，但至泊位末端水流也未能扩散到泊位处，泊位水域为弱回流区。航中线流速表现为沿程递减，其中港区开挖起点上部流速为 2.90m/s，开挖起点后为 2.75m/s，泊位末端为 1.20m/s。

④乌江渡枢纽电厂 2 台机组满发流量 490m^3/s 时，水流略有出槽，但如果港池不开挖，水边线距码头前沿约 20m，泊位处地形出水。上游来流至港池开挖区开始向泊位水域扩散，至客运泊位中部水流扩散到码头前沿，货运泊位水域仍处于回流区。航中线流速表现为沿程递减，其中港区开挖起点上部流速为 2.80m/s，开挖起点后为 2.48m/s，泊位末端为 1.61m/s；泊位外侧（距码头前沿 20m，下同）最大流速 1.59m/s。

⑤流量为 924m^3/s 时，水边线已上升至距码头前沿位置，沿江港区水流平顺，流态良好，泊位处已无回流。港区沿程流速分布均匀，其中，航中线流速介于 1.45～1.60m/s，泊位外侧流速介于 1.35～1.50m/s。

⑥流量为 2 000m^3/s 时，在“航道港池开挖增加过流面积”和“填筑码头平台减小过流面积”的双重作用下，码头作用段流速与上下游流速大小基本一致。该流量基本为分界流量，当来流小于 2 000m^3/s 时，流速码头作用段小于上下游（见上文），当来流大于 2 000m^3/s 时，流速码头作用段大于于上下游（见下文）。港区沿江水流平顺、分布均匀，流态良好。航中线流速

基本介于 2.10～2.20m/s，泊位外侧流速基本介于 1.90～2.10m/s。

⑦流量为 5 242m^3/s 和 7 660m^3/s 时，码头前沿平台淹没，水流基本沿岸线控制弯度流动，河段水流平顺、分布均匀，流态良好。流速码头作用河段略大于上下游，港区航中线流速基本介于 2.10～2.25m/s，泊位外侧流速基本介于 2.10～2.35m/s，流速泊位外侧略大于航中线。

(3)船舶进港能力分析。图 3.6 给出了设计船型乌江 500 吨级船舶进港能力曲线，将前文中计算得到的各级流量下比降(表 3.24)和流速(表 3.25 中港区下部最大流速)绘入图 3.6 得到图 3.33。

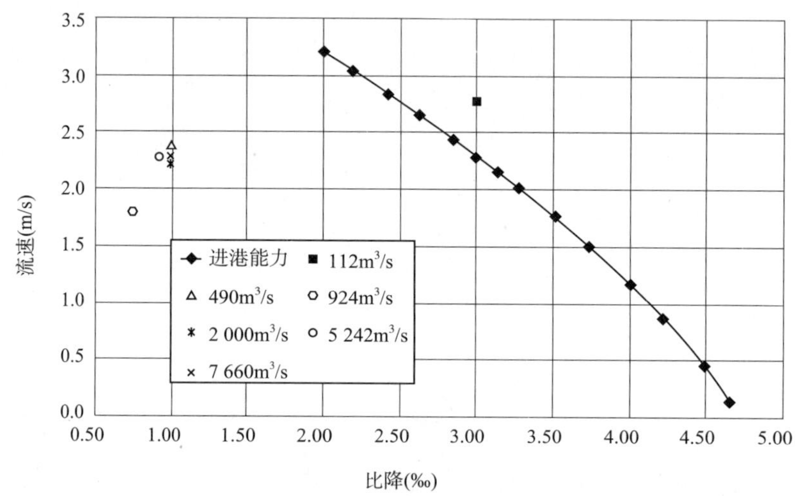

图 3.33　乌江渡码头工程后 500 吨级单船进港能力核查图

由图可见，112m^3/s 时比降为 3.02‰、流速为 2.83m/s，绘点处于能力曲线上方，其余流量绘点均位于能力曲线下方。

通过以上试验研究，可以得到以下结论。

①按建设方案施工，港区河段航道水深大于 1.6m、港池水深大于 2.0m，满足设计要求。

②枯水期比降较大，最低设计流量 112m^3/s 时比降为 3.02‰；流量在 1 000m^3/s 时比降小，比降为 0.61‰；流量大于 2 000m^3/s 后比降较为稳定，基本在 1.00‰左右。

③工程后码头近区河段，490m^3/s 时水位基本与原河床齐平，来流小于 490m^3/s 时水流处于航道和港池开挖区内。

④码头前沿流速随流量增加而加大，最大流速 112m^3/s 时为 1.58m/s、7 660m^3/s 时为 2.37m/s。

⑤码头河段航中线。港区上端，流量由 112m^3/s 上升到 924m^3/s 时流速递减，流量由 924m^3/s 上升到 7 660m^3/s 时，流速具有逐渐增加趋势，即 924m^3/s 时流速最小；港区下端流量为 112m^3/s 时流速最小，航中线最大流速 2.26m/s。

⑥只有来流处于最低通航流量 112m^3/s 时水流阻力略大于船舶推力。

3.7.2　乌江渡枢纽泄流对施工图设计方案港区通航水流条件影响

枢纽发电泄流为非恒定流，非恒定流运动的水力要素在时间和空间上是瞬时变化的，不同类型的非恒定流的变化差别明显。如海洋潮汐的水位、流速变化在时间上基本是渐变的，时间系列曲线是光滑的。而枢纽下泄流量过程是人为控制的，流量的渐变和突变现象都可能存在，流量的突然增加，对枢纽下游河道而言，非恒定流的运动具有"溃坝"流传递特征，本书称之为泄水波传递。

泄流涨水波在传递过程中，水面不断增高，泄水波初期锋面常常十分陡峭，波峰处流速比谷底处的流速大，后继波波速大于前成波的波速，造成后继波追逐前成波，形成陡峭的锋面，甚至使锋面倾倒破碎。由于水流自身摩阻、河道槽蓄以及河道断面不规则等因素作用，使得泄水波在传递过程中发生衰减，流速降低，波峰坦化，波高减小，上游非恒定作用将逐渐减弱。

1)乌江渡枢纽发电泄流方式

乌江渡枢纽电站为 3 机组发电，单机组满发流量 240m³/s，对应双机组满发流量为 480m³/s、三机组满发流量为 720m³/s。根据乌江渡枢纽电站机组发电流量、2008～2010 年乌江渡水文站逐时流量特点、前文恒定流计算以及下文计算成果，枢纽泄流对乌江渡港区影响研究考虑表 3.26 中三种典型代表泄流过程。

乌江渡枢纽典型泄流概化时间序列　　表 3.26

编号	流量组合(m³/s)	参考实测时间	泄流特征
1	112→720	2010 年 6 月 17 日 08:00～09:00	最低通航流量→3 机满发
2	490→924	2008 年 6 月 29 日 14:00～15:00	2 机满发→流量 1 044m³/s
3	720→112	2010 年 2 月 05 日 23:00～06.00:00	3 机满发→最低通航流量

2)泄流方式对港区通航水流条件的影响

(1)泄水量由 112m³/s 增加到 720m³/s。流量由 112m³/s 突然增加到 720m³/s，流量增加约 610m³/s，相当于在最低设计流量时，电站三台机组突然同时满发泄流，720m³/s 相当于 112m³/s 的 6.4 倍。

①水流条件影响。表 3.27 为流量由 112m³/s 突然增加到 720m³/s 时乌江渡码头河段水流条件变化，图 3.34 为流量由 112m³/s 突然增到 720m³/s 乌江渡港区沿程水位曲线，图 3.35 为流量由 112m³/s 突然增到 720m³/s 时乌江渡码头中部水位历时变化曲线。泄水波在第 3min(距乌江渡水文站时间，下同)传递到乌江渡港池西部；第 5min 水位开始快速抬高，泄水波波峰位于港池西部；第 30min 后水位涨幅开始减缓，具体变化特征如下。

乌江渡码头河段流量由 112m³/s 突然增加到 720m³/s 水流条件变化　　表 3.27

序号	传递时间	上游陡比降段		码头中部			下游陡比降段	
		比降(‰)	流速(m/s)	水位(m)	水位变率(m/600s)	流速(m/s)	比降(‰)	流速(m/s)
1	0:00	2.31	2.90	618.24	—	1.41	3.29	2.83
2	0:01	2.64	2.95	618.24	0.00	1.41	3.43	2.88
3	0:03	3.55	3.37	618.30	0.30	1.33	3.82	3.05
4	0:05	5.94	3.92	618.43	0.65	1.62	4.43	3.37
5	0:10	11.72	5.47	619.29	1.72	3.44	7.84	3.92

续上表

序号	传递时间	上游陡比降段		码头中部			下游陡比降段	
		比降（‰）	流速（m/s）	水位（m）	水位变率（m/600s）	流速（m/s）	比降（‰）	流速（m/s）
6	0:20	6.60	4.58	620.65	1.36	2.96	5.73	4.12
7	0:30	4.05	4.06	621.09	0.44	2.57	3.52	3.71
8	1:00	2.06	3.32	621.57	0.16	2.23	2.21	3.16
9	1:30	1.49	3.06	621.77	0.07	2.10	1.61	2.93
10	2:00	1.07	2.83	621.98	0.07	1.97	1.21	2.60

注：流速为航道内最大流速。

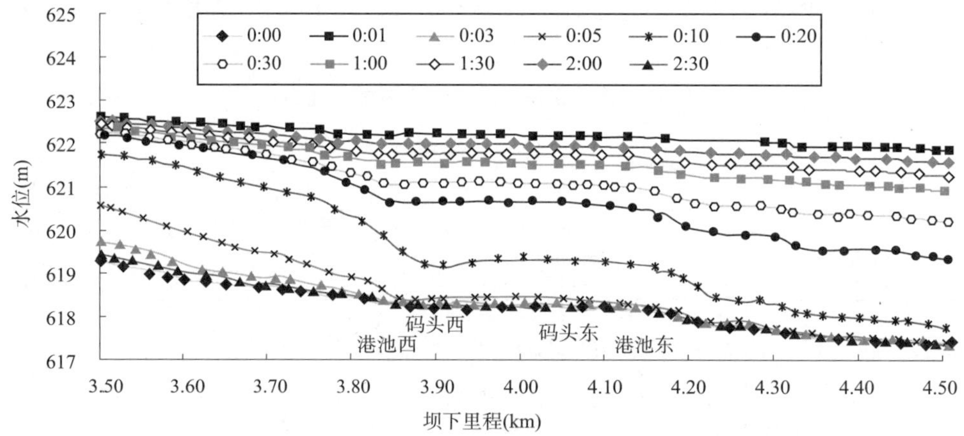

图 3.34　流量由 112m³/s 突然增加到 720m³/s 乌江渡港区沿程水位曲线

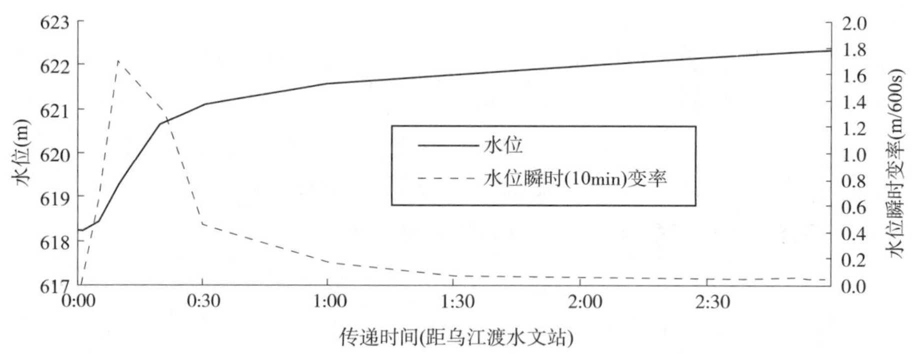

图 3.35　流量由 112m³/s 突然增加到 720m³/s 乌江渡码头中部水位历时变化

沿程水位。码头段水面线平缓，码头上下游出现陡比降段；第 5～60min，码头水域上下游水位陡峭，第 60min 后水面线逐渐平滑，沿程水面比降逐渐趋于一致。

码头工程段。码头段水面线平缓，泄水波在第 3min 传递到乌江渡港池西部，第 5min 水位开始快速抬高，3～30min 的 27min 间水位上升了 2.80m，其中 5～10min 间水位上升最汹，达到 1.72m/600s，10～20min 次之，但水位上升速率亦达到 1.36m/600s，之后，水位上升速度逐渐减缓，2h 水位共抬高 3.68m；航道最大流速变化与水位变化对应，泄水波传递至港池水域后，流速迅速增高，其中第 10min 流速达到最大，流速值为 3.44m/s，之后流速逐渐减小，2h 后流速减小为 1.97m/s。

码头上游陡比降段。码头上游河段按 1∶2.5 底坡开挖航道与上游(铁路桥)深槽衔接，港池上游河床高程略低于 $490m^3/s$ 流量水位。泄水波到达前，河段比降为 2.31‰、航道最大流速为 2.90m/s；泄水波到达后比降、流速快速增加，其中第 10min 比降、流速达到最大，比降、流速分别为 11.72‰、5.47m/s，第 20min 次之，但比降、流速也分别达到 6.60‰、4.58m/s；第 20min 后比降、流速逐渐减小，至 2h 后比降、流速分别减小到 1.07‰、2.83m/s。

码头下游陡比降段处于港池开挖区下游，航道底坡 1∶2.5，泄水波引起的比降、流速变化明显弱于码头上游陡比降段。泄水波到达前河段比降为 3.92‰、航道最大流速为 2.83m/s；泄水波到达后比降、流速快速增加，其中第 10min 比降达到最大，比降、流速分别为 7.84‰、3.92m/s，第 20min 流速达到最大，比降、流速分别为 5.73‰、4.12m/s；第 20min 后比降、流速逐渐减小，至 2h 后比降、流速分别减小到 1.21‰、2.60m/s。

②船舶进港靠泊能力影响。将表 3.27 中比降、流速成果绘入图 3.6，得到图 3.36。

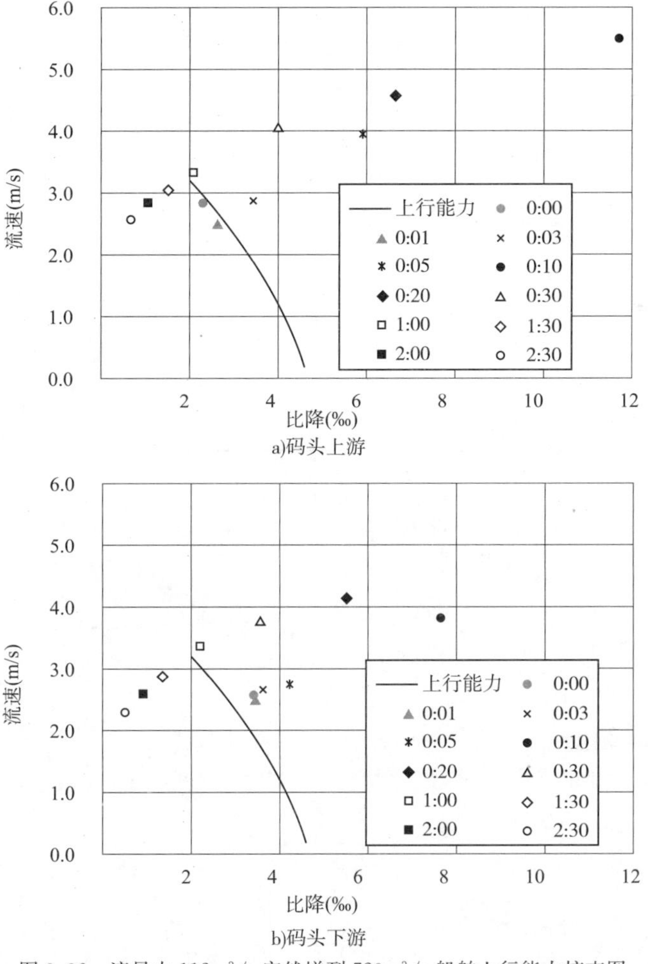

图 3.36　流量由 $112m^3/s$ 突然增到 $720m^3/s$ 船舶上行能力核查图

由图 3.36 可见，受泄水波传递影响，传递时间 5～60min 点位位于能力曲线上方，特别是第 10、20min 绘点远偏离能力曲线，水流条件会严重威胁水域船舶安全。当传递时间大于 1h 后，绘点基本回到能力曲线下方，船舶可正常作业。

(2)泄水量由 490m^3/s 增加到 924m^3/s。流量由 490m^3/s 突然增加到 924m^3/s，流量增加约 430m^3/s，相当于电站双机组发电时遇到小洪水泄流情况，924m^3/s 相当于 490m^3/s 的近 2 倍。

①水流条件影响。表 3.28 为流量由 490m^3/s 突然增加到 924m^3/s 乌江渡码头河段水流条件变化，图 3.37 为流量由 490m^3/s 突然增到 924m^3/s 乌江渡港区沿程水位曲线，图 3.38 为流量由 490m^3/s 突然增到 924m^3/s 时乌江渡码头中部水位历时变化曲线。泄水波在第 3min 传递到乌江渡港池西部；第 5min 水位开始快速上升，泄水波波峰位于港池西部；第 60min 后水位涨幅开始减缓，具体变化特征如下。

乌江渡码头河段流量由 490m^3/s 突然增加到 924m^3/s 水流条件变化 表 3.28

序号	传递时间	上游陡比降段		码头中部			下游陡比降段	
		比降(‰)	流速(m/s)	水位(m)	水位变率(m/600s)	流速(m/s)	比降(‰)	流速(m/s)
1	0:00	1.40	2.82	621.05	—	1.97	1.11	2.40
2	0:01	1.65	2.85	621.05	0.00	1.60	1.31	2.40
3	0:03	2.39	2.98	621.07	0.10	1.64	1.41	2.55
4	0:05	3.47	3.41	621.21	0.70	1.97	1.81	2.73
5	0:10	3.22	3.62	621.59	0.76	2.32	2.41	3.06
6	0:20	1.98	3.29	622.08	0.49	2.26	1.81	2.97
7	0:30	1.49	3.04	622.36	0.28	2.16	1.31	2.70
8	1:00	0.91	2.72	622.77	0.14	1.99	0.80	2.38
9	1:30	0.74	2.55	622.99	0.07	1.92	0.70	2.26
10	2:00	0.58	2.38	623.22	0.08	1.83	0.50	2.11

注：流速为航道内最大流速。

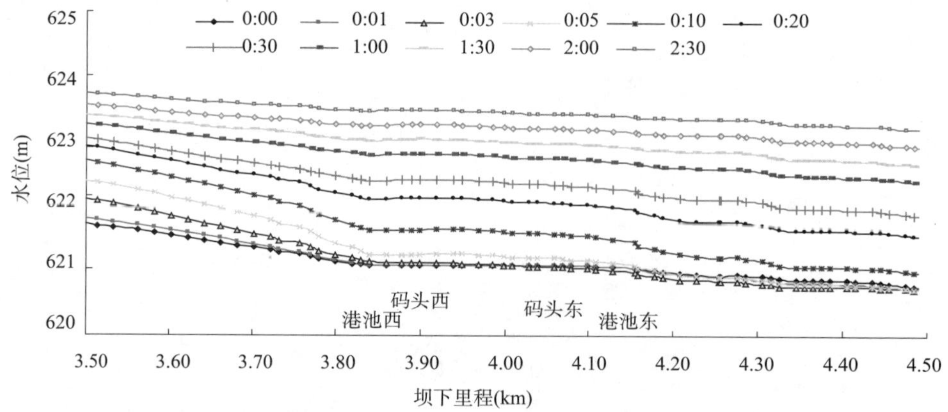

图 3.37 流量由 490m^3/s 突然增加到 924m^3/s 乌江渡港区沿程水位曲线

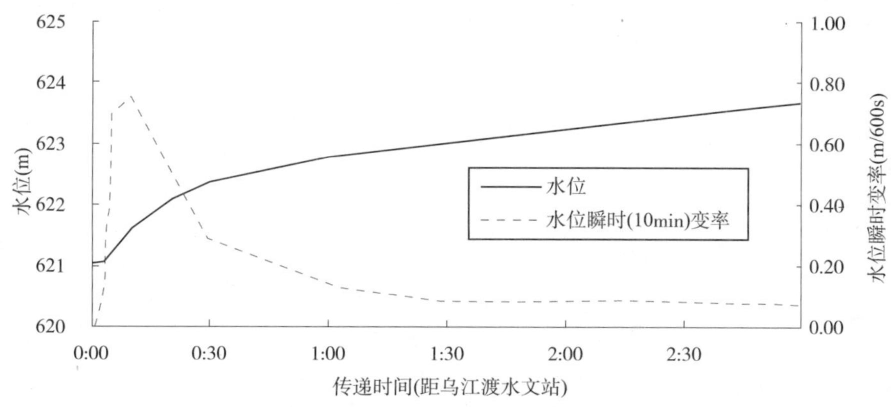

图 3.38　流量由 490m³/s 突然增加到 924m³/s 乌江渡码头中部水位历时变化

沿程水位。码头段域水面线平缓，码头上下游出现陡比降段；第 5～60min，码头水域上下游水位较陡，第 60min 后水面线逐渐平滑，沿程水面比降逐渐趋于一致。

码头工程段。港池区域水面线平缓，泄水波在第 3min 传递到乌江渡港池西部，第 5min 水位开始快速抬高，3～20min 的 17min 间水位上升最快，上升了 1.0m，其中水位上升速率第 10min 最大为 0.76m/600s，第 5min 次之为 0.70m/600s，之后，水位上升速率逐渐减缓，2h 间水位共抬高 2.17m；航道最大流速变化与水位变化对应，泄水波传递至港池水域后，流速迅速增高，其中第 10min 流速达到最大，流速值为 2.32m/s，之后流速逐渐减小，2h 后流速减小为 1.83m/s。

码头上游陡比降段。码头上游河段按 1∶2.5 底坡开挖航道与上游(铁路桥)深槽衔接，港池上游河床高程略低于 490m³/s 流量水位。泄水波到达前，河段比降为 1.40‰、航道最大流速为 2.82m/s；泄水波到达后比降、流速快速增加，其中第 5min 比降最大，比降、流速分别为 3.47‰、3.41m/s，第 10min 流速最大，比降、流速分别为 3.22‰、3.62m/s；第 20min 后比降、流速逐渐减小，至 2h 后比降、流速分别减小到 0.58‰、2.38m/s。

码头下游大比降段处于港池开挖区下游，航道底坡 1∶2.5，泄水波引起的比降、流速变化明显弱于码头上游陡比降段。泄水波到达前河段比降为 1.11‰、航道最大流速为 2.40m/s；泄水波到达后比降、流速快速增加，其中第 10min 比降、流速达到最大，比降、流速分别为 2.41‰、3.06m/s；第 20min 后比降、流速逐渐减小，至 2h 后比降、流速分别减小到 0.50‰、2.11m/s。

②船舶进港靠泊能力影响。将表 3.28 中比降、流速成果绘入图 3.6，得到图 3.39。

由图 3.39 可见，船舶上行能力与由 112m³/s 突然增加到 720m³/s 工况相比，已得到根本性改善。

码头上游陡比降段。河段水流条件只有传递时间 5～10min 绘点位于能力曲线上方，其余点位均位于能力曲线下方，河段最大比降 3.47‰，最大流速 3.62m/s，偏离能力曲线，且该河段位于码头停靠区上游，因此基本不会威胁港区船舶作业。

码头下游大比降段。除第 10min 点位位于能力曲线弧线外“切点”外，其余绘点均位于能力曲线下方，河段最大比降仅 2.41‰，最大流速 3.06m/s，因此，泄水波传递基本不会威胁港区船舶作业。

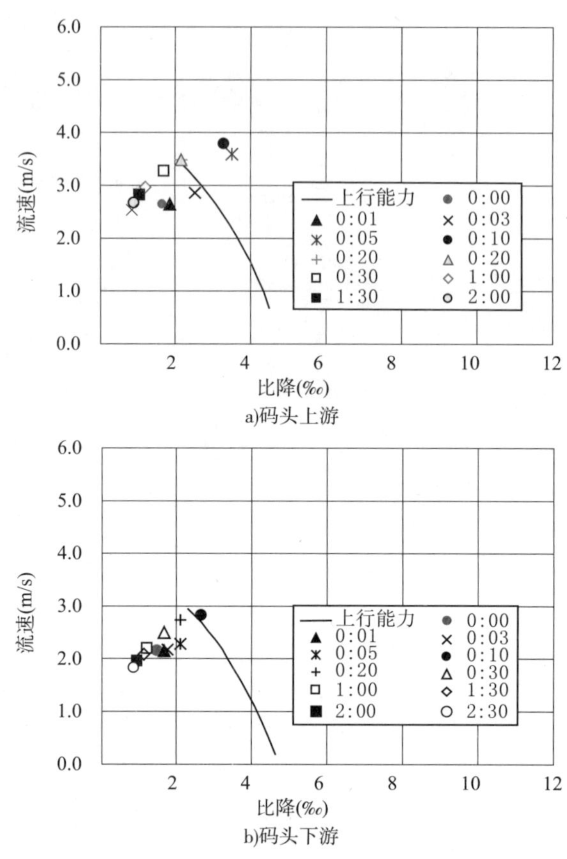

图 3.39 流量由 490m³/s 突然增加到 924m³/s 船舶上行能力核查

(3)泄水量由 720m³/s 突然减小到 112m³/s。对于河道而言，上游流量的突然减小，对河道的瞬间影响一般表现为“比降、流速”的减小。前面研究表明，流量突然增大对港区的影响，主要发生在流量由 112m³/s 突然增加到 720m³/s 工况，为此，流量突然减小，仅研究流量由 720m³/s 突然减小到 112m³/s 工况，供设计参考。流量由 720m³/s 突然减小到 112m³/s 工况相当于泄流由三机组满发泄流减小到最低通航流量泄流。

①水流条件影响。表 3.29 为流量由 720m³/s 突然减小到 112m³/s 乌江渡码头河段水流条件变化，图 3.40 为流量由 720m³/s 突然减小到 112m³/s 乌江渡港区沿程水位曲线，图 3.41 为流量由 720m³/s 突然减小到 112m³/s 乌江渡码头中部水位历时变化曲线。水位降落在第 3min 传递到乌江渡港池；第 5min 后水位开始快速降落；第 90min 时水位基本趋于稳定，具体变化特征如下：

沿程水面比降变化过程为“初始(720m³/s)→减小→升高→稳定(112m³/s)”，由于流量由上游减小，水位降落也由上游向下游传递。第 3min 传递到乌江渡港池；码头上游段比降开始减小，第 3～5min 码头上下游河段出现短时“反比降”，随后，比降逐渐上升，至水位稳定后，水面线达到 112m³/s 恒定状态。

乌江渡码头河段流量由 720m³/s 突然减小到 112m³/s 水流条件变化　　表 3.29

序号	传递时间	上游陡比降段		码头中部			下游陡比降段	
		比降 (‰)	流速 (m/s)	水位 (m)	水位变率 (m/600s)	流速 (m/s)	比降 (‰)	流速 (m/s)
1	0:00	0.33	2.16	622.83		1.61	0.30	1.88
2	0:01	0.08	2.16	622.83	0.00	1.61	0.30	1.81
3	0:03	−0.33	1.98	622.79	−0.20	1.55	0.20	1.75
4	0:05	−0.17	1.13	622.60	−0.95	0.99	−0.10	1.56
5	0:10	0.08	0.95	622.28	−0.64	0.82	0.20	1.25
6	0:20	0.17	1.25	621.65	−0.63	0.93	0.40	1.55
7	0:30	0.25	1.42	621.02	−0.63	1.00	0.60	1.74
8	0:45	0.58	1.78	620.09	−0.62	1.18	0.80	1.85
9	1:00	1.16	2.33	619.26	−0.55	1.63	1.31	2.07
10	1:15	1.65	2.62	618.67	−0.39	1.71	2.41	2.41
11	1:30	2.15	2.75	618.41	−0.17	1.71	3.09	2.73
12	1:45	2.39	2.82	618.31	−0.07	1.71	3.23	2.81
13	2:00	2.56	2.85	618.28	−0.02	1.71	3.42	2.81
14	3:00	2.56	2.87	618.26	−0.01	1.72	3.42	2.82

注：流速为航道内最大流速。

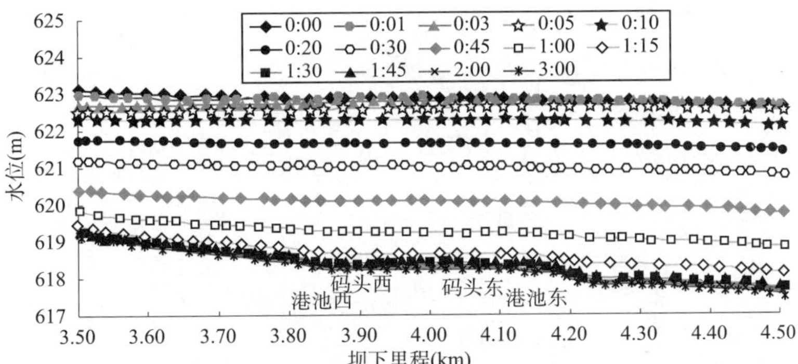

图 3.40　流量由 720m³/s 突然减小到 112m³/s 乌江渡港区沿程水位曲线

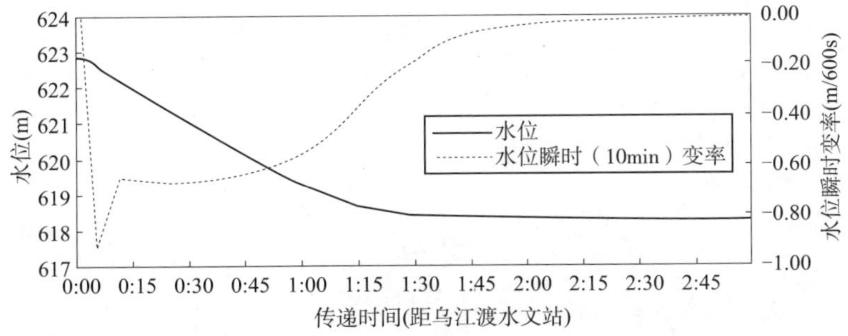

图 3.41　流量由 720m³/s 突然减小到 112m³/s 乌江渡码头中部水位历时变化

码头工程段。码头段水面线平缓，泄水波在第 3min 传递到乌江渡港池河段，第 5min 水位水位瞬时降落最快，水位瞬时降落速率为 0.95m/600s，随后，水位降落速率减小，第 10～60min 水位降落速率维持在 0.6m/600s 左右，第 60min 港区水位为 619.67m，此水位相当于航道边缘地形高程，即 60min 后，港区（含上下游近段）水流基本全部落入航行水域开挖航槽内，之后水位降落速率逐渐减小，1:30 后水位趋于稳定，2:00 水位共降落 4.5m；航道最大流速变化与水位变化对应，港池初始流速为 1.61m/s，第 10min 流速减小到最小，流速值为 0.82m/s，之后流速逐渐增加，2h 后流速基本维持在 2.8m/s 左右。

码头上游近段。码头上游河段按 1∶2.5 底坡开挖航道与上游（至铁路桥）深槽衔接，初始时刻比降、流速分别为 0.33‰、2.16m/s，第 3min 比降达到最小，比降、流速分别为 −0.33‰、1.98m/s；第 5min 流速达到最小，比降、流速分别为 0.08‰、0.95m/s；之后比降、流速逐渐增加，至 2h 比降、流速分别增加到 2.56‰、2.85m/s。

码头下游近段为港池开挖区下游，航道底坡 1:2.5，泄水波引起的比降、流速变化明显弱于码头上游段。初始时比降为 0.40‰、航道最大流速为 1.88m/s；泄水波到达后初始阶段比降、流速逐渐减小，其中第 5min 比降达到最小，比降、流速分别为 −0.10‰、1.56m/s；第 10min 流速达到最小，比降、流速分别为 0.20‰、1.25m/s；第 10min 后比降、流速逐渐增加，至 2h 比降、流速分别达到 3.42‰、2.81m/s。

②船舶进港靠泊能力影响。将表 3.29 中比降、流速成果绘入图 3.6 得到图 3.42。

由图 3.42 可见，船舶上行能力由 720m^3/s 突然减小到 112m^3/s 工况，水流对船舶航行影响作用如下。

码头上游近段。河段水流条件基本处于能力曲线下方，只有流量趋于 112m^3/s 且水位趋于平衡后，绘点才趋于与能力曲线重合，因此上游流量减小基本不会影响港区船舶作业。

码头下游近段段。初始时刻流量为 720m^3/s，比降为 0.40‰、1.88m/s，绘点处于能力曲线下方，只有当传递时间大于 1:45、流量趋于 112m^3/s、水位趋于平衡后，绘点才略位于能力曲线上方。

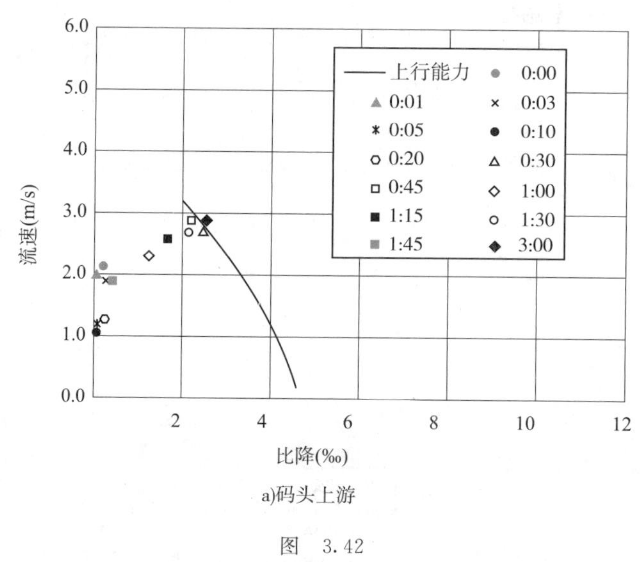

a)码头上游

图 3.42

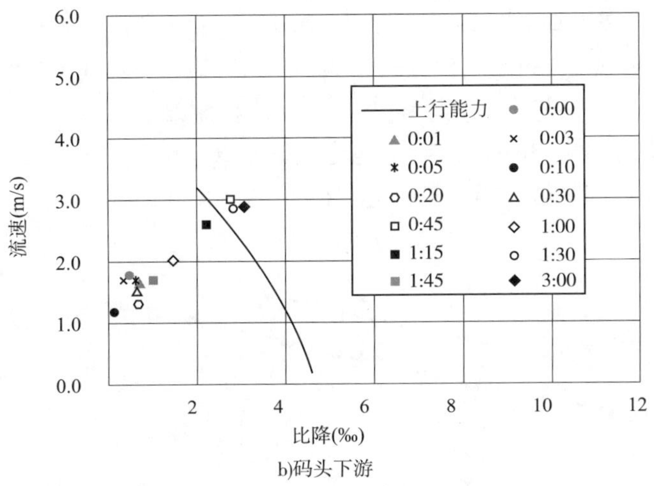

b)码头下游

图 3.42　流量由 720m³/s 突然减小到 112m³/s 船舶上行能力核查

3.7.3　泄流对港池通航水流条件影响改善措施

1)技术路线与改善措施

码头下游近段地形调整。根据前文,对于码头下游近段,恒定流只有在 112m³/s 时水流阻力才略大于船舶推力,见图 3.43,河段出现大流速是由于“航道右侧河床局部凸起且航道为弯道,致使水流被右岸地形挑向航中线”所致。经模型多方案模拟,提出优化措施:航道右边线右移、港池下游港池与航道相交水域拓挖,达到平顺河段流态、减小流速效果。

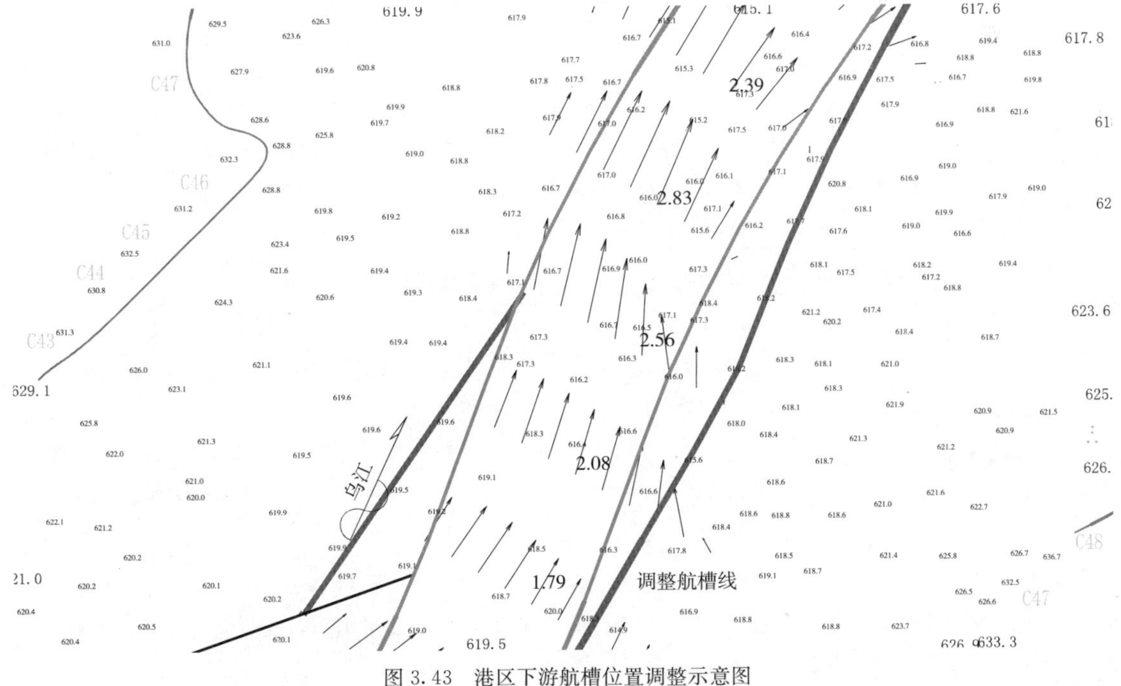

图 3.43　港区下游航槽位置调整示意图

码头上游近段地形调整。根据前文研究，乌江渡码头为最上游港口，对于码头上游近段无通航要求，碍航问题主要表现为“当初始水流处于最低通航水位时，乌江渡枢纽突然加大泄流，来自槽内泄水波至港池开挖区由于河宽突然展宽，形成港池上游局部区域比降、流速过大，影响港区作业船舶安全”。经模型多方案模拟，提出解决措施。

港池开挖区向上游拓延，见图 3.44，港池延续到①区，②区按航道高程和底坡施工。通过上述工程，达到“水流提前扩散、平顺港区流态、减小港区比降流速”效果。

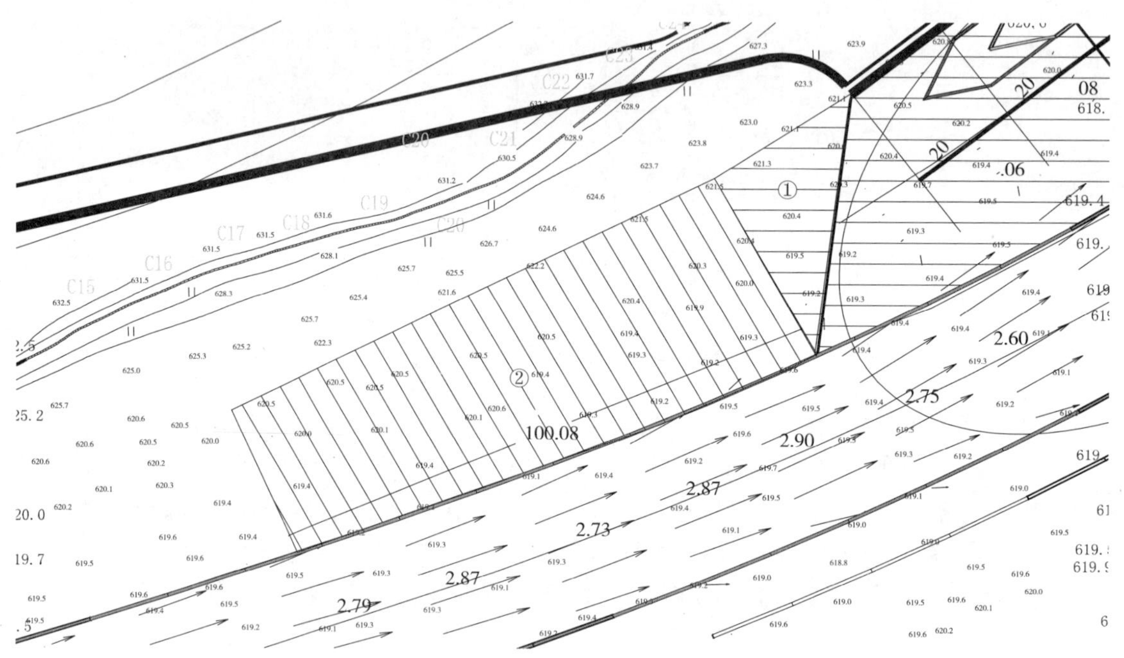

图 3.44　港区上游开挖区位置调整示意图

乌江渡枢纽泄流调度调整。根据前文，形成碍航调度为流量由 $112m^3/s$ 突然增加到 $720m^3/s$，优化改为“初始（$112m^3/s$）→单机满发（$240m^3/s$）→双机满发（$490m^3/s$）→三机满发（$720m^3/s$）”，时间间隔为 1h。达到“减小泄水波波峰锋面比降”效果。

经模型多方案模拟，航道边坡由原设计方案的 1∶1 调整为 1∶0.75。

2）计算成果

（1）水流条件影响。表 3.30 为乌江渡码头河段水流条件变化，图 3.45 为乌江渡港区沿程水位曲线，图 3.46 为乌江渡码头中部水位历时变化曲线。

码头水域最低设计水位为 618.12m，航道底高程为 616.50m，水深 1.62m，能够满足航道设计水深 1.6m 要求；港池底高程 616.05m，水深 2.07m，也能够满足港池设计水深 2.0m 要求。

泄水波第一波到达后河段最大比降为 2.01‰、航道最大流速为 2.52m/s；泄水波第二波到达后河段最大比降为 2.31‰、航道最大流速为 2.98m/s；泄水波第三波到达后河段最大比降为 1.81‰、航道最大流速为 2.82m/s。

优化方案乌江渡码头河段水流条件变化　　表 3.30

泄流模式	传递时间	码头前沿(20m)最大流速(m/s)	码头中部航中线			码头下游近段航中线	
			水位(m)	水位变率(m/600s)	流速(m/s)	比降(‰)	流速(m/s)
112m³/s → 240m³/s	0:00	1.35	618.12	—	1.13	1.51	1.97
	0:01	1.35	618.12	0.00	1.13	1.41	1.97
	0:03	1.39	618.14	0.10	1.16	1.61	1.97
	0:05	1.50	618.17	0.15	1.22	1.61	2.02
	0:10	1.83	618.36	0.38	1.44	1.91	2.29
	0:15	2.00	618.56	0.40	1.60	2.01	2.45
	0:20	1.96	618.72	0.32	1.71	2.01	2.52
	0:30	1.70	618.92	0.20	1.84	1.91	2.51
	0:45	1.67	619.06	0.09	1.90	1.61	2.46
	1:00	1.63	619.12	0.04	1.91	1.71	2.42
240m³/s → 490m³/s	1:01	1.61	619.12	0.00	1.91	1.61	2.42
	1:03	1.65	619.14	0.10	1.91	1.71	2.42
	1:05	1.81	619.21	0.35	2.11	1.81	2.51
	1:10	2.20	619.49	0.56	2.55	2.31	2.89
	1:15	2.21	619.76	0.54	2.65	2.21	2.98
	1:20	2.27	619.97	0.42	2.59	1.91	2.94
	1:30	2.35	620.23	0.26	2.37	1.41	2.78
	1:45	2.32	620.43	0.13	2.15	1.31	2.65
	2:00	2.28	620.52	0.06	2.06	1.31	2.65
490m³/s → 720m³/s	2:01	2.06	620.53	0.10	1.96	1.21	2.65
	2:03	1.99	620.56	0.15	1.82	1.41	2.70
	2:05	2.19	620.65	0.45	2.02	1.61	2.76
	2:10	2.32	620.90	0.50	2.19	1.81	2.82
	2:15	2.41	621.11	0.42	2.18	1.71	2.82
	2:20	2.40	621.27	0.32	2.15	1.71	2.79
	2:30	2.24	621.50	0.23	2.06	1.41	2.65
	2:45	2.11	621.70	0.13	1.98	1.21	2.51
	3:00	2.02	621.84	0.09	1.92	1.11	2.39
	4:00	1.79	622.30	0.08	1.72	0.50	1.93
	5:00	1.63	622.72	0.07	1.56	0.30	1.67
	6:00	1.64	622.81	0.01	1.59	0.30	1.70

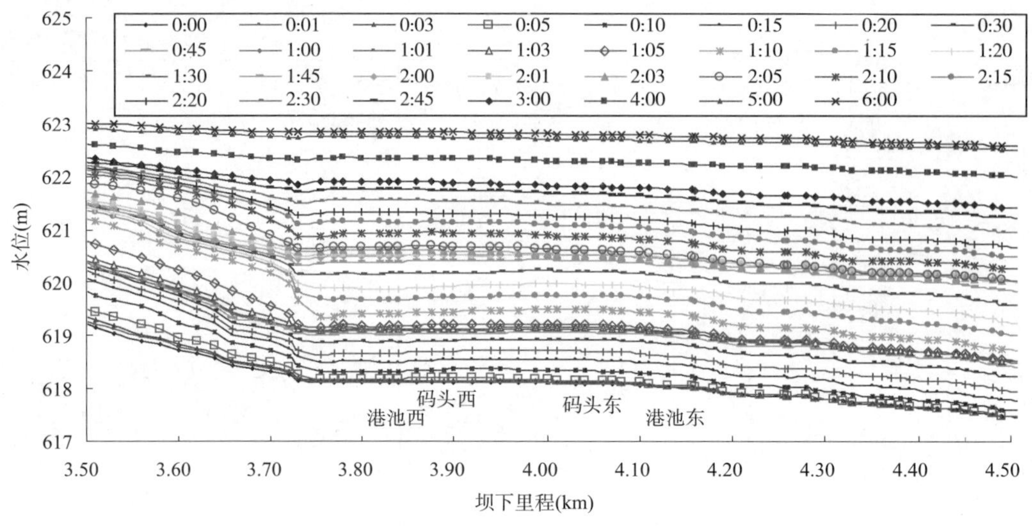

图 3.45　乌江渡港区沿程水位曲线

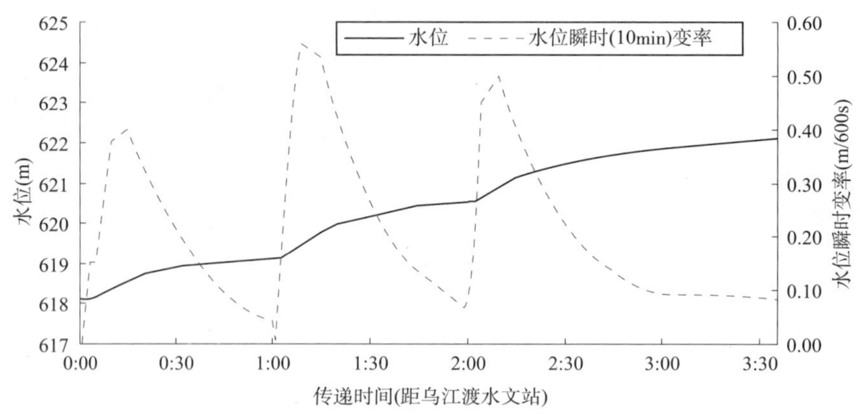

图 3.46　乌江渡码头中部水位历时变化

前文码头上游陡比降段已进入港池水域，改善措施实施后，港池西部陡比降段已远离港池西端 170m，泄水波波峰至港区水域已完成坦化消峰，即港区完全处于水面平缓段。

港池区域水面线平缓，泄水波对水位影响明显存在 3 阶段。

①“初始(112m^3/s)→单机满发(240m^3/s)”为第一波，第 3min 传递到乌江渡港池西部，第 5min 水位开始快速抬高，60min 水位上升了 1.0m，其中水位上升以 10～15min 间最汹，水位上升速率达到 0.40m/600s，之后，水位上升速度逐渐降落，60min 时水位基本稳定；泄水波到达后，航道最大流速逐渐上升，60min 时流速基本稳定为 1.91m/s；泄水波传递过程中，码头前沿最大流速 2.00m/s。

②“单机满发(240m^3/s)→双机满发(490m^3/s)”为第二波，第 3min 传递到乌江渡港池西部，第 5min 水位开始快速抬高，60min 水位上升了 1.4m，其中水位上升以 5～10min 间最汹，水位上升速率达到 0.56m/600s，之后，水位上升速度逐渐降落；第二泄水波到达后，航道最大流速前 15min 逐渐上升，最大流速为 2.65m/s，随后流速逐渐减小；泄水波传递过程中，码头前

沿最大流速 2.35m/s。

③“双机满发($490m^3/s$)→三机满发($720m^3/s$)”为第三波，第 5min 水位开始快速抬高，60min 水位上升了 1.3m，其中水位上升以 5～10min 间最汹，水位上升速率达到 0.50m/600s，之后，水位上升速率逐渐降落；第二泄水波到达后，航道最大流速前 10min 逐渐上升，最大流速为 2.19m/s，随后流速逐渐减小；泄水波传递过程中，码头前沿最大流速 2.40m/s。

(2)船舶进港靠泊能力影响。将表 3.30 中码头下游近段比降、流速成果绘入图 3.6 中得到图 3.47。

由图 3.47 可见，采取改善措施后比降和流速绘点已全部处于船舶上行能力曲线下方，泄水波传递已不会威胁港区船舶作业。

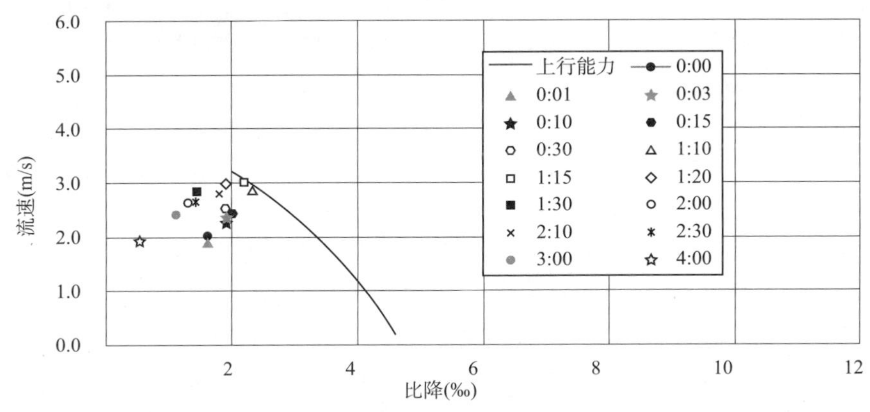

图 3.47 流船舶上行能力核查图

通过以上试验研究，可以得到以下结论。

①对于原建设方案，港区河段航道水深大于 1.6m、港池水深大于 2.0m，满足设计要求。

②流量由最低设计流量时($112m^3/s$)突然增到三台机组同时满发($720m^3/s$)，泄水波到达后，水位、流速迅速上升，港区上下游出现陡比降。

码头工程段，泄水波到达后 5～10min 间水位上涨最汹，水位上升速率达到 1.72m/600s，之后，水位上升速率逐渐减小，2h 间水位抬高 3.68m；码头中部航道最大流速变化与水位变化对应，泄水波传递至港池第 10min 流速达到最大，流速值为 3.44m/s，之后流速逐渐减小，2h 后流速减小为 1.97m/s。

码头上游出现陡比降段。泄水波到达前，河段比降为 2.31‰、航道最大流速为 2.9m/s；之后比降、流速逐渐减小，至 2h 后比降、流速分别减小到 1.07‰、2.83m/s。

码头下游也出现陡比降段，但比降流速明显小于码头上游。泄水波到达前河段比降为 3.29‰、航道最大流速为 2.83m/s；泄水波到达后比降、流速快速增加，其中第 10min 泄水波到达后比降、流速快速增加，泄水波到达第 10min 比降达到最大，比降、流速分别为 7.84‰、3.92m/s，第 20min 流速达到最大，比降、流速分别为 5.73‰、4.12m/s；之后逐渐减小，至 2h 后比降、流速分别减小到 1.21‰、2.60m/s。

受泄水波传递影响，泄水波到达后 5～60min 河段比降、流速绘点位于能力曲线上方，特别是第 10、20min 绘点远偏离能力曲线，水流条件会严重威胁水域船舶安全。

③流量由 $490m^3/s$（双台机组同时满发）突然增到 $924m^3/s$，流量增加约 $430m^3/s$，$924m^3/s$相当于 $490m^3/s$ 的 2 倍。泄水波到达后，水位、流速迅速上升，港区上下游出现陡比降，但变化值小于流量由 $112m^3/s$ 突然增加到 $720m^3/s$。

码头工程段，泄水波到达水位上涨速率最汹达到 0.76m/600s，2h 间水位抬高 2.17m；泄水波到达码头中部航道最大流速 2.32m/s。

码头上游陡比降段，泄水波到后航道最大比降、流速分别为 3.47‰、3.62m/s。

码头下游陡比降段，泄水波到后航道最大比降、流速分别为 2.41‰、3.06m/s。

受泄水波传递影响，泄水波到达后 5～10min 河段比降、流速绘点略偏离能力曲线、处于能力曲线上方，水流条件基本不会威胁港区船舶作业。

④上游流量的突然减小，对河道的瞬间影响一般表现为“比降流速”的减小。结合流量由 $720m^3/s$ 突然减小到 $112m^3/s$ 工况研究，沿程水面比降、流速变化过程为“初始→减小→升高→稳定”；水位瞬时降落最大速速率为 0.95m/600s；泄水波传递过程中，河段比降、流速组合水流条件优于泄水波到达前和水流达到重新稳定后。

⑤采取“港池开挖区上延、港池下游弯道段拓宽加大弯曲半径”治理改善措施和“枢纽增大泄流一次到位的单波模式为延时间隔增加的多波模式控制”改善措施及“将航道边坡由 1∶1 调整为 1∶0.75”等，可有效减小泄水波波峰到达后，比降、流速的增加速度和水位瞬时上升速率。采取研究中提出的具体改善措施后，乌江渡港区河段航道设计水深满足 1.6m 要求、港池设计水深满足 2.0m 要求；码头西部陡比降段已远离港池西端 170m，泄水波波峰至港区水域已完成坦化消峰，港区完全处于水面平缓段；码头泊位前沿最大流速 2.40m/s；码头中部航道最大流速 2.65m/s，水位最大上升速率 0.56m/600s；码头下游原陡比降段、航道最大比降流速有效减小，泄水波传递过程中，比降、流速绘点以全部处于船舶上行能力曲线下方，水流条件已不会威胁港区船舶作业。

本章参考文献

[1] 代永智.山区河流电站下游河段设计低水位确定方法[J].水道港口，2006(3)：162-164.

[2] 李宇，梅江.汀江调峰影响河段设计水位的推算及航道整治研究[D].南京：河海大学，2007.

[3] 李永强，张波，刘欣.黄河下游河道整治工程布局直河段河长探讨[J].人民黄河，2014(8)：28-30.

[4] 李天碧.浅谈万安水利枢纽下游河段设计水位的确定[J].水运工程，2003(9)：45-47.

[5] 高亚军，李国斌，陆永军.刘家峡库区末端变动回水区航槽游荡型河道演变规律及整治原则[C]//中国海洋工程学会.第十二届中国海岸工程学术讨论会论文集.2005：8.

[6] 李万松.水库调流下游河段航道整治的设计方法[J].珠江水运，2001(8)：30-32.

[7] 李万松.水库调流下游河段航道整治适用设计方法[J].交通科技，2000(6)：29-31，33.

[8] 中华人民共和国行业标准.JTJ/T 232—2001　内河航道与港口水流泥沙模拟技术规程[S].人民交通出版社，2001.

[9] 中华人民共和国行业标准.JTJ/T 235—2003　通航建筑物水力学模拟技术规程[S].人民交通出版社，2004.

第4章 电站防洪调度和电网调频调峰调度对下游航道的影响及对策

4.1 概述

欧美等西方国家的大部分河流在20世纪30年代相继渠化，河流梯级开发的水平较高，存在的问题较少，因而相关研究成果也不多见。

国内专家学者开展了大量的山区河流滩险整治工作，积累了大量的资料和丰富的经验。先后出版了《山区航道整治》[2]和《川江航道整治》[1]两本书，对新中国成立以来国内山区航道整治技术进行了全面的总结，有力地推动了我国山区河流的航道建设。2003年颁布了《航道整治工程技术规范》(JTJ 312—2003)[3]，使航道整治工程的设计与建设有规范可依。目前有关山区河流急险滩的整治开展了大量研究，不少学者[4,5]主要是针对某些具体险滩进行整治研究。通过多年研究和实践，国内山区航道整治技术取得诸多成果，居于世界领先水平，但随着内河水运的发展，还有许多技术难点有待进一步研究。

乌江航运建设工程中除库区航道外，乌江渡—龚滩范围内还有84km的变动回水区成为制约乌江航运整体效益发挥的“瓶颈”，需要进行整治。两坝间变动回水区中一般为石质滩险，受上游枢纽防洪调度和电网调频调峰调度影响，将产生很大附加流速、附加比降，将极大恶化下游通航条件，采取什么样的对策还没有经验可循，而下游石质滩险特性不同于天然条件下滩险，尤其是变动回水区小幺滩—漩塘河段河道相对狭窄、单向通航，枢纽调节情况下尤其在中、洪水期河道流速大、比降大，通航水流条件非常复杂，一旦出现船舶交叉行驶，将很难避让。因此要使乌江航运工程顺利实施，并发挥其效益，还存在诸多棘手的技术难题亟须研究解决。

乌江两坝间的急险滩整治，随着库区高等级航道建设，变动回水区通航标准大幅提高，在高等级航道条件下如何对两坝间急险滩进行整治，相关研究还很少涉及。目前，对山区河流各种滩险水力特性研究多停留在天然河流的研究，对乌江水库调节影响下，急险滩滩险变化特点，变化规律没有深入研究。其次在电站防洪调度和电网调频调峰调度对下游航道的影响及对策研究方面，电站突然开机导致下游水位陡涨，突然关机导致水位陡降，乌江渡水库运行对航道通航影响，对坝下港口运行影响如何，采取什么对策确保通航安全是亟待解决又一难题；而构皮滩库区变动回水区河道狭窄，随着高等级航道建设，通航船舶吨位加大，航道内随来流流量增大，通航水流条件极为复杂时，如何保障通航安全，所需采取的交通组织规划方案是保障航道安全运行的重要条件，也是急需开展研究。

本章所研究河段的航道建设标准是：按内河Ⅳ级航道标准进行建设，通行500吨级自航机动驳，相应航道尺度为1.6m×30m×330m(单向航道)，保证率为95%。乌江渡水文站设计最低通航水位为622.07m，设计最低通航流量(设计流量)为112m^3/s。

考虑构皮滩、思林、沙沱、彭水枢纽建成后，变动回水区河段经过整治工程，既能控制变动回水区的枯水航槽，又能控制中水河势，促使航槽稳定，保持河床有利于航运发展，同时，还要改变不利于航行的河槽形态，为此提出整治原则是：综合利用，统筹兼顾；裁弯取直，归顺岸线；清炸突嘴，平整河床；因势利导，集水归槽；改善流态，稳定航槽；便利航行，保证安全。

4.2 河段概况

构皮滩枢纽变动回水区处于乌江渡—漩塘河段，全长约45km，枯水河宽30～120m。段内有34个碍航滩险，河床以岩石居多，局部河段为沙卵石覆盖。

乌江渡—漩塘河段的碍航滩险主要有沙卵石浅滩和基岩礁石组成的急流险滩两大类。其中沙卵石浅滩的碍航主要是枯水期水深不足，而基岩礁石急险滩段主要是流速和比降过大而影响船舶航行。尤其是乌江渡枢纽在运行过程当中，未按设计流量泄放基荷流量，而只是根据发电的需要在调峰过程中集中放水，开关闸门毫无规律，下泄最小流量时候坝下流量不足甚至断流，导致浅滩河段水深严重不足，只能季节性的通航。

4.2.1 上下游枢纽

1)乌江渡枢纽

乌江渡枢纽位于研究河段上游约4.8km处，该枢纽1983年建成，以发电为主，兼有航运和渔业等综合效益。其坝址控制流域面积27 790km^2，占全流域的31.6%，多年平均流量为511m^3/s。乌江渡枢纽正常蓄水位760.0m，死水位720.0m，防洪限制水位760.0m，总库容21.4亿m^3，调节库容13.5亿m^3。此枢纽具有季调节性能，与上游电站联合运行具有多年调节能力。

2)构皮滩枢纽

构皮滩枢纽位于贵州中部余庆县境内的乌江干流中游河段，距上游乌江渡枢纽137km，距河口涪陵市为455km。构皮滩枢纽以发电、航运、防洪及其他综合利用为目的。坝址控制流域面积43 250 km^2，占全流域的49.2%，多年平均流量742m^3/s，具有年调节能力，与上游水库联合运行则具有多年调节功能。其正常蓄水位630.0m，死水位590.0m，防洪限制水位626.24m。回水长度137km，枯水位与乌江渡正常衔接。正常蓄水位以下库容55.64亿m^3，调洪库容8.87亿m^3。

4.2.2 水文泥沙特性

乌江水沙一般相适应，一次洪峰过程伴随着一次大的输沙过程，但有时沙峰落后于洪峰。在时间上，年内输沙率分布不均，汛期(6～9月)输沙量占全年输沙量的70%～80%，其中4～

6 月的输沙量占全年总沙量的 20%～30%。

乌江渡水库于 1979 年 11 月 20 日蓄水后，上游来沙大部分被拦蓄在库区，乌江渡水库蓄水后输沙量发生明显变化，1957～1979 年蓄水前的多年平均输沙量为 1 371 万 t，蓄水后的 1980～1999 年多年平均输沙量仅 261 万 t，江界河站沙量减少 80%。输沙量的年内分配比水量分配更为集中，月输沙量最大发生在水量最大的 6 月份，5～9 月输沙量占全年输沙量的 90%。

乌江渡水库蓄水后的 1994～2003 年共计 10 年间各水文站的水文统计资料见表 4.1 和表 4.2。表中数据说明，本河段含沙量及输沙量有沿程变大的趋势，这是因为乌江渡枢纽拦截了大部分泥沙后，下泄基本为清水，随着区间的水土流失，越往下游含沙量及输沙量越大。

乌江各水文站流量特征值　　表 4.1

站　名	多年平均径流量(亿 m^3)	多年平均流量(m^3/s)	历史最大洪水流量(m^3/s)	历史最小枯水流量(m^3/s)
乌江渡	161	511	11 400	53.7
江界河	226	716	14 500	86
思南	266	844	17 000	117
沿河	305	966	19 200	
龚滩	417	1 320	26 200	169

乌江各水文站泥沙特征值　　表 4.2

站　名	多年平均含沙量(kg/m^3)	历年最大含沙量(kg/m^3)	多年平均输沙量(10^6t)	历年最大输沙量(10^6t)
乌江渡	0.004	0.009	0.1	0.167
江界河	0.108	0.196	2.80	5.61
思南	0.154	0.27	5.10	9.86
沿河	0.267	0.421	8.81	15.9
龚滩	0.277	0.467	11.1	21.3

根据乌江渡站 2003 年的实测水位、流量资料并参考该站中、高水水位流量关系线，统计其水位、流量关系见表 4.3。

乌江渡水文站水位流量关系(采用 56 黄海高程系，下同)　　表 4.3

水位(m)	流量(m^3/s)	水位(m)	流量(m^3/s)	水位(m)	流量(m^3/s)
621.38	45	621.98	102	622.78	286
621.48	52	622.08	117	623.38	450
621.58	59	622.18	136	623.88	575
621.68	68	622.28	159	624.38	700
621.78	78	622.38	183	624.88	790
621.88	89	622.58	240	625.38	880

续上表

水位(m)	流量(m³/s)	水位(m)	流量(m³/s)	水位(m)	流量(m³/s)
626.38	1 080	633.38	2 870	640.38	5 320
627.38	1 300	634.38	3 170	642.38	6 100
628.38	1 530	635.38	3 500	643.38	6 540
629.38	1 770	636.38	3 840	644.38	7 010
630.38	2 020	637.38	4 200	646.38	7 990
631.38	2 280	638.38	4 570	648.38	9 000
632.38	2 570	639.38	4 640		

根据乌江渡水文站1963～2003年共41年实测历年最大流量资料，经频率计算和采用P-Ⅲ型曲线进行适线，求得该站均值流量$\overline{Q}=5\ 890\text{m}^3/\text{s}$，$C_v=0.44$，$C_s=3.5C_v$，由以上参数可算得该站设计洪水成果(表4.4)。

乌江渡水文站设计洪水成果　表4.4

频率P(%)	1	2	5	10	20	50
流量(m³/s)	14 600	13 800	11 000	9 340	7 660	5 242
水位(m)	657.97	656.68	651.88	648.98	645.68	640.16

4.3　二维非恒定流数学模型建立及验证

4.3.1　二维水流数学模型建立

天然河流中的水流运动多呈为三维性，但一般情况下较少采用三维数学模型来解决工程问题，采用沿水深平均的二维水流微分方程能较好地反映实际情况。

微分方程的离散方法有很多，本章将采用有限体积法，建立平面二维水流数学模型。有限体积法的基本思想是将计算区域划分成若干个互不重叠的控制体，每个控制体包含一个计算点，然后微分方程在每一个控制体积上进行积分，这样便可得到一个包含有一组网格结点处变量值的离散化方程。有限体积法最大的优点就是，无论计算网格是较粗还是较细，离散方程的解均表示一些物理量在整个计算域内积分守恒可以精确地得到满足。

1)正交曲线网格的生成

对于河道中水流、泥沙的模拟，如何布置网格，使之贴合曲折边界，同时克服计算域长宽比悬殊的困难，是一个关键问题。如果选择矩形网格，为了顾及边界形状及河道横断面上的地形，不得不采用众多尺度很小的单元，计算工作量显著增加。采用正交贴体曲线网格系统来克服边界复杂及计算域尺度悬殊所引起的困难，采用WILLEMS导出的正交曲线坐标方程作为转换方程。

$$\begin{cases}\alpha\dfrac{\partial^2 x}{\partial\xi^2}+\gamma\dfrac{\partial^2 x}{\partial\eta^2}+J^2\left(P\dfrac{\partial x}{\partial\xi}+Q\dfrac{\partial x}{\partial\eta}\right)=0\\ \alpha\dfrac{\partial^2 y}{\partial\xi^2}+\gamma\dfrac{\partial^2 y}{\partial\eta^2}+J^2\left(P\dfrac{\partial y}{\partial\xi}+Q\dfrac{\partial y}{\partial\eta}\right)=0\end{cases}\tag{4.1}$$

$$\gamma=x_\xi^2+y_\xi^2$$

$$\alpha=x_\eta^2+y_\eta^2$$

$$J=x_\xi y_\eta-x_\eta y_\xi\qquad(\text{正交网格时},J=\sqrt{\alpha\cdot\gamma})$$

$$C_\xi=\sqrt{\gamma}$$

$$C_\eta=\sqrt{\alpha}$$

式中：C_ξ、C_η——正交曲线坐标系中的拉梅系数；

P、Q——调节因子，本文采用按照势流理论建立的 P、Q 形式；

ξ、η——分别为正交曲线坐标系中的坐标符号。

存在关系式有

$$\frac{\partial\xi}{\partial x}=\frac{1}{J}\cdot\frac{\partial y}{\partial\eta},\frac{\partial\eta}{\partial x}=-\frac{1}{J}\cdot\frac{\partial y}{\partial\xi},\frac{\partial\xi}{\partial y}=-\frac{1}{J}\cdot\frac{\partial x}{\partial\eta},\frac{\partial\eta}{\partial y}=\frac{1}{J}\cdot\frac{\partial x}{\partial\xi}\tag{4.2}$$

上述方程组是一组椭圆形非线性方程，可采用常用的有限差分方法离散和 TDMA 技术求解。采用贴体坐标形成的网格系统可灵活地控制网格疏密和网格走向，它在(ξ、η)平面上所对应的是矩形网格系统，给计算程序的编制及提高程序的通用性带来了方便。

根据上述坐标变换原则及坐标转换方程将直角坐标系下的水沙基本控制方程变换为正交曲线贴体坐标系下的水沙基本控制方程。由于河道弯曲处水面横比降引起的横向动量交换对垂线平均流速有很大影响。因此，平面二维水流运动方程中应该考虑到横向动量交换项。

2)正交曲线坐标系下水沙数学模型的控制方程

水流连续方程为

$$\frac{\partial Z}{\partial t}+\frac{1}{c_\xi c_\eta}\cdot\frac{\partial(c_\eta uh)}{\partial\xi}+\frac{1}{c_\xi c_\eta}\cdot\frac{\partial(c_\xi vh)}{\partial\eta}=0\tag{4.3}$$

水流运动方程为

$$\begin{aligned}&\frac{1}{c_\xi c_\eta}\cdot\frac{\partial(c_\xi vu)}{\partial\eta}+\frac{1}{c_\xi c_\eta}\cdot\left(uv\frac{\partial c_\xi}{\partial\eta}-v^2\frac{\partial c_\eta}{\partial\xi}\right)\\ =&-g\frac{1}{c_\xi}\cdot\frac{\partial Z}{\partial\xi}+v_t\left(\frac{1}{c_\xi}\cdot\frac{\partial A}{\partial\xi}-\frac{1}{c_\eta}\cdot\frac{\partial B}{\partial\eta}\right)-\frac{u\sqrt{u^2+v^2}n^2g}{h^{\frac{4}{3}}}-M_u\end{aligned}\tag{4.4}$$

$$\begin{aligned}&\frac{1}{c_\xi c_\eta}\cdot\frac{\partial(c_\eta uv)}{\partial\xi}+\frac{1}{c_\xi c_\eta}\cdot\left(uv\frac{\partial c_\eta}{\partial\xi}-u^2\frac{\partial c_\xi}{\partial\eta}\right)\\ =&-g\frac{1}{c_\eta}\cdot\frac{\partial Z}{\partial\eta}+v_t\left(\frac{1}{c_\xi}\cdot\frac{\partial B}{\partial\xi}+\frac{1}{c_\eta}\cdot\frac{\partial A}{\partial\eta}\right)-\frac{v\sqrt{u^2+v^2}n^2g}{h^{\frac{4}{3}}}-M_v\end{aligned}\tag{4.5}$$

式中：M_u、M_v——横向动量交换项。

引入 M_u、M_v 可以考虑河道弯曲处环流对垂线平均流速的影响，其表达式为

$$M_u=\frac{1}{hC_\xi C_\eta}\left[\frac{\partial}{\partial\eta}(u\phi C_\xi)+u\phi\frac{\partial C_\xi}{\partial\eta}-2v\phi\frac{\partial C_\eta}{\partial\xi}\right] \tag{4.6}$$

$$M_v=\frac{1}{hC_\xi C_\eta}\left[\frac{\partial}{\partial\xi}(u\phi C_\eta)+u\phi\frac{\partial C_\eta}{\partial\xi}+2\frac{\partial}{\partial\eta}(v\phi C_\xi)\right] \tag{4.7}$$

$$\phi=K_{Ts}|u|h^2/R_\eta$$

$$K_{Ts}=5\frac{\sqrt{g}}{K_c}-15.6\left(\frac{\sqrt{g}}{K_c}\right)^2+37.5\left(\frac{\sqrt{g}}{K_c}\right)^2$$

式中:R_η——等 η 线曲率半径。

$$A=\frac{1}{c_\xi c_\eta}\left[\frac{\partial(uc_\eta)}{\partial\xi}+\frac{\partial(vc_\xi)}{\partial\eta}\right]$$

$$B=\frac{1}{c_\xi c_\eta}\left[\frac{\partial(uc_\eta)}{\partial\xi}-\frac{\partial(vc_\xi)}{\partial\eta}\right]$$

3)方程的离散及其数值解法

比较上述各方程,可以发现它们的形式是相似的,可以表达成通用的格式

$$\begin{aligned}&\frac{\partial\Psi}{\partial t}+\frac{1}{c_\xi c_\eta}\cdot\frac{\partial(c_\eta u\Psi)}{\partial\zeta}+\frac{1}{c_\xi c_\eta}\cdot\frac{\partial(c_\xi v\Psi)}{\partial\eta}\\&=\frac{1}{c_\xi c_\eta}\cdot\frac{\partial}{\partial\xi}\left(\frac{\Gamma\cdot c_\eta}{c_\xi}\cdot\frac{\partial\Psi}{\partial\xi}\right)+\frac{1}{c_\eta c_\xi}\cdot\frac{\partial}{\partial\eta}\left(\frac{\Gamma\cdot c_\xi}{c_\eta}\cdot\frac{\partial\Psi}{\partial\eta}\right)+S\end{aligned} \tag{4.8}$$

在数值计算时,只需对式(4.8)编制一个通用的程序,所有控制方程均可用此程序求解。

利用控制体积法离散控制方程。将计算区域划分成一系列连续但互不重合的控制体积,每个控制体包含一个计算点,然后微分方程在每一个控制体积上进行积分,这样我们便可得到一个包含有一组网格结点处变量 Ψ 的离散化方程。

统一积分方程在交错网格结点的控制体积内积分,并代入连续方程,可得到下列离散形式

$$a_p\varphi_p=a_E H\varphi_E+a_W H_W\varphi_W+a_N H_n\varphi_N+a_S H_s\varphi_S+b \tag{4.9}$$

$$a_E=D_\varepsilon A(|P_\varepsilon|)+\max(-F_\varepsilon,0)$$

$$a_W=D_w A(|P_w|)+\max(F_w,0)$$

$$a_N=D_n A(|P_n|)+\max(F_n,0)$$

$$a_S=D_s A(|P_s|)+\max(F_s,0)$$

$$a_p=H_\varepsilon a_E+H_w a_W+H_n a_N+H_s a_S-S_p\Delta\xi\Delta\eta$$

$$b=S_c\Delta\xi\Delta\eta$$

式中:F、D——分别为对流强度和扩散率,$P=F/D$。

$$A(P)=\max[0,(1-0.1\,|P|^5)];$$

$$F_e=(uh_2)_e\Delta\eta;F_w=(uh_2)_w\Delta\eta;F_n=(vh_2)_n\Delta\xi;F_s=(vh_1)_\varepsilon\Delta\xi \tag{4.10}$$

$$D_e=\left(\Gamma\frac{h_2}{h_1}\right)_e\frac{\Delta\eta}{\Delta\xi_e};D_w=\left(\Gamma\frac{h_2}{h_1}\right)_w\frac{\Delta\eta}{\Delta\xi_w};D_n=\left(\Gamma\frac{h_1}{h_2}\right)_n\frac{\Delta\xi}{\Delta\eta_n};D_s=\left(\Gamma\frac{h_1}{h_2}\right)_s\frac{\Delta\xi}{\Delta\eta_s} \tag{4.11}$$

式中:u_e、u_w、v_n、v_s——分别为控制体垂直面上的速度;

Γ_e、Γ_w、Γ_n、Γ_s——分别为控制面上紊动扩散系数;

$\Delta\xi_e$、$\Delta\xi_w$、$\Delta\eta_n$、$\Delta\eta_s$——分别为相邻结点网格间距。

采用 SIMPLEC 计算程式可以求解水流方程组。

4)计算区域的选取及正交网格生成

计算区域选取从乌江铁路桥上游—漩塘共约45km的河段。在该计算区域内布置3 219×100个网格结点,经正交变换后得到如图4.1所示的正交曲线网格,网格基本上保持正交。与正交曲线网格对应的新坐标系(ξ,η)下的区域为3 219×100的矩形网格,网格长10～20m,宽1～4m。

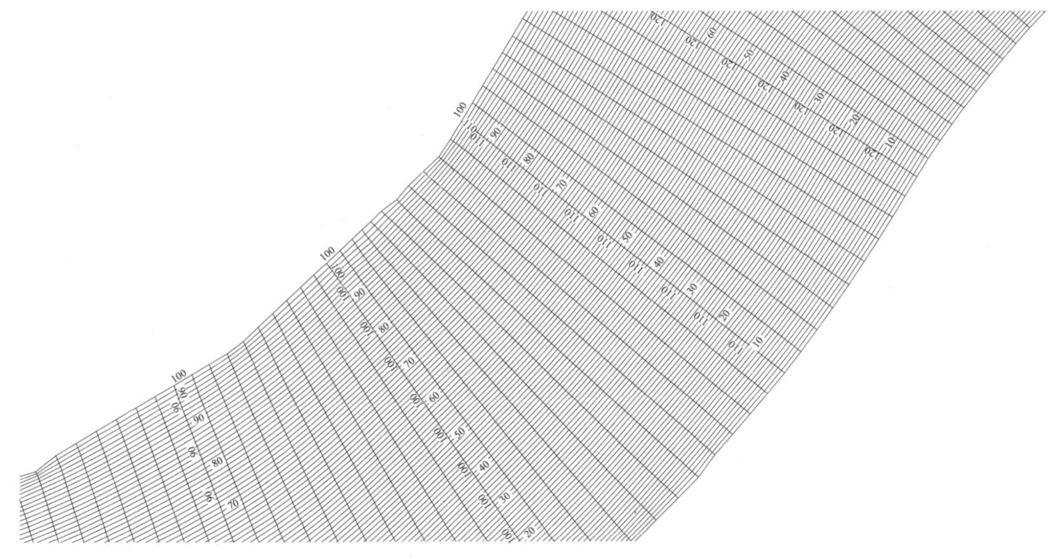

图4.1　计算区域网格布置局部图

4.3.2　恒定流数学模型验证

2010年5～6月,乌江渡枢纽—漩塘河段沿程共设置了54把水尺,观测了不同流量级下的瞬时流量和水位,并对测流断面进行了流速流向观测。

1)水位验证

通过选取合适的糙率值,恒定流水位验证的偏差值一般在5cm以内(表4.5～表4.8)。

水位验证(一)　表4.5

水尺号	$84m^3/s$			$347m^3/s$			$467m^3/s$		
	原型	计算	偏差	原型	计算	偏差	原型	计算	偏差
1	620.58	620.57	−0.01	622.01	622.03	0.02	622.37	622.35	−0.02
2	618.46	618.46	0	620.65	620.64	−0.01	621.22	621.23	0.01
3	618.44	618.43	−0.01	620.55	620.57	0.02	621.17	621.17	0
4	618.33	618.35	0.02	620.22	620.26	0.04	620.89	620.9	0.01
5	617.68	617.69	0.01	619.97	619.95	−0.02	620.71	620.72	0.01
6	617.49	617.52	0.03	619.75	619.74	−0.01	620.64	620.65	0.01
7	617.41	617.4	−0.01	619.51	619.56	0.05	620.33	620.29	−0.04
8	616.6	616.62	0.02	618.59	618.62	0.03	619.59	619.58	−0.01
9	615.94	615.94	0	617.92	617.92	0	619.08	619.08	0

水位验证（二） 表 4.6

水尺号	125m³/s		
	原型	计算	偏差
10	615.35	615.36	0.01
11	615.09	615.08	−0.01
12	614.89	614.9	0.01
13	614.41	614.45	0.04
14	612.79	612.82	0.03
15	612.12	612.11	−0.01
16	611.61	611.62	0.01
17	610.92	610.89	−0.03
18	610.86	610.86	0
19	609.81	609.82	0.01
20	608.94	608.95	0.01
21	608.72	608.75	0.03
22	608.16	608.17	0.01
23	608.14	608	−0.14

水位验证（三） 表 4.7

水尺号	130m³/s		
	原型	计算	偏差
24	608.20	608.31	0.11
25	608.18	608.17	−0.01
26	608.08	608.07	−0.01
27	607.15	607.18	0.03
28	606.58	606.62	0.04
29	606.2	606.15	−0.05
30	605.04	605.03	−0.01
31	603.26	603.26	0

水位验证（四） 表 4.8

水尺号	199m³/s			水尺号	199m³/s		
	原型	计算	偏差		原型	计算	偏差
32	603.01	603.01	0	35	600.24	600.25	0.01
33	602.74	602.75	0.01	36	599.6	599.58	−0.02
34	600.55	600.54	−0.01	39	599	599	0

续上表

水尺号	199m³/s			水尺号	199m³/s		
	原型	计算	偏差		原型	计算	偏差
41	595.25	595.24	−0.01	47	594.48	594.50	0.02
42	595.2	595.18	−0.02	48	594.43	594.43	0.00
43	595.12	595.1	−0.02	49	594.40	594.41	0.01
44	594.93	594.95	0.02	50	594.33	594.30	−0.03
45	594.87	594.87	0.00	53	594.20	594.18	−0.02
46	594.63	594.62	−0.01	54	594.18	594.18	0.00

2)流速验证

乌江渡—漩塘河段共设置了5个测流断面，观测了不同流量级下的流速分布，计算值与实测值的偏差值一般在10%以内(图4.2)。

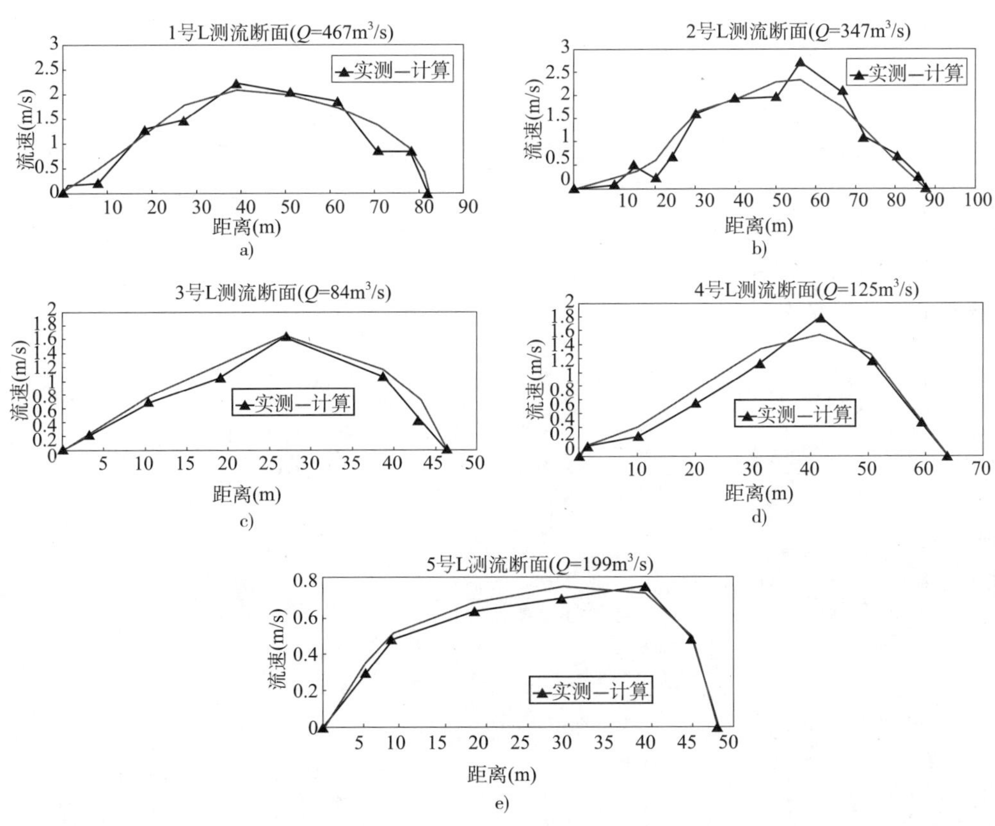

图4.2　测流断面流速分布验证图

恒定流计算的水位及流速分布与原型观测值吻合较好，说明本数学模型能够正确反映本河段的恒定流水流条件。

表 4.9 非恒定流计算水位与实测水位的对比(单位:m)

水尺	时间	2010年4月12日						2010年4月13日						2010年4月14日					
		0:00	4:00	8:00	12:00	16:00	20:00	0:00	4:00	8:00	12:00	16:00	20:00	0:00	4:00	8:00	12:00	16:00	20:00
于龙洞	实测	616.97	616.27	616.27	617.22	617.29	617.29	617.4	616.35	616.35	618.07	617.66	617.61	617.17	616.89	616.87	617.21	617.19	617.29
	计算	616.98	616.3	616.21	617.28	617.35	617.21	617.4	616.35	616.3	618.08	617.66	617.65	617.12	616.85	616.85	617.2	617.24	617.25
	差值	0.01	0.03	−0.06	0.06	0.06	−0.08	0	0	−0.05	0.01	0	0.04	−0.05	−0.04	−0.02	−0.01	0.05	−0.04
小滩	实测	614.95	613.96	613.93	615.22	614.77	615.46	615.84	614.12	614.05	616.37	615.89	615.84	615.05	614.88	614.76	615.26	615.33	615.41
	计算	614.98	613.91	613.86	615.28	614.74	615.51	615.87	614.06	614.08	616.32	615.86	615.86	615.11	614.9	614.7	615.31	615.3	615.42
	差值	0.03	−0.05	−0.07	0.06	−0.03	0.05	0.03	−0.06	0.03	−0.05	−0.03	0.02	0.06	0.02	−0.06	0.05	−0.03	0.01
大塘口	实测	608.73	608.56	608.46	608.52	608.6	609.05	608.95	608.66	608.5	608.63	608.89	609.04	608.74	608.75	608.7	608.73	608.77	608.93
	计算	608.69	608.53	608.51	608.54	608.66	609.03	608.9	608.68	608.53	608.65	608.84	609.1	608.76	608.69	608.72	608.78	608.74	608.95
	差值	−0.04	−0.03	0.05	0.02	0.06	−0.02	−0.05	0.02	0.03	0.02	−0.05	0.06	0.02	−0.06	0.02	0.05	−0.03	0.02
鸡冠石	实测	602.32	602.08	601.55	601.49	602.26	602.96	602.74	602.53	601.72	601.67	602.82	603.06	602.61	602.44	602.31	602.27	602.53	602.79
	计算	602.37	602.04	601.6	601.43	602.31	602.97	602.76	602.5	601.66	601.72	602.83	603.09	602.59	602.5	602.27	602.32	602.55	602.76
	差值	0.05	−0.04	0.05	−0.06	0.05	0.01	0.02	−0.03	−0.06	0.05	0.01	0.03	−0.02	0.06	−0.04	0.05	0.02	−0.03
马蔚滩	实测	599.2	599.17	598.65	598.4	598.93	599.18	599.8	599.79	598.96	598.6	599.69	599.89	599.87	599.41	599.32	599.21	599.43	599.77
	计算	599.23	599.19	598.71	598.32	599	599.13	599.8	599.74	598.96	598.61	599.67	599.85	599.93	599.44	599.28	599.2	599.4	599.79
	差值	0.03	0.02	0.06	−0.08	0.07	−0.05	0	−0.05	0	0.01	−0.02	−0.04	0.06	0.03	−0.04	−0.01	−0.03	0.02
大沙坝滩	实测	594.92	594.92	594.41	594.01	594.52	594.82	595.29	595.31	594.78	594.28	595.24	595.45	595.44	595.11	595.03	594.9	595.06	595.19
	计算	594.96	594.89	594.42	593.99	594.55	594.76	595.32	595.32	594.83	594.2	595.3	595.43	595.49	595.19	594.97	594.88	595.09	595.24
	差值	0.04	−0.03	0.01	−0.02	0.03	−0.06	0.03	0.01	0.05	−0.08	0.06	−0.02	0.05	0.08	−0.06	−0.02	0.03	0.05
花滩	实测	590.1	590.15	590.16	590.18	—	—	—	590.39	590.41	590.41	590.47	590.57	590.54	590.57	590.57	590.62	590.69	590.7
	计算	590.08	590.12	590.22	590.27	—	—	—	590.44	590.49	590.33	590.45	590.52	590.51	590.55	590.58	590.67	590.71	590.71
	差值	−0.02	−0.03	0.06	0.09	—	—	—	0.05	0.08	−0.08	−0.02	−0.05	−0.03	−0.02	0.01	0.05	0.02	0.01

4.3.3　非恒定流数学模型验证

乌江渡—漩塘河段设置了于龙洞、小滩、大塘口、鸡冠石、马蔚滩、大沙坝滩、花滩共7把固定水尺，逐时观测了近4天的水位。

非恒定流上游入口流量采用乌江渡水文站的逐时水位换算的逐时流量值，出口水位采用漩塘水位。

非恒定流计算中，其糙率是由两级恒定流计算的糙率内插求得。非恒定流泄流计算结果和实测值比较见表4.9。从2010年4月12日～4月14日期间，计算水位过程和实测吻合良好。表明本文建立的非恒定流数学模型可靠，可以用于各泄流方案的计算。

数学模型计算的恒定流、非恒定流的水位及流速值与实测值吻合较好，说明模型建立合理，能够正确模拟恒定流和非恒定流水流运动情况。

4.4　二维水流数学模型计算

未来构皮滩枢纽正常运行条件下的水流条件进行模拟计算，计算了2种工况。

计算工况一：设计流量112m³/s＋尾门死水位590.0m条件。在极端情况下构皮滩枢纽坝前水位有可能降至死水位，此条件下该河段整体处于脱水区，河段的碍航问题主要是水深条件，计算此工况条件下原设计方案的沿程水深条件，以此验证原设计水位的合理性，并对初步设计方案水深不足处进行优化。

计算工况二：大流量5 242m³/s、7 660m³/s＋尾门防洪限制水位626.24m条件。构皮滩枢纽正常运行后，一般情况下在主汛期水电站为保证效益和防洪安全一般会将坝前水位维持在防洪限制水位，汛期河段的碍航问题主要是流速条件，研究此工况下汛期流速值大小，并对方案进一步优化。而目前并无相关构皮滩枢纽调节影响下的大流量的回水曲线，计算工况二尾门水位设为构皮滩枢纽防洪限制水位可能只是一种偏于保守的假设。

4.4.1　计算工况一

1)无工程

对无工程条件进行计算，可以得到以下认识。

(1)受到下游构皮滩枢纽坝前水位的回水影响，全河段主河道内流速值大小呈现上游流速值较大，下游流速值较小的规律。

(2)乌江渡—漩塘河段前期从未进行过相关的整治工程，部分河段由于礁石横立河中导致水深较小，流速较大(表4.10、表4.11)，洗柴滩、羊塘滩、桃子台、下滩河段中流速最大值约3.0m/s。从设计流量112m³/s下不同河宽条件下平均水深与平均流速的关系和各河段的流速水深条件(表4.10、表4.11)来看，也说明流速较大位置的水深则较小。

(3)乌江渡—漩塘河段沿程有水深不满足1.6m(表4.11)和航宽不满足30m要求的位置。

各滩段最大流速值(单位:m^3/s)　　表 4.10

位　置	流速最大值	位　置	流速最大值
洗柴滩	3.32	桃子台	3.04
小幺滩	1.25	石坝子	1.92
于龙洞滩	1.10	高坎子	3.02
纸牌滩	1.98	鸡冠石	2.03
小滩	1.35	马鞍桥	0.85
鱼塘河口	1.42	磊石滩	2.34
青坑滩	1.68	茶山关	1.45
鱼洞滩	2.03	小花滩	2.47
两耳洞滩	1.67	下滩	3.01
红岩滩	2.41	大沙坝	1.56
三脚石	1.98	落水洞滩	1.09
油篓滩	1.98	青龙洞	1.85
腰滩	2.56	钓鱼台	1.92
干沟滩	1.23	小巷口	2.01
猴洞滩	2.31	猫儿洞	1.35
大塘口滩	2.74	花滩	2.01
羊塘滩	3.02	漩塘	1.59

各滩段最小水深条件(单位:m)　　表 4.11

位　置	最小水深	位　置	最小水深
洗柴滩	0.74	桃子台	0.98
小幺滩	0.67	石坝子	1.21
于龙洞滩	0.85	高坎子	1.01
纸牌滩	0.64	鸡冠石	1.36
小滩	0.59	马鞍桥	1.51
鱼塘河口	0.98	磊石滩	1.48
青坑滩	0.87	茶山关	1.43
鱼洞滩	1.24	小花滩	1.47
两耳洞滩	1.21	下滩	1.55
红岩滩	1.03	大沙坝	0.84
三脚石	0.98	落水洞滩	0.68
油篓滩	0.87	青龙洞	0.61
腰滩	0.85	钓鱼台	0.55

续上表

位　　置	最小水深	位　　置	最小水深
干沟滩	1.12	小巷口	0.74
猴洞滩	1.25	猫儿洞	1.13
大塘口滩	1.12	花滩	1.21
羊塘滩	1.34	漩塘	0.94

2)初步设计方案

初步设计方案阶段对各碍航滩险确定了整治思路和方案布置,见表4.12。

初步设计方案整治思路和方案布置　　表4.12

编号	滩　名	初步设计方案
1	洗柴滩	沿设计航槽水深不足处炸礁;并筑导流坝调整溪沟与主流的交角
2	小幺滩	炸除碍航礁石
3	于龙洞滩	炸除两岸岩堆以扩大过水断面,以调整中水流速、比降
4	纸牌滩	炸除两岸崩岩堆石以扩大过水断面,增加航槽宽度,调整流速、比降
5	小滩	炸除伸入航槽的崩岩、石盘和河中礁石,以拓宽航槽
6	鱼塘河	炸除下游石盘,并沿设计航槽清除淤积物
7	青坑滩	炸除碍航礁石
8	鱼洞滩	沿设计航槽炸礁以保证航槽水深,并将进口炸为喇叭口引水归槽
9	两耳洞滩	炸除河中碍航石盘、暗礁
10	红岩滩	炸除河中碍航石盘、暗礁
11	三脚石	炸除河中碍航石盘、暗礁
12	油篓滩	清炸溪锥堆积物,并将航槽内暗礁炸除
13	腰滩	炸除部分溪锥及出口碍航礁石,以利水流宣泄
14	干沟滩	清炸伸入航槽的溪锥及石盘
15	猴洞滩	炸除碍航礁石,适当扩大过水断面,以调整流速、比降
16	大塘口滩	在支流入汇口筑导流顺坝调整交汇角并导顺水流,疏浚沙卵石淤积物,清炸碍航石盘
17	羊塘滩	炸礁以提高航道尺度,并配合整治建筑物集中、枯水流量于主航槽
18	桃子台	炸礁与筑坝相结合,集中、枯水流量于航槽
19	石坝子	炸礁与筑坝结合,以提高航道尺度
20	高坎子	炸礁以增加航道水深
21	鸡冠石	炸礁提高航道尺度,并炸除部分挑流石梁,结合左岸筑顺坝导流,以改善流态
22	马鞍桥	清炸河中石盘以提高航道尺度;滩尾右岸筑丁坝使水流提前过渡到左岸
23	磊石滩	炸除河中礁石及两岸崩岩堆积物,调整比降
24	茶山关	炸除两岸伸入航槽内的石盘

续上表

编号	滩　名	初　步　设　计　方　案
25	小花滩	炸除两岸伸入航槽内的石盘
26	下滩	炸除两岸崩岩堆积物和河中碍航礁石
27	大沙坝	清炸两岸石盘伸入航槽部分
28	落水洞滩	沿设计航槽水深不足处炸礁
29	青龙洞	选左槽为主航槽，在下段开槽，并清炸碍航礁石
30	钓鱼台	炸除碍航暗礁
31	小巷口	上口拓宽航槽，下段沿设计航槽炸礁增加水深
32	猫儿洞	炸除部分溪锥，使水流平顺
33	花滩	炸除河中礁石和右岸岩堆以利水流宣泄
34	漩塘	清炸滩头航槽中的礁石

通过二维水流数学模型对初步设计方案的水流条件计算，分析得到以下结论。

(1)全河段主河道的航槽开挖清理工程对水流条件有明显的改善作用，特别是对礁石横立河道中的碍航滩险效果较好，以重点滩花滩为例，航槽开挖清理工程既降低了流速值，又使主流归顺，流速分布也较为均化。

(2)封弯坝工程配合航槽开挖清理工程，开辟新航槽，增大了船舶航行的弯曲半径，并对水流条件也有明显的改善作用，以重点滩大塘口为例，封弯坝工程配合航槽开挖清理工程使主流归顺规划新航槽，新航槽内也由于弯曲半径的增大而使得流速分布也较为均化。

(3)从整个河段来看，各河段的航槽最大流速值均有所减小(表4.13)，也再次说明了工程前各碍航滩段的流速最大值主要出现在河宽较窄、水深较浅和礁石侵占河道的位置。

总体而言，通过沿程的航槽开挖清理工程和必要的筑坝工程，初步设计方案工程后主流归顺规划航槽，流速分布较为均化。

工程前后航槽内最大流速值比较(单位：m/s)　　表4.13

位置	工程前	工程后	位置	工程前	工程后
洗柴滩	3.32	2.61	桃子台	3.04	2.55
小幺滩	1.25	1.69	石坝子	1.92	1.87
于龙洞滩	1.10	1.05	高坎子	3.02	2.51
纸牌滩	1.98	1.88	鸡冠石	2.03	1.98
小滩	1.35	1.26	马鞍桥	0.85	0.81
鱼塘河口	1.42	1.34	磊石滩	2.34	2.11
青坑滩	1.68	1.57	茶山关	1.45	1.29
鱼洞滩	2.03	2.01	小花滩	2.47	2.30
两耳洞滩	1.67	1.61	下滩	3.01	2.57
红岩滩	2.41	2.31	大沙坝	1.56	1.43

续上表

位置	工程前	工程后	位置	工程前	工程后
三脚石	1.98	1.89	落水洞滩	1.09	1.02
油篓滩	1.98	1.87	青龙洞	1.85	1.65
腰滩	2.56	2.51	钓鱼台	1.92	1.78
干沟滩	1.23	1.19	小巷口	2.01	1.84
猴洞滩	2.31	2.20	猫儿洞	1.35	1.24
大塘口滩	2.74	2.35	花滩	2.01	1.97
羊塘滩	3.02	2.45	漩塘	1.59	1.42

初步设计方案航道水深条件的问题是：初步设计中所采用的沿程水位及其对应的航槽控制底高程不妥，部分河段水深值达不到1.6m水深要求。针对此水深不足的问题，需要对原初步设计中所采用的航槽控制底高程进行修改优化，调整航槽控制底高程，使得工程后能够达到1.6m水深要求（图4.3）。

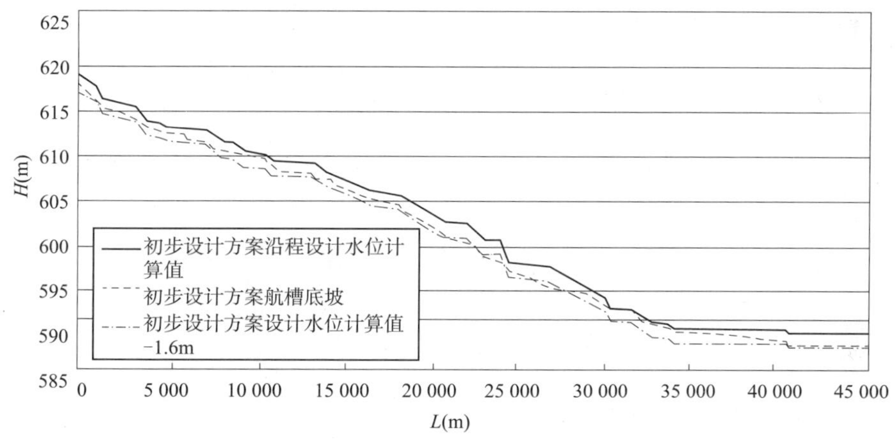

图4.3　初步设计方案沿程水位及航道控制底高程

3)优化方案一

针对初步设计方案所体现出的部分河段航深不足的问题进行优化，优化方案一的思路为：在初步设计方案基础上，优化初步设计方案航道挖槽控制底高程，使得工程后的水深条件达到1.6m。

通过反复调整航道挖槽控制底高程并计算，最终得到能够达到1.6m水深要求的航道挖槽控制底高程，优化方案一的沿程水位及航道控制底高程见表4.14和图4.4。

通过二维水流数学模型对优化方案一的水流条件计算，分析得到以下结论。

(1)与初步设计方案一样，优化方案一的航槽开挖清理工程对水流条件有明显的改善作用，特别是对礁石横立河道中的碍航滩险效果较好，航槽开挖清理工程既降低了流速值，又使主流归顺，流速分布较为均化。

(2)与初步设计方案一样，封弯坝工程配合航槽开挖清理工程，开辟新航槽，增大了船舶航行的弯曲半径，并对水流条件也有明显的改善作用，以重点滩大塘口为例，封弯坝工程配合航槽开挖清理工程使主流归顺规划新航槽，新航槽内也由于弯曲半径的增大而使得流速分布也较为均化。

优化方案一沿程水位及航道控制底高程 表 4.14

水尺号	二维断面号	初设断面号	优化方案一设计水位(m)	优化方案一航道控制底高程(m)	水尺号	二维断面号	初设断面号	优化方案一设计水位(m)	优化方案一航道控制底高程(m)
1P	72	2	618.48	616.88	27P	1 166	1 094	605.78	604.18
2P	126	56	617.58	615.98	28P	1 280	1 208	605.27	603.67
3P	146	76	616.11	614.51	29P	1 320	1248	604.34	602.74
4P	170	100	615.72	614.12	30P	1 406	1 334	602.78	601.18
5P	206	136	615.48	613.88	31P	1 440	1 368	602.37	600.77
6P	232	162	615.41	613.81	32P	1 476	1 404	602.03	600.43
7P	274	204	615.16	613.56	33P	1 534	1 462	601.52	599.92
8P	284	214	614.79	613.19	34P	1 606	1 534	600.12	598.52
9P	320	250	613.58	611.98	35P	1 662	1 590	599.41	597.81
10P	366	296	613.36	611.76	36P	1 690	1 618	597.82	596.22
11P	396	326	612.89	611.29	39P	1 840	1 768	596.66	595.06
12P	458	388	612.77	611.17	41P	2 060	1 988	593.9	592.3
13P	546	476	612.67	611.07	42P	2 082	2 010	592.91	591.31
14P	570	500	612.12	610.52	43P	2 100	2 028	592.88	591.28
15P	604	534	611.24	609.64	44P	2 140	2 068	592.75	591.15
16P	644	574	611.09	609.49	45P	2 164	2 092	592.71	591.11
17P	686	616	610.14	608.54	46P	2 200	2 128	592.01	590.41
18P	766	696	609.86	608.26	47P	2 238	2 166	591.22	589.62
19P	800	730	609.12	607.52	48P	2 296	2 224	591.01	589.41
20P	822	752	609.1	607.5	49P	2 322	2 250	590.5	588.9
21P	932	862	608.96	607.36	50P	2 434	2 362	590.41	588.81
22P	954	884	608.83	607.23	52P	2 672	2 602	590.28	588.68
23P	1 000	928	607.88	606.28	53P	2 744	2 674	590.26	588.66
24P	1 044	972	607.48	605.88	54P	2 760	2 690	590.08	588.48
25P	1 078	1 006	607.21	605.61	漩塘	3 218	3 148	590	588.4
26P	1 128	1 056	606.58	604.98					

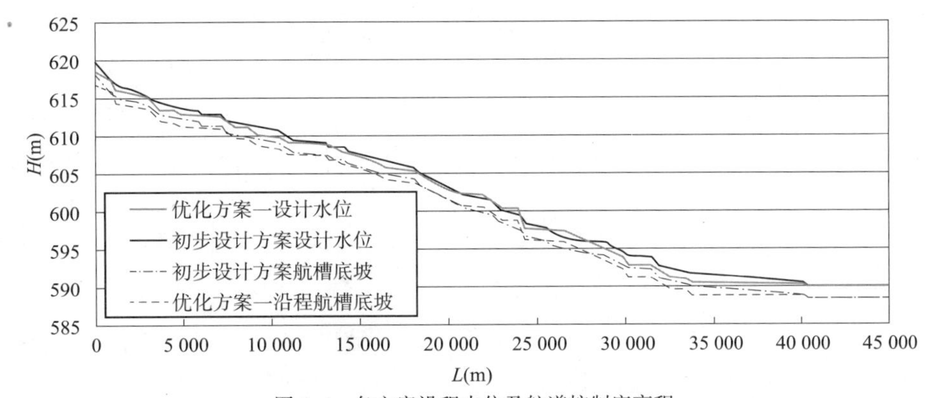

图 4.4　各方案沿程水位及航道控制底高程

(3)从整个河段来看,与初步设计方案一样,各河段的航槽流速最大值均有所减小(表 4.15),也再次说明了工程前各碍航滩段的流速最大值主要出现在河宽较窄、水深较浅和礁石侵占河道的位置。

工程前后航槽内流速最大值比较(单位:m/s)　　表 4.15

位置	工程前	工程后	位置	工程前	工程后
洗柴滩	3.32	2.61	桃子台	3.04	2.55
小幺滩	1.25	1.69	石坝子	1.92	1.87
于龙洞滩	1.10	1.05	高坎子	3.02	2.51
纸牌滩	1.98	1.88	鸡冠石	2.03	1.98
小滩	1.35	1.26	马鞍桥	0.85	0.81
鱼塘河口	1.42	1.34	磊石滩	2.34	2.11
青坑滩	1.68	1.57	茶山关	1.45	1.29
鱼洞滩	2.03	2.01	小花滩	2.47	2.30
两耳洞滩	1.67	1.61	下滩	3.01	2.57
红岩滩	2.41	2.31	大沙坝	1.56	1.43
三脚石	1.98	1.89	落水洞滩	1.09	1.02
油篓滩	1.98	1.87	青龙洞	1.85	1.65
腰滩	2.56	2.51	钓鱼台	1.92	1.78
干沟滩	1.23	1.19	小巷口	2.01	1.84
猴洞滩	2.31	2.20	猫儿洞	1.35	1.24
大塘口滩	2.74	2.35	花滩	2.01	1.97
羊塘滩	3.02	2.45	漩塘	1.59	1.42

(4)工程后航槽内内水深均能满足 1.6m 水深要求。

总体而言,优化方案一同初步设计方案效果相似,工程后主流归顺规划航槽,流速分布较为均化。

4.4.2 计算工况二

1)优化方案一流速条件

构皮滩枢纽正常运行后，在主汛期水电站为保证效益和防洪安全一般会将坝前水位维持在防洪限制水位 626.24m，汛期河段的碍航问题主要是流速条件，针对此问题，分别对两年一遇和五年一遇洪水流量下的河段水流条件进行模拟。

(1)两年一遇洪水流量(Q=5 242m^3/s)

通过对计算工况二两年一遇洪水流量模拟计算表明，计算工况二水深较大，过水面积也较大，河道及岸边对水流干扰作用较小，水流归顺主河道，流态也比较平顺。由于受到下游构皮滩枢纽坝前水位的回水影响，全河段航槽内内流速值呈现上游流速值较大，下游流速值较小的规律(表 4.16)。超过 3.0m/s 的范围主要集中在鱼洞滩—洗柴滩，也是研究河段的最上游河段。

计算工况二两年一遇洪水流量下航槽内流速值　　表 4.16

河段位置	航槽内流速值范围	流速值超过 3.0m/s 的范围	超过 3.5m/s 的范围
漩塘—花滩	一般在 0.5~1.5m/s 范围内	—	—
花滩—钓鱼台	一般在 1.0~2.0m/s 范围内	—	—
钓鱼台—鸡冠石	航槽内流速值一般在 1.0~2.0m/s 范围内，局部位置的流速值超过 2.0m/s，但不超过 3.0m/s。下滩段流速值超过 2.0m/s 的范围长约 300m；磊石滩段流速值超过 2.0m/s 的范围长约 220m；马鞍桥滩段流速值超过 2.0m/s 的范围长约 679m	—	—
鸡冠石—大塘口	一般在 1.0~2.0m/s 范围内	—	—
大塘口—鱼洞滩	航槽内流速值一般在 1.5~3.0m/s 范围内，局部位置的流速值超过 3.0m/s，但不超过 3.5m/s	油篓滩段，长约 380m	—
鱼洞滩—洗柴滩	航槽内流速值一般在 2.0~4.0m/s 范围内，流速值超过 3.0m/s 的范围较多	①青坑滩段范围长约 1 022m ②鱼塘河口段范围长约 533m ③纸牌滩段范围长约 1 398m ④于龙洞滩段范围长约 790m ⑤小幺滩段范围长约 1 244m	①青坑滩段范围长约 136m ②纸牌滩段范围长约 530m ③于龙洞滩段范围长约 418m ④小幺滩段范围长约 1 044m

(2)五年一遇洪水流量(Q=7 660m^3/s)

通过对计算工况二五年一遇洪水流量模拟计算表明，五年一遇洪水流量与两年一遇洪水流量相比，流态基本一致，只是流速值较大。

五年一遇洪水流量水深较大，过水面积也较大，河道及岸边对水流干扰作用较小，水流归顺主河道，流态也比较平顺。由于受到下游构皮滩枢纽坝前水位的回水影响，全河段主河道内流速值呈现上游流速值较大，下游流速值较小的规律(表 4.17)。超过 3.0m/s 的范围比两年一遇洪水流量条件下要广，主要集中在上至洗柴滩下至大塘口上游的范围内，这也是研究河段的上游河段。

计算工况二五年一遇洪水流量下航槽内流速值　　表 4.17

河段位置	航槽内流速值范围	流速值超过 3.0m/s 的范围	超过 3.5m/s 的范围
漩塘—花滩	航槽内流速值一般在 1.0～2.0m/s 范围内，局部位置的流速值超过 2.0m/s，但不超过 2.5m/s，超过 2.0m/s 的范围总长约 210m	—	—
花滩—钓鱼台	航槽内流速值一般在 1.5～2.5m/s 范围内	—	—
钓鱼台—鸡冠石	航槽内流速值一般在 1.5～2.5m/s 范围内，局部位置的流速值超过 2.5m/s，但不超过 3.5m/s。下滩段流速值超过 2.5m/s 的范围长约 814m；磊石滩段流速值超过 2.5m/s 的范围长约 187m；马鞍桥滩段流速值超过 2.5m/s 的范围长约 802m	马鞍桥滩段流速值超过 3.0m/s 的范围长约 270m	—
鸡冠石—大塘口	航槽内流速值一般在 1.0～2.0m/s 范围内，局部位置的流速值超过 2.0m/s，但不超过 2.5m/s，流速值超过 2.0m/s 的范围总长约 838m	—	—
大塘口—鱼洞滩	航槽内流速值一般在 2.0～3.5m/s 范围内，局部位置的流速值超过 3.5m/s，但不超过 4.0m/s	①大塘口上游段范围长约 246m ②猴洞滩段范围长约 92m ③干沟滩段范围长约 210m ④油篓滩段流速值超过 3.0m/s 的范围长约 636m ⑤腰滩段范围长约 174m ⑥三脚石段范围长约 370m ⑦红岩滩段范围长约 398m ⑧两耳洞段范围长约 339m ⑨鱼洞滩段范围长约 734m	①油篓滩段范围长约 371m ②鱼洞滩段范围长约 37m
鱼洞滩—洗柴滩	航槽内流速值一般在 2.5～4.0m/s 范围内，流速值超过 3.0m/s 的范围较多。于龙洞滩段流速值超过 3.0m/s 的范围长约 990m，超过 3.5m/s 的范围长约 745m；小幺滩段流速值超过 3.0m/s 的范围长约 1 324m，超过 3.5m/s 的范围长约 1 130m	①青坑滩段范围长约 1 100m ②鱼塘河口段范围长约 844m ③纸牌滩段范围长约 1 500m ④于龙洞滩段范围长约 990m ⑤小幺滩段范围长约 1 324m	①青坑滩段长约 1 017m ②鱼塘河口长约 469m ③纸牌滩长约 580m ④于龙洞滩长约 745m ⑤小幺滩段约 1 130m

(3)优化方案一流速条件小结

从计算工况二两年一遇和五年一遇洪水流场来看，流速较大的位置主要位于鱼洞滩—洗柴滩，这是由于此段位于构皮滩变动回水区的最上游，受构皮滩回水影响较小，甚至可能洪水流量下不受回水影响。

计算工况二五年一遇洪水明显比两年一遇洪水的流速值大，超过 3.0m/s 和 3.5m/s 的范围也呈现流量越大，范围越广的特点。

2)优化方案二

(1)优化方案二布置思路

优化方案一实施后，两年一遇和五年一遇洪水流量条件下，河段最上游洗柴滩—鱼洞滩较大范围的流速值超过了 3.5m/s，这是由于越往上游受下游构皮滩枢纽回水顶托作用越小，导致流速较大。

若使洗柴滩—鱼洞滩的流速值降至 3.5m/s 以下，只能通过横向(切岸)和纵向(在优化方案一的基础上向下继续深挖)开挖，通过估算得到横向(切岸)工程量约为 42 万 m^3，纵向(在优化方案一的基础上向下继续深挖)开挖工程量约为 54 万 m^3。无论是横向还是纵向开挖工程量都极大。

虽然两年一遇和五年一遇洪水流量条件下，洗柴滩—鱼洞滩较大范围的流速值超过了 3.5m/s，但由于本河段的特殊性，流量暴涨暴落，洪峰流量持续时间较短，为满足短时的流速条件而进行大规模的开挖工程是不经济的，但可以将优化方案一中的洗柴滩—鱼洞滩的筑坝工程取消以降低洪水流速，还可以减少筑坝工程投资。同时在计算工况一中由于下游航槽开挖工程带来的水位下降因素，使得洗柴滩—鱼洞滩的筑坝工程难以对水流产生较好的调整水流作用。

因此可认为优化方案一中的洗柴滩—鱼洞滩的筑坝工程较为不妥，该区的航道整治工程不宜筑坝，优化方案二的整治思路为：在优化方案一的基础上去除洗柴滩—鱼洞滩河段的筑坝工程，进一步优化航道挖槽底坡，使得工程后的水深条件既能满足设计要求，又能减小洪水流速。

(2)鱼洞滩—洗柴滩两年一遇洪水流量(Q=5 242m^3/s)流速条件

与优化方案一相比，河道内流速值比优化方案一略小，流速值超过 3.0m/s 和 3.5m/s 的范围比优化方案一也小，具体表现见表 4.18。

计算工况二两年一遇洪水流量下鱼洞滩—洗柴滩航槽内流速值 表 4.18

河段位置	航槽内流速值范围	流速值超过 3.0m/s 的范围	流速值超过 3.5m/s 的范围
鱼洞滩—洗柴滩	流速值一般在 2.0～4.0m/s 范围内，流速值超过 3.0m/s 的范围较多	①青坑滩段范围长约 1 014m ②鱼塘河口段范围长约 531m ③纸牌滩段范围长约 1 392m ④于龙洞滩段范围长约 785m ⑤小幺滩段范围长约 1 241m	①青坑滩段范围长约 132m ②纸牌滩段范围长约 525m ③于龙洞滩段范围长约 414m ④小幺滩段范围长约 1 041m

(3)鱼洞滩—洗柴滩五年一遇洪水流量(Q=7 660m^3/s)流速条件

与优化方案一相比，河道内流速值比优化方案一略小，流速值超过 3.0m/s 和 3.5m/s 的范围比优化方案一也小，具体表现见表 4.19。

计算工况二五年一遇洪水流量下鱼洞滩—洗柴滩航槽内流速值　　表 4.19

河段位置	航槽内流速值范围	流速值超过 3.0m/s 的范围	流速值超过 3.5m/s 的范围
鱼洞滩—洗柴滩	流速值一般在 2.5～4.0m/s 范围内，流速值超过 3.0m/s 的范围较多	①青坑滩段范围长约 1 015m ②鱼塘河口段范围长约 841m ③纸牌滩段范围长约 1 495m ④于龙洞滩段范围长约 984m ⑤小幺滩段范围长约 1 300m	①青坑滩段范围长约 1 002m ②鱼塘河口段范围长约 465m ③纸牌滩段范围长约 575m ④于龙洞滩段范围长约 740m ⑤小幺滩段范围长约 1 119m

（4）优化方案二流速条件小结

从工况二两年一遇和五年一遇洪水流场来看，流速较大的位置主要位于鱼洞滩—洗柴滩，这是由于此段位于构皮滩变动回水区的最上游，受构皮滩回水影响较小，甚至可能洪水流量下不受回水影响。

工况二五年一遇洪水明显比两年一遇洪水的流速值大，超过 3.0m/s 和 3.5m/s 的范围也呈现流量越大，范围越广的特点。

与优化方案一相比，河道内流速值比优化方案一略小，流速值超过 3.0m/s 和 3.5m/s 的范围比优化方案一也略小（图 4.5、表 4.20）。

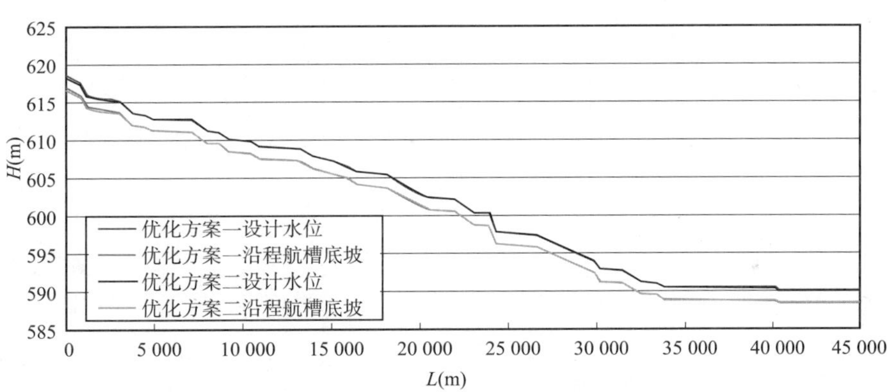

图 4.5　各方案沿程水位及航道控制底高程

优化方案二沿程水位及航道控制底高程　　表 4.20

水尺号	二维断面号	初设断面号	优化方案二设计水位（m）	优化方案二沿程航道控制底高程（m）	水尺号	二维断面号	初设断面号	优化方案二设计水位（m）	优化方案二沿程航道控制底高程（m）
1P	72	2	618.18	616.58	8P	284	214	614.79	613.19
2P	126	56	617.31	615.71	9P	320	250	613.58	611.98
3P	146	76	615.86	614.26	10P	366	296	613.36	611.76
4P	170	100	615.51	613.91	11P	396	326	612.89	611.29
5P	206	136	615.32	613.72	12P	458	388	612.77	611.17
6P	232	162	615.25	613.65	13P	546	476	612.67	611.07
7P	274	204	615.1	613.5	14P	570	500	612.12	610.52

续上表

水尺号	二维断面号	初设断面号	优化方案二设计水位(m)	优化方案二沿程航道控制底高程(m)	水尺号	二维断面号	初设断面号	优化方案二设计水位(m)	优化方案二沿程航道控制底高程(m)
15P	604	534	611.24	609.64	34P	1 606	1 534	600.12	598.52
16P	644	574	611.09	609.49	35P	1 662	1 590	599.41	597.81
17P	686	616	610.14	608.54	36P	1 690	1 618	597.82	596.22
18P	766	696	609.86	608.26	39P	1 840	1 768	596.66	595.06
19P	800	730	609.12	607.52	41P	2 060	1 988	593.9	592.3
20P	822	752	609.1	607.5	42P	2 082	2 010	592.91	591.31
21P	932	862	608.96	607.36	43P	2 100	2 028	592.88	591.28
22P	954	884	608.83	607.23	44P	2 140	2 068	592.75	591.15
23P	1 000	928	607.88	606.28	45P	2 164	2 092	592.71	591.11
24P	1 044	972	607.48	605.88	46P	2 200	2 128	592.01	590.41
25P	1 078	1 006	607.21	605.61	47P	2 238	2 166	591.22	589.62
26P	1 128	1 056	606.58	604.98	48P	2 296	2 224	591.01	589.41
27P	1 166	1 094	605.78	604.18	49P	2 322	2 250	590.5	588.9
28P	1 280	1 208	605.27	603.67	50P	2 434	2 362	590.41	588.81
29P	1 320	1 248	604.34	602.74	52P	2 672	2 602	590.28	588.68
30P	1 406	1 334	602.78	601.18	53P	2 744	2 674	590.26	588.66
31P	1 440	1 368	602.37	600.77	54P	2 760	2 690	590.08	588.48
32P	1 476	1 404	602.03	600.43	漩塘	3 218	3 148	590	588.4
33P	1 534	1 462	601.52	599.92					

3)最高通航水位

乌江渡—漩塘河段拟定航道等级为Ⅳ级。根据《内河通航标准》(GB 50139—2004)[6]和《内河航道与港口水文规范》(JTJ 214—2000)[7]有关条款的规定,其设计最高通航水位相应流量的洪水重现期为五年一遇。尾门水位采用构皮滩枢纽正常蓄水位630m,流量采用乌江渡水文站五年一遇洪水流量7 660m^3/s推求最高通航水位(表4.21、图4.6)。

最 高 通 航 水 位 表4.21

水尺号	二维断面号	初设断面号	最高通航水位(m)	水尺号	二维断面号	初设断面号	最高通航水位(m)	水尺号	二维断面号	初设断面号	最高通航水位(m)
1P	72	2	645.82	5P	206	136	644.95	9P	320	250	644.17
2P	126	56	645.67	6P	232	162	644.75	10P	366	296	643.38
3P	146	76	645.53	7P	274	204	644.43	11P	396	326	643.21
4P	170	100	645.31	8P	284	214	644.35	12P	458	388	642.06

续上表

水尺号	二维断面号	初设断面号	最高通航水位(m)	水尺号	二维断面号	初设断面号	最高通航水位(m)	水尺号	二维断面号	初设断面号	最高通航水位(m)
13P	546	476	640.94	27P	1 166	1 094	636.92	44P	2 140	2 068	633.76
14P	570	500	640.67	28P	1 280	1 208	636.85	45P	2 164	2 092	633.65
15P	604	534	640.5	29P	1 320	1 248	636.81	46P	2 200	2 128	633.63
16P	644	574	640.16	30P	1 406	1 334	636.78	47P	2 238	2 166	633.38
17P	686	616	639.84	31P	1 440	1 368	636.74	48P	2 296	2 224	633.18
18P	766	696	639.19	32P	1 476	1 404	636.35	49P	2 322	2 250	632.92
19P	800	730	638.59	33P	1 534	1 462	635.99	50P	2 434	2 362	632.63
20P	822	752	637.92	34P	1 606	1 534	635.82	52P	2 672	2 602	631.58
21P	932	862	637.53	35P	1 662	1 590	635.69	53P	2 744	2 674	631.2
22P	954	884	637.4	36P	1 690	1 618	635.5	54P	2 760	2 690	631.01
23P	1 000	928	637.19	39P	1 840	1 768	635.1	漩塘	3 218	3 148	630.00
24P	1 044	972	637.15	41P	2 060	1 988	634.11				
25P	1 078	1 006	637.1	42P	2 082	2 010	634.04				
26P	1 128	1 056	637.04	43P	2 100	2 028	633.99				

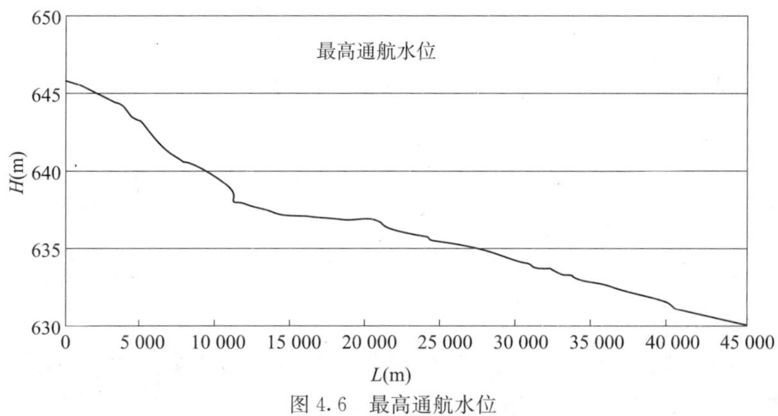

图 4.6　最高通航水位

4.4.3　乌江渡枢纽泄水波传播计算

1)调度工况选取

根据 2008 年 5 月～2010 年 4 月乌江渡水文站瞬时水位过程线，通过乌江渡水文站水位流量关系可推算出乌江渡水文站瞬时流量过程线。本次非恒定数学模型研究的主要内容是计算各典型调度过程下河道沿程水位变率、流速变率等对船舶航行、滩险和港口运行的不利影响。因此选取的调度工况应具有突变性，即流量变率较大。基于此原则，选取两个代表过程(表 4.22 和图 4.7)，尾门水位采用构皮滩枢纽死水位。针对优化方案二进一步分析不利条件。

调度工况逐时流量(单位:m³/s)　表 4.22

小时(h)	调度工况一	调度工况二	小时(h)	调度工况一	调度工况二
0	45.7	695	6	732.4	115.5
1	45	692.5	7	757.6	124.6
2	45	597.5	8	452.5	351.6
3	45.7	457.5	9	269.9	439.07
4	45	178.2	10	66.2	547.5
5	111	114	11	48.5	647.5

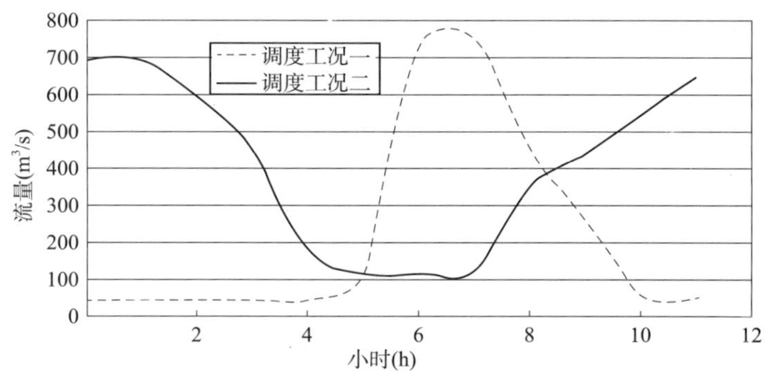

图 4.7　调度工况

2)调度工况一泄水波向下传播过程

乌江渡枢纽调度工况一泄水波向下传播过程中,波峰流量沿程逐渐减小,即沿程坦化,见表 4.23、图 4.8。乌江渡枢纽波峰流量为 757.6m³/s;波峰传递到乌江渡码头时间小于 1h,乌江渡码头波峰流量为 745m³/s;波峰传递到大塘口约 1h,大塘口波峰流量为 570m³/s;波峰传递到鸡冠石约 1h,鸡冠石波峰流量为 519m³/s;波峰传递到楠木渡码头约 1h,楠木渡码头波峰流量为 411m³/s;波峰传递到花滩约 2h,花滩波峰流量为 369m³/s;波峰传递到漩塘约 3h,漩塘波峰流量为 364m³/s。

乌江渡枢纽调度工况一泄水波向下传播过程中,波峰流量沿程逐渐减小,流速值也呈现沿程逐渐减小态势(表 4.24),流速峰值出现在乌江渡码头上游约 300m 处,流速峰值为 3.5m/s。图 4.8 为调度工况一逐时流量计算成果。

3)调度工况二泄水波向下传播过程

乌江渡枢纽调度工况二泄水波向下传播过程中,波谷流量沿程逐渐增大,即沿程坦化,见表 4.25、表 4.26 和图 4.9。乌江渡枢纽波谷流量为 114m³/s;波谷传递到乌江渡码头约 1h,乌江渡码头波谷流量为 128m³/s;波谷传递到大塘口约 2h,大塘口波谷流量为 214m³/s;波谷传递到鸡冠石约 3h,鸡冠石波谷流量为 257m³/s;波谷传递到楠木渡码头约 3h,楠木渡码头波谷流量为 285m³/s;波谷传递到花滩约 4h,花滩波谷流量为 315m³/s;波谷传递到漩塘约 4h,漩塘波谷流量为 317m³/s。

调度工况一逐时流量计算成果(单位:m^3/s)　　表 4.23

小时(h)	乌江渡码头	大塘口	鸡冠石	楠木渡码头	花滩	漩塘
0	45	46	46	46	45	46
1	45	45	46	45	46	46
2	45	45	46	45	46	45
3	46	45	45	45	45	46
4	44	44	46	46	46	45
5	86	43	45	43	45	45
6	643	169	93	46	43	43
7	745	514	399	241	97	72
8	481	570	519	411	277	242
9	296	402	402	393	369	353
10	90	248	291	334	365	364
11	58	132	173	244	319	338
12	57	124	160	209	257	271
13	57	119	148	184	219	228
14	55	104	126	157	187	195
15	54	93	111	135	158	164
16	53	84	98	117	134	139
17	52	75	86	101	114	117
18	51	69	77	87	97	99
19	51	63	69	77	83	84
20	51	58	63	67	71	73
21	50	55	57	61	62	64
22	50	52	54	55	56	56
23	49	51	51	53	52	52

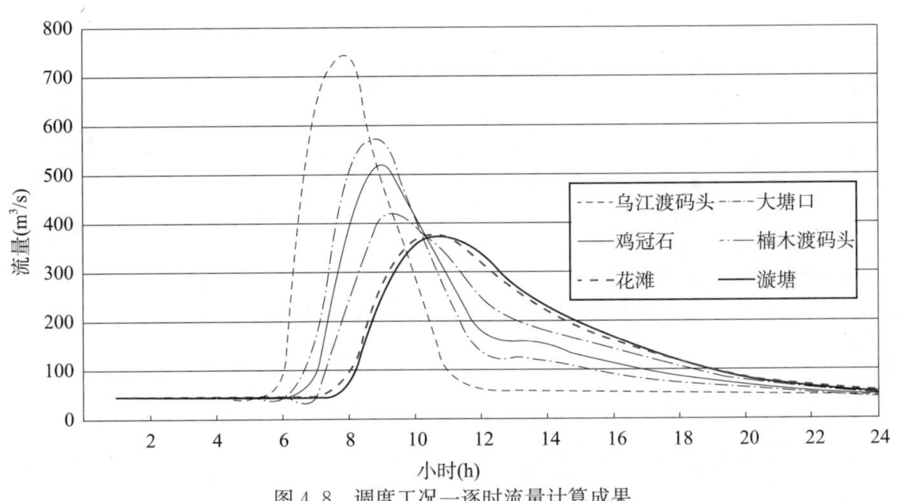

图 4.8　调度工况一逐时流量计算成果

调度工况一逐时水流指标变率极值 表 4.24

位　置	水位变率(m/h)	流速变率($m \cdot s^{-1} \cdot h^{-1}$)	比降变率(‰/h)
乌江渡码头	+4.09	+2.61	+0.19
大塘口	+1.36	+1.12	+0.06
鸡冠石	+2.08	+1.58	+0.09
楠木渡码头	+1.70	+0.81	+0.07
花滩	+0.44	+0.32	+0.01

调度工况二逐时流量计算成果(单位:m^3/s) 表 4.25

小时(h)	乌江渡码头	大塘口	鸡冠石	楠木渡码头	花滩	漩塘
0	696	693	694	695	695	696
1	692	695	694	696	695	696
2	610	669	684	693	695	697
3	480	589	617	650	680	689
4	211	430	499	576	638	654
5	131	265	331	433	548	585
6	128	232	287	366	451	481
7	130	214	262	324	386	406
8	332	253	257	285	334	350
9	426	364	353	334	315	317
10	530	430	400	366	338	331
11	631	514	472	419	371	358
12	635	579	542	486	423	405
13	636	590	562	520	476	460
14	637	600	578	547	513	501
15	637	609	592	568	542	533
16	638	616	603	585	565	558
17	639	622	612	598	583	578
18	639	626	619	608	597	593
19	639	630	624	616	607	605
20	640	632	628	622	616	614
21	639	634	631	627	621	621
22	640	635	633	629	626	626
23	640	637	635	633	630	630

调度工况二逐时水流指标变率极值　表 4.26

位　　置	水位变率(m/h)	流速变率($m \cdot s^{-1} \cdot h^{-1}$)	比降变率(‱/h)
乌江渡码头	−1.93	−2.11	−0.09
大塘口	−0.61	−0.52	−0.02
鸡冠石	−1.79	−1.43	−0.08
楠木渡码头	−1.42	−0.32	−0.06
花滩	−0.41	−0.25	−0.01

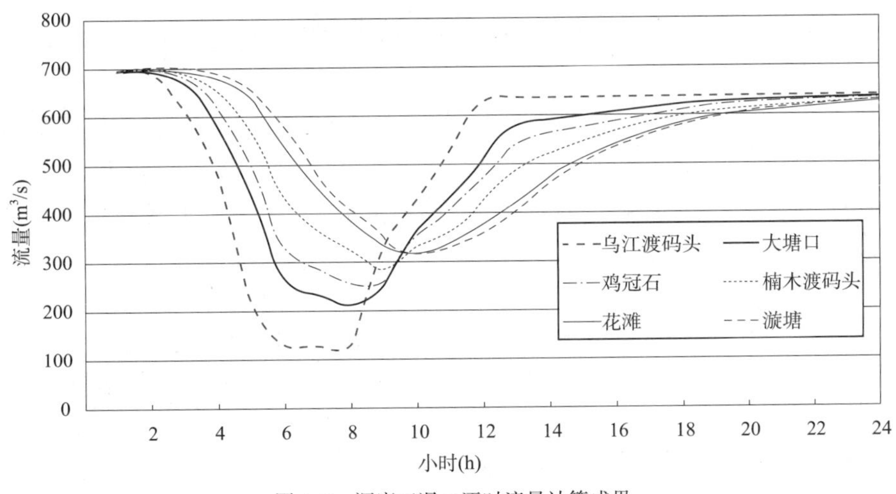

图 4.9　调度工况二逐时流量计算成果

4)非恒定流下泄对下游的影响

(1)水位变率、流速变率、比降变率普遍沿程坦化。

乌江渡枢纽调度工况一和调度工况二的下泄流量都具有急变特点。调度工况一为小—大—小变化,调度工况二为大—小—大变化。从流量过程来看,调度工况一的流量峰值和调度工况二的流量谷值都具有沿程坦化的趋势,因此水位变率、流速变率、比降变率也普遍具有沿程减小的趋势。但是大塘口处由于河宽非常宽的因素,即使流量变幅较大,其水位变率也较小。

(2)河道地形对水位变率、流速变率、比降变率的影响较大。

受沿程的突变地形的影响,会导致水位变率、流速变率、比降变率不随流量过程的沿程坦化而减小。以大塘口为例,大塘口处由于河宽非常宽的因素,即使流量变幅较大,其水位变率、流速变率、比降变率比下游还小。

(3)乌江渡枢纽非恒定流下泄对乌江渡码头安全运行的影响较大。

乌江渡码头为本河段最上游的码头,船舶到此不再继续上行。乌江渡码头最主要的问题是:调度工况一,乌江渡码头的水位变率达到 4.09m/h,也就是说,1h 内水位最大涨了 4.09m,流速变率达到 $2.61m \cdot s^{-1} \cdot h^{-1}$,也就是说,1h 内流速值最大增加了 2.61m/s。调度工况一本河段处于脱水段,且乌江渡码头距离乌江渡枢纽较近,因此受乌江渡枢纽下泄流量调节影响较大。若下游水位较高,即乌江渡码头受到回水影响,则乌江渡码头的水位变率、流速变率较小，水深较大，流速值也较小，对于船舶来说利于停靠。

由于构皮滩坝前水位的调度资料极为匮乏，未来码头受回水影响的程度不详。

(4)乌江渡枢纽非恒定流下泄对通航水深的影响较大。

调度工况一中乌江渡枢纽下泄流量连续4h流量值超过了设计流量，向下传播过程中，满足设计水深要求的持续时间沿程增加。

调度工况一中，乌江渡码头连续4h满足设计水深要求，大塘口连续8h满足设计水深要求，鸡冠石连续9h满足设计水深要求，楠木渡码头连续10h满足设计水深要求，花滩连续10h满足设计水深要求，漩塘连续10h满足设计水深要求。

4.5 构皮滩变动回水区内锚地研究

由于乌江渡—漩塘河段位于山区河流的峡谷段，开挖航道拓展航槽宽度的工程措施难以实现。因此，根据以往研究经验，可在该河段内，结合船舶通航研究航段航行时间的研究成果，选择若干水面相对宽阔、流速条件满足船舶泊稳安全的滩段，规划锚泊地。缩短船舶上下行的等候时间，提高船舶运营效率和航道利用率，从而达到提高航道实际通过能力目的。

由于乌江渡—漩塘河段为石质河床，同时水急流浅，一般的抛锚难以固定船体，存在走锚的安全隐患。因此，为保障船舶的靠泊安全性，应在规划锚地区域建设临时停靠点。

4.5.1 方案布置

根据以上研究成果表明，在靠离泊遵义港区两个码头的船舶不干扰过往船舶航行安全的情况下，研究河段的最大通过能力为70.9万t，考虑港口不规则作业的折减系数(0.6)，仅为42.5万t。因此为满足港区的设计吞吐量的需求，除在乌江渡码头和楠木渡码头附近设立临时停靠点(P1和P5)以解决码头作业干扰过往船舶正常航行的问题外，还需在航段内布置若干个临时停靠点，以缩短上行船舶的等候时间。

结合数模研究结果，选择在通航里程适中、通航条件良好的两耳洞、大塘口和马鞍桥航段内建设备选临时停靠点(P2～P4)，优化方案的工程布置如图4.10所示，各临时停靠点间通航条件如表4.27所示。

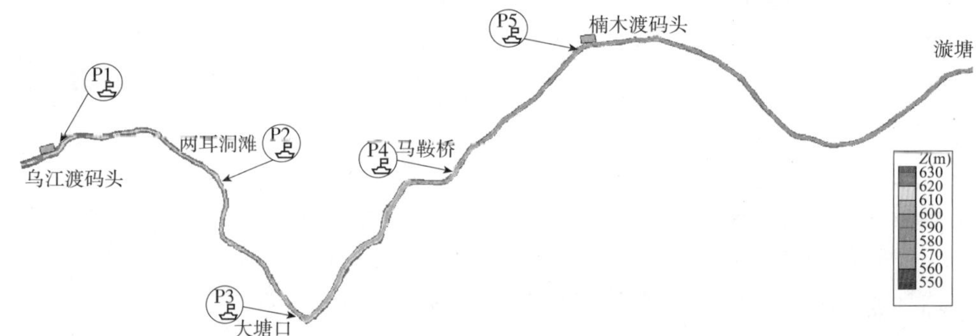

图4.10 优化方案的工程布置图

优化方案各临时停靠点间的通航条件　表 4.27

参数 \ 停靠点		P1～P2	P2～P3	P3～P4	P4～P5	P5～漩塘
航程(km)		6.8	6.7	7.7	8.8	14
$112m^3/s$	平均流速(m/s)	1.7	2.1	2.3	1.3	1.2
	平均比降(‰)	1.3	1.3	1.1	1.0	0.9
$500m^3/s$	平均流速(m/s)	2.7	2.8	2.7	2.0	2.0
	平均比降(‰)	1.0	1.5	1.3	1.0	0.8
$5\,242m^3/s$	平均流速(m/s)	3.6	3.5	3.2	3.2	3.0
	平均比降(‰)	0.9	1.2	1.0	1.2	0.5

4.5.2　锚地方案通过能力研究

锚地方案航道通过能力分析的基础为乌江航道和码头初步设计成果，即航道定位为内河Ⅳ级单向航道，航段上游因乌江渡枢纽截流断航，且航段中仅布置有乌江渡和楠木渡码头，航段下游为设计通过能力为 142 万 t 的构皮滩枢纽等限制条件不变。

锚地方案的临时停靠点均尽量避开河道主流且靠岸布置，方案实施后，除停靠点附近的局部水域外，不会对研究河段的整体流场、水面线沿程分布产生明显影响。因此航道通过能力的计算中，也采用航道初步设计优化方案二的数模研究成果，计算不同水情的船舶上下行通航各临时停靠点的时间，船舶上下行航速与设计方案也一致。

遵义港区两个码头均只布置一个泊位，从而导致码头上的船舶先离泊后才能进行船舶靠泊作业，进而限制了上行船舶只能在远离码头的下游漩塘河段候船，既大大降低了码头和航道的工作效率，又存在通航安全隐患。因此，在优化方案中，在靠近两个码头的下游布置临时停靠点，供准备待泊码头的船舶临时停靠。从而缩短了船舶候船点与码头的距离，又消除了靠离泊船舶与航道中正常航行的船舶相互干扰的安全隐患。

乌江渡—漩塘河段在通航期内，河道内流速较大，且受上游乌江渡枢纽非恒定流下泄水流的影响，停靠点附近水域的表面流场、水位及泄水波均随时间存在较大的变化。无论上行还是下行船舶，在靠泊临时停靠点时，均要顶流靠泊，以保证船舶靠泊安全。可见，下行船舶停靠前需要进行船舶回转掉头，在乌江渡—漩塘河段内回转不仅会占用航道资源，干扰过往船舶，而且增大了上行船舶在下游的候船时间。鉴于下行船舶对岸航速快，在正常航行时间内，锚地方案的临时停靠点仅供上行船舶靠泊。

4.6　非恒定流影响下通航对策

4.6.1　乌江渡枢纽调度特点

根据 2008 年 5 月～2010 年 4 月乌江渡水文站瞬时水位过程线，通过乌江渡水文站水位流量关系可推算出乌江渡水文站瞬时流量过程线,可近似看作乌江渡枢纽逐时流量下泄资料。根据分析得到以下特点。

(1)乌江渡枢纽日调节影响的逐时下泄流量变幅较大。在瞬时流量上出于电站发电的需要,造成瞬时流量的差别比较大,同时流量转变速度过快。乌江渡枢纽调度工况一和调度工况二分别代表了小—大—小和大—小—大特点。

(2)乌江渡枢纽日夜调度方式与通航的矛盾。夜间与白天流量变幅过大,根据现场调研分析,白天流量普遍较小,而白天正是需要通航的时间段,夜晚流量普遍较大,而夜晚的可视性差,通航条件差。

4.6.2 构皮滩枢纽调度特点

根据构皮滩枢纽相关资料[8,9],乌江主汛期为6～7月,构皮滩防洪限制水位为626.24m,死水位为590.0m,由于构皮滩枢纽调度资料匮乏,无法明确具体的构皮滩枢纽坝前水位调度原则,只能推测构皮滩枢纽正常运行后的坝前水位调节过程:1～5月为630.0m;6～7月为590.0～626.24m;8～12月为630.0m。但是近期根据观测,在遇到特枯水年时,构皮滩枢纽入库水量不足会发生蓄水不足的情况,以2010年为例,枯水期构皮滩枢纽的坝前水位仅维持在590.0m左右,而到了汛期,由于入库水量增加,坝前水位才逐渐抬高,至2010年8月初升至615.0m左右。

4.6.3 通航对策

对于乌江渡枢纽和构皮滩枢纽调度资料均不齐全的条件下,很难将非恒定流的影响研究的较为详细,本研究利用有限的调度资料,拟定了各种条件,进行了乌江渡—漩塘河段非恒定流条件计算,通过研究认为本河段的通航需注意以下问题。

(1)构皮滩枢纽正常运行后,1～5月构皮滩枢纽的坝前水位为630.0m,研究河段的水深大、流速小,受乌江渡枢纽调度影响较小,通航条件较好。由于河道两岸地形复杂,通航船舶尽量在规划航线内行驶,避免在危险岸边停靠,以防触礁。

(2)构皮滩枢纽正常运行后,6～7月构皮滩枢纽的坝前水位为590.0～626.24m范围内,此时是全年通航条件最差的时期,汛期水位低、流速大。船舶尽量不在此时间段航行,或者尽量在楠木渡码头以下河段航行,乌江渡码头则可视水深及流速和上游下泄流量的变化而通航,并根据非恒定流计算的成果判断行驶范围。

(3)构皮滩枢纽正常运行后,8～12月构皮滩枢纽的坝前水位为630.0m,该河段的水深大、流速小,即使受到乌江渡枢纽逐时下泄流量变幅较大的影响,也是适合通航的。由于河道两岸地形复杂,通航船舶尽量在规划航线内行驶,避免在危险岸边停靠,以防触礁。

(4)由于乌江的气候偏湿,调研时发现乌江江面极易起雾,若遇到乌江江面起雾,通航船舶尽量在可视范围内,减速行驶,特别是下行船舶。

本章参考文献

[1] 长江航道局.川江航道整治[M].北京:人民交通出版社,1998.

[2] 山区航道整治三结合编写组.山区航道整治[M].北京:人民交通出版社,1975.
[3] 中华人民共和国行业标准.JTJ 312—2003　航道整治工程技术规范[S].北京:人民交通出版社,2003.
[4] 李永贵.溪锥滩航道的整治[J].中国水运,2001(10):40.
[5] 吴家浩.乌江航道滩险整治研究[J].水运工程,2002(9):62-64.
[6] 中华人民共和国行业标准.GB 50139—2014　内河通航标准[S].北京:中国计划出版社,2004.
[7] 中华人民共和国行业标准.JTJ 214—2000　内河航道与港口水文规范[S].北京:人民交通出版社,2001.
[8] 张新田,李中平.构皮滩水电站设计洪水分析[J].人民长江,2006(3):17-19.
[9] 邹幼汉,罗斌,胡滢.构皮滩水电站水能设计[J].人民长江,2006(3):3-4.

第3篇

枢 纽 布 置

第5章 通航建筑物平面布置和水位衔接

5.1 构皮滩水电站升船机建设营运的必要性与可行性

构皮滩枢纽通航建筑物为升船机，采用三级提升过坝。在对与构皮滩枢纽升船机较为类似的闽江水口和红水河岩滩升船机营运状况调查研究基础上，进行构皮滩升船机通航研究，从而有利于运营管理。

5.1.1 闽江水口水电站垂直升船机的主要情况

1)工程概况

水口升船机位于福建闽江干流水口水利枢纽上，枢纽建筑物主要由混凝土重力式拦河坝、坝后厂房、升压站、一线三级 2×500 吨级船闸及钢丝绳卷扬提升式全平衡重 2×500 吨级垂直升船机等组成。电站 1987 年 3 月正式开工，1993 年 5 月第一台机组发电，1995 年 5 月共 7 台机组全部建成发电。

水口升船机为钢丝绳卷扬提升式全平衡重垂直升船机(船厢不下水式)，过船规模为 2×500 吨级船舶，设计通过能力为过坝年货运量 400 万 t(或竹木运量 250 万 m^3，货运量 171 万 t)。

2)总体布置和主要建筑物

(1)建筑物布置

水口升船机布置在河流右岸，位于三级船闸的右侧，自上游引航道前端起，依次布置有上游引航道、上闸首、升船机主体建筑物、下闸首、下游引航道。不计引航道长度，升船机全线总长 287.5m，升船机主体建筑物全长 112m。升船机设计船队形式为一顶两驳顶推船队，船队吨位 2×500 吨级。

(2)上下闸首

上闸首是挡水坝段的一部分，沿水流方向总长度 63.5m，上工作门段长 15.0m，最大宽度 33.0m，最大高度 79.5m，上工作门段航道净宽 12.0m。

下闸首段长度 30.0m，最大宽度 34.0m，集水井基础高程－18.0m，最大高度 61.5m，下闸首按挡 $P=1\%$洪水设计。

上下闸首分别设有挡水工作闸门和检修闸，并相应设有液压泵站和机房，供工作闸门启闭机使用。

(3)塔楼

升船机的主要承重结构为 4 座上、下提升段塔楼,以及 4 座上、下平衡重段塔楼,还有 2 座交通塔楼。总高度 92.6m(含上部主机房)。

(4)主机房及控制室

主机房设在塔楼 74.0m 高程上,左右对称布置在升船机中心线两侧,总平面尺寸为 2.0m×11.0m×139.81m,顶高程 87.1m,高度 13.1m。集中控制室设在上提升段左右主机房的连接段,平面尺寸 13.0m×10.0m,地面高程 78.9m。

3)水口升船机取得的主要经验

(1)承船厢对接密封装置

水口研制的折叠式船厢对接密封装置,能很好地适应承船厢端部的各种状态偏差,设在闸首挡水闸门上专门后,有升船机效地简化了承船厢厢端结构,减少了承船厢的漏水环节,并使其检修条件大为改善,运行可靠性大大提高。

(2)差速安全锁定装置

水口升船机成功地研制并应用了差速安全锁定装置和安全锁定装置检测及投运控制程序,作为承船厢升降运行过程发生漏水事故时的保安装置。

(3)可控制平衡重装置

水口升船机在平衡重系统中首次采用了可控制平衡重装置,可以有效地以较大的能力应对承船厢内水量如发生减小时所造成的平衡重系统失衡事故。

(4)调压控制的事故制动技术

水口升船机主提升系统共设有 112 对安全制动器和 8 对工作制动器,两套独立的制动系统液压控制站,承船厢升降运行时,全部制动器由液压控制松闸,正常运行时,在停机过程是通过主拖动系统控制,按设定的速度图平稳,减速接近零后,再进行上闸制动。当承船厢在额定速度下升降运行时,一旦发生设备故障,包括供电系统的突发性断电故障时,如不采取适当的制动措施,系统将可能导致失控而产生额定速度下的紧急制动,大惯量系统的惯性力将会使设备和船舶产生灾难性的破坏。水口升船机研究和应用了调压控制的事故制动技术,在事故情况下,升船机自动控制系统按调压制动程序运行,制动器上闸过程由调压控制阀控制,松闸压力分两次卸至零压,使承船厢实现较为平稳、安全地停止。但在具体应用时,需要根据具体条件通过反复调试,才能获得正确的运行参数,其技术的要点为:

①应对全平衡系统的两侧偏载值,按实际允许的制动加速度和制动距离,进行合理控制;

②通过计算和调试确定分级控制压力和保压时间;

③精心调节各制动器,使制动动作同步性达到 300ms 以内;

④正常运行控制程序必须为事故制动控制配置行程极限的可靠检测及保护,使事故制动全程有效。

(5)高仿真物理模型试验

水口升船机首次进行了 1/10 大比尺、高仿真物理模型试验,模型仿真项目包括:模拟原型将要采用的船厢液压调平系统、直流拖动控制系统、计算机自动控制系统、主提升闭环刚性同步轴、安全锁定装置,试验内容包括系统中上述仿真项目的性能和功能试验,以及船厢在各种运行工况下的水动力学试验等。

试验成功为原型机平衡系统、船厢调平系统、安全锁定装置、拖动和控制系统的设计，以及为现场调试提供了大量可供借鉴和应用的资料。

岩滩升船机也进行了 1/10 大比尺的整体模型的动态试验，分别进行了水动力学、机械传动、电气传动与自动控制、液压调平控制系统等试验，为完善和优化设计提供了科学依据。

4)水口升船机存在的问题

水口升船机下游设计最低水位高程为 7.64m，下闸首门槛高程为 4.64m，门槛最小水深 3.0m，最小流量为 308m^3/s(P=95%)，但目前在设计流量 308m^3/s 时，下闸首门槛已露出水面 0.60m，下降 3.6m(2005 年底)。

只有当水口枢纽下泄流量达 1 800m^3/s 左右，下闸首门槛水深才能达到 2.0m 左右，勉强通过 500 吨级船舶。

水口水电站下游水位下跌的主要原因：

(1)电站建设期间，从下游高准濑等高滩地取河卵石等骨料 350 万 m^3，以上用于电站建设，导致这期间电站下游水位迅速下跌了 1.02m。

(2)电站大坝截流后，蓄水拦沙，清水下泄，水口坝下河床为易冲刷的沙质河床，必然会产生冲刷下切，导致水位持续下跌。

(3)电站大坝下游河段近几年在河段内无序采挖河沙，也会造成人为的河床水位下切，加剧了坝下水位持续下跌的幅度。

目前，水口水电站在研究采取工程措施，解决门槛水深不足的问题。

5.1.2　红水河岩滩水电站垂直升船机的主要情况

1)工程概况

岩滩升船机位于广西红水河中游岩滩水利枢纽上，枢纽建筑物主要由拦河坝、坝后式发电厂房，开关站和垂直升船机等组成。升船机采用 1×250 吨级船厢下水式，部分平衡重钢丝绳卷扬垂直升船机。

岩滩升船机过船规模为 1×250 吨级船舶，为船厢下水式，升船机设计通过能力为过坝年货运量 180 万 t(其中上行 40 万 t，下行 140 万 t)，回水渠化上游航道 166km。

2)总体布置和主要建筑物

(1)建筑物布置

岩滩升船机布置在河流左岸，在第七孔溢流坝的左侧原施工导流明渠的位置，依次布置有：上游外停泊区(编队码头)，上游引航道，挡水坝段，中间通航渠道，上闸首，船厢室段，下闸首，下游引航道，下游外停泊区(编队码头)。通航建筑物中心线正交坝轴线，从上游引航道进口，到下游引航道出口，全长 905.0m。岩滩升船机设计通航船舶为 1×250 吨级铁驳，船舶型长 37.0m，型宽 9.0m，满载吃水深 1.27m，满载排水量 330t。

(2)上下闸首

上闸首口门尺度：上闸首沿通航中心线长 17.5m，闸首口门宽 12.0m，考虑与船厢对接的要求，口门末端扩宽至 16.5m。上闸首垂直坝轴线方向长 17.5m。沿坝轴线方向宽 42.0m，两侧边墙厚 10.0m(上部)最大高度 84.0m。上闸首设有工作闸门和卧倒门;在两侧边墙内对称布置有直径 3.5m 的冲沙道进口,并设有工作闸门;在冲沙道进口与闸首口门工作闸门之间,设有破旋涡梁和防撞梁各一道;在两侧边墙下游处布置有两个水泵房,设置了工作闸门启闭设备。右边墙设有支撑通至主机房的工作桥。

下闸首是升船机本体部分检修时的下游挡水建筑物,顺水方向长 13.8m,沿坝轴线方向宽 37.0m(闸首的口门宽为 10.4m)在靠近下游面外设有一道检修闸门,上部设有启闭机室。

(3)船厢池

船厢池为钢筋混凝土 U 形结构,池长 49.3m(包括位于上闸首和下闸首部位的 2.2m 和 1.8m),池内净宽 16.5m,底板厚 4.5m,基底总宽 42.0m。船厢两侧为挡墙,左侧挡墙厚度下部为 12.75m,上部为 9.75m;右侧挡墙内、外侧均为垂直墙,以挡住的第七孔溢流坝下泄的高速水流,墙体厚度在 163.6m 高程以下为 12.75m,在 163m 高程以上为 6.0m。

(4)塔柱

塔柱是升船机主体的承重结构,塔柱分为 4 个,左右分别为 2 个,均采用薄壁肋形钢筋混凝土结构,塔柱薄壁厚 1m,最大高度为 77.0m,单边宽度 7.75m。

(5)主机房及中控室

主机房平面尺寸为 32.0m×50.0m,位于塔柱顶部。主机房周边为框架结构,上游侧设有工作桥与坝顶沟通,左右侧和上游侧均设有宽 2.0m 的外走廊。从建基面计起建筑物总高度 113.17m。

3)岩滩升船机取得的主要经验

(1)承船厢微调技术

岩滩升船机采用承船厢下水式,承船厢入水后,船厢在水中停留期间,下游水位的变化直接影响到船厢水深及能否上升运行,甚至承船厢设备的安全。由于岩滩水电站负荷变化和泄洪影响,造成下游水位出现较大的变率。采用船厢微调技术可以根据水位变化自动调整承船厢行程,使承船厢水深控制在 1.8m±0.03m,微调上行平均速度 1.20m/min,微调下行平均速度 0.50m/min,微调技术拓宽了升船机采用承船厢下水式的适用范围,在国内首次采用体现了升船机承船厢下水式独特的地方。

(2)多电机同轴电气传动装置

岩滩升船机采用的多电机同轴电气传动系统由 4 台电源变压器,4 套全数字电气传动装置和 4 套直流电机构成。

为保证升船机的运行可靠性,采用每一台主驱动交流电机均由一套全数字电气传动装置和一台整流变压器供电。由于转速是由刚性同步轴强制使 4 台卷扬机同步,以及为了实现 4 台机组出力均衡,4 套全数字设计为 1 主 3 从的形式,主电气传动装置是速度控制,其他从电气传动装置跟随主电气传动装置的转矩给定,且 4 套全数字电气传动装置通过 I/O 输出传动装置内部的状态信息,并由主提升机 LCU 进行监控。

4)岩滩升船机存在的问题[1]

(1)承船厢电缆卷筒问题

岩滩升船机承船厢的动力电源目前采用的供电方式是在承船厢甲板两侧设置力矩电机带

动电缆卷筒，通过承船厢的上下运行和力矩电机运转来完成收放承船厢的动力电缆，由于升船机运行距离较长，动力电缆本身的自重和力矩电机力矩调整之间的配合等原因，承船厢动力电缆很容易损坏，并且电缆卷筒在运行过程非常容易出现跳闸和脱槽的故障。岩滩升船机运行时曾发生过电缆脱槽而引起的拉断该电缆的事故，在随后新换上的两条动力电缆，在目前也出现有绝缘层磨损开裂的现象。

(2)承船厢甲板过低和通道太窄问题

岩滩升船机的承船厢甲板仅离水面 600mm，据运行部门反映：在承船厢入水后，由于岩滩水电站下游河道较窄，而水位变化较快，因此，容易发生水位上涨太快而水淹承船厢的事故。

在岩滩升船机承船厢甲板上的设备布置较多，因而使得通道太窄。原设计曾提出承船厢甲板设置夹层的方案，将所有的液压管路和电缆等布置在夹层内，由于当时担心怕破坏承船厢的结构应力，而没有采取夹层方案致使出现了通道太窄的情况。但通过设计计算是可以在承船厢甲板设置夹层的方案。

(3)主机房面积未考虑安装检修问题

岩滩升船机主机房面积尺寸为 32m×50m，位于塔柱顶部。在升船机的主提升机的安装中，将设备由远至近安排就位，克服了场地狭窄的困难，但从目前运行后来看，如果主机房内主提升机的大件设备要位移检修，但是靠大门的设备本来不应该搬动的，也许先要搬开，为需要搬出去检修的设备让出吊运通道，这种情况是检修工作的最大不便。工程实践告诉我们，升船机主机房的布置与一般启闭机室的布置是有区别的，应该考虑设置必要的安装检修场所。

(4)引航道口门区水流条件超标问题

岩滩升船机下游引航道口门区在通航时要求纵向流速不大于 1.5m/s，横向流速不大于 0.3m/s，回流流速不大于 0.4m/s。

岩滩水电站投入运行后，由于下泄水流的冲刷及墩板式导航墙施工围堰在施工时抛投石渣的影响，坝下河床淤积严重，河床地形均有不同程度的抬高，特别是临近下游引航道口门区的下断面，河床淤积厚度达 20m，主深槽被填平，过水断面减小，水流集中，河道流速大，两岸回流加剧，电站尾水渠水流在该处分离形成剪刀水，水流与坝轴线成 52°夹角流向引航道口门区。

经水工模型补充试验检验，当下游大化水电站水库水位在正常蓄水位 155.0m 时，本枢纽下泄各级通航流量（$800m^3/s$、$1\ 340m^3/s$、$3\ 500m^3/s$）在口门区长 100m、宽 35m 的范围内，纵向流速 0.5～0.8m/s，横向流速不大于 0.3m/s，基本满足通航要求。但是回流流速达到了 0.5～1.0m/s，仍大于规范的要求值；当下游大化水电站水库水位降至死水位 153.0m 时，岩滩水电站下泄的各级通航流量、模型试验测得口门区的水流条件均超过了设计允许的流速值。

岩滩水电站只是考虑到上游龙滩水电站建成后，使本电站随着调节流量的增加而尾水位得到抬高，下游大化水电站库水位也常能蓄至正常蓄水位 155.0m 高程，这将会使下游引航道口门区的通航水流条件得到改善。至于解决下游引航道口门区通航水流条件的工程措施，只有等待本电站扩建二期右岸地下厂房时，结合二期厂房尾水洞出流条件的影响，通过进一步水工模型试验论证最终确定，期待岩滩水力发电公司一并实施。

5.1.3 对今后升船机运营管理的建议

1)颁布水电站过船建筑物通航管理规定

为了加强水电站过船建筑物的运行、养护和通航管理,确保船舶过坝的安全和畅通,福建省人民政府2004年11月19日(闽政办〔2004〕207号文件)颁布了《福建省人民政府办公厅转发省交通厅关于福建省水口水电站过船建筑物通航管理规定的通知》,广西壮族自治区人民政府2007年3月19日第22号自治区政府令,颁布了《广西壮族自治区船闸管理办法》,从而对规范水电站过船建筑物的管理,确保船舶安全运行和畅通,起到至关重要的作用。

因此,在水电站通航建筑物建成以后,建议借鉴福建和广西的经验,颁布水电站过船建筑物通航管理规定,以便加强和规范水电站通航建筑物的运行、维护和通航管理、确保船舶过坝的安全和畅通,促进水电和航运共同发展。

2)加强通航管理各主要部门的职责

福建省政府颁布的《福建省水口水电站过船建筑物通航管理规定》中,明确了主要管理部门的职责。

一是省经贸委的职责:负责协调水口水电站发电与航运的有关问题;负责协调并公布过船建筑物运行方式的调整方案。

二是省交通厅的职责:负责过船建筑物通航技术标准的监督检查;负责过船建筑物水上交通安全监督管理;参与协调过船建筑物运行方式的调整。

三是省电力公司的职责:组织制定过船建筑物运行的规章制度和操作规程,培训管理人员;合理利用水口水电站水资源,确保过船建筑物正常运行;参与协调过船建筑物运行方式的调整,并组织福建水口发电有限公司实施。

四是水口发电公司的职责:设立过船建筑物通航运行机构,具体负责过船建筑物的运行和养护等(其他职责前已述)。

上述各通航管理主要部门的职责,明确规定后,对具体落实过船建筑物通航管理规定,起到了最关键的推动作用。

3)加快培养通航管理运行和维修的专业人才

大型升船机的建设,是一项涉及多科学的系统工程,涉及的专业多,包括建筑、电气、机械、液压、计算机、自动化、水动力学等,而且系统性强,升船机的建设,要经过设计、试验、施工、制造、安装、调试、运行、管理和养护,需要经历的工作程序较多。同时,升船机的设备和控制对象的数量多,种类多,运行工艺繁杂,控制难度大,运行安全可靠性要求很高,工作现场运行环境和水位多变。因此,建议升船机的管理、运行、养护人员应该尽早介入其工作,尽早了解其设备的性能,尽早熟悉其控制的对象,尽早训练其操作的方法。在人员培养中,要全面了解,也要根据工作的需要各有侧重。以便做到今后对升船机的规范管理,安全运行,按期维修,提高船舶过坝效率,确保船舶过坝安全。

4)建立水电与航运的协调机制

福建水口水电站为了加强水电与航运及有关单位的协调与沟通,促进理解,发现和解决出现的问题,制定并修订了《水口水电站通航运行协调机制》,加强和规范了通航运行联席会议制度和通航信息通报等制度。定期召开水口通航协调会议，通报水口水电站过坝建筑物通航运行综合情况、存在问题的沟通，寻求提高通航效率的途径。水口水电站通过发行《航运信息日报》《航运信息月报》和24h通航咨询热线电话等形式，使上级行政主管部和各相关部门、有关单位和船民全面了解水口水电站通航运行的基本情况。相互通报综合情况，协商解决存在的问题，加强沟通，促进理解，建立和谐，共同发展，创建水电与航运的协调机制。

5.1.4　对乌江构皮滩水电站升船机建设的启示

1)乌江构皮滩水电站升船机建设营运技术是可行的

闽江水口升船机和红水河岩滩升船机在设计、试验、施工、制造、安装、调试、运行、管理、养护等方面已经取得了成功的经验和应重视改进的教训。从过坝设施的形式比较，构皮滩、水口、岩滩三处升船机都是采用垂直式湿运升船机。从采用的机型比较，构皮滩、水口、岩滩三处升船机都是采用钢丝绳卷扬提升式。从承船厢是否下水比较，构皮滩第一级和第三级是采用承船厢下水式，部分平衡重，而岩滩也是采用承船厢下水式，部分平衡重；构皮滩第二级是采用承船厢不下水式，全平衡重。而水口也是采用承船厢不下水式，全平衡重；从承船厢外形尺寸比较，构皮滩的承船厢外形尺寸为长×宽×厢头高＝71.0m×16.0m×6.3m，而水口的承船厢外形尺寸为长×宽×厢头高＝123.0m×18.6m×7.6m。从承船厢带水总重量比较，构皮滩的承船厢带水总重量，第一级和第三级为3 150t，第二级为3 300t，而水口的承船厢带水总重量是5 500t。从升船机过船规模比较，构皮滩升船机一次通过1×500吨级船舶，而水口升船机一次通过2×500吨级船舶。以上的比较，说明有水口和岩滩升船机建设的成功经验，可以说明构皮滩升船机的建设在技术上是可行的。当然，构皮滩升船机具有显著的特点，如构皮滩升船机提升的高度大于水口和岩滩升船机，其承船厢下水时的总重量也大于岩滩升船机，其钢丝绳直径和卷筒直径也大于水口和岩滩升船机等。

2)乌江构皮滩水电站升船机应尽早开工建设

升船机的建设，在设备安装后，进行设备的调试工作至关重要，也很费时间。闽江水口升船机的建设实施阶段，从专项试验研究开始计算，经历了近10年的时间，其中设备的安装和调试时间，就历时5年有余，其中分系统调试和整机联调历时较长。调试工作重点是摸索出最优的运行参数，解决各种运行条件下的事故保护措施和实现平稳的事故制动问题。同时在调试期间及时处理出现的设备缺陷。虽然调试时间较长，但通过多次调试，修订了一些原定的设计参数，优化了运行程序，这对提高水口升船机的运行安全是完全必要的。

乌江构皮滩通航建筑物由三级垂直升船机组成。第一级为船厢下水式，最大提升高度52.0m。第二级为船厢不下水式，最大提升高度127.0m。第三级为船厢下水式，最大提升高度79.0m。这三级升船机联合运转可以克服水电枢纽199.0m的最大通航水头。通航建筑物线路总长2 181.7m(包括上、下引航道在内)，这三级升船机建设时的设备安装和调试的时间，预计较长，可能会挤占正式通航的时间，因此，建议乌江构皮滩升船机应该尽早开工建设，以尽可能地争取升船机早日正式通航。

3)升船机的营运费用纳入发电成本、可委托管理

福建闽江水口升船机和广西红水河岩滩升船机,都经过省(区)政府的文件确定,由水力发电公司具体负责过船建筑物的运行和养护,船舶实行免费通过升船机,而升船机的管理和日常运行及检修等一切费用,纳入水力发电的成本。

乌江构皮滩升船机、思林升船机、沙沱升船机应采取福建和广西成功的经验,实行船舶免费过坝,升船机的管理、运行、检修等一切费用,纳入水力发电成本。升船机的管理工作,可以由水电站设立升船机通航运行机构负责管理工作,也可以委托具有船舶运输运行调度有经验的航管部门进行委托管理。采取长江三峡通航管理的模式,进行乌江各梯级水电站升船机的通航管理工作。

5.2 通航建筑物水运量预测

5.2.1 库区港口码头吞吐量预测

在近期开展前期工作的乌江航运建设项目中,建设在构皮滩库区的码头有乌江渡、楠木渡、开阳、江界河、沿江渡5个码头。

目前构皮滩库区尚未蓄水,拟建设的码头港址还处于原始岸坡,所在河段也基本没有水运量。参照构皮滩蓄水方案和乌江航运工程提出的施工期安排,对各码头进行跨度2040年以前各时段的预测,划分为建成年(统一按2012年考虑)、2020年、2030年、2040年四个水平年。

1)乌江渡码头

乌江渡位于遵义县城南白镇以南32km,处于构皮滩电站变动回水区,直接经济腹地有遵义市、息烽县、毕节地区等。乌江渡是自古的交通要道,是铁路、公路交汇地,贵遵高速、川黔铁路于此地跨过乌江,因此在乌江渡建港修建一个铁公水联运码头将对腹地丰富资源外运和地区经济发展起到积极的作用。同时考虑到乌江渡没有建设通航设施,该码头作为乌江水运通道的起运港,对上游物资也有集散中转作用。

(1)旅客吞吐量预测

通过预测,乌江渡港旅客吞吐量:建成年为4万人次,2020年为20万人次,2030年为40万人次,2040年为60万人次。

(2)货物吞吐量预测

乌江渡码头是位于乌江渡—马洛渡河段,该河段现阶段基本不通航,考虑到2012年之前构皮滩等枢纽建设的影响,2012年前货运量仍然会很小,待本航运建设工程和乌江枢纽陆续建设实施完成后,航道条件大大改善,直接经济腹地将会越来越多的矿产资源从该点运出,预计建成年、2020年和2030年,乌江渡码头货物吞吐量分别为3.09万t、33.09万t、58.09万t、80万t。分类货物流量流向见表5.1。

2)楠木渡码头

楠木渡港位于遵义县东南部的尚嵇镇,与贵阳市开阳县隔江相望,距遵义市城区50km,

距开阳县城47km，是遵义南部的中心镇，也是南部9个镇面对乌江航运的重要窗口，沿江两岸范围内人口约60万。楠木渡港经济腹地为遵义、开阳。

乌江渡码头分类货物预测(单位:万 t)　　表5.1

货种	建成年			2020年			2030年			2040年		
	下水	上水	合计	下水	上水	合计	下水	上水	合计	下水	上水	合计
煤炭	0.9	0	0.9	8.5	0	8.5	19	0	19	30	0	30
磷化工	0.7	0	0.7	17	0	17	26.5	0	26.5	35	0	35
水泥	0.5	0	0.5	5.5	0	5.5	7	0	7	8	0	8
化肥	0.2	0	0.2	0.5	0	0.5	0.8	0	0.8	1	0	1
其他	0.7	0	0.7	1.5	0	1.5	4.7	0	4.7	6	0	6
合计	3	0	3	33	0	33	58	0	58	80	0	80

(1)旅客吞吐量预测

楠木渡处于贵阳和遵义交界位置，加上该段河流风光秀丽，且正处于修长峡谷段，旅游开发潜力较大，遵义和贵阳两城市前面旅游休闲较便捷。预测旅客吞吐量:建成年为8万人次，2020年为25万人次，2030年为50万人次，2040年为80万人次。

(2)货物吞吐量预测

目前，遵义氧化铝厂已在尚嵇破土动工，据调查该厂投产后产品主要走陆路，因此仅考虑部分原材料和产品经乌江水运，加上腹地内的建材和其他运输品需求，预计建成年、2020年、2030年和2040年分别是1万t、5万t、10万t、15万t。分类货物流量流向见表5.2。

楠木渡码头分类货物预测(单位:万 t)　　表5.2

货种	建成年			2020年			2030年			2040年		
	下水	上水	合计	下水	上水	合计	下水	上水	合计	下水	上水	合计
氧化铝	0.5	0	0.5	2	0	2	3	0	3	5	0	5
其他	0.5	0	0.5	3	0	3	7	0	7	10	0	10
合计	1	0	1	5	0	5	10	0	10	15	0	15

3)开阳港

规划开阳港位于开阳县东公路里程约25km的清水河上，下距河口约25km。港址区水域宽阔，陆域地形相对较缓，利于建设较大规模的港口，可作为贵阳市通过乌江高等级航道贯通长江和出海的枢纽港。港口公路距贵阳市区85km;水路至清水河口25km，至涪陵545km。相对乌江渡和楠木渡而言，开阳港距贵阳市城区公路里程分别少15km和20km，距涪陵水路里程分别少49km和19km，具有明显得区位优势。港址位置水域相对开阔，处于构皮滩死水位淹没区，可常年保持港区水深。参照贵阳市专题研究《贵阳市乌江水运出海通道研究报告》，开阳港吞吐量预测描述如下:

(1)旅客吞吐量预测

建成年、2020 年、2030 年、2040 年分别为 15 万人次、50 万人次,100 万人次,150 万人次。

(2)货物吞吐量预测

开阳港作为贵阳市门户港,省会经济中心城市的大宗散货、件杂货、集装箱等各类适合水运动物资将在此集散,形成长期稳定物流中心。主要大宗货物有煤炭、化肥、水泥、磷化工成品和铝,销往乌江下游、长江沿岸和长江三角洲地区;集装箱在开阳港也将形成一定规模的吞吐量,基本上形成贵阳市与长江沿岸主要城市的双向物流。

预计开阳港建成年、2020 年、2030 年和 2040 年的货物吞吐量将分别达到 205 万 t、400 万 t、665 万 t 和 950 万 t,其中集装箱分别为 0.5 万 TEU、2 万 TEU、5 万 TEU、10 万 TEU。分类货物流量流向见表 5.3。

开阳港分类货物预测(单位:万 t) 表 5.3

货种	建成年			2020 年			2030 年			2040 年		
	下水	上水	合计	下水	上水	合计	下水	上水	合计	下水	上水	合计
煤炭	10	0	10	20	0	20	45	0	45	50	0	50
磷化工产品	30	0	30	50	0	50	100	0	100	150	0	150
硫黄	0	35	35	0	50	50	0	70	70	0	100	100
化肥	30	0	30	100	0	100	150	0	150	200	0	200
水泥	20	0	20	50	0	50	100	0	100	200	0	200
氧化铝	20	0	20	30	0	30	40	0	40	50	0	50
其他	30	30	60	50	50	100	80	80	160	100	100	200
合计	140	65	205	300	100	400	515	150	665	750	200	950

注:其他类包括了集装箱折算吨位。

4)江界河港

江界河港位于乌江右岸江界河处瓮安县境内,距马场坪至遵义公路 4km,江界河乌江公路大桥下游 7km,距县城 44km,交通便利,经济腹地为瓮安、福泉等地。随着构皮滩水电站的建成投产,瓮安境内乌江干流江界河水位升高 150m,成为航宽水深的库区航道,为瓮安县开辟了内河航运通道,故此江界河港口具有得天独厚的自然条件与优势。

(1)旅客吞吐量预测

通过预测,江界河港旅客吞吐量:建成年为 20 万人次,2020 年为 60 万人次,2030 年为 120 万人次、2040 年为 160 万人次。

(2)货物吞吐量预测

经济腹地内有丰富的矿产和农副产品,特别是煤、磷、烤烟、油菜籽等省外急需的货类,由于这类的货物为批量大,又是长途运输,目前以铁路运输为主。但现有铁路通过能力已经饱和,公路运输经济上不合理,价格上货方难以接受,由于运输不畅,许多工矿企业处于以运定产状况,严重阻碍着地方经济发展。为此,乌江航道的畅通、水运的发展有两方面的显著作用:一是乌江干流接近矿区，运输方便；二是乌江水道为铁路分流，沟通与长江的通道，密切贵州省与长江中下游经济区的联系，促进流域矿产资源的开发及农副业生产，加强东、中、西三大经济地带的横向协作。

另外，根据2005年底物流统计，投资58.5亿元的宏福公司与赤天化集团合作投资的氨醇联产项目建成投产后，物流量将增加，由于宏福公司瓮福专用铁路设计能力仅为345万t，新增加的运量需要从水路运输。项目建成后，将会有大量的原料产品从国外进口通过水路沿途经长江、乌江运抵生产基地，根据企业的发展规划及要求，预计2020年进口硫黄及合成氨25万t，2030年进口硫黄及合成氨80万t。这部分新增货运量也将考虑在本航运建设工程规划的江界河港拟建泊位运进。

综合上述因素，预计建成年、2020年、2030年和2040年，江界河港货物吞吐量为7.5万t、90万t、183万t和260万t。其中：煤炭外销江苏、湖北、上海等地区；磷化工产品主要运往华中、华东、华北；进口物资为硫黄及合成氨。分类货物流量流向见表5.4。

江界河港分类货物预测(单位：万t)　　表5.4

货种	建成年			2020年			2030年			2040年		
	下水	上水	合计	下水	上水	合计	下水	上水	合计	下水	上水	合计
煤炭	2	0	2	25	0	25	35	0	35	50	0	50
磷化工	5	0	5	30	0	30	50	0	50	80	0	80
硫黄	0	0	0	0	25	25	0	80	80	0	100	100
其他	0	0.5	0.5	5	5	10	8	10	18	10	20	30
合计	7	0.5	7.5	60	30	90	93	90	183	140	120	260

5)沿江渡码头

沿江渡码头位于湄潭县沿江乡乌江左岸，下距构皮滩大坝约20km，该处曾经是红军强渡乌江的渡口。

(1)旅客吞吐量预测

通过预测，江界河港旅客吞吐量：建成年为5万人次，2020年为10万人次，2030年为15万人次、2040年为20万人次。

(2)货物吞吐量预测

湄潭是贵州省农业强县，是久负盛名的鱼米之乡，尤以"烟县、酒乡、茶城、粮仓"著称，其烟叶是上海中华香烟的主要原材料。先后被命名为"全国农村改革实验区""全国商品粮基地县""全国商品油料基地县""全国优质烤烟基地县""全国商品瘦肉型猪基地县""国家级生态农业示范县""全国粮油高新示范县"。

沿江渡码头处于农副产品产区，将作为烟叶、茶叶和粮食的输出中心；该类货物主要销往长江沿岸。预测建成年、2020年、2030年和2040年码头吞吐量分别为3.5万t、18万t、28万t、38万t。分类货物流量流向见表5.5。

沿江渡码头分类货物预测(单位:万 t)　　表 5.5

货种	建成年			2020 年			2030 年			2040 年		
	下水	上水	合计	下水	上水	合计	下水	上水	合计	下水	上水	合计
烟、茶	1	0	1	5	0	5	8	0	8	10	0	10
粮食	2	0	2	10	0	10	15	0	15	20	0	20
其他	0.5	0	0.5	2	1	3	3	2	5	5	3	8
合计	3.5	0	3.5	17	1	18	26	2	28	35	3	38

汇总构皮滩库区上述五个港口码头预测吞吐量,结果见表 5.6。

构皮滩库区主要码头吞吐量预测汇总　　表 5.6

指标	建成年		2020 年		2030 年		2040 年	
	客运(万人次)	货物(万 t)	客运(万人次)	货物(万 t)	客运(万人次)	货物(万 t)	客运(万人次)	货物(万 t)
乌江渡码头	4	3	20	33	40	58	60	80
楠木渡码头	8	1	25	5	50	10	80	15
开阳港	15	205	50	400	100	665	150	950
江界河港	20	7.5	60	90	120	183	160	260
沿江渡码头	5	3.5	10	18	15	28	20	38
合计	52	220	165	546	325	944	470	1 343

5.2.2 构皮滩过坝运量预测

构皮滩库区形成前,上游河段被特大滩险阻断,几乎没有水路运输量。构皮滩库区建成时,通航建筑物同步建成运行,同时乌江航运建设工程按计划也建成完工,乌江全线高等级航道投入使用,届时航运条件发生质的改变,水路运输量将跨越式陡升。对于这一水路运输突变的情况,难以用常规的预测方法对构皮滩通河段水运通过量进行预测,研究采取全面调查区域对水路运输的需求,结合经济发展趋势和增长速度,考虑依托乌江水运的生产力布局规划,分析研究水路运输流量流向,综合多方面要素预测腹地内对码头建设吞吐量的需求,从而进一步预测提出构皮滩过坝水路运量需求。

在构皮滩库区港口吞吐量预测的基础上,分析客货运输流向,剔除库区内各港口码头间相互运输的量,很容易获得通过构皮滩水电站通航建筑物的水运运量需求。

1)客运量预测

构皮滩库区各码头客运量需求中,其组成分可以分三类:腹地内人们到库区内游玩的游客,库区周边人民群众生活生产在库区内的交通客流,穿越构皮滩水电站大坝的交通和旅游需求。其中游玩和库区内群众交通的组成参照贵州省已建成的天生桥、乌江渡、三板溪等大型水电站库区的情况,并结合乌江构皮滩库区特点进行分析。

构皮滩滩库区形成后，137km 的主干航道和众多支流航道，将乌江峡谷自然风景区、临河风景名胜区、红色旅游点、开阔湖面以及构皮滩大坝本身连接在一起，形成高峡平湖壮观景象，必将成为旅游热点，分析各码头客流量组成，预计 50％的客运量是到库区旅游的游客。

构皮滩库区直接临湖的有息烽、开阳、遵义、湄潭、余庆、瓮安 6 个县，总人口达 310.92 万人，各县、乡镇以及村寨之间人民群众的来往，除公路运输以外，水运也会产生很大的运输量，研究分析各主要码头的客运吞吐量中，估计 40％是当地人民群众生产、生活和相互走访产生的运量。

对于需要穿越构皮滩大坝的水路客运量，主要是观光乌江峡谷、参观构皮滩升船机的游客，另有少量的长途乘客，预测该部分客运量只占各港口码头客运吞吐量的 10％左右。由此预测构皮滩水电站水路客运过坝量为：建成年 10 万人次，2020 年 30 万人次，2030 年 50 万人次，2040 年 100 万人次。

2)货运量预测

分析构皮滩库区各码头吞吐量货物分类和运输走向，可以大致确定三种类型，即库区内人民群众生活生产运输，库区内各地县及企业相互间运输的货物，大宗跨越构皮滩大坝的长途货物。

库区间人民群众赶集购买生产生活物资，相互走访随身携带物资，属于零星生活物资，这类物资相对港口码头总吞吐量来说是比较小的，估计占 5％左右。

库区内各地物资交换、企业生产互为上下游产品材料供需很多可以陆运实现，水路运量相对不是很多，预计占各港口码头总吞吐量 15％左右。

作为腹地内资源主要输出到下游和长江沿岸各地的大宗货物，以及从下游输入的工业产品，都将通过构皮滩过船建筑物。预计该类物资占库区内港口码头吞吐总量的 80％左右，由此预测通过构皮滩水电站通航建筑物的水路运量预测为：建成年 180 万 t，2020 年 440 万 t，2030 年 800 万 t，2040 年 1 150 万 t。

预测通过构皮滩水电站通航建筑物的水路客运量、货运量及其分类货物见表 5.7。

构皮滩通过水运量预测汇总　　表 5.7

预测水平年		建成年	2020 年	2030 年	2040 年
客运量(万人次)		10	30	50	100
货运量(万 t)	煤炭	12	50	90	120
	磷化工产品	35	65	170	250
	硫黄	35	75	150	200
	化肥	25	90	140	180
	水泥	15	50	80	170
	氧化铝	20	35	43	55
	其他	38	75	127	175
	合计	180	440	800	1 150

5.3 三级垂直升船机中间渠道(含渡槽、隧洞)通航条件物理模型试验

5.3.1 模型设计与制作

1)中间渠道物理模型的设计及制作

结合试验场地和供水等条件,将模型确定为定床正态模型,比尺为1∶20,按重力相似准则设计。模型选择刨光瓷砖和塑料板制作,其糙率$n=0.007 \sim 0.009$,原体渠道为混凝土建造,糙率为0.013,$n_m=n_p/(L_r)^{\frac{1}{6}}=0.0079$。故可以认为模型糙率基本相似。各物理参数比尺换算关系如下:几何比尺为$\lambda_L=20$;流速比尺为$\lambda_v=\lambda_L^{\frac{1}{2}}=4.472$;流量比尺为$\lambda_Q=\lambda_L^{\frac{5}{2}}=1788.8$;时间比尺为$\lambda_t=\lambda_L^{\frac{1}{2}}=4.472$;糙率比尺为$\lambda_n=\lambda_L^{\frac{1}{6}}=1.6475$;水面比降为$\lambda_i=1$。

模型模拟了第一、二级承船厢内净尺寸、第一级中间渠道通航明渠、通航隧洞和渡槽,全长约56m。渠道底高程用水准仪精确控制,误差≤1.0mm,模型平面布置见图5.1。

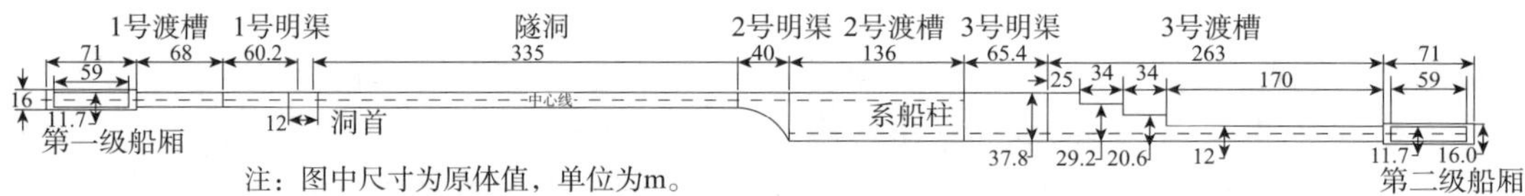

图5.1 第一级中间渠道原设计方案模型平面布置图

2)船模的设计及制作

船模设计为几何正态,比尺为1∶20,对于几何正态的船模,其物理量之间的比尺关系如下:

几何比尺 $\lambda_L=20$

吃水比尺 $\lambda_T=20$

排水量比尺 $\lambda_W=\lambda_L^3=8000$

速度比尺 $\lambda_v=\lambda_L^{\frac{1}{2}}=4.472$

时间比尺 $\lambda_t=\lambda_L^{\frac{1}{2}}=4.472$

500t机动驳用红松木材制作。船模按实船的型线图制作完成后,经过加固、打磨、刷漆等工艺,制作出满足外形尺度、强度等要求的船体。螺旋桨和舵加工完后,按照实船总体布置图、舵系图和桨系图进行安装,驳船和推轮采用固连接。依《内河航道与港口水流泥沙模拟规程》的要求,船模制作时主要严格控制船体主甲板以下部分尺寸的精确度,对上层结构则进行了简化。船模的主要技术参数见表5.8。

船模主要技术参数 表5.8

船型	总长(m)	宽度(m)	设计吃水(m)	设计排水量(m^3)
500t机动驳	2.75	0.54	0.08	93.96×10^{-3}

内河船舶的静水性能主要是指船舶在静水中的吃水、排水量以及重心位置等。船体制作

完工后，进行了精心配载，从而使船模与实船在静水中的排水量、吃水达到相似要求。

船模航速的率定在构皮滩的中间渠道内进行，用秒表测得其平均对岸航速。

自航船模主要用来测量相同螺旋桨转速条件下，中间渠道内的航速变化，定性分析船舶在渠道中航向的稳定性及能否在错船段顺利进出船厢或单线渠道。试验确保了船模航行的直航性。由于没有设计船队的实船试验资料，未对船模进行操纵性率定试验。

5.3.2　试验设备和方法

1)试验设备

超声波水位传感器：该传感器是利用超声波在水中的传播速度，进行水位测量的。

力传感器：阻力仪采用蚌埠敏铨传感器厂生产的量程为 50kN 的 CLBS 型力传感器，测量误差≤1%F.S。

2000 型数据自动采集和处理系统：该系统由计算机、数据采集转换器和传感器构成，可对流速、水位和航行阻力等要素进行实时跟踪采集并自动实时解算处理。

自航船模系统：该系统由遥控器、舵机、接收机、螺旋桨转速计数器和计算机数据处理软件组成。

航速测量：率定时的平均航速用秒表计时一定间距(模型 10～15m)计算得到。

船舶(队)系缆力测量：用全环式电阻拉力仪、电阻应变仪经 A/D 板转换由工控机动态采样。

2)试验方法

采用牵引船模进行船舶航行阻力和船体升沉与航速、渠道尺度之间相互关系的试验，以确定合理的航速和渠道尺度；采用遥控自航船模模拟船舶在错船段，以及进出单线航道和船厢时的航行条件。由于无实船操纵性资料，船模未进行操纵性率定试验，该试验结果仅供参考。

3)各水力参数的量测方法

水位波动测量：在中间渠道中沿程布置超声波水位传感器若干个，测量船舶在中间渠道内航行时的沿程水位波动。

航行阻力测量：阻力测量将力传感器固定于船模重心位置，在重心处通过 T 形夹与无极钢丝绳相连，用直流力矩测速机调节电机转速以达到所要求的船模速度，船模前后导航杆通过滑轮与钢丝绳接触，可保持船模作直线等速运动，船模的纵向和垂向运动不受约束，能自由地升沉和纵倾。为消除船模阻力试验时层流边界层的影响，使船模四周的流态与原型相似，即均为紊流，在 500t 机动驳第 $19\frac{1}{2}$站和 $18\frac{1}{2}$站装 2 根直径为 1.3mm 的激流丝。

航行升沉测量：驳船的首和尾分别设置一个超声波水位传感器，其感应面朝水底，超声波水位传感器感应面测量到的渠道底部与感应面之间的距离变化即为船模首尾的升沉量。

5.3.3　试验工况

1)试验航速

根据工作大纲的要求，船舶(队)在中间渠道中的对岸航速选取了 0.4m/s、0.6m/s、

0.8m/s、1.0m/s、1.2m/s、1.4m/s、1.6m/s 七种航速。

2)船舶的起动、制动与停泊

由于物理模型无法模拟出实船的起动、制动和停泊过程,牵引试验中设定船模航行的起动与制动情况如下。

牵引船模进通航隧洞:船模由错船段停泊位置启动,匀加速 4m(模型值)后,达到率定的航速,当船首航行即将至单线渠道末端时,匀减速到零。

牵引船模出通航隧洞:船模匀加速,达到率定航速,船模航行离错船段停泊位置 4m(模型值)后,匀减速到零,船模停在停泊段处。

自航船模航行:以率定好航速时的螺旋桨转速后起动,从一船厢驶出,进另一船厢时螺旋桨转速不变直至船厢末端。

3)单线渠道尺度的试验方案

单线渠道尺度的试验方案进行了工可阶段的原设计方案,其渠道(通航渡槽和隧洞)底宽 12m,水深 3.0m,断面系数 2.08;还进行了单线渠道底宽分别为 16m 和 18m,不同水深条件下系列试验。

5.3.4 第一级中间渠道原设计方案试验

1)试验水力现象

(1)船舶以不同航速从错船段驶入通航隧洞

船舶驶入通航隧洞后,船首前水体受到船只作用向隧洞内涌进,船首前水位随船只驶入逐渐涌高,而船尾后水位则下降,形成船前后水位差,船尾下沉。随着航速的增大和船舶驶入距船厢越近,水位壅高越大,航行阻力也越大。当进入的航行速度为 1.2~1.4m/s 时,船首上翘,此时,由于渠道宽度和断面系数小,水流主要从船底向外流,在船舶航行的过程中,水体排出的速度很慢,而船尾后的水体补充也慢,造成船尾下沉增大。当船舶减速进入船厢并停止后,单线渠道中前后较大的水位差,使得水体向外流出,流速增大,船舶停止后水流流出的速度随着船舶驶入的航速增大而增大。

试验表明,当航速≥1.2m/s 时,船舶驶入船厢停止后,流出隧洞的水体在渠道中产生波动,遇第二级船厢壁后反射;当航速继续增大,波动明显,在错船段下端的直角阶梯型的渡槽壁也会发生反射,对该段渡槽结构产生附加力。

船舶由错船段直线驶入窄隧洞时,当航速增大时,船体两侧的回流速度增大,且两侧回流速度的大小往往不等同,船舶会向岸偏离,由于富裕宽度才 60cm,很容易碰到岸壁。试验表明,当航速≥1.0m/s 驶入时,牵引船模在有钢丝导航的条件下还会不断碰隧洞和渡槽边壁,只有航速≤0.8m/s,基本不碰,但考虑实际船舶的航行时的偏角,12m 宽的隧洞和渡槽,船舶在其中航行,将碰擦边壁。

(2)船舶以不同航速驶出通航隧洞

船舶以不同航速驶出通航隧洞时,由于渠道宽度和断面系数小,水流主要从船底向内流,船尾后的通航渠道内水体补给跟不上,水位降低很大,造成船尾下沉剧烈。当船舶出隧洞后,错船段的水域变宽,错船段内水体流入通航隧洞中,当船舶驶出的航速增大时,流入通航隧洞中的流速也越大,水流遇第一级船厢边壁反射形成波浪传递,遇错船段下端的直角阶梯形渡槽壁和第二级船厢边壁二次反射，对渠道中的船舶航行及停泊构成影响，反射波对直角阶梯形渡槽壁产生附加作用力。

船舶进出通航隧洞后，渠道内的最大瞬时流速见表5.9。当船舶出隧洞的航速达到1.4m/s时，驶出隧洞后，错船段内水体进入隧洞的水流流速达1.5m/s，形成较大的横波波流来回反射传播。由于中间渠道的不对称，在错船段下端的直角阶梯形渡槽处产生回流和横流，对船舶进出3号窄渡槽段有一定的影响。波流在渠道中来回反射，对船厢结构、船厢的误载水深均有一定的影响。另外，船舶以1.4m/s驶出通航隧洞，船尾已碰底，渠道水位壅高达1.05m。因此在12m宽的通航渡槽和隧洞中，船舶驶出船厢的速度达到1.4m是不可行的。

船舶进出通航隧洞后，渠道内的最大瞬时流速(单位:m/s)　　表5.9

工　况	航　速	最大进流流速	最大出流流速
船舶驶进通航隧洞	1.6	0.42	0.56
	1.4	0.29	0.40
	1.2	0.24	0.29
	1.0	0.16	0.23
船舶驶出通航隧洞	1.4	1.20	0.49
	1.2	0.73	0.46
	1.0	0.21	0.20

注：最大进流速指水流流向第一级船厢，最大出流流速指水流流向错船段。

当船舶出隧洞的航速为1.2m/s时，在中间渠道中出现横波现象的临界速度。横波的出现对船舶航行和停泊构成影响，因此从是否产生横波现象，驶出隧洞的航速应小于1.2m/s。

当航速≥1.0m/s驶出时，牵引船模会偶尔碰隧洞和渡槽边壁；牵引船模航速≤0.8m/s，基本不碰，但应考虑实际船舶的航行时的偏角，12m宽的隧洞和渡槽，船舶航行，将碰擦边壁。

(3)船舶进出通航隧洞后的流速情况

试验中测量了船舶进出隧洞后，在单线渠道内产生的最大瞬时流速情况。船舶进通航隧洞时的最大出流流速大于进流流速；船舶出通航隧洞时的最大进流流速大于出流流速。而船舶出通航隧洞的最大进流流速要大于船舶进时的最大出流流速，因此，从中也可看出，船舶驶出通航隧洞时所产生的水位波动要大。

(4)船舶进出3号渡槽

船舶进出3号渡槽时(图5.2)，由于12m宽的3号渡槽段比通航隧洞短，因此航行阻力、下沉量和水位波动的情况要比进出通航隧洞小。

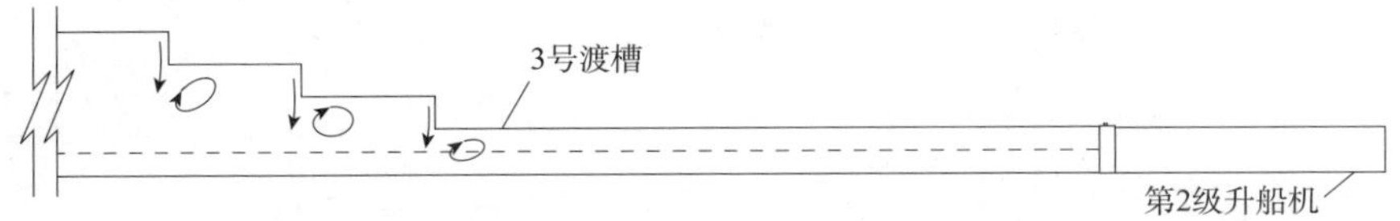

图5.2　船舶进出3号渡槽时直角阶梯形处的回流和横流示意图

由于渡槽存在直角阶梯形，船舶进出 12m 宽的渡槽时，在进出口产生的流速受直角阶梯形的影响，在阶梯处产生回流和横流，但强度不大；船舶进出 3 号渡槽时产生的纵向水流流速较小，明显小于船舶进出通航隧洞时产生的流速。

2)航行水力参数

船舶以不同航速进出通航隧洞，以及船舶进出 3 号渡槽时的船舶航行阻力、航行下沉量见表 5.10和表 5.11，水位波动测点布置见图 5.3，水位波动情况见表 5.12～表 5.15。从中可知：

(1)随着船舶航行速度的增大，航行阻力、航行下沉量以及水位波动均增大；对于船舶首尾下沉量，当航速较低时，首沉大于尾沉，航速增加的一定时，尾沉大于首沉。

(2)船舶驶出的航行阻力、下沉量和水位波动均要大于船舶驶入，因此船舶驶出为单线隧洞和渡槽尺度的控制条件。

(3)从图 5.4 和图 5.5 可知，船舶进出 1、2 级船厢时的航行阻力和航行下沉量的变化规律相同，即船舶进出通航隧洞和第一级船厢的阻力和下沉量均要大于相同条件下船舶进出第 2 级船厢，其大小关系为：出第 1 级厢＞出第 2 级厢＞进 1 级厢＞进 2 级厢，因此单线渠道的尺度确定以船舶驶出通航隧洞为控制工况。

(4)当航速大于 1.0m/s 时，船舶驶出时，航行阻力和航行下沉量急剧增大；因此，从航行水力条件来衡量，船舶驶出航速应小于 1.0m/s。

(5)船舶以 1.2m/s 驶出通航隧洞，航行阻力和船舶下沉量较大，分别为 120kN 和 1.06m，船厢内水位最大涌高 0.50m，水位最大降低 0.38m，1 号渡槽水位最大涌高 0.41m，水位最大降低 0.55m。

以 1.4m 驶出时，船尾已碰底，横波较大，船厢内水位最大涌高 1.13m，水位最大降低 1.19m，1 号渡槽水位最大涌高 1.05m，水位最大降低 1.04m。

以 1.0m/s 驶出时，航行阻力和下沉量分别为 40.8kN 和 0.40m，船厢内水位最大涌高 0.17m，水位最大降低 0.18m(此时以 1.0m/s 进时船厢内的水位波动略大些，水位最大涌高 0.24m，水位最大降低 0.22m)，1 号渡槽水位最大涌高 0.160m，水位最大降低 0.23m。

(6)航速以 1.4m/s 驶出 3 号渡槽，船尾下沉量为 1.37m，扣除船舶吃水 1.6m，船底离渠道底仅 0.03m，将要碰底。

(7)如果考虑船舶与单线通航隧洞和渡槽不可碰擦，则 12m 宽度不能满足安全航行要求。

船舶进出通航隧洞时的航行阻力和下沉量 表 5.10

工　况	航　速 (m/s)	渠道中航行阻力 (kN)	渠道中航行下沉量(cm)	
			首	尾
驶进通航隧洞	0.4	9.6	14.1	13.0
	0.6	12.4	17.1	16.5
	0.8	21.6	20.4	19.0
	1.0	32.0	23.6	26.1
	1.2	44.6	32.9	40.1
	1.4	96.0	36.6	52.6

续上表

工　况	航　速 (m/s)	渠道中航行阻力 (kN)	渠道中航行下沉量(cm)	
			首	尾
驶出通航隧洞	0.4	10.8	15.8	16.1
	0.6	16.0	17.8	18.2
	0.8	24.8	19.9	27.6
	1.0	40.8	35.8	40.3
	1.2	120.0	—	105.7
	1.4	碰底	—	碰底

船舶进出3号通航渡槽时的航行阻力和下沉量　表5.11

工　况	航　速 (m/s)	渠道中航行阻力 (kN)	渠道中航行下沉量(cm)	
			首	尾
驶进3号渡槽	0.4	6.9	4.5	4.9
	0.6	10.0	10.6	8.8
	0.8	11.2	4.4	14.4
	1.0	23.2	7.4	17.9
	1.2	28.8	10.9	22.6
	1.4	58.4	11.0	35.3
驶出3号渡槽	0.4	8.9	9.1	12.6
	0.6	11.1	15.3	13.4
	0.8	16.4	15.5	17.2
	1.0	29.9	24.2	33.5
	1.2	64.0	29.7	61.8
	1.4	170.4	38.0	137.0

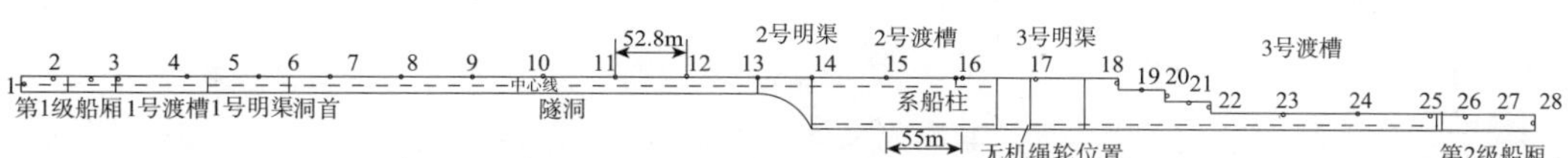

图5.3　第一级中间渠道设计方案的水位测点布置示意图

船舶进通航隧洞时的沿程水位波动最大升、降值(一)(单位:cm)　　表 5.12

位　置	测点号	船舶在渠道中的平均航速(m/s)											
		0.4		0.6		0.8		1.0		1.2		1.4	
		$+h_{max}$	$-h_{max}$	$+h_{max}$	$-h_{max}$	$+h_{max}$	$-h_{max}$	$+h_{max}$	$-h_{max}$	$+h_{max}$	$-h_{max}$	$+h_{max}$	$-h_{max}$
第 1 级船厢端部	1 号	7.5	−3.3	11.4	−12.0	17.2	−16.1	24.0	−22.0	52.7	−42.4	92.0	−69.8
第 1 级船厢 2/3 部	2 号	4.2	−1.1	9.4	−5.3	14.2	−10.8	21.5	−13.2	42.6	−28.0	84.3	−22.2
第 1 级船厢 1/3 部	3 号	4.6	−2.9	7.2	−8.5	11.1	−16.8	15.5	−18.1	31.4	−24.6	66.3	−23.9
第 1 级船厢下闸首	4 号	4.4	−5.1	7.0	−12.9	10.8	−21.8	15.0	−27.1	23.4	−23.4	39.2	−27.4
1 号渡槽	5 号	5.1	−2.7	6.9	−5.9	9.3	−7.7	13.7	−19.9	23.3	−51.6	34.7	−55.1
1 号明渠	6 号	3.1	−2.1	6.7	−4.5	9.2	−9.8	12.8	−21.3	21.8	−35.2	33.4	−65.3
通航隧洞	7 号	3.8	−3.3	7.0	−3.8	9.1	−11.3	11.5	−28.5	20.7	−42.7	31.6	−46.9
通航隧洞	8 号	3.2	−4.5	6.4	−5.9	9.1	−12.7	11.5	−31.3	22.1	−33.8	33.9	−45.5
通航隧洞	9 号	3.3	−3.4	6.1	−7.5	9.5	−16.2	12.8	−23.6	21.2	−33.1	30.7	−44.9
通航隧洞	10 号	2.9	−3.4	5.8	−8.9	9.2	−11.9	10.5	−19.1	16.7	−30.5	33.4	−34.5
通航隧洞	11 号	3.1	−3.7	5.7	−6.7	9.3	−13.1	10.5	−21.2	15.8	−26.0	28.3	−32.0
通航隧洞	12 号	3.8	−3.4	5.2	−7.3	7.5	−11.8	8.9	−17.0	17.6	−31.2	27.7	−32.8
2 号明渠	13 号	3.0	−3.1	4.7	−5.4	4.9	−8.1	6.9	−11.8	20.9	−16.2	26.1	−22.3
2 号明渠	14 号	2.5	−2.6	3.0	−4.2	4.1	−7.7	4.1	−9.3	13.5	−17.0	28.3	−18.0
2 号渡槽	15 号	1.6	−2.1	2.5	−3.5	4.2	−4.6	3.8	−6.5	10.7	−8.2	30.3	−15.9
2 号渡槽	16 号	2.6	−1.9	3.1	−3.0	2.7	−3.6	3.9	−4.1	9.5	−7.6	19.5	−12.0
3 号明渠	17 号	2.4	−2.2	3.0	−3.1	2.8	−3.5	3.4	−3.8	8.4	−8.5	17.8	−14.9
3 号渡槽直角处	18 号	1.4	−2.7	2.3	−2.9	3.1	−4.6	2.9	−4.7	16.5	−10.3	34.3	−24.1
3 号渡槽	19 号	1.2	−2.6	1.4	−3.0	2.5	−4.3	2.5	−4.5	11.4	−10.1	22.4	−17.6
3 号渡槽直角处	20 号	1.5	−3.2	1.8	−3.6	3.1	−4.5	2.6	−5.0	17.0	−12.2	30.0	−19.9
3 号渡槽	26	1.2	−3.0	1.6	−3.6	3.4	−4.2	3.3	−5.1	13.3	−12.0	34.8	−22.4
3 号渡槽直角处	21	1.3	−3.0	2.0	−4.5	3.5	−4.6	3.9	−5.1	19.5	−11.9	38.6	−18.1
3 号渡槽	22	1.6	−3.1	2.2	−4.5	3.5	−4.5	5.4	−5.9	17.2	−12.8	26.3	14.2
3 号渡槽	23	2.4	−2.2	2.6	−4.7	3.8	−4.8	5.5	−5.9	13.9	−14.9	28.5	−14.5
第 2 级船厢上闸首	24	3.1	−2.0	3.2	−4.7	5.7	−5.4	6.4	−5.8	17.0	−14.2	27.4	−15.7
第 2 级船厢 1/3	25	3.4	−2.2	2.8	−5.0	5.6	−4.9	6.8	−5.9	20.9	−16.4	27.3	−17.5
第 2 级船厢 2/3	27 号	3.7	−1.9	3.0	−5.4	6.5	−5.1	7.4	−6.7	23.7	−19.7	32.2	−21.1
第 2 级船厢端部部	28 号	4.9	−4.2	3.9	−8.4	7.5	−7.5	9.0	−7.3	29.0	−22.2	34.6	−25.8

船舶出通航隧洞时的沿程水位波动最大升、降值(一)(单位:cm)　　表 5.13

位　置	测点号	船舶在渠道中的平均航速(m/s)											
		0.4		0.6		0.8		1.0		1.2		1.4	
		$+h_{max}$	$-h_{max}$	$+h_{max}$	$-h_{max}$	$+h_{max}$	$-h_{max}$	$+h_{max}$	$-h_{max}$	$+h_{max}$	$-h_{max}$	$+h_{max}$	$-h_{max}$
第 1 级船厢端部	1 号	7.6	−14.5	4.1	−15.9	12.3	−18.0	17.2	−17.7	50.1	−38.4	112.9	−119.1
第 1 级船厢 2/3 部	2 号	5.9	−12.5	4.4	−12.6	12.0	14.7	17.2	−16.9	46.7	−35.2	104.4	−111.6
第 1 级船厢 1/3 部	3 号	6.0	−12.3	6.6	−13.2	10.2	−19.4	16.0	−29.9	44.3	−36.2	106.2	−108.9
第 1 级船厢下闸首	4 号	7.2	−6.2	8.4	−13.9	10.0	−23.0	18.1	−36.7	42.5	−39.8	104.6	−108.7
1 号渡槽	5 号	7.0	−6.8	8.2	−12.1	10.5	−22.5	16.0	−23.7	40.8	−55.4	104.8	−104.3
1 号明渠	6 号	7.1	−4.1	7.3	−11.9	8.7	−16.2	15.3	−25.5	38.9	−37.7	103.2	−102.1
通航隧洞	7 号	6.4	−4.7	8.4	−8.2	9.0	−18.4	14.9	−26.9	33.5	−53.5	101.0	−109.9
通航隧洞	8 号	6.7	−3.4	8.7	−7.1	10.3	−13.3	14.3	−26.1	31.0	−53.3	92.4	−96.9
通航隧洞	9 号	7.1	−4.1	7.2	−9.8	10.5	−13.0	13.6	−34.6	29.0	−75.5	82.6	−92.7
通航隧洞	10 号	8.4	−4.5	6.5	−11.8	10.5	−15.8	13.5	−21.6	30.9	−85.8	77.5	−84.5
通航隧洞	11 号	8.3	−3.4	5.7	−12.2	11.1	−13.4	12.9	−25.4	26.3	−53.2	76.7	−84.2
通航隧洞	12 号	6.7	−3.7	5.8	−11.8	9.6	−17.1	10.5	−29.6	19.5	−59.0	53.4	−82.0
2 号明渠	13 号	7.6	−1.7	5.8	−6.9	8.9	−11.6	10.0	−17.8	17.5	−43.2	45.8	−56.8
2 号明渠	14 号	6.1	−0.3	4.4	−4.4	4.9	−6.5	6.1	−12.2	15.3	−15.5	47.3	−55.2
2 号渡槽	15 号	4.6	−0.9	4.6	−2.2	4.1	5.7	5.9	−9.4	14.8	−11.2	40.9	−47.3
2 号渡槽	16 号	4.7	−1.1	4.8	−2.0	4.1	−5.2	5.9	−7.7	13.2	−14.9	40.7	−43.8
3 号明渠	17 号	4.4	−2.0	4.0	−3.1	3.8	−4.5	4.4	−6.8	9.4	−10.5	42.8	−34.9
3 号渡槽直角处	18 号	5.5	−1.0	5.0	−2.6	5.7	−5.9	10.8	−7.3	13.8	−18.3	48.5	−37.8
3 号渡槽	19 号	5.0	−1.3	3.6	−2.6	5.5	−5.4	8.9	−6.7	13.5	−18.8	45.8	−39.5
3 号渡槽折直角处	20 号	6.1	−1.3	5.2	−2.7	7.0	−5.7	10.5	−8.1	14.8	−19.8	48.4	−36.5
3 号渡槽	26	5.9	−1.6	5.2	−3.5	6.0	−4.7	9.0	−8.4	16.6	−18.8	49.4	−38.9
3 号渡槽直角处	21	6.9	−2.0	6.0	−4.1	8.6	−5.1	11.7	−9.4	15.6	−19.9	49.0	−39.0
3 号渡槽	22	6.0	−1.9	6.9	−4.1	9.7	−5.5	11.4	−9.6	18.3	−21.1	57.3	−42.1
3 号渡槽	23	6.7	−1.7	6.3	−4.5	10.2	−4.6	15.5	−9.3	21.2	−20.7	65.0	−49.1
第 2 级船厢上闸首	24	7.0	−2.2	6.1	−5.7	9.6	−4.4	16.4	−10.7	22.3	−23.7	70.3	−60.8
第 2 级船厢 1/3	25	7.0	−2.1	4.3	−6.1	9.3	−5.0	14.8	−11.7	23.9	−23.9	66.9	−66.5
第 2 级船厢 2/3	27 号	10.3	−2.1	7.0	−7.6	11.7	−6.7	16.8	−12.9	26.9	−24.3	73.0	−82.0
第 2 级船厢端部部	28 号	12.9	−3.0	10.0	−8.4	16.3	−8.1	19.0	−13.9	26.9	−27.0	74.9	−72.4

船舶进3号通航渡槽时的水位波动最大升、降值(一)(单位:cm)　　表5.14

位　置	测点号	船舶在渠道中的平均航速(m/s)											
		0.4		0.6		0.8		1.0		1.2		1.4	
		$+h_{max}$	$-h_{max}$	$+h_{max}$	$-h_{max}$	$+h_{max}$	$-h_{max}$	$+h_{max}$	$-h_{max}$	$+h_{max}$	$-h_{max}$	$+h_{max}$	$-h_{max}$
第1级船厢端部	1号	3.0	−4.2	5.4	−11.6	14.4	−15.7	20.5	−23.3	20.8	−22.3	34.2	−27.6
第1级船厢2/3部	2号	2.3	−4.0	2.8	−8.8	10.0	−13.5	13.3	−19.4	18.1	−16.6	24.1	−23.3
第1级船厢1/3部	3号	2.3	−3.3	2.9	−8.2	9.7	−10.6	12.3	−16.0	16.2	−16.1	21.7	−21.1
第1级船厢下闸首	4号	2.4	−3.2	2.8	−7.3	10.7	−10.1	12.1	−10.2	13.4	−11.2	19.5	−15.8
1号渡槽	5号	2.8	−2.0	3.3	−7.2	6.9	−8.4	8.8	−11.0	11.9	−8.4	19.7	−12.1
1号明渠	6号	2.3	−2.1	2.3	−6.7	5.7	−7.7	12.5	−10.1	14.0	−8.6	21.9	−13.2
通航隧洞	7号	2.9	−2.0	2.1	−6.7	7.2	−9.2	12.6	−13.5	14.4	−12.6	18.2	−16.2
通航隧洞	8号	2.7	−1.9	3.1	−7.4	8.6	−7.4	13.2	−11.3	12.8	−12.0	17.5	−14.0
通航隧洞	9号	3.8	−1.7	2.6	−7.8	9.6	−6.0	14.7	−9.6	12.4	−9.5	21.5	−12.6
通航隧洞	10号	3.3	−2.0	2.4	−7.2	10.6	−6.4	13.0	−9.2	10.5	−14.2	14.8	−15.3
通航隧洞	11号	3.2	−3.5	1.9	−8.0	10.8	−7.3	10.8	−12.4	8.1	−14.0	14.6	−16.5
通航隧洞	12号	3.0	−3.5	2.5	−8.4	9.2	−7.7	11.6	−12.6	7.7	−17.7	17.4	−18.7
2号明渠	13号	5.0	−3.1	2.9	−7.0	8.0	−5.9	11.9	−13.4	9.2	−17.5	15.2	−16.0
2号明渠	14号	3.9	−2.2	3.1	−5.4	5.6	−5.5	8.1	−13.4	8.5	−13.5	13.7	−13.2
2号渡槽	15号	2.9	−1.7	3.4	−3.7	5.7	−3.4	7.7	−8.4	6.9	−10.1	12.1	−9.1
2号渡槽	16号	3.0	−1.9	4.1	−2.5	4.8	−4.1	6.2	−7.0	6.1	−8.5	8.4	−8.0
3号明渠	17号	2.9	−2.0	4.0	−2.4	4.5	−4.0	5.4	−5.8	6.4	−9.5	10.8	−10.9
3号渡槽直角处	18号	2.6	−3.5	4.8	−1.8	4.7	−5.8	7.1	−9.9	10.0	−8.7	12.7	−12.7
3号渡槽	19号	2.5	−3.5	4.8	−2.0	5.4	−6.70	7.0	−10.4	9.8	−9.6	10.8	−12.9
3号渡槽直角处	20号	2.7	−3.6	5.2	−2.6	5.7	−6.6	7.5	−10.3	12.3	−9.9	13.7	−13.4
3号渡槽	26	3.6	−4.6	5.6	−3.3	7.3	−7.6	9.9	−12.9	11.1	−9.9	11.7	−14.4
3号渡槽直角处	21	3.4	−4.7	6.1	−4.2	6.6	−7.8	10.2	−13.5	14.0	−13.1	15.2	−20.9
3号渡槽	22	3.6	−6.4	7.3	−6.2	9.1	−11.5	13.9	−17.8	13.6	−22.9	20.9	−43.4
3号渡槽	23	3.8	−5.9	8.5	−7.4	10.8	−14.7	16.5	−20.0	26.1	−29.8	23.6	−45.9
第2级船厢上闸首	24	3.7	−6.6	8.7	−7.6	12.5	−18.5	16.8	−33.3	29.8	−52.3	35.5	−46.5
第2级船厢1/3	25	4.1	−7.9	9.7	−6.30	13.2	−10.7	17.7	−28.4	36.4	−28.1	50.1	−31.2
第2级船厢2/3	27号	3.4	−13.1	11.2	−9.4	13.0	−20.9	25.2	−39.9	45.9	−42.7	59.8	−59.1
第2级船厢端部部	28号	3.9	−17.0	12.7	−13.9	1536	−29.4	30.2	−62.2	49.4	−55.5	67.5	−45.9

船舶出3号通航渡槽时的水位波动最大升、降值(二)(单位:cm)　　表5.15

位　置	测点号	船舶在渠道中的平均航速(m/s)											
		0.4		0.6		0.8		1.0		1.2		1.4	
		$+h_{max}$	$-h_{max}$	$+h_{max}$	$-h_{max}$	$+h_{max}$	$-h_{max}$	$+h_{max}$	$-h_{max}$	$+h_{max}$	$-h_{max}$	$+h_{max}$	$-h_{max}$
第1级船厢端部	1号	7.9	-5.6	9.1	-10.5	15.1	-11.4	14.4	-10.9	22.9	-13.3	74.5	-38.5
第1级船厢2/3部	2号	5.1	-5.1	7.3	-7.4	12.2	-7.4	12.4	-7.7	20.9	-12.1	59.1	-38.3
第1级船厢1/3部	3号	5.1	-5.6	4.5	-7.5	10.0	-7.4	10.9	-6.6	17.6	-9.9	58.8	-33.8
第1级船厢下闸首	4号	4.2	-5.1	4.9	-6.7	9.8	-6.0	9.3	-6.9	18.7	-9.1	53.7	-36.1
1号渡槽	5号	4.0	-3.6	4.2	-6.7	8.4	-4.5	9.3	-6.9	16.2	-7.3	50.5	-33.4
1号明渠	6号	4.2	-3.6	3.2	-7.0	8.7	-4.2	5.8	-10.4	14.2	-8.4	45.2	-26.4
通航隧洞	7号	4.6	-3.1	4.0	-5.7	8.8	-4.0	5.2	-10.9	12.8	-8.3	39.8	-24.0
通航隧洞	8号	5.5	-29	5.0	-5.1	9.1	-5.1	5.4	-13.4	12.6	-9.2	31.7	-27.4
通航隧洞	9号	6.1	-2.9	6.3	-4.2	9.4	-7.1	6.9	-11.2	13.1	-6.6	34.7	-31.6
通航隧洞	10号	7.2	-1.5	6.8	-3.9	8.0	-9.8	7.7	-11.7	13.9	-5.2	36.6	-30.9
通航隧洞	11号	7.3	-1.9	7.7	-3.8	7.0	-6.8	7.3	-8.7	12.9	-8.4	35.8	-27.5
通航隧洞	12号	7.7	-1.7	8.4	-3.0	7.0	-6.9	7.5	-9.4	13.0	-9.3	44.9	-23.8
2号明渠	13号	6.7	-2.4	8.1	-3.5	7.8	-6.1	6.5	-10.1	10.2	-9.4	38.1	-26.2
2号明渠	14号	4.7	-1.6	6.4	-2.5	6.6	-4.1	5.1	-6.3	10.0	-10.5	24.2	-27.0
2号渡槽	15号	3.6	-1.9	5.5	-4.9	5.6	-4.3	6.5	-5.4	7.9	-8.2	20.7	-26.0
2号渡槽	16号	3.0	-2.2	3.5	-4.3	5.5	-2.3	6.3	-3.4	8.3	-7.6	19.8	-27.9
3号明渠	17号	3.2	-3.0	3.9	-4.9	5.8	-5.9	6.4	-6.7	8.2	-8.6	20.8	-25.9
3号渡槽直角处	18号	2.5	-3.4	3.3	-4.2	6.2	-3.8	9.0	-5.2	5.6	-8.7	23.7	-22.9
3号渡槽	19号	2.3	-3.1	2.6	-3.2	5.4	-3.4	7.0	-4.2	6.5	-11.3	23.0	-26.8
3号渡槽直角处	20号	2.3	-3.4	3.4	-3.8	5.3	-4.3	7.6	-5.0	6.2	-11.8	20.7	-23.8
3号渡槽	26	3.1	-4.4	4.3	-4.0	6.1	-5.5	8.2	-7.1	7.1	-17.4	24.8	-46.7
3号渡槽直角处	21	3.2	-4.3	5.4	-4.7	6.1	-5.4	8.7	-8.5	6.8	-13.6	27.1	-35.6
3号渡槽	22	3.8	-6.9	6.6	-7.6	8.2	-13.1	8.7	-29.3	11.2	-59.2	39.8	-87.3
3号渡槽	23	4.8	-6.9	5.7	-13.8	9.1	-21.8	11.1	-33.0	12.9	-69.8	44.1	-99.3
第2级船厢上闸首	24	5.0	-10.2	6.0	-18.4	9.6	-26.7	12.9	-31.5	15.5	-39.4	46.4	-44.3
第2级船厢1/3	25	4.5	-12.7	5.7	-20.1	7.9	-27.0	14.4	-25.6	17.4	-42.0	50.3	-71.6
第2级船厢2/3	27号	3.4	-13.3	5.6	-18.3	5.8	-18.8	14.2	-17.3	19.4	-25.2	64.8	-71.4
第2级船厢端部部	28号	6.3	-14.4	6.7	-15.6	9.6	-18.8	20.0	-18.2	23.0	-26.3	69.0	-72.4

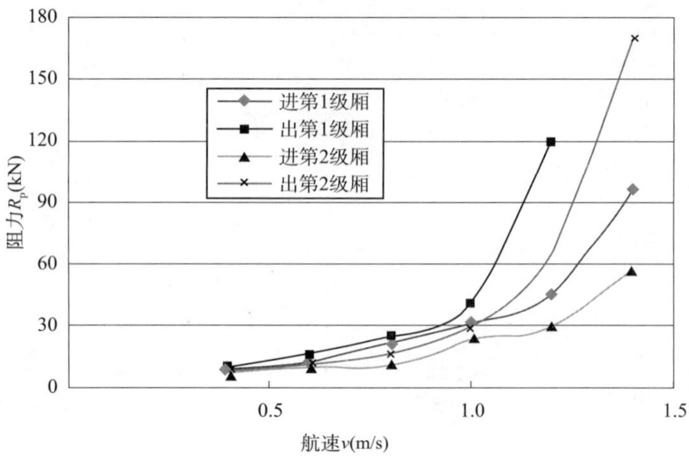

图 5.4 航速对航行阻力的影响

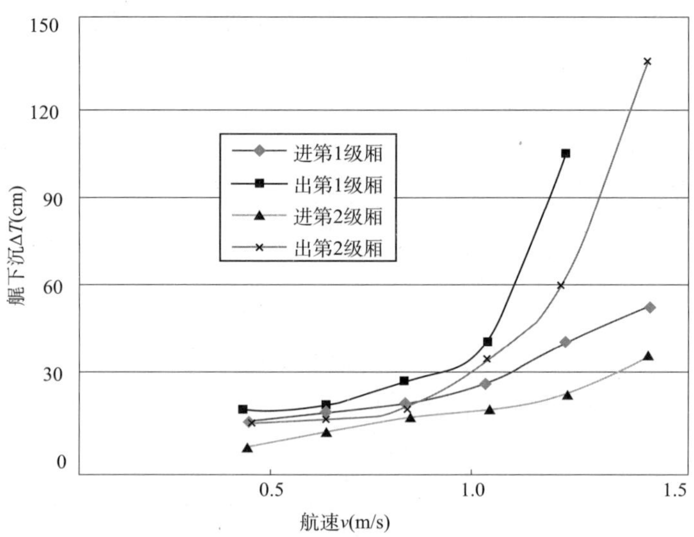

图 5.5 航速对船舶航行下沉量的影响

3)自航船模试验

自航船模进行了 2 种情况的试验(图 5.6):船舶下行,船模从第一级船厢出,经错船段后(在错船段的左侧停泊一 500t 船模),进入第二级船厢;船舶上行,船模从第二级船厢出,经错船段后(在错船段的左侧停泊一 500t 船模),进入第一级船厢。

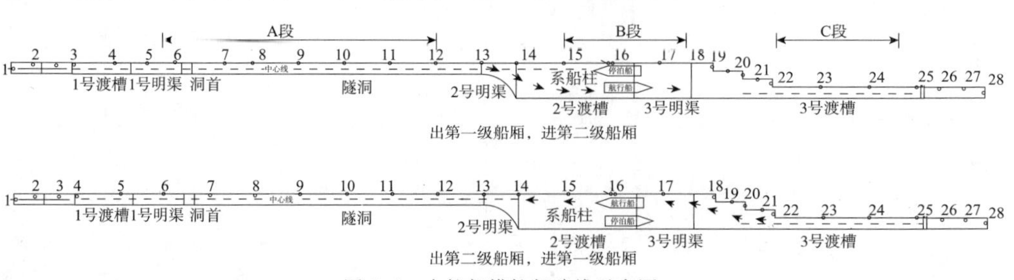

图 5.6 自航船模航行路线示意图

(1)船模航速变化

船模在渠道不同位置段的平均航速如表5.16所示。在整个航行过程中,自航船模的螺旋桨转速不变的情况下,观测了船模在渠道中4段距离中的航速变化情况,相同转速条件下,在单线航道中(A、C段)中的航速基本相同,而在错船段(B段)的航速明显增大,约为单线航道中的1.89~1.96倍。即当船舶在单线航道中以1.0m/s的速度驶出,则航行至错船段的航速为1.89~1.96m/s,若以0.8m/s航速驶出,则至错船段的航速为1.5~1.6m/s。这主要是船舶在单线航道和错船段中航行阻力不同。因此船舶在驶出单线航道时,应注意减小推进功率,使航速降低,保证进入另一段单线航道的速度不宜过大。

渠道不同位置段的平均航速(单位:m/s)　　表5.16

工　况	螺旋桨转速	5转	7转	11转	16转	B/A
船舶下行	A段航速(出)	0.36	0.56	0.78	0.98	1.96
	B错船段航速(下行)	0.70	1.05	1.54	2.02	
	C段航速(进)	0.42	0.64	0.85	1.06	
船舶上行	C段航速(出)	0.32	0.52	0.74	0.93	1.89
	B错船段航速(上行)	0.72	1.03	1.56	2.20	
	A段航速(进)	0.40	0.60	0.83	1.01	

(2)航行条件分析

根据《船闸总体设计规范》,船闸直线段由导航段、调顺段和停泊段组成。当采用直线进闸、曲线出闸布置时,引航道的各段长度应符合下列规定:

①导航段长度 $L_1 \geqslant L_C$。

②调顺段长度 $L_2 \geqslant (1.5 \sim 2.0) L_C$。

③停泊段的长度 $L_3 \geqslant L_C$。

则进出闸的直线段长度最小应大于或等于330m($L_C + 1.5L_C + L_C + L_C + 1.5L_C = 6L_C = 330$m)。构皮滩第一级中间渠道,错船段总宽为37.8m,总长为334.4m,第二级中间渠道错船段总宽为38m,总长为352.0m,满足船闸规范要求。对于第一级中间渠道,船舶由错船段进出单线通航隧洞和3号单线渡槽,由于其特殊的布置条件,船舶采用曲线出、直线进的方式,也应十分小心,自航船模试验表明:

①当船舶驶出单线航道时,不应等船尾出12m宽的航道才操舵转向,否则易发生岸吸,而提前操舵转向时,船尾易扫边壁,因此对于船舶曲出12m宽的3号渡槽时,渡槽边壁结构应加强,防止曲出时船尾扫边壁而损害渡槽结构,或将12m宽的渡槽加宽,不使船尾碰渡槽边壁。船舶驶出单线航道时,航速越大,船尾扫壁的作用力也越大,岸吸现象也明显,因此驶出航速不宜大于1.0m/s。

②船舶在第一级中间渠道采取曲出直进的航行方式时,进12m宽的单线航道的速度不宜大于0.8m/s,否则由于错船段的不对称形式,航速越大,航向越不稳定,给驾驶员的心理压力也越大,尤其对于3号渡槽采取直角阶梯形的连接方式,直角正面碰撞时,可能发生的事故损失最大,因此对3号渡槽采取直角阶梯形的连接方式应优化,可采用斜线连接方式,或采用曲

线连接方式。

③自航船模在驶出 12m 宽的单线航道时，经常会碰边壁，从而影响船模的转向曲出，试验中也发生过船舶没能成功曲出通过错船段的情况。

④船舶在错船段的航速宜小于 1.5m/s，此时产生的船行波动较小，对停泊船舶的影响较小，系缆条件满足规范要求(表 5.17)。

500t 船舶系缆力 表 5.17

航行船舶	错船段内航速 (m/s)	最大前纵向力 $P_{L\max}$ (kN)	最大前横向力 $P_{C1\max}$ (kN)	最大后横向力 $P_{C2\max}$ (kN)
500t 机动驳	1.06	10.5	4.7	3.9
	1.54	21.2	10.1	8.8
	2.02	54.0	19.8	18.9

4)单线通航隧洞和渡槽宽度

对于升船机中间渠道中的通航渡槽和隧洞，为一种特殊的限制性航道，具有航速低、断面多为矩形的特点，其中渡槽为架空结构，对水位波动超重有严格要求(一般水位波动不超过 0.5m)。从经济和施工角度出发，希望通航渡槽和隧洞断面能小，其尺度的确定也应与正常航道不同，由于布置在中间渠道中的通航隧洞和渡槽，其内的航行速度较小，一般均小于 1.5m/s，在选取航行漂角和安全距离时，可取小值，因此其尺度可以比《内河通航标准》(GB 50139—2004)中限制性航道尺度小。

对于原设计方案的第一级中间渠道，其单线通航隧洞和渡槽等同于船闸的最小尺度，即宽度为 12m，水深 3.0m，但毫无疑问，单线通航隧洞和渡槽的航行条件是不同于船舶进出闸的，首先，在通航隧洞和渡槽的船舶是保持一定航速的，而不像船舶进闸时制动，航速逐渐降为 0。其次，航行在渡槽中的船舶，应禁止碰撞渡槽。因此，单线通航隧洞和渡槽中的尺度(主要指宽度)应比船闸适当加大。

2004～2006 年西部交通建设科技项目“高坝通航中间渠道和渡槽的尺度及通航条件研究”中，对Ⅳ级升船机中间渠道和渡槽的尺度进行过系列研究，研究表明：

(1)船舶在静水的渠道直线航行，也将产生一定的漂角。对于Ⅳ～Ⅴ级航道的漂角一般在 1.0°～1.5°。

(2)可将《内河通航标准》(GB 50139—2004)中附录 A 的计算航道宽度的参数加以修正用来计算中间渠道中明渠和渡槽的宽度，安全距离对单线取两个 0.17 倍航迹带宽度。

单线航道宽度为

$$B_1 = B_F + 2d \quad (5.1)$$

$$B_F = B_S + L\sin\beta \quad (5.2)$$

式中：B_1——直线段单线航道宽度(m)；

B_F——船舶(队)航迹带宽度(m)；

B_S——船舶(队)宽度(m)；

L——船舶(队)长度(m)；

d——船舶(队)至航道边缘的安全距离；

β——船舶(队)航行漂角。

以此计算得到构皮滩 500t 机动驳在中间渠道中单线航行所需宽度如下：

当 β 取 1.0°时，$B_F = B_S + L\sin\beta = 10.8 + 55 \times \sin 1.0° = 11.76$m，安全距离 $2 \times d = 0.17 \times B_F = 3.998$m≈4.0m。得到 $B_1 = B_F + 2d = 11.76 + 4.0 = 15.76$m，取整数为 16m。

当 β 取 1.5°时，$B_F = B_S + L\sin\beta = 10.8 + 55 \times \sin 1.5° = 12.2$m，安全距离 $2d = 2 \times 0.17 \times B_F = 4.15$m，得到 $B_1 = B_F + 2d = 12.2 + 4.15 = 16.35$m，取整数为 17m。

从上述分析可知，第一级中间渠道的单线渡槽和隧洞的宽度 12m，偏窄。当船舶航行漂角为 1.2°时，航迹带宽度 B_F 达到 12.0m，在实际的航行中，船舶定将碰撞渡槽和隧洞边壁，这也说明单线通航渡槽和隧洞的宽度应加大。下面将单线通航隧洞和渡槽的尺度加宽至 16m 和 18m 两种情况，进行不同水深条件下的系列试验，以得到满足船舶安全航行要求的合理尺度。

5.3.5　第一级中间渠道单线通航隧洞和渡槽尺度系列试验

对构皮滩第一级中间渠道单线通航隧洞和渡槽尺度进行的系列试验工况见表 5.18。

单线通航隧洞和渡槽尺度的系列试验方案及特征值　　表 5.18

工况	航道等级	船型	渠道底宽 B_0 (m)	渠道水深 H (m)	渠道过水断面积 A (m^2)	断面系数 A/ω	相对水深 H/T	相对航宽 B_0/B_S
1	Ⅳ级	500t 机动驳	16	2.5	40	2.31	1.56	1.48
2				3.0	48	2.78	1.87	1.48
3				3.5	56	3.24	2.10	1.48
4				4.0	64	3.70	2.5	1.48
5			18	2.5	45	2.60	1.56	1.67
6				3.0	54	3.12	1.87	1.67
7				3.5	63	3.64	2.19	1.67

注：1. 500t 机动驳的舯横剖面浸水面积 ω 为 17.28。
2. T—船舶吃水；B_S—船舶(队)宽度；B_0—渠道底宽；H—渠道水深；A—渠道过水断面积。

单线通航隧洞和渡槽为 16m 宽时，第一级中间渠道的方案见图 5.7。方案保持升船机轴线的位置不变，错船段的位置和范围不变，考虑到原设计方案中 3 号渡槽采取直角阶梯形渐变方式与错船段连接的不利影响，将此连接方式改为斜线连接。

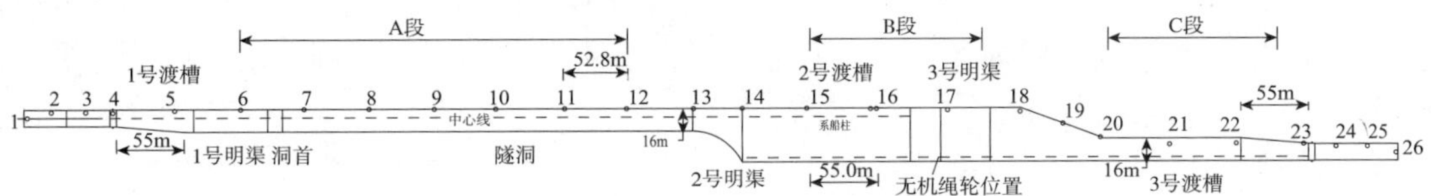

图 5.7　单线渠道宽为 16m 时的布置方案图

单线通航隧洞和渡槽为 18m 宽时，第一级中间渠道的方案见图 5.8。方案保持升船机轴线的位置不变，错船段的位置移至 3 号明渠和 3 号渡槽，其宽度仍为 37.8m。这样修改基于以下几种考虑。

(1)3 号明渠长 65.4m,3 号渡槽总长 263m,两者总长 328.4m,基本满足进出闸厢的直线段最小长度 330m。

(2)该方案将 136m 长的 2 号渡槽由 38m 变为单线尺度宽,将 3 号渡槽中长约 170m 的单线尺度宽变为 38m,两者工程量抵消大部分,不致增加较大的工程量。

(3)错船段与单线渠道宽的连接采用斜线连接方式,可布置在 3 号通航明渠上,也不致增加施工的难度。

(4)由于第二级升船机提升高度最高,为 127m,枢纽通过能力受其控制,将错船段靠近二级升船机闸首,停泊位置也相应靠近,缩短了船舶进闸厢的时间,可提高通过能力。

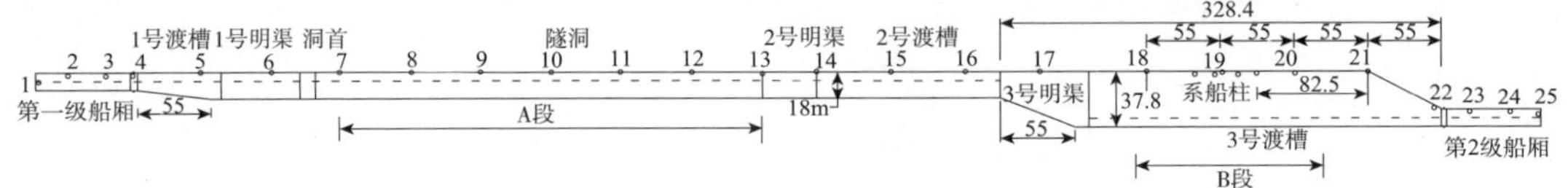

图 5.8　线渠道宽为 18m 时的布置方案图

两种方案分别进行了不同航速条件下的牵引船模和自航船模试验。航行水力参数主要测量了船舶进出通航隧洞和第一级船厢的工况。

1)航行水力条件

船舶以不同航速进出单线渠道,其试验现象与原设计方案基本相同,但由于系列方案中,单线渠道的尺度加大,断面系数增加,因此航行水力条件均好于原方案,特别是渠道拓宽后,水体从两船侧回流增多,各航速下牵引船模不碰擦边壁。对于 16m 宽方案,直角阶梯形渡槽壁改为斜线连接后,其对水流波动的反射明显减弱,该处的水流流态也明显好转。

对于 500t 自航驳的航行下沉量,当船舶出通航隧洞时,一般船尾下沉量要大于船首,但进通航隧洞时,船首和船尾下沉量互有大小,因此对不同的船型和不同的航行工况,首沉和尾沉量哪个大,或者哪个是控制因素,应具体分析。

船舶出通航隧洞时的航行阻力和下沉量要大于船舶进,因此出为控制条件。

在相同宽度,相同航速情况下,增加水深,航行阻力、船舶下沉和水体波动减小;在相同水深,相同航速情况下,增加宽度,航行阻力、船舶下沉和水体波动减小。在相同条件下,航速增加,航行阻力、船舶下沉和水体波动增加,因此,航速是决定渠道尺度的一个重要参数。

在相同断面系数条件下,变化水深和宽度,航行阻力、船舶下沉和水体波动略有差别,但差别不大。随着断面系数的增加,航行阻力、船舶下沉和水体波动减小,因此,断面系数是决定渠道尺度的另一个重要参数。

2)自航船模试验

针对单线渠道宽 16m 方案,自航船模进行不同水深条件下,船舶下行和上行两种情况,与原设计方案一样,测量了中间渠道中 A、B、C 三段位置的航速;针对单线渠道宽 18m 方案,进行了不同水深条件下,船舶下行时 A、B 二段位置的航速。

在相同渠道宽度和螺旋桨转速相同条件下,随着水深的增加,相同位置的航速增大;断面系数增加，相同位置的航速增大；在相同条件下，船舶进时的航速要大于出时，主要是因为其航行阻力要小于船舶出时。

单线渠道宽16m方案时，错船段的航速是单线渠道中航速的1.37～1.77倍，该比值随着水深的增加而减小，即随着断面系数的增加而减小；从表中还可以看出，船舶出时的航速比值要略大于进时。单线渠道宽18m方案时，错船段的航速是单线渠道中航速的1.29～1.54倍，该比值随着水深的增加而减小，即随着断面系数的增加而减小。

由于船舶在单线航道和错船段中航行阻力不同，航速也不同，因此船舶在经过两种航道时，应注意航速变化，适当调整航速，保证进入另一段航道的安全。单线渠道尺度变宽时，船舶错船段中调顺进入单线渠道或船厢均更为方便和顺利。

3)单线渠道(通航隧洞和渡槽)尺度的确定

渠道尺度包括渠道宽度、水深和断面系数三个方面，上述分析表明，渠道尺度与航行速度有很大关系，当航速增大，相应的航行水力要素值增大，所需要的渠道尺度就应加大，航速较小时，渠道尺度也可变小，因此对于不同的航速可对应不同的尺度。

由于中间渠道是一种特殊的限制性航道，船舶在其中的航速通常小于1.5m/s，在单线渠道中更是如此，因此根据以上的试验，本节试图得到单线渠道中航速分别为1.0m/s、1.2m/s和1.4m/s时对应的渠道尺度，以供设计参考。

船舶在单线渠道中航行，由于渠道宽度较窄，相对航宽(渠道宽度/船宽)一般小于2.0。在这种狭窄渠道中航行，船行波受两侧边壁的影响较大。船舶在无限水域中航行产生的船行波通常由船首波系和船尾波系组成，而无论船首或船尾波系，都是由两组明显的散波和横波组成，其中船首、尾散波呈斜向扩散，横波则垂直船体轴线延伸，散波和横波交汇，波面叠加；而在狭窄渠道中航速，船舶可在较低的航速下，产生明显的船行波，而其散波受渠道边壁影响，极易在整个船周围产生小的系列横波。

试验表明，当船舶在单线渠道中航行，当产生小系列横波波态的船行波时，虽然波高并不大，但波浪与渠道边壁相互作用，从而影响船舶的航向，使得航迹带变宽，对船舶安全航行构成潜在危害，尤其对单线渡槽。因此在确定单线渠道(通航隧洞和渡槽)的尺度中，不能忽视船行波波态对船舶航行产生的较大影响。

5.3.6 船舶进出船厢试验

1)试验基本情况

船舶进出船厢水力特性试验，在2004～2006年的西部交通建设科技项目“高坝通航中间渠道和渡槽的尺度及通航条件研究”中[2]，对Ⅳ级航道升船机船厢尺度进行过系列研究，可供参考。本章研究只进行了单线渠道18m宽，船舶进出第1级船厢工况的试验。渠道水深分别选取3.0m和3.5m，则船厢尺度分别为59.0m×11.7m×2.5m(长×宽×水深，下同)和59.0m×11.7m×3.0m。试验工况和特征值见表5.19。

由于船舶进出船厢存在一个减速与加速过程，对于单线渠道尺度18m×3.0m(宽×水深，下同)，船舶在单线渠道中的航速取为1.2m/s，进出船厢时的航速分别为0.3m/s、0.5m/s、0.7m/s、1.0m/s。

500t 船舶进出船厢试验组次及特征值　　表 5.19

序号	渠道水深 (m)	船厢有效尺度（长×宽×水深）(m)	断面系数 ω/ω_c	富裕水深 Δh (m)	水深吃水比 H/T	总富裕宽度 B_c (m)
1	3.0	59×11.7×2.5	1.69	0.9	1.56	0.9
2	3.5	59×11.7×3.0	2.03	1.4	1.88	0.9

注：只进行了船厢宽度不变，变水深的情况。

对于单线渠道尺度 18m×3.5m（宽×水深，下同），船舶在单线渠道中的航速取为 1.4m/s，进出船厢时的航速分别为 0.3m/s、0.5m/s、0.7m/s、1.0m/s 和 1.2m/s。

变速过程如图 5.9 所示。进厢时，单线渠道航速为 1.2m/s（或 1.4m/s），航行至距第一级船厢 2 倍船长处均匀减速，至 1 倍船长处减速到要求的进厢航速，当船头进入船厢 1 半长时，由进厢航速减至 0。出厢情况相反。

对于船舶进出船厢，除用上述进出厢时的航速衡量外，也常用船平均进出厢速度 $\bar{v}$ 来衡量。匀变速牵引时的厢内平均航速的计算过程为：从船首进入上闸首到停船为止，共航行了 64.4m，其中匀速段为 $S_1=34.9$m，时间设为 t_1，变速段 $S_2=29.5$m，时间设为 t_2，则

$$S_2=v_0t_2-\frac{1}{2}at_2^2 \tag{5.3}$$

$$v_0=at_2 \tag{5.4}$$

由式（5.3）、式（5.4）求得进出厢的平均速度为

$$\bar{v}=\frac{S_1+S_2}{t_1+t_2}=\frac{64.4}{\dfrac{93.9}{v_0}}=0.686V_0$$

试验采用牵引船模，测量了船舶进出厢的航行阻力、航行下沉量以及水位波动，波动测点位置见图 5.9。

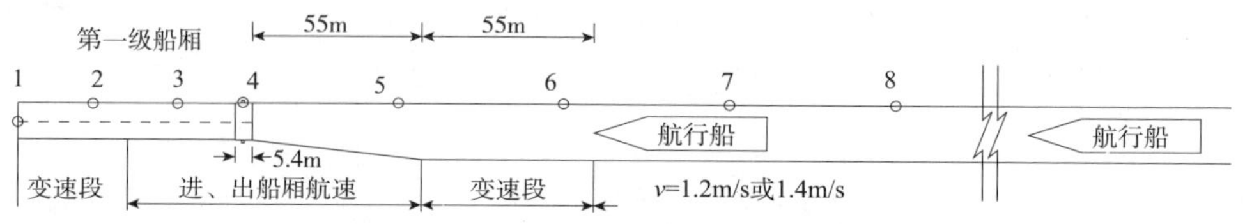

图 5.9　船舶进出厢的减、加速情况示意图

2）试验成果及分析

船舶以一定的航速从渠道进入船厢时，船首前水体受到船只作用向船厢内涌进，船首前厢内水位随船只驶入逐渐涌高，而船尾后水位则下降，形成船前后水位差，沿船侧和船底产生反向水流，船尾下沉。当船前后水位差与过流断面的过流能力相匹配时，船前水位不会再增高，当船只停止后，因厢内外水体的惯性波动而有厢中水面降低的现象。相反，当船队驶出船厢时，船首前水位涌高较小，但船尾后水位下降比较明显，仍产生沿船侧和船底产生反向水流，船尾下沉，当船舶出厢时，引航道水体向厢内补水，厢内水位上升。

根据以上试验，可以得出以下结论。

（1）相同条件下，船舶出厢时的航行阻力、最大下沉量和最大水位降低要大于进厢，而进厢

时的水位壅高要大于出厢。这主要是由于进厢时，船舶将水推进船厢，船厢的水位要升高，水深增加，而船舶出厢时，船厢水体被推出，水位下降，由于船厢断面系数小，船厢外单线渠道的尺度也较小，船厢内水体补充较难，因此造成出厢的航行阻力、最大下沉量及水位降低要大于进厢。

(2)对于 500t 自航驳，相对而言，船舶进厢时，船首下沉量要大于船尾，而出厢时，船尾下沉量要大于船首，这一现象值得注意。

(3)船舶进厢时，最大水位壅高一般发生在船厢端部 1 号测点位置；而出厢时，最大水位降低一般发生在船厢端部 1 号测点位置，但随着出厢航速的不同，发生的位置也并不固定，时而在端部(1 号)，时而在下闸首附近(3 号、4 号)。

(4)船舶进出厢的航行阻力和下沉量取决于闸室断面系数和进出厢的速度；断面系数越小，阻力和下沉量越大；航速的增加，阻力和下沉量也增大。

(5)对于牵引船模试验，进厢时的最大阻力和尾沉发生在匀速进厢至一半，船舶开始匀减速之时，出厢时的最大阻力和尾沉发生在匀加速后匀速出厢口门之时。

(6)船厢尺度 11.7m×2.5m(宽×水深)，断面系数 n=1.69，船舶以 1.0m/s 速度进出厢(厢内平均速度 0.69m/s)时，最大水位壅高 46.7cm，接近通常船厢允许的富裕高度 0.50m，最大下沉量 75.3cm，富裕水深只有 14.7cm，因此，该船厢尺度下，进出厢的航速应小于 1.0m/s，即厢内平均航速小于 0.7m/s。

船厢尺度 11.7m×3.0m(宽×水深)，断面系数 n=1.69，船舶以 1.2m/s 速度进出厢(厢内平均速度 0.82m/s)，最大水位壅高 26.5cm，最大下沉量 54.6cm，富裕水深 35.4cm，可满足要求。

3)船厢尺度分析

随着国内高坝的建设，升船机已在高坝通航中发挥越来越重要的作用，2000 年，交通运输部天津水运工程科学研究院曾经对国内的升船机状况进行了系统地调查研究[3]，调查表明，我国升船机建设虽然起步较晚，第一座升船机为 20 世纪 60 年代在安徽寿县建成的斜面升船机，但进入 20 世纪 90 年代以后，升船机这种具有克服水头大、耗水少和过坝快的优点，已作为高坝通航建筑物的优选形式，如已建的福建水口、清江隔河岩、广西岩滩、贵州思林、湖北丹江口等水利枢纽工程，以及在建和规划的三峡工程、广西龙滩和百色水利枢纽、澜沧江景洪等水利枢纽工程等。国内目前还没有升船机设计规范对船厢尺度作出规定，将国内外有关的升船机工程和其尺度与进出厢航速的相关研究。分析这些资料可知：

有关承船厢尺度和船舶尺度情况如下[4-8]：承船厢有效长度(L)与船舶长度(L)的比值变化范围是 1.05～1.4；船厢的有效宽度(B)与船舶宽度(b)的比值范围为 1.05～1.3；船厢有效水深(h)与船舶吃水(T)的比值变化范围为 1.2～1.56；船厢的断面系数变化范围为 1.34～1.8，国外少数船厢断面系数大于 2.0。不同工程试验推荐的进出厢航速不同。

对于国内 500 吨级(船宽×吃水=10.8m×1.6m)的升船机情况而言，水口、向加坝和龙滩升船机船厢的宽度均为 12m，建议构皮滩升船机船厢宽度也加宽为 12m，有利于船厢尺度的标准化。

综上所述，构皮滩升船机两种船厢尺度条件下的进出厢航速限制条件见表 5.20，考虑升船机的工艺水平以及船厢下水等因素，参照其他升船机工程，船厢内的水深不宜过大，因此船厢的有效尺度可取 59.0m×12.0m×2.5m(长×宽×水深)。

升船机船厢尺度及其对应的进出厢航速条件 表 5.20

船厢有效尺度（长×宽×水深）(m)	断面系数 n	富裕水深(m)	水深吃水比	总富裕宽度(m)	允许进厢平均航速(m/s)	允许出厢平均航速(m/s)
59.0×11.7×2.5	1.69	0.9	1.56	0.9	0.69	<0.69
59.0×11.7×3.0	2.03	1.4	1.88	1.2	0.69	≤0.82

5.3.7 中间渠道双线尺度试验

对于上述中间渠道采用单线方案，虽然设置了一段错船段，供上下行船舶停泊和交会，但在实际工作中，上、下行船舶数量和到达时间具有随机性，在管理调度上很难保证船舶正好在错船段交会，而不耽误船舶过厢时间，因此单线渠道方案较难保证上、下级升船机连续运转，同时一旦船舶在单线航道中出现故障，则影响整个升船机的正常运转，因此如有可能，采用双线渠道方案为最佳。对于双线渠道的尺度，正如前所述，在 2004～2006 年的西部交通建设科技项目“高坝通航中间渠道和渡槽的尺度及通航条件研究”作了系统的研究，取得了一些创新的成果[9-14]，成果通过专家们的鉴定，总体上达到国际先进水平，其中所提出的“不同类型中间渠道和渡槽尺度的确定原则和最小断面系数”达到国际领先水平。下面将其中的“升船机中间渠道双线尺度的确定”这部分成果介绍一下，以供本工程设计参考。

1)试验条件

(1)试验船型

针对Ⅳ和Ⅴ级航道和通航建筑物等级，选用《内河通航标准》(GB 50139—2014)中 500t 和 300t 两种顶推船队，其尺度：500t 船队(1 顶 1 驳)为 66m×10.8m×1.6m(长×宽×吃水，下同)；300t 船队(1 顶 1 驳)为 56m×9.2m×1.3m。

采用的实船资料：顶推船选用红水河上 370hp 推轮，500t、300t 级分节驳船选用湖北省航务局提供的资料进行模拟。试验船型尺度：500t 船队(1 顶 1 驳)为 70.25m×10.8m×1.6m，300t 船队(1 顶 1 驳)为 59.4m×539.2m×31.3m。试验船型与标准船型基本一致。

(2)试验航速

中间渠道内的船舶(队)的最小航速，主要受渠道长度和升船机水头的影响，对于设中间渠道的两级升船机，假设上下级升船机克服的水头均取最小值 40m，克服的总水头为 80m；中间渠道长度：目前在建龙滩枢纽升船机中间渠道长 1 034m，百色枢纽升船机中间渠道长 3 128.1m，因此中间渠道长度选择 6 000m、5 000m、4 000m、3 000m、2 000m、1 000m 来计算各自所需的最小航速；中间渠道内最小航速的计算：中间渠道内船舶(队)的最小航速应保证上、下级升船机各自连续运转的功能，达到最大的通航能力，中间渠道内船舶(队)的最小航速的计算方法见文献[11]。国内外中间渠道的长度最长为 5 630m[2]。

在总水头 80m 条件下，船舶(队)在长度为 6 000m、5 000m、4 000m、3 000m、2 000m、1 000m的中间渠道内航行时的最小航速分别为 2.79m/s、2.29m/s、1.79m/s、1.30m/s、

0.80m/s、0.3m/s。由于船舶(队)低速航行的速度一般应≥1.0m/s,以保证其操纵性能和运输效率,因此,船舶(队)的试验航速确定为1.0m/s、1.5m/s、2.0m/s、2.5m/s、3.0m/s。

(3)中间渠道断面形式及尺度范围

断面形式为矩形和梯形(坡度1∶1)两种,两种形式的渠道底宽选取为28m、32m、36m、40m,水深选取为2.0m、2.5m、3.0m、3.5m。试验工况:①Ⅳ级500t船队,渠道断面系数4.10～8.10,相对水深(渠道水深/船舶吃水)H/T为1.25～2.19,相对航宽(渠道底宽/船宽)B/B_S为2.59～3.70;②Ⅴ级300t船队,渠道断面系数为4.74～11.72,相对水深为1.54～2.69,相对航宽为3.04～4.35。

2)模型概况和试验方法

(1)模型概况

水工物理模型和船模的比尺为1∶20。物理模型按重力相似准则设计,用塑料板制作成一矩形通直水池,总长度60m,宽2.5m,最大水深0.3m。模型两侧立板可调整不同宽度和斜坡角度,立板底止水。船模驳船用0.3～1cm厚塑料板制作,推轮采用玻璃钢制作。除保证几何尺度、吃水和排水量相似外,船模进行了航速率定,以保证航速相似。

(2)试验方法

①采用牵引船模进行船队航行时水位波动、航行阻力、回流流速和船体升沉与航速、渠道尺度之间相互关系的试验,以确定合理的航速和渠道水深。

②采用遥控自航船模模拟船队在渠道中错船航行时(只考虑等速会船方式)的航态,测量航行漂角,以确定合理的渠道宽度。

(3)航线布置

中航线为中间渠道宽度的中心,左、右航线根据有关文献[15-17]设置情况见图5.10。

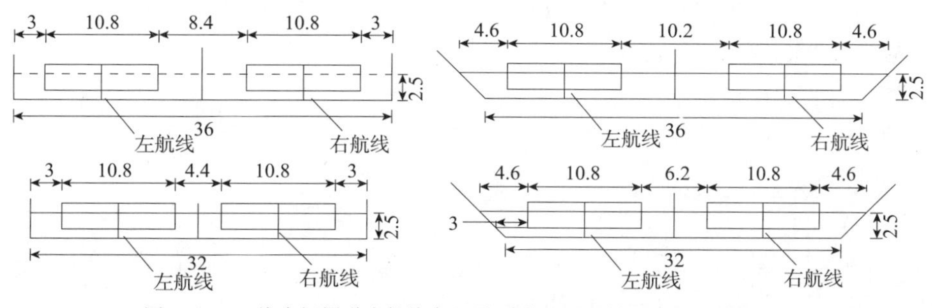

图5.10 双线中间渠道内航线布置图(水深2.5m情况)(尺寸单位:m)

3)试验结果

(1)中间渠道内船队航行水力特性

①船行波。500t船队中航线航行时的船形波波高见表5.21。影响船行波的因素很多,有船型、航速、水深、航道尺度和断面形状以及航线到岸线的距离等,航速是影响船行波最突出的因素。船舶(队)在中间渠道航行的主要特点为:

a.当船体经过水位测点时,由于回流作用,船周水位有一个较大的下降;而两船等速交会时船周的水位下降,明显大于交会前。中间渠道中的波谷h_g与波高h的比值(h_g/h)随航速有逐步增大的趋势,h_g/h平均为0.69。

500t 船队中航线航行时的船形波波高(矩形断面、宽度 36m、水深 2.5m)　　表 5.21

航速	1.0m/s			1.5m/s			2.0m/s			2.5m/s			3.0m/s		
	波谷 h_g(m)	波高 h(m)	h_g/h	波谷 h_g(m)	波高 h(m)	h_g/h	波谷 h_g(m)	波高 h(m)	h_g/h	波谷 h_g(m)	波高 h(m)	h_g/h	波谷 h_g(m)	波高 h(m)	h_g/h
试验值	−0.06	0.09	0.67	−0.13	0.22	0.59	−0.26	0.38	0.68	−0.42	0.60	0.70	−0.80	1.05	0.76
计算值	—	0.11	—	—	0.24	—	—	0.42	—	—	0.65	—	—	0.94	—

b. 当航速≤1.5m/s 时,船行波不明显,波高较小;当航速≥2.0m/s 时,船行波具有明显的限制性航道的特征,岸壁影响开始显著,船舶(队)航行需左右操纵舵把定航向;当航速增加到一定条件下,船尾出现明显的横波,断面系数增大,出现横波所需要的航速也大,如断面系数为 4.5~5.0,航速≥2.5m/s,出现横波,断面系数>6 时,航速 3.0m/s,还未出现横波。

c. 船行波大小随渠道断面系数的增大而减小,随航速的增大而增大,其衰减速度,随着断面系数的增大而加快。

d. 关于船行波波高的计算,各国学者提出了不同的半理论半经验公式,而各公式计算结果差别较大[18,19],本次试验结果与前苏联学者向金根据水力学理论和实船推导的公式较为吻合,可用于计算中间渠道内船行波波高。

$$h=\frac{2+\sqrt{B_0/L_c}}{1+\sqrt{B_0/L_c}}\cdot h' \tag{5.5}$$

$$h'=\frac{3.1}{\sqrt{n}}\frac{v^2}{2g} \tag{5.6}$$

式中:h——船行波波高(m);

B_0——当船舶沿河道轴线航行时,为船舶吃水处的水面宽度,偏航时,为船舶至欲求波高一岸的水边线距离的两倍(m);

L_c——船舶长度(m);

v——航速(m/s);

n——断面系数;

g——重力加速度。

②船周回流速度、船舶升沉与航行阻力。在中间渠道中航行的船舶(队)会产生船周回流和船体下沉。在浅水或限制性航道航行的船舶(队),船体下沉和纵倾变化将大于深水或宽阔水域。故航行阻力也增大。500t 船队在矩形断面渠道错船航行时的尾最大升沉与航行阻力的试验结果见表 5.22。

试验结果表明:

a. 边航线航行时,船舶(队)产生的窄侧回流速度大于宽侧;错船瞬间两侧的回流速度要小于不错船时的回流速度,这是因为两船对驶时产生各自相反的流速影响,尤其是船与船之间的瞬间回流速度很小。

b. 由于船体随水位的波动而起伏,船体的下沉量也是波动的。因此船舶下沉有一个平均下沉值(ΔT_p)和最大下沉值(ΔT_{max}),各种工况下船舶(队)下沉的平均值和最大下沉值的关系约为 $\Delta T_{max}=1.21\Delta T_p$。

中间渠道内船队航行最大尾沉与航行阻力　　表 5.22

渠道底宽(m)	渠道水深(m)	断面系数	航速 1.0m/s		航速 1.5m/s		航速 2.0m/s		航速 2.5m/s		航速 3.0m/s	
			最大尾沉(m)	航行阻力(kN)	最大尾沉(m)	航行阻力(kN)	最大尾沉(m)	航行阻力(kN)	最大尾沉(m)	航行阻力(kN)	最大尾沉(m)	航行阻力(kN)
32	2.5	4.69	0.14	14.6	0.20	27.7	0.39	58.5	0.90	160.8	—	—
	3.0	5.63	0.13	13.6	0.18	23.9	0.32	47.8	0.58	88.2	1.39	200.0
	3.5	6.57	0.12	12.2	0.16	17.2	0.26	24.9	0.38	63.2	0.78	89.6
36	2.5	5.28	0.13	13.1	0.20	24.7	0.32	54.1	0.80	97.6	触底	—
	3.0	6.33	0.12	12.4	0.15	19.5	0.27	29.7	0.42	68.4	0.94	103.9
	3.5	7.39	0.10	9.04	0.13	12.9	0.19	18.6	0.33	41.3	0.56	60.0
40	2.0	4.69	0.13	18.0	0.19	32.0	触底	—	—	—	—	—
	2.5	5.86	0.12	14.0	0.17	23.2	0.28	42.4	0.58	72.8	0.88	160.0
	3.0	7.03	0.12	10.8	0.14	15.2	0.22	22.9	0.37	54.4	0.68	76.6

c. 船队等速错船时，断面系数突然减小，船体下沉量较单向航行增大，当航速>1.5m/s 时，下沉量增大尤其明显，因此在确定渠道水深时，应以船队等速错船时下沉量为控制条件。等速错船时的最大下沉值 ΔT_{c-max} 与单船航行时的最大值下沉 ΔT_{d-max} 的关系为 $\Delta T_{c-max}=1.2\Delta T_{d-max}$。

d. 增加渠道水深或渠宽，船周回流、船舶升沉和航行阻力将减小；相同断面系数条件下，变化水深和宽度，回流流速、船舶下沉和航行阻力差别不大；当航速较大时，断面系数的变化对船舶下沉和航行阻力影响的程度增大。

(2)船舶(队)在中间渠道中的航态

在中间渠道中，船舶(队)航速≤1.5m/s 时能保持直线航行；当航速为 2.0m/s，因渠道的狭道效应对船舶航态产生影响，通过操舵，船舶能基本沿航线行走；当航速增加而使船尾产生横波时，就难以保证船舶(队)的航向。

在中间渠道中，两个船舶(队)均以航速 1.0m/s 会船时的相互影响很小；当航速≥1.5m/s，相互影响增大，表现为在船首偏向中心线，船尾偏向岸，船吸现象不明显，而易产生船尾岸吸，当断面系数 $n<6$ 时，相互影响就明显，当富裕宽度不富裕时，船尾易扫岸壁；当航速增加使船尾产生横波时，会船就非常危险，应予避免。相同底宽的矩形和梯形(边坡 1∶1)渠道，船舶(队)会船航行漂角的试验值基本相同，渠道水深均为 2.5m，不同航速情况下的会船航行漂角见表 5.23。

会船航行漂角　　表 5.23

船型	渠道底宽(m)	渠道水深(m)	航速(m/s)			
			1.0	1.5	2.0	2.5
500t 船队	36	2.5	0°～1°	0°～2°	2°～3°	3°～5°
	40					
300t 船队	32		0°～1°	0°～2°	2°～3°	3°～5°
	36					

4)中间渠道双线航行的参考尺度和确定原则

(1)中间渠道的特点

①船型。中间渠道通航的船型为天然和渠化河流上的船型,对于Ⅳ和Ⅴ航道,天然和渠化河流的船型比限制性航道船型较宽浅,而后者窄深些(表5.24)。

两种船型尺度比较　　表5.24

等　级	船　型	对　象	长(m)	宽(m)	吃水(m)
Ⅳ	500t 驳船	天然和渠化河流船型	45.0	10.8	1.6
		Ⅳ级限制性航道船型	42.0	9.2	1.8
Ⅴ	300t 驳船	天然和渠化河流船型	35.0	9.2	1.3
		Ⅴ级限制性航道船型	30.0	8.0	1.8

②渠道长度与航速分析。渠道长度与航速可以分三种情况进行分析。

第一种情况,按《船闸总体设计规范》取导航段、调顺段和停泊段的长度分别为 $1.0L_c$、$1.5L_c$ 和 $1.0L_c$(L_c为1顶1驳船队长度),当上下停泊段相距1～3倍的船长,则渠道总长为8～10倍的船长,即500～700m。对于在此长度以内的中间渠道,船队航行速度为船队进出船厢时的航速,一般≤1.0m/s,渠道内船队的航行条件不应按航道要求,此时断面尺度可小,错船的富裕宽度也可小,考虑一些安全度,岸距和船间距各取2.0m,则Ⅳ级500t中间渠道的宽度取为2×10.8+6=27.6m≈28m,Ⅴ级300t中间渠道的宽度取为2×9.2+6=24.4m≈25m。

第二种情况,对于渠道长度≥4 000m时,要求船舶(队)的航速为1.79～2.79m/s(6.4～10km/h),这已达到目前国内运河中货驳的航速[20],因此航行条件应与内河通航标准中的限制性航道的要求相同,该长度和航速条件下的中间渠道尺度也应与标准相同。

第三种情况,对于渠道长度在700～4 000m之间,航速≤1.5m/s,此时由于航速较低,此时中间渠道内的航行条件和渠道尺度要求介于上述2种情况之间。

中间渠道的尺度的确定应按航速要求进行分类(表5.25),而不应简单地采用同一种尺度包括所有情况而造成工程不经济。

中间渠道的航行条件分类　　表5.25

类　别	航　速(m/s)	特　点
A	$1.5<v\leqslant 3.0$	内河通航标准中限制性航道航行条件
B	$v\leqslant 1.5$	航行条件要求介于A和C类之间
C	$v\leqslant 1.0$	船舶进出船厢过程中的交错航行条件

(2)中间渠道尺度分析

①宽度分析。在内河通航标准附录A中,对天然和渠化河流航道给出了宽度计算公式,对双线航道宽度,当上行下行船舶(队)为同一尺度时,公式可简化成

$$B_2=2B_F+2d+C \tag{5.7}$$

$$B_F=B_s+L\sin\beta \tag{5.8}$$

式中:B_2——直线段双线航道宽度(m);

B_F——船舶(队)航迹带宽度(m);

B_s——船舶(队)宽度(m);

L——船舶(队)长度(m);

d——船舶(队)至航道边缘的安全距离;

C——船舶(队)会船时安全距离;

β——船舶(队)航行漂角,对于1～5级航道取3°,6～7级航道取2°。

《内河通航标准》(GB 50139—2014)没有给出限制性航道尺度的计算公式,但给出了强制性条文3.0.3条和表3.0.3,并在3.0.5条中对断面系数给予规定。比较Ⅲ级航道,相同的船队尺度条件下(160m×10.8m×2.0m),限制性航道和天然及渠化河流航道的宽度分别为45m和60m,前者比后者小了25%。主要原因是限制性航道中水流条件较好,且航速较低,会让时的航行条件较好,因此如用公式来计算限制性航道,航行漂角和安全距离应适当减小。对于中间渠道这种特殊限制性航道,其距离和航速又小于标准中的限制性航道,因此在选取航行漂角和安全距离时,还可取小值。

根据1顶500t和1顶300t船队的试验结果和上述分析,将计算参数加以修正用来计算中间渠道的宽度,对于Ⅳ～Ⅴ级航道漂角取1.5°,安全距离d取0.17倍船舶(队)的航迹带宽度,安全距离C取0.34倍的航迹带宽度,得到Ⅳ级中间渠道1顶1驳或货船的渠宽应≥34m,Ⅴ中间渠道1顶1驳或货轮的渠宽应≥32m。

②水深分析。在《内河通航标准》附录A中,天然和渠化河流航道水深按下式计算

$$H=T+\Delta H \tag{5.9}$$

式中:H——航道水深(m);

T——船舶吃水(m);

ΔH——富裕水深(m)。

影响富裕水深的因素有:船舶航行下沉量;波浪引起的船舶摇荡;航道淤积;风吹造成的水面下降(宽广水域);船舶编队引起的吃水增(减)值;施工预留超深;触底安全富余量。对于天然及渠化河流,航道富裕水深着重考虑船舶航行下沉量ΔH_1及触底安全富余量ΔH_2两项。对于中间渠道,还需加上通航建筑物运行时(如船闸灌泄水)所引起的水深变化ΔH_3,如果船舶航行速度较大时,还应考虑船行波引起的水面波动ΔH_4。因此富裕水深可用下式计算

$$\Delta H=\Delta H_1+\Delta H_2+\Delta H_3+\Delta H_4 \tag{5.10}$$

船舶(队)航行下沉量ΔH_1:根据试验结果,500t船队在双线渠道宽36m,水深2.2m条件下,以1.5m/s航速等速会让,最大下沉量$\Delta H_1=0.28$m;300t船队双线渠道宽32m,水深1.8m条件下,以1.5m/s航速等速会让,最大下沉量$\Delta H_1=0.25$m。

触底安全富余量ΔH_2:考虑卵石和岩石质河床,对于Ⅳ～Ⅴ级航道取$\Delta H_2=0.25$～0.35m。考虑到在水深计算时已计入了下沉量,故触底安全富余量可取下限,对Ⅳ～Ⅴ级航道取$\Delta H_2=0.25$m。

通航建筑物运行对水深的影响ΔH_3:对于船厢不入水的升船机设中间渠道方案,可不考虑该项影响因素,即$\Delta H_3=0$。

船行波的影响ΔH_4:船行波引起的水面波动主要与船的航速有关,并可用下式计算

$$\Delta H_4=0.3H'-\Delta H_2 \tag{5.11}$$

式中:H'——最大波高。

当计算得出的 ΔH_4 为负值时，则取 $\Delta H_4=0$，此时表明航速较小时，产生的船行波也小时，可不考虑该因素。对于Ⅳ和Ⅴ级 B 类渠道，当航速≤1.5m/s 时，计算出为 ΔH_4 负值，故可取 $\Delta H_4=0$。

综上分析，计算得到Ⅳ中间渠道的水深 2.13m，Ⅴ级中间渠道水深 1.8m。

(3)中间渠道双线航行的参考尺度

经以上分析，并结合国内外有关限制性航道通航条件的科研成果和工程经验[15-17,21]，提出Ⅳ、Ⅴ级中间渠道 A、B、C 三类的参考尺度(为最小尺度要求)，见表 5.26，该表中底宽和水深与内河通航标准中定义一致。

Ⅳ、Ⅴ级中间渠道参考尺度 表 5.26

等级	类别	航速(m/s)	中间渠道最小尺度			
			断面系数	直线段双线底宽(m)	水深(m)	水深吃水比 H/T
Ⅳ级	A	$1.5<v\leqslant3.5$	$n\geqslant6$	$B=40$	$H=2.5$	1.56
	B	$v\leqslant1.5$	$n\geqslant4.5$	$B=36$	$H=2.2$	1.38
	C	$v\leqslant1.0$	$n\geqslant3.6$	$B=28$	$H=2.2$	1.38
Ⅴ级	A	$1.5<v\leqslant3.5$	$n\geqslant6$	$B=36$	$H=2.0$	1.54
	B	$v\leqslant1.5$	$n\geqslant4.5$	$B=32$	$H=1.8$	1.38
	C	$v\leqslant1.0$	$n\geqslant3.6$	$B=25$	$H=1.8$	1.38

(4)中间渠道双线尺度确定原则

确定中间渠道双线尺度需满足以下几点原则。

①升船机中间渠道的尺度应确保船舶的航行安全和满足通过能力的要求，同时要经济、合理。

②中间渠道尺度的确定，应综合考虑航速、水深、船行波、航行阻力、船舶下沉以及航行漂角等因素，应使船舶达到合理的航速，降低航运成本。

③根据中间渠道内船舶(队)航速的要求，分 A、B、C 三类来确定尺度。对于 A 类，其尺度应达到《内河通航标准》(GB 50139—2004)中对限制性航道中的尺度要求，即断面系数 n 应不小于 6，水深吃水比应不小于 1.5；对于 B 类，断面系数 n 应不小于 4.5，水深吃水比应不小于 1.38；对于 C 类，断面系数 n 应不小于 3.6，水深吃水比应不小于 1.38。

④中间渠道尺度的确定，应结合工程地形、地貌综合考虑，并与之相适应；当渠道最小尺度不能满足 C 点的要求时，应进行科学论证。

5.3.8 第二级中间渠道方案及其尺度

构皮摊第二级中间渠道由长 284.4m 的 4 号通航明渠及长 102.0m 的 4 号通航渡槽组成，通航水位 510.0m，底高程 507.0m，通航水深 3.0m，总长 386.4m。在平面布置上，4 号通航明渠宽 38m，其与二级升船机下闸首采用圆弧连接；4 号通航渡槽由 3 段组成，其长均为 34m，宽分别为 29.2m、20.6m 和 12m 的渡槽，之间采用直角阶梯形连接。在明渠左侧挡水墙顶部，距二级升船机下闸首 142.5m 处向下游布置 4 个中心距 15.0m 的系船柱，作为迎向运行时上行船只待泊过闸用;在明渠右侧挡水墙顶部,距下闸首下游面 164.9m 处向下游方向布置 4 个系船柱,作为迎向运行时下行船只待泊过闸用,见图 5.11。

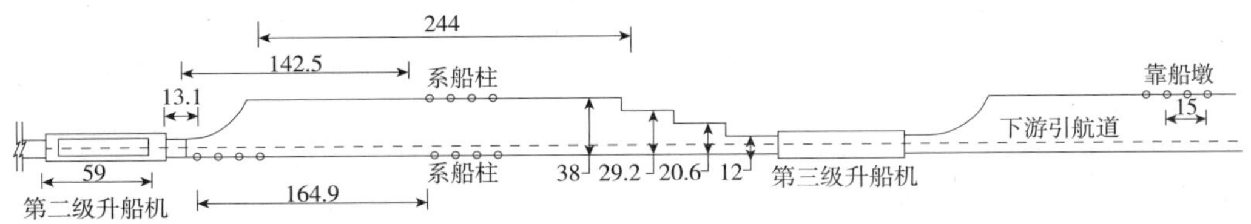

图 5.11　第二级中间渠道的平面布置(尺寸单位:m)

从上述第二级中间渠道的平面布置来看,渠道总长 386.4m,约为 7 倍船长,正好满足船舶错船所需要的长度,因此船舶航行条件为进出船厢过程中的交错航行条件,对于机动单船,双向进出闸的平均航速在 1.0~1.4m/s 之间,因此,根据分析,双向渠道最小宽度可取 36m。设计方案为 38m,满足要求,可适当缩小为 36m,以节省工程量。

对于 4 号渡槽采用 3 段不同宽度,并直角连接,增加了船舶正面碰撞渡槽的可能性,对船舶航行安全和渡槽结构安全构成隐患,建议将整个 4 号渡槽修改为同宽,并采用斜线与第三级升船机上闸首连接,如图 5.12 所示。

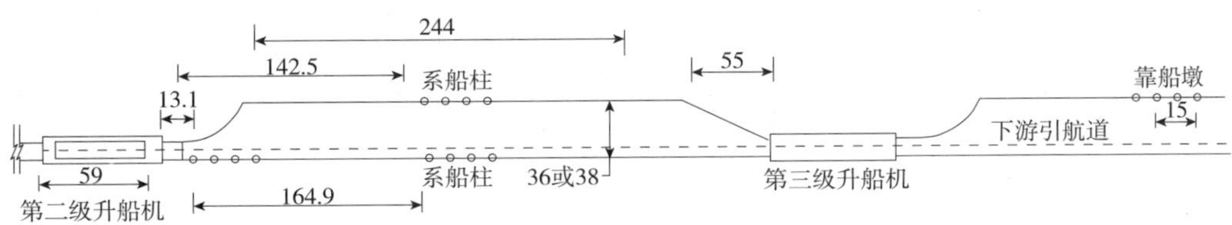

图 5.12　第二级中间渠道修改方案图(尺寸单位:m)

5.3.9　升船机通过能力

构皮滩三级升船机方案,第一级最大提升高度 52m,第二级提升高度 127m,第三级提升高度 79m。提升高度是决定升船机通过能力的主要因素之一,因此整个通航建筑物的通过能力受第二级升船机控制,但在原设计方案和本文的 18m 宽的方案中,第一级中间渠道中有一段较长的单线航道,错船段靠近第二级升船机,因此在计算双向通过能力时,第一级升船机的通过能力受该段较长的单航线航道影响,将变小。

下面对原设计方案、18m 宽方案以及第一级中间渠道双线方案的第一、二级升船机的过船时间和通过能力进行估算。

1)原设计方案第一、二级升船机过闸时间

(1)双向运行时第一级升船机过闸时间

下行船舶从上游引航道停泊段起进入第一级船厢,由上一级升船机控制下降,经由第一级升船机后,至第一级中间渠道靠船段,所需要的时间包括:

①船队从上游引航道停泊段到第一级升船机上闸首距离 142.5m,平均航速 1.4m/s,航行时间 101.8s(上行航速 1.4m/s,上行时间为 101.8s)。

②从第一级升船机上闸首到进船厢止,航行距离 97.5m,进厢平均航速 0.7m/s,航行时间

139.3s。(上行出厢航速为0.6m/s,上行时间为162.5s)。

③ 船队在船厢中系缆时间(30s)。

④关闭上闸首闸门和关闭船厢上游端闸门时间(60s)。

⑤由充泄水装置对二门之间间隙水体泄空时间(60s)。

⑥收回对接密封止水框时间(30s)。

⑦松开锁定装置工作时间(30s)。

⑧承船厢上升并使厢水位和中间渠道水位齐平,上升52.0m,速度0.2m/s,上升时间260s,另外计起、制动时间15s,计275s。

⑨顶紧锁定装置工作时间(45s)。

⑩推出密封止水框和船厢对接时间(45s)。

⑪由充泄水装置对二门之间间隙充水时间(60s)。

⑫开启船厢下游端闸门和下闸首闸门,对船队解缆(60s)。

③～⑫的总时间为695s。

⑬船舶出船厢,船尾从船厢驶出至下闸首,航行距离69.5m,航速0.6m/s,航行时间115.8s(上行进厢航速为0.7m/s,上行时间为99.3s)。

⑭船舶在中间渠道航行,至第一级中间渠道停泊段的航行距离538.8m,航速0.8m/s,航行时间673.5(上行时间为0.8m/s,上行时间为673.5s)。

下行船舶所需要的时间为1 725.4s(28.76min),上行船舶所需要的时间为1 732.1s(28.87)。

则第一级升船机双向过船时间约为3 457.5s(57.6min)。

(2)单向运行时第一级升船机过闸时间

①从第一级升船机导航堤到进船厢止,航行距离97.5m,进厢平均航速0.7m/s,航行时间139.3s。

②上述③～⑫的总时间为695s。

③船舶出船厢,船尾从船厢驶出至下闸首,航行距离69.5m,航速0.6m/s,航行时间115.8s。

④船厢空载下降的时间为635s。

则第一级升船机单向下行船舶所需要的时间约为1 585.1s(26.4min)。

(3)双向运行时第二级升船机过闸时间

①船队从第一级中间渠道停泊段到第二级升船机上闸首距离307.5m,平均航速0.8m/s,航行时间384.4s(上行航速为0.8m/s,上行时间为384.4s)。

②从第二级升船机上闸首到进船厢止,航行距离69.0m,进厢平均航速0.7m/s,航行时间98.6s(上行出厢航速为0.6m/s,上行时间为115s)。

③船队在船厢中系缆时间(30s)。

④闭上闸首闸门和关闭船厢上游端闸门时间(60s)。

⑤由充泄水装置对二门之间间隙水体泄空时间(60s)。

⑥收回对接密封止水框时间(30s)。

⑦松开锁定装置工作时间(30s)。

⑧承船厢下降并使厢水位和第二级中间渠道水位齐平，下降 127.0m，速度 0.2m/s，下降时间 635s，另外计起、制动时间 15s，计 650s。

⑨顶紧锁定装置工作时间(45s)。

⑩推出密封止水框和船厢对接时间(45s)。

⑪ 由充泄水装置对二门之间间隙充水时间(60s)。

⑫开启船厢下游端闸门和下闸首闸门，对船队解缆(60s)。

③～⑫的总时间为 1 070s。

⑬船舶出船厢，船尾从船厢驶出至下闸首，航行距离 82.1m，航速 0.6m/s，航行时间 136.8s(上行进厢航速为 0.7m/s，上行时间为 117.3s)。

⑭船舶在第二级中间渠道航行，至第二级中间渠道停泊段的航行距离 164.9m，航速 1.4m/s，航行时间 117.8s(上行航速为 1.4m/s，上行时间为 117.8s)。

下行船舶所需要的时间为 1 807.6s(30.1min)，上行船舶所需要的时间为 1 804.5s(30.07min)。

则第二级升船机双向过船时间约为 3 612.1s(60.2min)。

(4)单向运行时第二级升船机过闸时间

①从第一级中间渠道进船厢止，航行距离 69m，平均航速 0.7m/s，航行时间 98.6s。

②上述③～⑫的总时间为 1 070s。

③船舶出船厢，船尾从船厢驶出至下闸首，航行距离 82.1m，航速 0.6m/s，航行时间 136.8s。

④船厢空载上行，总时间为 1 010s。

则第二级升船机下行船舶所需要的时间约为 2 315.4s(38.6min)。

2)18m 宽方案第一、二级升船机过闸时间

(1)双向运行时第一级升船机过闸时间

下行船舶从上游引航道停泊段起进入第一级船厢，由上一级升船机控制下降，经由第一级升船机后，至第一级中间渠道靠船段，所需要的时间包括：

①船舶从上游引航道停泊段到第一级升船机上闸首距离 142.5m，平均航速 1.4m/s，航行时间 101.8s(上行航速 1.4m/s，上行时间为 101.8s)。

②从第一级升船机上闸首到进船厢止，航行距离 97.5m，进厢平均航速 0.7m/s，航行时间 139.3s(上行出厢航速为 0.6m/s，上行时间为 162.5s)。

③～⑫的总时间为 695s。

⑬船舶出船厢，船尾从船厢驶出至下闸首，航行距离 69.5m，航速 0.6m/s，航行时间 115.8s(上行进厢航速为 0.7m/s，上行时间为 99.3s)。

⑭船舶在中间渠道航行，至第一级中间渠道停泊段的航行距离 842.1m，航速 1.2～1.4m/s，航行时间 701.8～601.5s，(上行速度为 1.2～1.4m/s，上行时间为 701.8～601.5s)。

对于 18m 宽方案，3.0m 水深，下行船舶所需要的时间为 1 753.7s(29.2min)，上行船舶所需要的时间为 1 760.4s(29.3)。则第一级升船机双向过船时间约为 3 514.1s(58.5min)。

对于 18m 宽方案，3.5m 水深，下行船舶所需要的时间为 1 653.4s(27.5min)，上行船舶所

需要的时间为 1 660.1s(27.7)。第一级升船机双向过船时间约为 3 313.5s(55.2min)。

(2)单向运行时第一级升船机过闸时间

①从第一级升船机导航堤到进船厢止,航行距离 97.5m,进厢平均航速 0.7m/s,航行时间 139.3s。

②上述③～⑫的总时间为 695s。

③船舶出船厢,船尾从船厢驶出至下闸首,航行距离 69.5m,航速 0.6m/s,航行时间 115.8s。

④船厢空载下降的时间为 635s。

则第一级升船机单向下行船舶所需要的时间约为 1 585.1s(26.4min)。

(3)双向运行时第二级升船机过闸时间

①船队从第一级中间渠道停泊段到第二级升船机上闸首距离 137.5m,平均航速 1.0m/s,航行时间 137.5s(上行航速 1.4m/s,上行时间为 98.2s)。

②从第二级升船机上闸首到进船厢止,航行距离 69.0m,进厢平均航速 0.7m/s,航行时间 98.6s(上行出厢航速为 0.6m/s,上行时间为 115s)。

③～⑫的总时间为 1 070s。

⑬船舶出船厢,船尾从船厢驶出至下闸首,航行距离 82.1m,航速 0.6m/s,航行时间 136.8s,(上行进厢航速为 0.7m/s,上行时间为 117.3s)。

⑭船舶在第二级中间渠道航行,至第二级中间渠道停泊段的航行距离 164.9m,航速 1.4m/s,航行时间 117.8s(上行航速为 1.4m/s,上行时间为 117.8s)。

下行船舶所需要的时间为 1 560.7s(26.01min),上行船舶所需要的时间为 1 518.3s(25.3min)。

则第二级升船机双向过船时间约为 3 079.0s(51.3min)。

(4)单向运行时第二级升船机过闸时间

①从第一级中间渠道到进船厢止,航行距离 69m,平均航速 0.7m/s,航行时间 98.6s。

②上述中③～⑫的总时间为 1 070s。

③船舶出船厢,船尾从船厢驶出至下闸首,航行距离 82.1m,航速 0.6m/s,航行时间 136.8s。

④船厢空载上行,总时间为 1 010s。

则第二级升船机下行船舶所需要的时间约为 2 315.4s(38.6min)。

3)中间渠道双线方案第一级升船机过闸时间

双向运行情况。下行船舶从上游引航道停泊段起进入第一级船厢,由上一级升船机控制下降,经由第一级升船机后,至第一级中间渠道靠船段,所需要的时间包括:

①船队从上游引航道停泊段到第一级升船机上闸首距离 142.5m,平均航速 1.4m/s,航行时间 101.8s(上行航速 1.4m/s,上行时间为 101.8s)。

②从第一级升船机上闸首到进船厢止,航行距离 97.5m,进厢平均航速 0.7m/s,航行时间 139.3s(上行出厢航速为 0.6m/s,上行时间为 162.5s)。

③～⑫的总时间为 695s。

⑬船舶出船厢,船尾从船厢驶出至下闸首,航行距离 69.5m,航速 0.6m/s,航行时间

115.8s(上行进厢航速为 0.7m/s,上行时间为 99.3s);

⑭船舶在中间渠道航行,至第一级中间渠道停泊段的航行距离 137.5m,航速 1.4m/s,航行时间 98.2s(上行速度为 1.4m/s,上行时间为 98.2s)。

下行船舶所需要的时间为 1 150.1s(19.2min),上行船舶所需要的时间为 1 156.8s。

则第一级升船机双向过船时间约为 2 306.9s(38.4min)。

4)各方案过闸时间和通过能力

通过能力按下式计算

$$p=\frac{1}{2}(n-n_0)\frac{NG\alpha}{\beta} \tag{5.12}$$

$$n=\frac{\tau\times 60}{T}$$

式中:p——单向过闸货运量;

n——日平均过闸次数;

τ——日工作小时,取 22h;

T——一次过闸时间,应根据单向过闸和双向过闸的闸次比率确定,当单向过闸与双向过闸次数相等时,$T=1/2(T_1+T_2/2)$,T_1为单向过闸时间,T_2为双向过闸时间;

n_0——日非运货船过闸次数,取上、下水各两次;

N——年通航天数,取 325 天;

G——一次过闸平均吨位,取 400.3t;

α——船舶装载系数,取 0.8:

β——运量不均衡系数,取 1.3。

单向运行情况,由于没有上行船舶,下行船舶过闸时可以靠闸首很近,过闸时间和通过能力主要受升船机提升高度决定,此时第二级升船机为控制条件。渠道尺度并不影响通过能力,渠道尺度的确定必须满足安全航行。

双向运行情况,船舶进厢前,须等待逆向行驶的船舶出厢,因此当停泊段距闸首较远时,将增加船舶进、出厢的时间。对于原设计方案,第二级升船机的双向运行时间为 60.2min,大于第一级升船机的 57.6min,但对于 18m 宽方案,第一级中间渠道的错船段下移,缩短了船舶进出第二级船厢地时间,同时增加了船舶进出第一级船厢的时间,此时第一级升船机过闸时间为 58.5min(或 55.2min),大于第二级升船机的 51.3min;当第一级中间渠道变为双线宽,则过闸时间又由第二级升船机控制。

虽然不同方案第一、二级升船机双向过闸时间不同,但通过能力仍是由第二级升船机控制,18m 宽方案和双线方案的第二级升船机的通过能力为 148.5 万 t,比原设计方案的 137.8 万 t 提高约 7.8%。

综上所述,构皮滩升船机的通过能力主要受第二级升船机控制,将错船段下移至第二级升船机上闸首端部,如 18m 宽方案和双线方案,则缩短了船舶进出第二级船厢的距离和时间,过闸时间有所缩短,通过能力有所提高,约 7.8%,由于控制通过能力的主要因素还是升船机的提升高度,中间渠道的尺度的确定主要是保证船舶安全航行和交会,保证渡槽结构的安全,以及保证升船机的连续运转。如要较大幅度的提高通过能力,建议研究如何平衡三级升船机的提升高度,以降低目前第二级升船机提升 127.0m 的高度。

通过以上研究,可以得出以下结论。

(1)第一级中间渠道原设计方案中,单线渠道宽度 12m,水深 3.0m,断面系数 2.08,船舶在其中航行时,随着航行速度的增大,航行阻力、航行下沉量以及水位波动均增大。尤其当船舶驶出时,船尾后的水体补给跟不上,水位降低很大,造成船尾下沉剧烈,成为控制条件。如仅从航行水力条件来衡量,船舶驶出航速应小于 1.0m/s。由于渠道的富裕宽度两侧各为 0.6m,实际船舶航行时,受船舶操纵和装载等因素的影响,船舶碰擦通航隧洞和渡槽的可能性极大,对船舶航行和渡槽结构安全构成危害,建议拓宽。

(2)第一级中间渠道原设计方案,3 号渡槽宽 12m,并采用直角阶梯形方式与 38m 宽的错船段连接,当渠道内产生较大波动时,直角对波浪将产生反射,该处也产生横流和回流,对船舶航行不利;同时直角阶梯形连接方式存在船舶进 3 号渡槽时正面碰撞渡槽结构的潜在危险,因此建议将该连接方式改为斜线连接方式,并拓宽 3 号渡槽的宽度。

(3)单线渠道不同尺度的系列试验表明,船舶在单线渠道中航行,由于渠道尺度小,渠道的狭道效应明显,并对船舶航速较为敏感,航速提高时,波浪与渠道边壁相互作用增加,很容易在船周围产生小系列横波波态的船行波,从而影响船舶的航向,使得航迹带变宽,因此在确定单线渠道(通航隧洞和渡槽)的尺度中,不能忽视船行波波态对船舶航行产生的较大影响。

(4)通过对Ⅳ级单线渠道不同尺度的系列试验,得到不同航速条件下的最小渠道尺度要求,当航速为 1.0m/s 时,最小断面系数为 2.8;当航速为 1.2m/s 时,最小断面系数为 3.3;当航速为 1.4m/s 时,最小断面系数为 3.7,同时应使单线通航渡槽的应不小于 16m。

(5)第一级中间渠道通航隧洞和渡槽采用单线渠道尺度时,建议渠道宽度不应小于 16m,水深不应小于 3.0m,同时错船段下移至 3 号通航明渠和 3 号渡槽段,错船段长 328.4m,宽度 37.8,满足船舶安全交会,当航速≤1.5m/s 时,停泊条件满足要求。

(6)第一级中间渠道通航隧洞和渡槽采用单线渠道尺度时,船舶在单线渠道和错船段中的航行阻力不同,相同转速情况下,错船段的航速要大于单线渠道的航速,两者航速的比值为 1.29~1.96,因此船舶由单线渠道驶入错船段时,应注意减速。

(7)船舶进出船厢试验表明,船舶出厢时的航行阻力、最大下沉量和最大水位降低要大于进厢,而进厢时的水位壅高要大于出厢;船舶进出厢的航行阻力和下沉量取决于闸室断面系数和进出厢的速度;断面系数越小,阻力和下沉量越大;航速的增加,阻力和下沉量也增大。

(8)通过对构皮滩升船机两种船厢有效尺度条件下(长×宽×水深分别为 59.0m×11.7m×2.5m 和 59.0m×11.7m×3.0m)的进出厢试验,提出了进行船厢的合理航速限制条件。

(9)考虑升船机的工艺水平以及船厢下水等因素,参照其他升船机工程,船厢内的水深不宜过大,以及船厢尺度的标准化,建议构皮滩升船机船厢的有效尺度可取 59.0m×12.0m×2.5m(长×宽×水深),此时,进出厢的允许航速≤1.0m/s,对应的进出厢平均航速为≤0.69m/s。

(10)为确保构皮滩上、下级升船机连续运转,同时防止一旦船舶在单线航道中出现故障,影响整个升船机的正常运转,提出采用双线渠道方案为最佳。其尺度的确定,可参考2004～2006年的西部交通建设科技项目“高坝通航中间渠道和渡槽的尺度及通航条件研究”的成果[1]:当渠道内航速≤1.5m/s时,渠道最小断面系数应不小于4.5,水深吃水比应不小于1.38,渠道宽度可取36m。

(11)第二级中间渠道总长386.4m,约为7倍船长,正好满足船舶错船所需要的长度,渠道宽度为38m,满足船舶交会要求,并可适当缩小为36m,以节省工程量。对于4号渡槽采用3段不同宽度,并直角连接,增加了船舶正面碰撞渡槽的可能性,对船舶航行安全和渡槽结构安全构成隐患,建议将整个4号渡槽修改为同宽,并采用斜线与第三级升船机上闸首连接。

(12)原设计方案、18m宽方案以及双线方案的第一、二级升船机的过船时间和通过能力的估算表明,控制通过能力的主要因素还是升船机的提升高度,对于单线渠道方案,将错船段下移和双线方案略能提高通过能力,如要较大幅度的提高通过能力,建议研究如何平衡三级升船机的提升高度,以降低目前第二级升船机提升127.0m的高度。

5.4　思林枢纽回水位对构皮滩枢纽下游航运影响

思林枢纽地处乌江中游,上距构皮滩枢纽89km,下距沙坨枢纽116km。目前思林—构皮滩段航道分布大小滩险79个,枯水平均比降0.8‰,虽然该段航道经过“九五”期间整治达到了Ⅴ级航道标准,但由于船舶尺度及吨位加大,加之养护经费不足,船舶于该段航行仍然存在一定困难。思林枢纽建成后,库区死水位431m,已经高于构皮滩下游最低通航水位430.7m,也就是说,思林枢纽建成后,整个库区89km航道将完全成为库区深水航道。

思林库区周边分布着湄潭、风冈、余庆、石阡、思南5个县,人口200余万,该区域不仅蕴藏着丰富的矿产资源,而且每年有大量农副土特产品需要运出,库区两岸存在大量的奇山异石、悬泉瀑布,堪称乌江峡谷风光之最,具有极大的旅游开发价值。

5.4.1　构皮滩枢纽下游的思林枢纽回水影响

1)理论计算

由于目前思林枢纽正在建设中,尚未蓄水,故对该枢纽回水分析研究无法获得水面线实测资料,只能依靠电站回水计算成果。经过对思林枢纽回水计算成果的收集整理,得到$P=5\%$和$P=20\%$分别在汛期和非汛期时的天然水面线和考虑电站运行20年后受淤积影响的回水情况,见表5.27～表5.30。

在表5.30所列数据中,Z55位置处于构皮滩下游引航道口门区附近,当构皮滩下泄流量$Q\geqslant 3\ 000m^3/s$时,下游口门区水位已经高于下游最高通航水位445.82m,每年11月～次年4月江界河站$P=10\%$洪水流量为$3\ 490m^3/s$,由此可见,思林枢纽库区高水位变化,对航道的通航保证率是有一定影响的。

思林电站回水计算成果(一)(440方案、$P=5\%$)(单位:m)　　表5.27

断面	主要地名	距坝里程	$P=5\%$水面线			
			非汛期回水		汛期回水	
			天然水面线	运行20年回水	天然水面线	运行20年回水
Z0	坝址	0	382.00	440.00	392.80	439.75
Z1	土坨子	817	382.72	440.03	393.61	439.86
Z2	金安子	1 680	383.23	440.05	394.29	440.06
Z3	焦坪	3 180	383.50	440.05	394.32	440.15
Z4	烂骨签	4 470	383.95	440.05	394.53	440.15
Z5	唐家寨	5 868	385.38	440.07	396.01	440.17
Z6	唐家坟	8 668	387.84	440.13	398.76	440.38
Z7	桶口	9 993	388.29	440.15	399.10	440.43
Z8	罗湾坨	11 543	388.83	440.16	399.71	440.47
Z9	跳墩河口下	12 986	389.18	440.17	400.05	440.49
Z10	杜家坪	14 296	389.51	440.18	400.26	440.51
Z11	瓦窑嘴人渡	15 787	389.87	440.19	400.54	440.52
Z12	大溪沟	17 912	390.47	440.20	400.99	440.54
Z13	刺竹林人渡	19 173	390.74	440.20	401.11	440.54
Z14	李家堡	20 355	391.36	440.20	401.27	440.54
Z15	阳雀岩	21 690	393.61	440.23	403.47	440.61
Z16	孙梨沟	23 743	394.29	440.25	404.20	440.66
Z17	文家店人渡	25 330	394.77	440.26	404.61	440.69
Z18	安仁人渡	27 515	395.25	440.26	404.92	440.69
Z19	洗马滩	29 515	396.40	440.29	406.35	440.78
Z20	赵家渡	30 194	396.43	440.30	406.38	440.79
Z21	毛栗滩	31 271	397.20	440.32	407.34	440.88
Z22	安家坨	33 061	397.52	440.32	407.48	440.88
Z23	文家店坝址	34 236	400.43	440.36	410.28	440.98
Z24	进凤冈县	35 706	402.43	440.45	412.81	441.29
Z25	进石迁县	37 660	403.92	440.50	414.36	441.45
Z26	赶牛溪	40 385	406.47	440.55	416.71	441.64
Z27	河闪渡	42 787	408.42	440.68	419.22	442.08
Z28	柑子林	45 110	411.88	440.81	422.42	442.54

思林电站回水计算成果(二)(440 方案、$P=5\%$)(单位:m)　　表 5.20

断面	主要地名	距坝里程	P=5%水面线			
			非汛期回水		汛期回水	
			天然水面线	运行 20 年回水	天然水面线	运行 20 年回水
Z29	小雷洞	47 586	415.02	441.01	425.82	443.20
Z30	关岩	49 003	416.58	441.19	427.75	443.77
Z31	大岭	50 549	418.08	441.32	429.26	444.18
Z32	背后湾	52 436	419.88	441.50	431.07	444.72
Z33	进余庆县	54 386	421.68	441.70	432.92	445.31
Z34	燕田口	56 971	424.12	442.17	435.48	446.53
Z35	余庆河口下	59 161	426.49	442.78	438.08	448.13
Z36	麻顶坳	60 374	427.66	442.90	439.38	448.44
Z37	中宅	61 828	429.14	443.19	440.94	449.17
Z38	—	62 893	430.37	443.41	442.06	449.67
Z39	吴家寨	64 403	431.89	443.78	443.74	450.60
Z40	—	65 972	434.10	444.28	445.58	451.44
Z41	—	67 467	436.01	444.80	447.41	452.47
Z42	—	68 835	438.39	445.56	449.36	453.61
Z43	—	69 757	439.41	445.95	450.40	454.26
Z44	—	71 186	441.34	446.73	452.09	455.38
Z45	—	72 726	443.15	447.61	453.99	456.72
Z46	—	74 400	444.91	448.63	456.01	458.29
Z47	—	75 780	446.39	449.56	457.70	459.66
Z48	龙石头人渡	76 704	447.42	449.97	458.92	460.24
Z49	—	78 957	450.28	452.19	462.25	463.24
Z50	伐木林场	80 397	452.06	453.62	464.27	465.10
Z51	回龙大桥上游	81 497	453.09	454.49	465.56	466.30
Z52	—	82 889	454.06	455.21	466.62	467.14
Z53	—	84 224	454.86	455.92	467.56	468.04
Z54	—	85 315	455.59	456.55	468.34	468.78
Z55	—	86 553	456.62	457.48	469.52	469.91
Z56	构皮滩	88 326	458.05	458.81	471.77	472.10
Z57	构皮滩坝址	88 908	458.92	459.12	472.44	472.44
Z58	—	89 388	459.31	459.31	472.95	472.95

思林电站回水计算成果(三)(440 方案、P=20%)(单位:m) 表 5.29

断面	主要地名	距坝里程	P=20%水面线			
			非汛期回水		汛期回水	
			天然水面线	运行 20 年回水	天然水面线	运行 20 年回水
Z0	坝址	0	379.00	440.00	386.14	438.95
Z1	土坨子	817	379.65	440.02	386.92	438.99
Z2	金安子	1 680	380.08	440.03	387.51	439.03
Z3	焦坪	3 180	380.41	440.03	387.67	439.02
Z4	烂骨签	4 470	380.95	440.04	388.04	439.01
Z5	唐家寨	5 868	382.40	440.05	389.57	439.05
Z6	唐家坟	8 668	384.82	440.09	392.24	439.17
Z7	桶口	9 993	385.31	440.10	392.64	439.19
Z8	罗湾坨	11 543	385.83	440.12	393.23	439.22
Z9	跳墩河口下	12 986	386.20	440.12	393.58	439.23
Z10	杜家坪	14 296	386.58	440.13	393.85	439.24
Z11	瓦窑嘴人渡	15 787	386.97	440.14	394.18	439.25
Z12	大溪沟	17 912	387.64	440.15	394.72	439.26
Z13	刺竹林人渡	19 173	387.99	440.15	394.92	439.27
Z14	李家堡	20 355	388.74	440.15	395.35	439.26
Z15	阳雀岩	21 690	390.84	440.17	397.68	439.31
Z16	孙梨沟	23 743	391.52	440.19	398.37	439.34
Z17	文家店人渡	25 330	392.02	440.20	398.85	439.36
Z18	安仁人渡	27 515	392.51	440.20	399.27	439.35
Z19	洗马滩	29 515	393.58	440.22	400.56	439.41
Z20	赵家渡	30 194	393.62	440.23	400.59	439.42
Z21	毛栗滩	31 271	394.32	440.25	401.47	439.47
Z22	安家坨	33 061	394.71	440.25	401.70	439.46
Z23	文家店坝址	34 236	397.60	440.27	404.59	439.53
Z24	进凤冈县	35 706	399.46	440.33	406.85	439.70
Z25	进石迁县	37 660	400.96	440.36	408.37	439.79
Z26	赶牛溪	40 385	403.55	440.40	410.89	439.90
Z27	河闪渡	42 787	405.35	440.48	413.08	440.14
Z28	柑子林	45 110	408.90	440.57	416.45	440.44

思林电站回水计算成果(四)(440方案、$P=20\%$)(单位:m)　表5.30

断面	主要地名	距坝里程	$P=20\%$水面线			
			非汛期回水		汛期回水	
			天然水面线	运行20年回水	天然水面线	运行20年回水
Z29	小雷洞	47 586	411.93	440.69	419.73	440.74
Z30	关岩	49 003	413.37	440.81	421.46	441.04
Z31	大岭	50 549	414.84	440.89	422.97	441.34
Z32	背后湾	52 436	416.66	441.01	424.76	441.64
Z33	进余庆县	54 386	418.45	441.14	426.59	441.94
Z34	燕田口	56 971	420.87	441.45	429.09	442.24
Z35	余庆河口下	59 161	423.22	441.85	431.85	442.54
Z36	麻顶坳	60 374	424.39	441.94	432.81	442.78
Z37	中宅	61 828	425.88	442.14	434.35	443.35
Z38	—	62 893	427.16	442.29	435.54	443.78
Z39	吴家寨	64403	428.71	442.55	437.11	444.51
Z40	—	65 972	431.10	442.92	439.11	445.41
Z41	—	67 467	433.04	443.31	441.02	446.33
Z42	—	68 835	435.55	443.90	443.22	447.51
Z43	—	69 757	436.55	444.20	444.28	448.13
Z44	—	71 186	438.49	444.83	446.13	444.27
Z45	—	72 726	440.24	445.54	448.03	450.57
Z46	—	74 400	441.90	446.37	449.91	452.01
Z47	—	75 780	443.30	447.15	451.48	453.25
Z48	龙石头人渡	76 704	444.29	447.50	452.60	453.78
Z49	—	78 957	447.00	449.41	455.72	456.59
Z50	伐木林场	80 397	448.75	450.71	457.67	458.39
Z51	回龙大桥上游	81 497	449.70	451.46	458.85	459.49
Z52	—	82 889	450.65	452.12	459.90	460.34
Z53	—	84 224	451.41	452.75	460.78	461.18
Z54	—	85 315	452.13	453.36	461.52	461.89
Z55	—	86 553	453.12	454.21	462.60	462.94
Z56	构皮滩	88 326	454.36	455.33	464.38	464.68
Z57	构皮滩坝址	88 908	455.26	455.55	465.18	465.18
Z58	—	89 388	455.61	455.61	465.62	465.62

但是，由于构皮滩枢纽下泄的最小通航流量为 $0m^3/s$，最大通航流量 $2\ 500m^3/s$（目前暂定），因此，上述两条回水曲线远高于最高通航水位，只能作为库区移民搬迁依据，而不能作为下游引航道口门区船舶航行分析依据。经过与国家电力公司贵阳勘测设计研究院联系，重新对在思林枢纽出现死水位 431m 的最不利情况下，构皮滩下泄流量 $Q=240m^3/s$ 及 $Q=2\ 500m^3/s$ 两种流量出现时的回水情况进行计算，分别得到天然水面线和考虑运行 20 年淤积后的回水情况，见表 5.31、表 5.32。

思林电站回水计算成果(五)（440 方案 $Q=240m^3/s$、$2\ 500m^3/s$）（单位：m）　　表 5.31

断面	主要地名	距坝里程	$Q=240,H=431m$		$Q=2\ 500,H=431.54m$	
			天然水面线	回水（考虑 20 年淤积）	天然水面线	回水（考虑 20 年淤积）
Z0	坝址	0	364.23	431.00	370.95	431.54
Z1	土坨子	817	364.24	431.00	371.31	431.54
Z2	金安子	1 680	364.45	431.00	371.53	431.54
Z3	焦坪	3 180	365.11	431.00	372.16	431.54
Z4	烂骨签	4 470	365.41	431.00	372.95	431.54
Z5	唐家寨	5 868	365.61	431.00	374.22	431.54
Z6	唐家坟	8 668	366.97	431.00	376.49	431.55
Z7	桶口	9 993	367.67	431.00	377.18	431.55
Z8	罗湾坨	11 543	367.70	431.00	377.58	431.55
Z9	跳墩河口下	12 986	368.51	431.00	377.90	431.55
Z10	杜家坪	14 296	371.11	431.00	378.42	431.55
Z11	瓦窑嘴人渡	15 787	373.78	431.01	379.12	431.55
Z12	大溪沟	17 912	374.98	431.01	380.29	431.55
Z13	刺竹林人渡	19 173	375.37	431.01	381.02	431.55
Z14	李家堡	20 355	375.55	431.01	382.01	431.55
Z15	阳雀岩	21 690	375.60	431.01	383.13	431.56
Z16	孙梨沟	23 743	376.13	431.01	383.83	431.56
Z17	文家店人渡	25 330	376.63	431.01	384.40	431.56
Z18	安仁人渡	27 515	376.66	431.01	384.80	431.56
Z19	洗马滩	29 515	376.70	431.01	385.47	431.57
Z20	赵家渡	30 194	376.72	431.01	385.51	431.57
Z21	毛栗滩	31 271	376.96	431.01	386.08	431.57
Z22	安家坨	33 061	377.46	431.01	386.74	431.57
Z23	文家店坝址	34 236	378.82	431.01	389.23	431.58

续上表

断面	主要地名	距坝里程	Q=240,H=431m		Q=2 500,H=431.54m	
			天然水面线	回水（考虑20年淤积）	天然水面线	回水（考虑20年淤积）
Z24	进凤冈县	35 706	379.88	431.01	390.68	431.59
Z25	进石迁县	37 660	382.03	431.01	392.27	431.59
Z26	赶牛溪	40 385	384.73	431.01	394.86	431.61
Z27	河闪渡	42 787	386.22	431.01	396.38	431.63
Z28	柑子林	45 110	389.38	431.01	400.07	431.65
Z29	小雷洞	47 586	390.03	431.01	402.47	431.69

思林电站回水计算成果表(六)(440方案 $Q=240m^3/s$、$2\ 500m^3/s$)(单位:m)　表5.32

断面	主要地名	距坝里程	Q=240,H=431m		Q=2 500,H=431.54m	
			天然水面线	回水（考虑20年淤积）	天然水面线	回水（考虑20年淤积）
Z30	关岩	49 003	390.36	431.01	403.48	431.72
Z31	大岭	50 549	390.79	431.02	404.73	431.74
Z32	背后湾	52 436	396.37	431.02	406.91	431.78
Z33	进余庆县	54 386	400.57	431.02	408.83	431.83
Z34	燕田口	56 971	401.02	431.02	411.07	431.95
Z35	余庆河口下	59 161	401.86	431.02	413.42	432.13
Z36	麻顶坳	60 374	402.80	431.02	414.59	432.19
Z37	中宅	61 828	404.44	431.02	416.14	432.28
Z38	—	62 893	406.28	431.02	417.63	432.36
Z39	吴家寨	64 403	409.98	431.02	419.42	432.48
Z40	—	65 972	415.08	431.02	422.58	432.72
Z41	—	67 467	415.69	431.03	424.63	432.96
Z42	—	68 835	417.67	431.03	427.37	433.53
Z43	—	69 757	418.07	431.03	428.24	433.75
Z44	—	71 186	418.59	431.04	429.88	434.34
Z45	—	72 726	419.54	431.05	431.21	434.92
Z46	—	74 400	421.63	431.07	432.64	435.61
Z47	—	75 780	422.04	431.08	433.80	436.27

续上表

断面	主要地名	距坝里程	Q=240,H=431m		Q=2 500,H=431.54m	
			天然水面线	回水（考虑20年淤积）	天然水面线	回水（考虑20年淤积）
Z48	龙石头人渡	76 704	422.40	431.10	434.65	436.80
Z49	—	78 957	422.93	431.13	436.53	438.18
Z50	伐木林场	80 397	425.66	431.21	438.19	439.45
Z51	回龙大桥上游	81 497	426.53	431.24	438.97	440.06
Z52	—	82 889	427.23	431.32	439.96	440.86
Z53	—	84 224	427.49	431.36	440.57	441.38
Z54	—	85 315	428.42	431.50	441.34	442.03
Z55	—	86 553	429.19	431.62	442.20	442.79
Z56	构皮滩	88 326	430.72	432.02	442.98	443.55
Z57	构皮滩坝址	88 908	432.95	432.95	444.03	444.45
Z58	—	89 388	433.37	433.37	444.33	444.72

由表5.32所列数据可见，当思林枢纽出现死水位431.0m而构皮滩下泄流量为$0m^3/s$时，采用思林枢纽坝前水位，口门区水位能够达到431.0m；下泄流量$Q=240m^3/s$时，Z55桩号水位为431.62m，构皮滩下游引航道底部高程为428.00m，即在构皮滩、思林两枢纽出现最不利调度运行组合时，下游引航道内水深能够达到3.0m以上的水深，大于船舶满载吃水1.6m，由此可见，思林枢纽回水位变化，在枯水期对船舶航行是没有影响的。

2)模型试验

2007年8月，长江科学院水力学研究所对构皮滩枢纽通航建筑物上下游引航道口门区及连接段进行了通航水力学实验研究，有关成果摘录如下。

(1)思林电站建库前后构皮滩枢纽下游水位对比

思林电站位于构皮滩下游89km处，建库后上游库区形成回水从而抬高了构皮滩枢纽的下游水位。思林电站建库前后构皮滩枢纽下游水位(G′尺)(距口门区下游约190m)对比参见表5.33，水位壅高值ΔH与流量Q关系曲线参见图5.13。

思林电站建库前后构皮滩枢纽下游水位(G′尺)对比 表5.33

流量Q (m^3/s)	思林电站建库前下游水位$H_下$ (m)	思林电站建库后坝前水位440m对应的下游水位$H'_下$ (m)	$\Delta H=H'_下-H_下$
550	431.70	440.68	8.98
700	432.82	440.84	8.02
1 000	434.70	441.23	6.53
1 500	437.28	442.21	4.93

续上表

流量 Q (m^3/s)	思林电站建库前下游水位 $H_下$ (m)	思林电站建库后坝前水位 440m 对应的下游水位 $H'_下$ (m)	$\Delta H=H'_下-H_下$
1 909	439.16	443.14	3.98
2 500	441.63	444.50	2.87
3 000	443.51	445.92	2.41
4 000	446.76	448.74	1.98

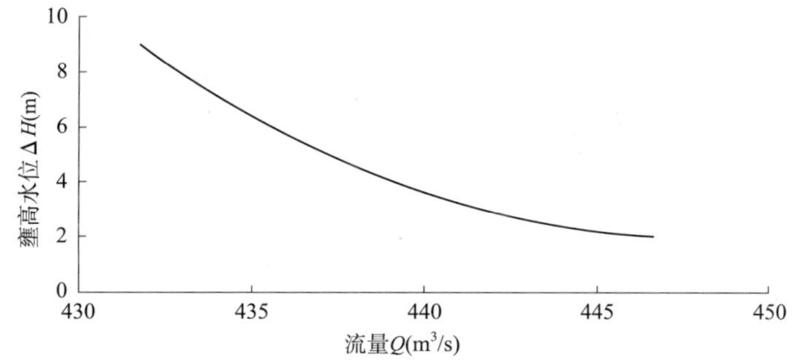

图 5.13　水位壅高值 ΔH 与流量 Q 关系曲线

由图 5.13、表 5.33 资料可知，随着流量的增大，思林电站回水对构皮滩枢纽下游水位的壅高作用相应减少。为方便分析，将下游水位壅高值 ΔH 与思林电站建库前的航道水深 h 进行了对比，见表 5.34。可知，思林电站建库后，$Q \leqslant 1\,000m^3/s$ 流量条件下，航道水深增加了 98%～243%；$1\,500m^3/s \leqslant Q \leqslant 2\,500m^3/s$ 流量条件下，航道水深增加了 21%～53%；$Q=3\,000 \sim 4\,000m^3/s$ 流量条件下，航道水深增加了 11%～16%。

(2)思林电站建库前后下游口门区流速对比

鉴于思林电站建库后，回水壅高了构皮滩枢纽下游水位，将下游口门区流速值与建库前进行了对比，参见表 5.34、表 5.35。

思林电站建库前后下游口门区流速对比　　表 5.34

流量(m^3/s)		2 500				1 900			
测点位置	距口门 (m)	建库前 v_1 (m/s)	建库后 v_2 (m/s)	v_1-v_2 (m/s)	$\frac{v_1-v_2}{v_1}$ (%)	建库前 v_1 (m/s)	建库后 v_2 (m/s)	v_1-v_2 (m/s)	$\frac{v_1-v_2}{v_1}$ (%)
航道中心线右 22m	24	1.42	1.38	0.04	2.8	1.28	1.03	0.25	19.5
	46	1.53	1.42	0.11	7.2	1.31	1.08	0.23	17.6
	68	1.53	1.46	0.07	4.6	1.33	1.17	0.16	12.0
	90	1.53	1.36	0.17	11.1	1.38	1.16	0.22	15.9
	112	1.47	1.33	0.14	9.5	1.33	1.12	0.21	15.8
	134	1.49	1.34	0.15	10.1	1.24	1.01	0.23	18.5

续上表

流量(m^3/s)		2 500				1 900			
测点位置	距口门(m)	建库前 v_1 (m/s)	建库后 v_2 (m/s)	v_1-v_2 (m/s)	$\frac{v_1-v_2}{v_1}$ (%)	建库前 v_1 (m/s)	建库后 v_2 (m/s)	v_1-v_2 (m/s)	$\frac{v_1-v_2}{v_1}$ (%)
航道中心线右 11m	0	<0.15	<0.15	—	—	—	<0.14	—	—
	24	—	—	—	—	—	—	—	—
	46	1.09	1.05	0.04	3.7	0.70	—	—	—
	68	1.40	1.20	0.20	14.3	1.16	1.06	0.10	8.6
	90	1.40	1.28	0.12	8.6	1.29	0.97	0.32	24.8
	112	1.44	1.28	0.16	11.1	1.25	1.07	0.18	14.4
	134	1.47	1.16	0.31	21.1	1.24	1.01	0.23	18.5
航道中心线处	0	<0.15	<0.15	—	—	—	<0.14	—	—
	24	—	—	—	—	—	<0.14	—	—
	46	0.53	0.54	−0.01	−1.9	—	—	—	—
	68	0.84	0.76	0.08	9.5	0.56	—	—	—
	90	1.26	1.06	0.20	15.9	1.02	0.92	0.10	9.8
	112	1.28	1.04	0.24	18.8	1.15	0.91	0.24	20.9
	134	1.30	0.99	0.31	23.8	1.14	0.90	0.24	21.1
航道中心线左 11m	0	<0.15	<0.15	—	—	—	<0.14	—	—
	24	—	—	—	—	—	<0.14	—	—
	46	—	—	—	—	—	—	—	—
	68	0.60	0.53	0.07	11.7	—	—	—	—
	90	0.72	0.69	0.03	4.2	—	—	—	—
	112	0.96	0.76	0.20	20.8	0.54	—	—	—
	134	1.10	0.79	0.31	28.2	0.86	0.67	0.19	22.1
航道中心线左 22m	0	<0.15	<0.15	—	—	—	<0.14	—	—
	24	—	—	—	—	0.34*	<0.14	—	—
	46	0.35*	0.32*	0.03	8.6	0.40*	0.31*	0.09	22.5
	68	0.40*	0.41*	−0.01	−2.5	0.44*	0.36*	0.08	18.2
	90	0.29*	—	—	—	0.38*	—	—	—
	112	0.70	—	—	—	—	—	—	—
	134	0.77	0.58	0.19	24.7	0.62	—	—	—

注：表中 v_1 和 v_2 栏中带“*”为回流流速值。

思林电站建库前后下游口门区流速对比　　表 5.35

流量(m^3/s)		1 000				550			
测点位置	距口门(m)	建库前 v_1 (m/s)	建库后 v_2 (m/s)	v_1-v_2 (m/s)	$\frac{v_1-v_2}{v_1}$ (%)	建库前 v_1 (m/s)	建库后 v_2 (m/s)	v_1-v_2 (m/s)	$\frac{v_1-v_2}{v_1}$ (%)
航道中心线右 22m	24	0.75	0.68	0.07	9.3	0.60	0.38	0.22	36.7
	46	0.96	0.71	0.25	26.0	0.67	0.39	0.28	41.8
	68	1.00	0.70	0.30	30.0	0.72	0.40	0.32	44.4
	90	1.05	0.75	0.30	28.6	0.76	0.44	0.32	42.1
	112	1.00	0.78	0.22	22.0	0.75	0.43	0.32	42.7
	134	0.83	0.70	0.13	15.7	0.60	0.42	0.18	30.0
航道中心线右 11m	0	<0.15	<0.14	—	—	<0.14	<0.14	—	—
	24	—	—	—	—	—	<0.14	—	—
	46	0.56	0.49	0.07	12.5	0.44	0.26	0.18	40.9
	68	0.82	0.54	0.28	34.1	0.71	0.38	0.33	46.5
	90	0.92	0.76	0.16	17.4	0.71	0.38	0.33	46.5
	112	0.97	0.70	0.27	27.8	0.77	0.44	0.33	42.9
	134	1.00	0.70	0.30	30.0	0.71	0.42	0.29	40.8
航道中心线处	0	<0.15	<0.14	—	—	<0.14	<0.14	—	—
	24	—	<0.14	—	—	—	<0.14	—	—
	46	—	—	—	—	—	<0.14	—	—
	68	0.52	0.46	0.06	11.5	0.42	—	—	—
	90	0.70	0.52	0.18	25.7	0.60	0.27	0.33	55.0
	112	0.81	0.51	0.30	37.0	0.65	0.21	0.44	67.7
	134	0.94	0.56	0.38	40.4	0.68	0.34	0.34	50.0
航道中心线左 11m	0	<0.15	<0.14			<0.14	<0.14	—	—
	24	—	<0.14			—	<0.14	—	—
	46	0.24	—	—	—	—	<0.14	—	—
	68	—	—	—	—	—	—	—	—
	90	0.46	—	—	—	0.35	—	—	—
	112	0.59	0.38	0.21	35.6	0.44	—	—	—
	134	0.70	0.48	0.22	31.4	0.58	—	—	—
航道中心线左 22m	0	<0.15	<0.14	—	—	<0.14	<0.14	—	—
	24	—	<0.14	—	—	—	<0.14	—	—
	46	0.34*	—	—	—	0.32	<0.14	>0.18	>56
	68	0.32*	0.27*	0.05	15.6	—	—	—	—

续上表

流量(m^3/s)		1 000				550			
测点位置	距口门(m)	建库前 v_1 (m/s)	建库后 v_2 (m/s)	v_1-v_2 (m/s)	$\frac{v_1-v_2}{v_1}$ (%)	建库前 v_1 (m/s)	建库后 v_2 (m/s)	v_1-v_2 (m/s)	$\frac{v_1-v_2}{v_1}$ (%)
航道中心线左 22m	90	—	0.26*	—	—	—	—	—	—
	112	0.42	—	—	—	—	—	—	—
	134	—	0.44	—	—	—	—	—	—

注：表中 v_1 和 v_2 栏中带"*"为回流速值。

(3)小结

思林电站建库后，回水壅高了构皮滩枢纽下游水位，增加了航道水深。$Q \leqslant 1\ 000m^3/s$ 流量条件下，航道水深增加了 98%～243%；$1\ 500m^3/s \leqslant Q \leqslant 2\ 500m^3/s$ 流量条件下，航道水深增加了 21%～53%；$Q=3\ 000 \sim 4\ 000m^3/s$ 流量条件下，航道水深增加了 11%～16%。结合下游口门区水流条件来看，$Q \leqslant 1\ 000m^3/s$ 流量条件下横向流和回流强度显著减小；而 $Q=1\ 909 \sim 2\ 500m^3/s$ 流量条件下，虽然回流强度有所减小，但横向流强度变化不大。

综上所述，思林电站建库后，$Q \leqslant 1\ 000m^3/s$ 流量条件下，构皮滩枢纽下游通航条件得到了显著改善；而 $Q=1\ 909 \sim 2\ 500m^3/s$ 流量条件下，由于航道水深增幅较小，横向流强度没有减弱，通航条件整体上改善不大。

由模型试验结果可见，当构皮滩下泄流量 $Q \geqslant 2\ 500m^3/s$ 时，下游口门区形成的不良流态才是影响下游航运的主要因素。

5.4.2 思林枢纽库区水位变化对构皮滩下游航运影响

1)对港口影响

思林枢纽建成前，构皮滩—思林 89km 航道最大水位变幅为 15～25m，枢纽建成后，正常蓄水位 440m，死水位 431m，水位变幅 9m。按照目前《乌江航运建设工程》项目规划情况，思林库区内分布着河闪渡、文家店、大乌江三处港口码头以及沿途 9 个船舶停靠点，水位变幅的降低，不仅可以减少码头建设的资金规模，而且还能提高港口码头的装卸作业效率、方便旅客上下船，因此，枢纽建成后，不论水位在正常蓄水位与死水位之间怎样变化，其变幅都小于自然变幅，对港口的建设和使用都是有利的。

2)对航道影响

(1)最低通航水位对航运影响

思林枢纽建成后，其死水位已经到达构皮滩，淹没了沿途分布的大小 79 个碍航滩险，整个库区内已经完全成为深水航道。从前述回水分析可以看出，当构皮滩下泄流量为 $0m^3/s$ 时，构皮滩下游引航道内最小水深可达 3.0m 以上，远大于船舶满载吃水 1.6m，因此，最低通航水位对该段船舶航行是不会产生不利影响的。

(2)最高通航水位对航运影响

思林枢纽建成后，蓄水抬高了该段航道水位，部分已建跨河建筑的通航净空及净宽部分已经不能满足船舶的通行要求，须按Ⅳ级航道标准予以整改，其中影响较大的是思南县供电局设置的 6 处跨江电缆以及余庆县大乌江的回龙桥。

当构皮滩下泄流量 $Q \geqslant 3\ 000\mathrm{m}^3/\mathrm{s}$ 时，下游口门区水位已经高于下游最高通航水位 445.82m，其历时的多少对乌江航道 95%的通航保证率会产生一定影响的，鉴于目前乌江梯级电站的联合调度运行尚在论证中，故在此无法对最高通航水位以上的洪水历时做出定量分析。

3)构皮滩枢纽下泄水流及水位变幅影响

根据长江科学院水力学研究所完成的《构皮滩枢纽通航建筑物上下游引航道口门区连接段通航水力学试验研究报告》，构皮滩枢纽设计最大通航流量为 $2\ 500\mathrm{m}^3/\mathrm{s}$，当 $Q \geqslant 2\ 500\mathrm{m}^3/\mathrm{s}$ 时，由于受到右岸凸嘴挑流作用，下游引航道口门区的纵向流速和横流都已经超出交通部现行《内河通航标准》，船舶无法正常进出下游引航道。如果在 $Q \geqslant 2\ 500\mathrm{m}^3/\mathrm{s}$ 流量条件下造成停航，对航道 95%的通航保证率将会产生极大的不利影响。

目前构皮滩、思林两枢纽还在建设中，其联合调度运行还需作专题分析，故在此不能对构皮滩枢纽下泄水流的影响做出深入分析研究，但有一点可以肯定，此问题若不能得到妥善解决，构皮滩下游引航道口门区将会成为乌江航道的卡口，对航道的通过能力产生极大的影响。

由《乌江构皮滩水电站通航建筑物可行性研究报告综合说明》中所述：按照构皮滩水电站日调节运行方式计算，构皮滩日调节最小、最大流量分别为 $0\mathrm{m}^3/\mathrm{s}$、$1\ 930\mathrm{m}^3/\mathrm{s}$。不考虑思林水库回水时，构皮滩水电站下游河段水位最大日变幅超过 12m，最大小时变幅超过 1m；当考虑水库回水时，思林水库水位为 431m(死水位)时构皮滩水电站下游河段水位最大日变幅为 10.27m，思林水库水位为 435m(汛限水位)时最大日变幅为 7.08m，最大小时变幅小于 1m。

频繁过大的水位变幅，不仅影响下游船舶的正常航行，而且对锚泊区的船舶停靠、港口的装卸作业、航标的布设造成极大的困难，为水上交通运输埋下了安全隐患。

4)自然因素影响

思林库区内 89km 航道 90%属于峡谷河段，在库区形成后，虽然水深条件得到极大改善，但河面宽度并没有得到多少增加，构皮滩下游引航道口门区处于峡谷之中，该段受右岸凸嘴挑流作用，中洪水期流态极为紊乱，上行船舶无法锚泊，下游引航道会船段最多可以停泊两艘船舶等待过坝，由于河床狭窄，因此，锚泊区只能考虑布置在口门区下游 2km 以下区域，所以，营运期如果调度不当，势必会加长船舶过坝时间，从而影响到构皮滩有限的通过能力。

5.4.3 思林枢纽库区水位变化对航运影响的应对措施

由前述影响因素分析可见，思林枢纽水位变化对航运的主要影响因素有跨河建筑高水位通航净空、等待过坝船舶锚泊区、构皮滩下泄水流等问题，应对措施分析研究分述如下。

1)高水位通航净空

思南县境内 6 处跨河电缆通航净空不足问题，有关部门宜尽早联系解决。

大乌江回龙桥目前通航净宽为 40m，不能满足《内河通航标准》(GB 50139—2014)对Ⅳ级航道单向通航净空宽度 45m 的要求。有关部门宜与大桥管理部门协商改桥方案或设置航标采取单向过桥的方式解决。

目前已经在建的河闪渡乌江大桥、大乌江乌江大桥，可参照前述方法解决。为避免将来此类问题再次出现，建议将来乌江上新建跨河建筑，须进行通航论证。

2)提前介入的工作及锚泊区

有关部门应该提前做好试运行的准备工作，研究出科学合理的锚泊区设置、最优的船舶运行调度方案，科学合理的通讯联络方式、先进快捷的海事巡航收救系统等问题。

受自然因素制约，构皮滩枢纽下游引航道口门区以下河段河床狭窄，岸坡陡峭。为缩短锚泊区到引航道入口距离，应在主航道外适合停船区域设置次要锚泊区，次要锚泊区主要是对该段航道岸坡进行清理，同时设置系缆设施并布设相关助导航标志；下游的主要锚泊区除清理岸坡、设置系缆设施、相关助导航标志外，还应设置调度管理用房、燃料供应站、生活物资供应站等，并建立相应的通信联络系统。

3)构皮滩下泄流量

构皮滩下泄流量是影响其下游航运的主要因素，详见第四章。

通过以上分析研究可知：思林库区回水位变化，在低水位对航运是没有影响的，高水位的影响主要是原建和正在兴建的跨河桥梁以及电缆线路的通航净空问题，建议航运主管部门积极协调，同时将来修建的跨河建筑必须进行通航论证，以杜绝此类现象的发生；对构皮滩下游航运影响的主要因素是构皮滩的下泄流量，鉴于乌江梯级电站建成后的联合调度运行还需作专题研究，加之此问题不在本课题研究范围内，故未对其进行深入的分析。

本章参考文献

[1] 岩滩水电站升船机论文专辑[J]. 红水河，1999.

[2] 郑宝友，李焱，等. 高坝通航中间渠道和渡槽的尺度及通航条件研究——调研报告[R]. 交通科技报告，天津：交通部天津水运工程科研所，2005，12.

[3] 孙精石，等. 关于升船机的调查研究报告[R]. 交通科技报告，天津：交通部天津水运工程科研所，2000.

[4] 张国雄，钱徐涛，等. 船闸闸室和升船机承船厢断面系数的模型试验研究[R]. 交通科技报告，上海：交通部上海船舶运输科学研究所，1982，12.

[5] 包纲鉴. 船舶行驶在船厢中最大下沉量的确定[J]. 水利水运科学研究. 1991(3)：279-282.

[6] 杜国仁，等. 船闸闸室断面系数试验研究报告[R]. 交通科技报告，天津：交通部天津水运工程科研所，1980.

[7] 周华兴. 船闸闸室断面系数与阻力、航速关系的初步探讨[J]. 水道港口，1983(1)：18-25.

[8] 周华兴. 升船机承船厢有效尺度的分析[J]. 水道港口，2004(4)：42-45.

[9] 李焱，郑宝友，等. 高坝通航中间渠道和渡槽的尺度及通航条件研究总报告[R]. 交通科技报告，天津：交通部天津水运工程科研所，2006，6.

[10] 李焱，郑宝友，等. 龙滩升船机中间渠道和渡槽通航条件模型试验研究报告[R]. 交通科技报告，天津：交通部天津水运工程科研所，2005，6.

[11] 郑宝友，李焱，等. 升船机中间渠道通航条件试验研究报告[R]. 交通科技报告，天津：交通部天津水运工程科研所，2005，12.

[12] 李焱，郑宝友，等. 龙滩升船机中间渠道通航条件试验[J]. 水道港口，2006(2)：89-94.

[13] 李焱，迟杰，等. 船舶进出承船厢水力特性试验[J]. 水道港口，2006(5)：317-321.

[14] 李焱,郑宝友,等.升船机中间渠道的航行水力特性和尺度试验研究[J].水利水运工程学报,2007(2):23-29.

[15] 赵德志,刘清江,郑宝友.两级升船机带中间渠道布置和船舶运行方式[J].水利水运工程学报,2005 增刊.

[16] 王秉哲,解曼莹,等.三峡工程(175m 水位)设中间渠道船闸的中间渠道内部稳定流及改善措施的试验研究报告[R].天津:交通部天津水运工程科学研究,1990.

[17] 周华兴,郑宝友,等.船闸设中间渠道的有关问题[J].水利水运工程学报,2005 增刊.

[18] 王水田.关于船行波问题的研究[J].水道港口,1980～1981(1)-(3).

[19] 乔文荃,等.内河航道船行波试验研究[R].交通科技报告,南京:南京水利科学研究院,2000,9.

[20] 长江航道局.航道工程手册[M].北京:人民交通出版社,2004.

[21] 孟祥玮,周华兴,等.船闸中间渠道通航条件试验研究报告[R].交通科技报告,天津:交通部天津水运工程科研所,2005,12.

第6章 通航建筑物上下游引航道口门区及连接段通航水力学试验

6.1 河段概况

乌江渡—龚滩河段全长407km，属于乌江中游河段，河谷深切，河道弯曲，滩多流急，峡谷与宽谷交替出现，其中70%是峡谷，水位落差大，河道坡降陡，具有山区河流特性。

乌江构皮滩水电站以上干支流已经建成一系列大中型水库，干流上有普定、引子渡、洪家渡、东风和乌江渡水电站；支流猫跳河上已建成了红枫、百花等梯级电站。这一系列的水利工程拦蓄泥沙和调节径流洪水，改变了天然状态下的水流泥沙过程，削减了构皮滩水电站的入库洪水，增加了枯季径流。

6.1.1 相关水电枢纽

1)构皮滩枢纽

构皮滩水电站位于贵州省余庆县构皮滩镇的乌江干流上，距上游已建乌江渡水电站137km，下距河口涪陵455km，控制流域面积43 250km^2，多年平均径流量226亿m^3，是乌江梯级开发的控制性工程。工程以发电为主，兼顾航运防洪等综合利用。电站水库调节库容31.54亿m^3，具有较高的年调节能力，与上游已建的大水库联合运行，则具有多年调节能力。电站地下厂房装机5台，单机容量为600MW，年发电量96.67亿kW。枢纽建成后，将全部淹没上游库区碍航滩险，延长乌江航道至乌江渡坝下，是全线渠化乌江航道的重要环节。

枢纽主要建筑物由双曲拱坝、坝下水垫塘、电站厂房、左岸泄洪洞、三级升船机及导流建筑物组成。坝身泄洪建筑物包括6个表孔、7个中孔、4个导流底孔和2个放空底孔。电站厂房布置于右岸，装机容量3 000MW，多年平均发电量96.67亿kW·h。水库正常蓄水位为630.00m，相应库容55.64亿m^3，死水位为585.00m。本电站属Ⅰ等工程，泄洪建筑物按500年一遇洪水设计，按5 000年一遇洪水校核，并按10 000年一遇洪水不漫顶复核；消能建筑物按100年一遇洪水设计，按1 000年一遇洪水校核。构皮滩水电站枢纽平面布置参见图6.1。

图6.1　构皮滩水电站枢纽平面布置图

三级钢丝绳卷扬垂直升船机位于左岸，由上下游引航道、三级垂直升船机和两级中间渠道组成，线路总长 2 181.70m，承船厢有效尺度为 59.00m×11.70m×2.50m，单向货物通过能力为 142 万 t/年。上游最高通航水位为 630.00m，最低通航水位为 585.00m，下游最低通航水位为 430.40m(下游思林电站建库前)。马鞍山下游已建有一座构皮滩乌江大桥，其桥墩位于河道两岸 460m 高程以上，对通航条件没有影响。

2)构皮滩枢纽上下游枢纽

本章研究河段为乌江渡—龚滩，共 407km，河段内有沙沱、思林、构皮滩和龚滩下游 40km 处的彭水枢纽。上游紧接本河段的乌江渡枢纽已建成投产，该枢纽未建过船建筑物，只留有过船建筑物位置，沙沱、思林、构皮滩、彭水 4 座枢纽在建中，其过船建筑物与枢纽工程同步实施。

乌江渡枢纽位于贵州省中部乌江中游遵义县境内、构皮滩枢纽上游 137km，距贵阳市 105km。该电站于 1970 年开工，1979 年底第 1 台机组发电，1983 年完建，它的建设是以发电为主、兼有航运和发展渔业等综合效益为目的。其坝址控制流域面积 27 790km^2，占全流域的 31.6%，多年平均流量为 511m^3/s。目前乌江渡枢纽工程的规模和主要参数是：正常蓄水位 760.00m，死水位 720.00m，坝顶高程 765.00m，总库容 21.4 亿 m^3，调节库容 13.5 亿 m^3，装机容量为 63 万 kW(3 台 21 万 kW 机组)，保证出力 20.2 万 kW，多年平均年发电量33.4 亿 kW·h，年利用小时 5 300h。此枢纽具有季调节性能，与上游电站联合运行具有多年调节能力。目前，乌江渡枢纽正在进行扩机工作。

思林枢纽位于贵州省乌江中游河段的思南县城上游 23km，距贵阳市和乌江河口分别为 328km、366.77km。思林枢纽担负发电、航运、防洪、灌溉等综合利用任务。坝址控制流域面积 48 558km^2，占全流域的 55.2%，多年平均流量 863m^3/s，属季调节水库。

沙沱水电站位于贵州省沿河县上游约 7km 处，是乌江干流上贵州省境内最后一个梯级，距上游思林水电站 116km。沙沱枢纽工程以发电为主，兼顾航运、防洪、灌溉等综合效益。坝址控制流域面积 54 508km^2，占全流域的 62%，多年平均流量 953m^3/s，属日周调节水库。

彭水水电站位于重庆市彭水县城上游 11km 的乌江干流下游，与重庆主城区直线距离约 180km，下距河口涪陵 147km。彭水水电站是乌江干流梯级开发中开发规模仅次于构皮滩水电站的大型骨干工程，开发的任务是以发电为主，其次是航运、防洪及其他。坝址控制流域面积 69 000km^2，占全流域的 78.5%，多年平均流量为 1 320m^3/s，属季调节水库。

银盘枢纽位于重庆市武隆县黄草乡下游约 8km，下距乌江河口 93km，上距彭水电站 54km。根据枢纽的开发任务和坝址地形、地质条件，枢纽主要由挡水建筑物、泄水建筑物、厂房和通航建筑物等组成。银盘枢纽正常蓄水位 215.00m，校核洪水位时最大洪水力量 35 600m^3/s，相应洪水位 223.50m，坝顶高程 229m，最大坝高 79m，坝顶长度 330.9m。电站装机容量为 60 万 kW。

6.1.2 水文、泥沙特征

1)水文

流域内年降水量一般为 900～1 500mm，平均为 1 100mm，降水多集中在 5～8 月，约占全年的 60%。流域内年径流深为 400～1 000mm，高值区位于织金新站一带，约为 1 000mm，低值区位于乌江河谷团溪、江界河、乌江渡一带(约为 400mm),平均径流深 600mm(遵义地区境内为 581mm);径流主要集中在丰水期 5～10 月,占全年总量的 80%;11 月～次年的 4 月为枯水期,占 20%;丰水年径流量为枯水年的 2～3 倍,为平水年的 1.4～1.7 倍。主汛期为 5～8 月,干流一次洪水历时 10 天左右,洪水主要集中在 3～5 天;支流洪水历时更短,急涨陡落,峰高量集中。

构皮滩坝址曾进行过水位、流量的观测,但由于流量观测年限短,精度差,不能采用,其水文计算采用坝址上游江界河水文站资料。江界河水文站集水面积 4.23 万 km^2,控制流域集水面积的 48%,根据水文资料统计,多年平均流量 716m^3/s,实测最大流量 14 500m^3/s,最小流量 86m^3/s。

2)泥沙

乌江水沙一般相适应,一次洪峰过程伴随着一次大的输沙过程,但有时沙峰落后于洪峰。在时间上,年内输沙率分布不均,汛期(6～9 月)输沙量占全年输沙量的 70%～80%,其中 4～6 月的输沙量占全年总沙量的 20%～30%。乌江流域控制站武隆实测多年平均输沙量为 3 200万 t,占宜昌站沙量的 6%,其年水量约占宜昌的 12%,武隆与宜昌的面积比为 8.3%,说明乌江是一条水量丰沛、沙量较小的河流。

构皮滩坝址上游的江界河站多年平均输沙量约为 1 320 万 t,占武隆站的 41%,多年平均水量占武隆的 46%,沙量比小于水量比。乌江渡水库下游下闸蓄水后,江界河站输沙量大大减小,1957～1979 年蓄水前的多年平均输沙量为 1 371 万 t,蓄水后的 1980～1991 年多年平均输沙量仅 261 万 t,江界河站沙量减少 80%。输沙量的年内分配比水量分配更为集中,月输沙量最大发生在水量最大的 6 月份,5～9 月输沙量占年输沙量的 90%。

乌江渡水库蓄水后的 1994～2003 年共计 10 年间各水文站的泥沙统计资料见表 6.1。

1994～2003 年各水文站多年平均输沙量　　表 6.1

站　名	多年平均含沙量(kg/m^3)	历年最大含沙量(kg/m^3)	多年平均输沙量(10^6t)	历年最大输沙量(10^6t)
乌江渡	0.004	0.009	0.1	0.167
江界河	0.108	0.196	2.80	5.61
思南	0.154	0.27	5.10	9.86

表 6.1 中数据说明,乌江渡—龚滩河段含沙量及输沙量有沿程变大的趋势,这是因为乌江渡枢纽拦截了大部分泥沙后,下泄基本为清水,随着区间的水土流失,越往下游含沙量及输沙量越大。

根据江界河站实测悬移质资料分析,其泥沙悬移质级配曲线见表 6.2。构皮滩水电站泥沙推移质主要来自区间,清水江和湘江是乌江渡至构皮滩区间的泥沙主要来源。以黄鱼塘、洞头站作为计算站,依据推移质调查资料和实测水位,流量资料,用长科院输沙经验曲线公式法计算坝址推移质总量为 4.85 万 t。

乌江江界河站泥沙悬移质级配曲线　　表 6.2

江界河(%)	1.4	4.5	31.5	60.4	79.3	96.2	100
粒径(mm)	0.016	0.031	0.062	0.125	0.25	0.50	1.0

6.1.3 航运与航道现状

1)航道现状

乌江经历了自1950～2000年以来三次系统性整治，提升了大乌江—龚滩河段264km航道等级，提高了通航船舶吨位，保障了航运安全，改造了汹滩恶水，改变了水流环境，改善了航行条件，增大了航行船舶吨位，促进了沿江两岸经济发展和物资交流。

目前，大乌江以下航道达到内河Ⅴ级航道标准，其尺度为1.6m×30m×270m，300吨级船舶可全年往来于该河段。然而大乌江至马洛渡虽未进行连贯的系统整治工程，但通航条件较好，可通行100～200t级单机动驳船，马洛渡至乌江渡河段仅维持区间航运。大乌江以上航道未经系统整治，航道不甚顺畅，尚不能达到常年通航的目的，但随着水位和流量的变化，仍能实现季节性通航和区间常年通航的目标。

2)航运现状

乌江作为贵州省通江达海的水运主通道，对沿江两岸资源开发和居民生活水平提高起到了不可替代的作用。2005年贵州省内乌江完成客、货运量分别为309万人次、48万t。随着各枢纽的相继建成，形成库区深水航道后，通过对变动回水区河段航道整治，改善通航条件，乌江渡—龚滩航运将会有更大的发展。

6.2 模型设计、制作及验证

6.2.1 物理模型设计及制作

1)模型范围

枢纽模型范围：该整体模型模拟上游地形1 000m，下游地形2 800m，总长3 800m；上游地形最高高程为650m，下游地形最高高程为500m。

2)模型比尺

定床模型应满足下列相似条件：

重力相似

$$\lambda_u = \lambda_h^{\frac{1}{2}} \tag{6.1}$$

阻力相似

$$\lambda_n = \lambda_h^{\frac{1}{6}} \left(\frac{\lambda_h}{\lambda_l}\right)^{\frac{1}{2}} \tag{6.2}$$

水流连续相似

$$\lambda_Q = \lambda_l \lambda_h \lambda_u = \lambda_l \cdot \lambda_h^{\frac{3}{2}} \tag{6.3}$$

考虑到物理模型中需要进行船模试验，模型设计成正态。根据试验河段河势及地形资料、模拟的代表船型、试验场地及供水条件等，确定模型比尺 $\lambda_l = \lambda_h = 110$。

按照满足重力相似条件、阻力相似条件和水流连续条件的要求，可计算出模型其他比尺。

流速比尺

$$\lambda_u = \lambda_h^{\frac{1}{2}} = 10.49 \tag{6.4}$$

糙率比尺

$$\lambda_n = \lambda_l^{\frac{1}{6}} = 2.19 \tag{6.5}$$

流量比尺

$$\lambda_Q = \lambda_l^{\frac{5}{2}} = 40\ 998.3 \tag{6.6}$$

为使模型的流态与原型达到相似的要求，模型除满足上述相似条件外，按《内河航道与港口水流泥沙模拟技术规程》(JTJ/T 232—1998)的要求，模型设计还应符合下列限制条件。

(1)为避免表面张力对模型水流的影响，模型主河道最小水深应大于3.0cm。

(2)模型水流应处于阻力平方区，水流雷诺数应大于1 000。

3)模型制作

模型采用等高线法制作，等高线间距为5m，局部位置予以加密。地形采用水泥砂浆抹面，表孔溢流堰面采用水泥刮制且用砂纸磨光，中孔、放空底孔、导流底孔和泄洪洞均采用有机玻璃制作，上游通航建筑物及下游引航道开挖边坡采用水泥砂浆制作，下游隔流堤采用有机玻璃制作。模型制作和安装精度均符合《水工(常规)模型试验规程》(SL 155—2012)、《通航建筑物水力学模拟技术规程》(JTJ 235—2003)和《内河航道与港口水流泥沙模拟技术规程》(JTJ/T 232—1998)要求。

6.2.2　自制船模设计及制作

乌江渡—龚滩河段航道为Ⅳ级航道，最大可通航500吨级船舶。试验中选取了500吨级机动驳作为代表船型，其尺度为55.0m×10.8m×(1.60～1.90m)(船长×船宽×满载吃水)，由于该500吨机动驳没有具体的船型线型图等资料，因此选用了一艘主尺度较为接近的船舶进行船模试验。船模试验所选用的实船主尺度见表6.3和图6.2。

实船主要参考尺度　　表6.3

船型	总长 L (m)	型宽 B (m)	吃水 T (m)	方形系数 δ	舯剖面系数 β	排水量 W (m^3)
500吨级机动驳	52.00	9.60	1.80	0.860	0.98	751.70

船模的几何比尺与水工模型几何比尺一致为1∶110，在满足几何相似的前提下，通过校准和率定试验使船模与实船在重力、操纵性能等方面达到了相似，可满足通航条件试验对船模相似性的要求。利用自航船模对枢纽引航道、口门区、连接段船舶航行条件及整治方案进行论证。

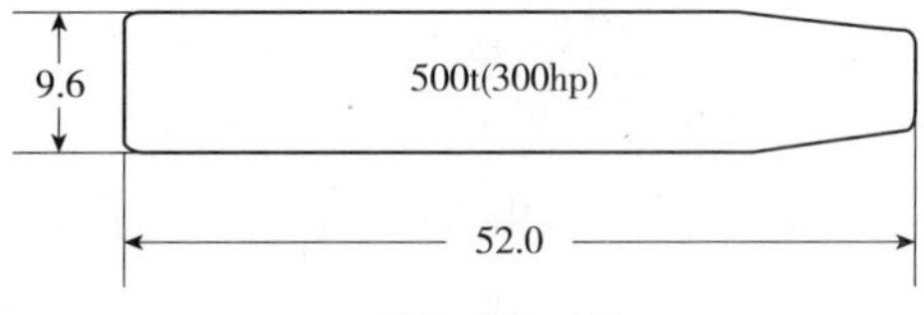

图6.2　试验的自航驳平面图(尺寸单位:m)

注:1hp=0.746kW。

船模作为实船在水中运动，其运动是一个力学过程，显然这个力学过程的模拟，应该满足一定的相似条件。根据交通部发布实施的《内河航道与港口水流泥沙模拟技术规程》(JTJ/T 232—1998)，用于通航条件试验的船模，应该满足几何相似和重力相似条件。对于满足几何相似条件的船模，其几何尺度、形状、吃水和排水量都应与实船相似；对于满足重力相似条件的船模，其运动速度及时间也应与实船相似。

根据量纲分析，对于满足几何相似和重力相似的几何正态的船模，相应的各相关参数比尺关系如下：

吃水比尺

$$\lambda_T = \lambda_l = 110 \tag{6.7}$$

时间比尺

$$\lambda_t = \lambda_l^{\frac{1}{2}} = 10.49 \tag{6.8}$$

速度比尺

$$\lambda_V = \lambda_l / \lambda_t = 10.49 \tag{6.9}$$

排水量比尺

$$\lambda_\nabla = \lambda_l^3 = 1\ 331\ 000 \tag{6.10}$$

在进行船模设计时，其比尺既不能太大，也不能太小。比尺大，试验场地、供水系统等可能无法满足；比尺小，船模缩尺后，其尺度、排水量就很小，船模的控制、动力等设备将无法安装。目前国内中小型船舶模型的比尺多在 1∶50～1∶150。由于河工模型比尺为 1∶110，而船模设计时其比尺必须与相应的河工模型比尺相同，因此确定船舶模型比尺为 1∶110。按比尺关系，可求得其他主要比尺，见表 6.4。

船模比尺列表 表 6.4

名称	几何比尺	吃水比尺	排水量比尺	速度比尺	时间比尺
符号	λ_l	λ_T	λ_∇	λ_V	λ_t
数值	110	110	1 331 000	10.49	10.49

船体采用玻璃钢制作。先按实船的线型图分别做出船体的外形阳模，再用阳模翻制出船体阴模，然后在阴模中浇制玻璃钢船体。经过整形、上隔舱、封甲板、打磨、刷漆等工艺，制作出满足外形尺度、强度等要求的玻璃钢船体。根据要求，船模在制作过程中主要严格控制船体水线以下部分尺寸的精确性。对上层结构则进行了简化，以便减轻重量。

由于目前尚无 500 吨级机动船队实船的操纵性能资料，为保证船模试验结果偏于安全，将自航船模舵面积减小了 10%，总操纵性能指数相应差约 15%，同时亦满足一般船模试验要求。

参照实船正常航速和引航道口门区的航速限制，自航船模试验静水航速 V_s 控制为 0.19m/s、0.24m/s 和 0.29m/s（相当于实船航速 2.0m/s、2.5m/s 和 3.0m/s 或 7.2km/h、9.0km/h和 10.8km/h）。

自航船模的静水航速均在标定池内进行标定。标定池水深 0.35～0.40m，满足水深要求（$H \geqslant (8\sim10) \times H_k$，$H_k$为自航驳吃水深）。试验前后，均进行了静水航速标定和操纵性指数复核，以保证船模试验输出资料（漂角和舵角等）的可靠性。

6.2.3 模型测量系统

在测试方面，流量采用量水堰量测，水位采用测针量测，流速采用旋桨流速仪量测，波浪采用波高仪量测。船模试验的航行参数使用微机采集，采用多镜头视频图像系统实时显示和记录航行姿态，航态图由微机进行数据转换，用Excel绘制。航行参数包括对岸航速 v_L 和车速 v_O 的沿程变化过程线（v_L-t）以及用舵 δ 的沿程变化过程线（δ-t）等。

6.2.4　物理模型验证试验

模型验证是检验模型相似性的主要手段，根据模型相似要求，定床试验阶段主要对水面线、断面流速分布以及流线等项内容进行验证。由于没有天然河道的流速流态资料，因此未进行天然河道的流速分布和流线验证试验。

水位验证资料共13个流量级，采用天然河道地形，对应于原型水尺坐标，在模型上分别设置了E尺、F尺和G尺，进行了模型水位验证。

模型水位验证成果列于表6.5，从表6.5中资料可知，E、F尺模型水位与原型水位最大差值为0.13m，模型水位与原型水位吻合良好，验证结果满足《内河航道与港口水流泥沙模拟技术规程》规定的精度要求，表明模型的阻力与天然阻力基本相似，模型可进行工程前水流特性试验和工程方案的试验研究。

模型天然河道水位率定成果　　表6.5

流量 (m^3/s)	E尺 (m)	E尺模型值 (m)	E尺原型与模型差值 (m)	F尺 (m)	F尺模型值 (m)	F尺原型与模型差值 (m)	G尺 (m)
382	431.10	431.14	−0.04	430.50	430.45	0.05	430.40
662	433.30	433.23	0.07	432.70	432.63	0.07	432.60
1 010	435.40	435.27	0.13	434.90	434.84	0.06	434.80
1 500	438.06	437.96	0.10	437.55	437.43	0.12	437.43
2 269	441.60	441.51	0.09	441.10	441.01	0.09	440.90
3 359	445.60	445.61	−0.01	445.10	445.07	0.03	445.00
4 676	449.60	449.65	−0.05	449.10	449.03	0.07	449.00
5 500	451.79	451.85	−0.06	451.29	451.23	0.06	451.18
6 260	453.60	453.63	−0.03	453.10	453.16	−0.05	452.90
7 476	456.35	456.43	−0.08	455.80	455.86	−0.06	455.61
8 200	457.91	458.01	−0.10	457.36	457.45	−0.08	457.15
9 112	459.82	459.88	−0.06	459.28	459.33	−0.05	458.97
11 052	463.50	463.49	0.01	462.90	462.89	0.01	462.60

6.3　试验水文条件及试验方案

6.3.1　试验条件

构皮滩水电站通航设施按照Ⅳ级航道、500吨级船型标准设计，根据《内河通航标准》，最大通航流量应为5年一遇洪水流量11 100m^3/s，但由于乌江属于洪峰陡涨陡落历时很短的山区性河流，且构皮滩电站下游的思林水电站和彭水水利枢纽的设计最大通航流量分别为4 400m^3/s和5 000m^3/s[1]，因此设计初步拟定构皮滩水电站最大通航流量为4 000m^3/s，该流量的年历时保证率为98.63%。设计提供的试验条件列于表6.6，表6.6中下游水位为下游思林电站建库前G尺水位。

试 验 条 件　　表6.6

组　次	库水位(m)	泄洪方式	电站流量(m/s)	总泄量(m/s)	下游水位(m)
					G尺
1	626.24	表孔2孔＋电站	1 909	4 000	447.03
2	630.00	表孔＋电站	1 909	2 500	441.83
3	585.00	电站	1 909	1 909	439.34
4	585.00	电站	381.8	381.8	430.40

6.3.2 坝址水位流量关系

构皮滩基本水尺D尺位于坝址下游约450m处，距上游江界河水文站33km，实测流量精度差且高水无测点，不能依此建立水位流量关系曲线。构皮滩和江界河站1959年和1981年6月至今有同步观测水位，因此依据构皮滩和江界河同步观测水位建立两站水位相关，高水加入1830年和1912年历史洪水位，将江界河站综合水位流量关系曲线转换为构皮滩基本水尺D尺水位流量关系曲线。

构皮滩E、F和G水尺设立于1985年，分别位于坝址基本水尺D尺下游约0.495 km、1.17 km和1.41 km。采用上述水尺分别与D尺1996年乌江大水同步观测水位建立相关，高水用比降外延，将构皮滩基本水尺D尺水位流量关系曲线分别转换为构皮滩E、F和G水尺水位流量关系曲线。设计提供的下游水位流量关系资料见表6.7、表6.8和图6.3、图6.4。

下游思林电站建库前构皮滩坝址D～G尺水位流量关系　　表6.7

流　量(m^3/s)	D尺水位(m)	E尺水位(m)	F尺水位(m)	G尺水位(m)
83	429.00	427.90	427.20	427.10
105	429.30	428.20	427.50	427.40
117	429.50	428.40	427.70	427.60
165	430.00	429.00	428.40	428.30
261	431.00	430.00	429.40	429.30
382	432.00	431.10	430.50	430.40
517	433.00	432.20	431.60	431.50
662	434.00	433.30	432.70	432.60
827	435.00	434.40	433.80	433.70

续上表

流　　量 (m^3/s)	D尺水位 (m)	E尺水位 (m)	F尺水位 (m)	G尺水位 (m)
1 010	436.00	435.40	434.90	434.80
1 396	438.00	437.50	437.00	436.90
1 808	440.00	439.60	439.10	438.90
2 269	442.00	441.60	441.10	440.90
2 778	444.00	443.60	443.10	442.90
3 359	446.00	445.60	445.10	445.00
3 991	448.00	447.60	447.10	447.00
4 676	450.00	449.60	449.10	449.00
5 426	452.00	451.60	451.10	451.00
6 260	454.00	453.60	453.10	452.90
7 115	456.00	455.55	455.00	454.80
8 029	458.00	457.55	457.00	456.80
8 980	460.00	459.55	459.00	458.70
9 967	462.00	461.55	461.00	460.70
1 1 052	464.00	463.50	462.90	462.60

下游思林电站建库后构皮滩坝址D尺水位流量关系　　　　表6.8

构皮滩下泄流量 (m^3/s)	思林电站建库后坝前水位(m)		
	431	435	440
120	431.67	435.39	440.30
375	433.18	435.92	440.50
730	435.29	437.16	441.10
1 125	437.45	438.78	441.90
1 500	439.29	440.33	442.90
1 875	440.97	441.83	444.00
2 000	441.51	442.32	444.30
2 500	443.53	444.17	445.80
3 000	445.38	445.90	447.20
4 000	448.64	449.03	450.00
5 000	451.49	451.79	452.50
6 000	454.05	454.30	454.90
8 000	458.50	458.69	459.10
10 000	462.42	462.59	463.00

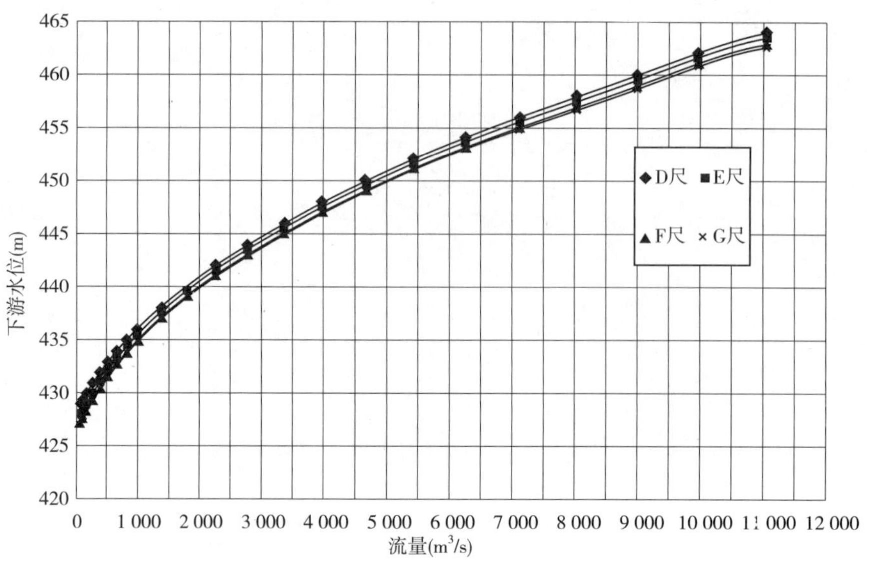

图 6.3 下游思林电站建库前构皮滩坝址 D-F 水尺水位流量关系

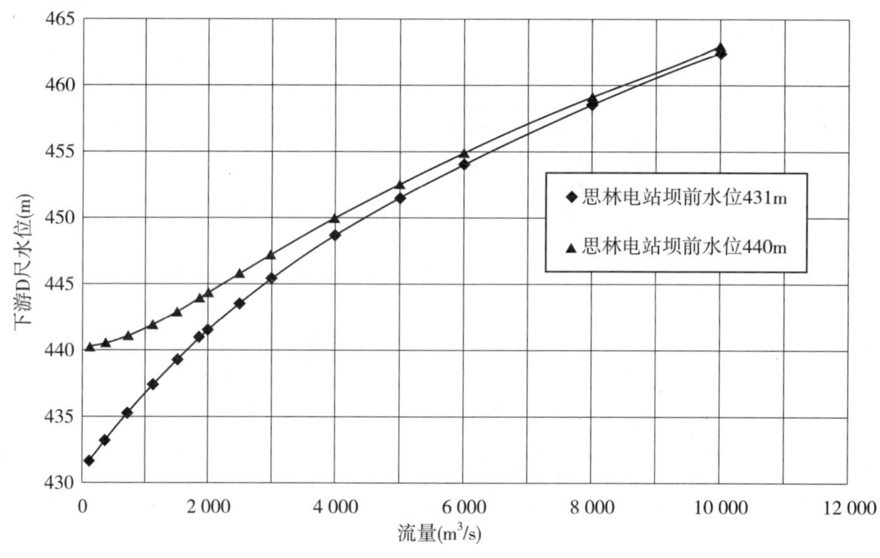

图 6.4 下游思林电站建库后 D 尺水位流量关系

6.3.3 下游水位流量关系

由于 E、F 尺位于下游通航建筑物上游，G 尺位于下游口门区附近，见图 6.1，进行通航水力学试验时不宜采用上述水尺来控制下游水位。鉴于此，模型上在 G 尺下游约 190m 处设置了 G′尺，采用该水尺来控制下游水位。G′尺水位流量关系参见表 6.9、表 6.10 和图 6.5、图 6.6。

下游思林电站建库前 G′尺水位流量关系　　表 6.9

流量(m^3/s)	G′尺水位(m)
382	430.34
662	432.55
1 010	434.76
1 500	437.28
2 269	440.70
3 359	444.75
4 676	448.66
5 500	450.76
6 260	452.69
7 476	455.42
8 200	456.93
9 112	458.78
11 052	462.40

下游思林电站建库后 G′尺水位流量关系　　表 6.10

构皮滩下泄流量(m^3/s)	思林电站建库后坝前水位(m)	
	431	440
375	431.52	440.50
730	433.89	440.88
1 125	436.24	441.44
1 500	438.05	442.21
1 875	439.67	443.08
2 000	440.21	443.31
2 500	442.23	444.50
3 000	444.10	445.92
4 000	447.38	448.74
5 000	450.10	451.11
6 000	452.70	453.55
8 000	457.08	457.68
10 000	460.84	461.42

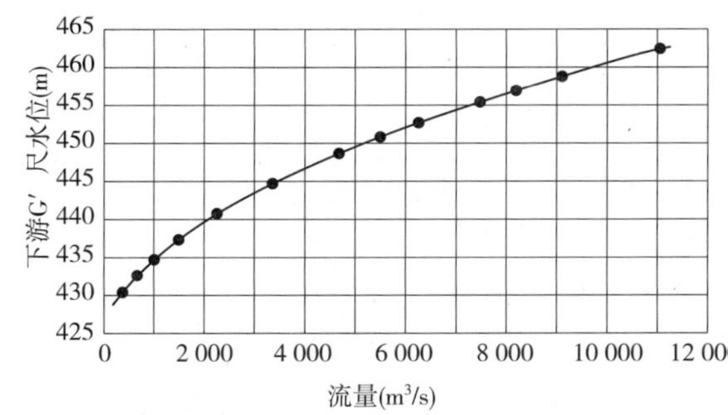

图 6.5　下游思林电站建库前 G′尺水位流量关系

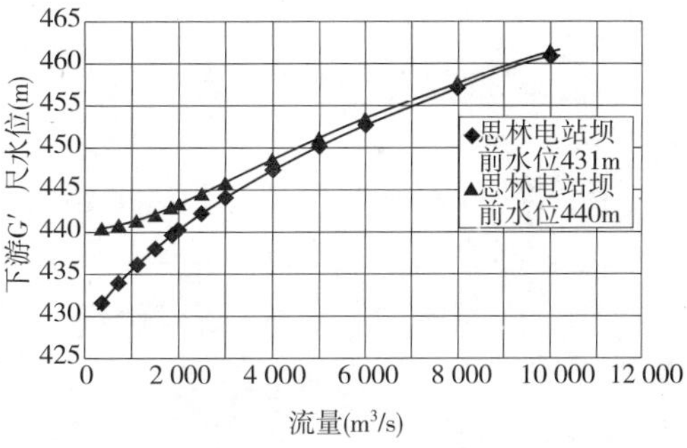

图 6.6　下游思林电站建库后 G′尺水位流量关系

6.4　通航标准

1)通航水流条件

通航水流标准引用《船闸总体设计规范》(JTJ 305—2001)[2]。

引航道口门区表面流速:纵向流速 $v_{纵} \leqslant 2.00m/s$,横向流速 $v_{横} \leqslant 0.30m/s$,回流流速$v_{回} \leqslant 0.40m/s$,波高 $B_{max} \leqslant 0.60m$;

引航道停泊段表面流速:纵向流速 $v_{纵} \leqslant 0.50m/s$,横向流速 $v_{横} \leqslant 0.15m/s$。

引航道调顺段、导航段宜为静水区。

在特殊情况下，局部最大流速略超上述规范的规定值时，必须经过充分论证确定，以确保船舶航行安全。引航道口门区要避免出现泄水波、泡漩水和乱流等碍航流态。另外，在引航道口门区宜避免出现影响船舶、船队航行的漩水、乱流等不良水流条件。

对于引航道口门区外连接段通航水流条件，目前规范没有明确规定，李一兵等[3]通过研究认为：口门外连接段仍然采用纵向流速、横向流速和回流流速指标来衡量，对于Ⅰ～Ⅳ船闸来说，其相应标准为：纵向流速≤2.5m/ s，横向流速≤0.40m/s；当连接段回流长度接近船舶、船队长度时，回流流速≤0.3m/s。另外，连接段的中心线与河流主流流向之间的夹角应尽量缩小，此夹角不宜大于10°。

2）船队进出口门航行标准

根据葛洲坝、三峡和彭水等多个航电枢纽的试验成果，参照《三峡船舶航行标准》及其他船舶航行标准，一般要求：

船队与河岸之间必须有一定的安全距离 Δb，$\Delta b=0.5\times B_c=5.00$m（其中 B_c 为船队最大船宽，对于构皮滩电站，$B_c=10.00$m）。

船队直航所用舵角$|\delta|$越小越好，一般要求$|\delta|\leqslant 20°$。

船队在口门区应保持一定的船位航向，一般要求其漂角$|\beta|\leqslant 9°$。

3）船模航行状态判别标准

船舶在航行过程中，其航行状态的好坏取决于水流条件与船舶本身的动力特性及其操纵性能的优劣。在一定的水流条件下，船舶的航行状态一般由船舶的航行轨迹、舵角、航向角、漂角等航行参数来反映。为使船舶能够以较好的航行状态进出口门区及连接段，《船闸总体设计规范》对水流条件有相应的规定。但如何判别船舶航行状态的优劣，目前还没有相应的标准。

在研究三峡船闸引航道口门区的通航条件时，对船模航行过程中的舵角及漂角值作了相应的限定，即舵角应小于20°，漂角应小于10°，且不能长时间用大舵角，并以此来判别航行状态的优劣。船舶或船队在航道航行时一般用船队上行对岸航速不小于某一限值来评价其优劣。不同的航道有不同的限值标准，这里参照长江三峡建成后汉渝间航行的船队上行对岸航速不得小于4km/h（1.11m/s）的规定执行，船模在航道航行时，以此指标来判断船队上行的难易程度。

6.5 现状条件下水流特性试验

构皮滩坝址下游河段内乌江总体上呈北西向南东流向，马鞍山下游河道为S形急弯，河势比较复杂。为了解构皮滩坝址下游天然河道水流特性，特别是下游航道口门区附近的水流特性，模型上在该河段内共布置了10个流速断面，其中断面6-6～断面8-8位于下游口门区，断面9-9～断面10-10位于口门区连接段。流速观测断面布置见图6.7，共测试了8级流量的河道表面流速分布及流态，结果见图6.8。各级流量的下游口门区所在河段流态特征参数列于表6.11。

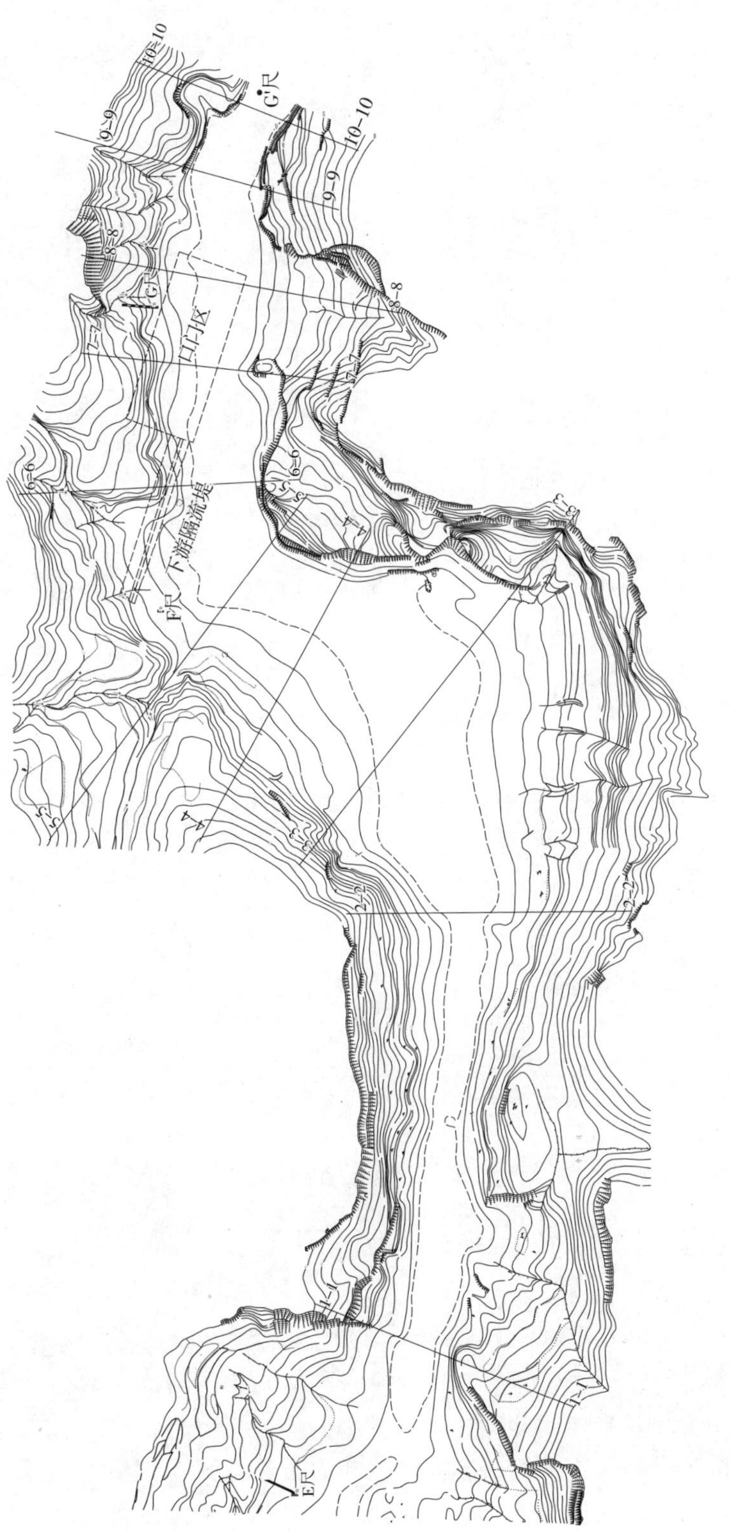

图6.7　天然河道表面流速观测断面分布

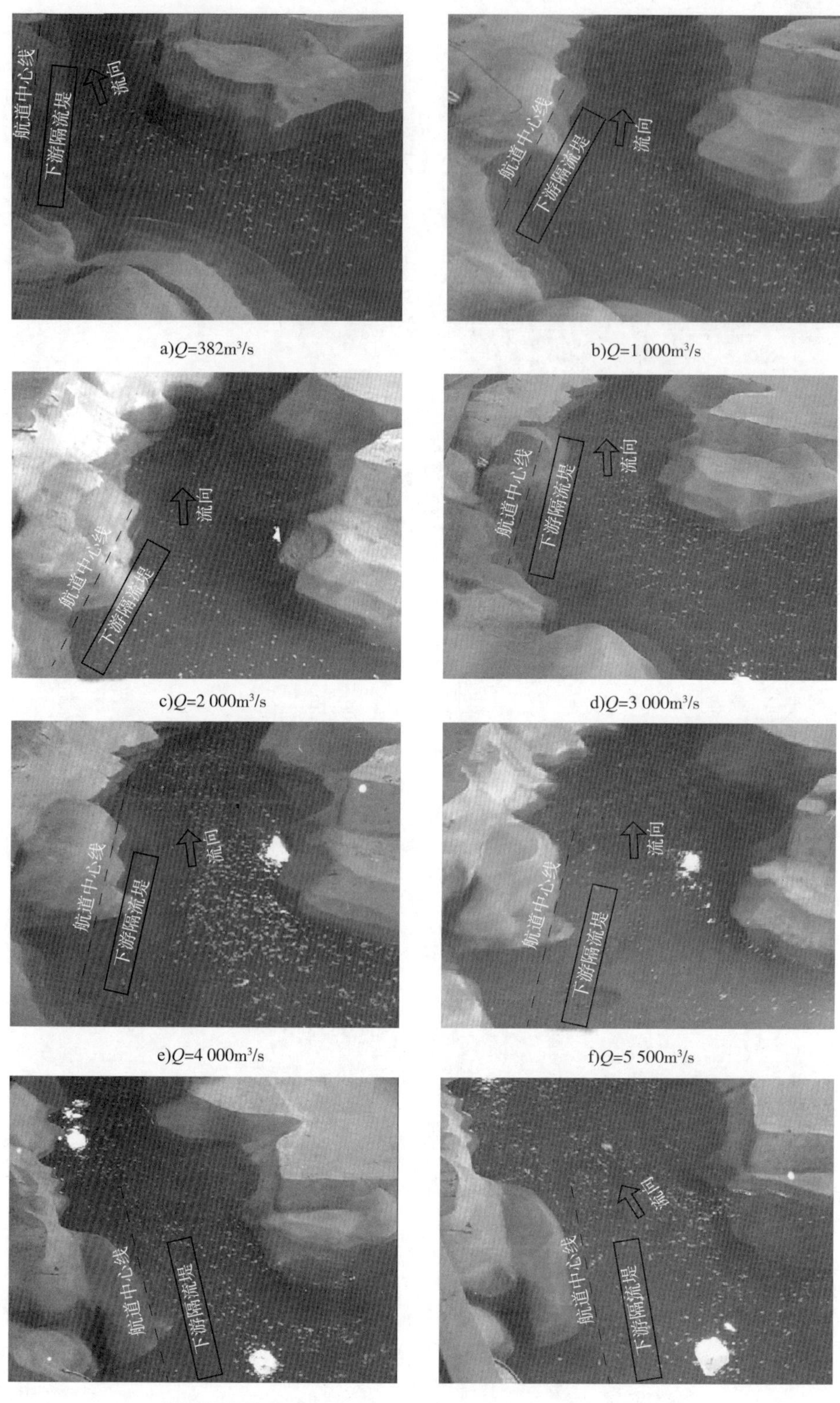

a)Q=382m³/s　b)Q=1 000m³/s　c)Q=2 000m³/s　d)Q=3 000m³/s　e)Q=4 000m³/s　f)Q=5 500m³/s　g)Q=7 476m³/s　h)Q=9 112m³/s

图 6.8　各级流量下天然河道流态

下游口门区所在河段流态特征参数　　表 6.11

流量 (m^3/s)	断面 6-6		断面 7-7		断面 8-8	
	水面宽度(m)	最大表面流速(m/s)	水面宽度(m)	最大表面流速(m/s)	水面宽度(m)	最大表面流速(m/s)
382	70	0.74	66	0.70	94	0.69
1 000	74	1.26	91	1.18	111	1.12
2 000	82	1.82	104	1.60	128	1.46
3 000	86	2.08	111	1.90	142	1.69
4 000	88	2.28	120	2.16	159	2.06
5 500	93	2.88	142	2.65	171	2.37
7 476	118	3.36	147	3.22	188	2.76
9 112	192	3.40	149	3.24	207	2.82

注:表中流量一栏中 7 476m^3/s 和 9 112m^3/s 分别对应于构皮滩坝址上游江界河水文站两年一遇和三年一遇洪水流量。

结合天然河道流速流态和下游通航建筑物布置综合分析,可以得到以下一般规律。

(1)下游口门区位于马鞍山下游河道 S 形弯道左侧,该河段表面主流流向与口门区航道中心线之间的夹角一般为 18°左右。

(2)右岸突嘴地形陡峭,且靠近主河槽,对河道主流产生一定的挑向作用。

(3)天然地形条件下,随着流量的增大,下游口门区所在河段(断面 6-6～断面 8-8)的表面主流流速相应增大。$Q\leqslant 2\ 000m^3/s$ 流量条件下,该河段表面主流流速值小于 2.00m/s。$Q\geqslant 4\ 000m^3/s$流量条件下,该河段表面主流流速值大于 2.00m/s。

6.6　工程方案试验

6.6.1　设计方案试验成果

1)上游引航道口门区水流条件

上游通航建筑物位于双曲拱坝左岸,远离坝身泄洪建筑物和岸边泄洪洞进口。上游引航道布置见图 6.9。上游口门区长度为 140m。

$Q\leqslant 4\ 000m^3/s$ 各级流量条件下,对应于库水位 585～630m,上游口门区内流速小于 0.14m/s,引航道调顺段、导航段为静水区,波高 $B_{max}\leqslant 0.30m$,未出现泡漩水和乱流等碍航流态,通航水流条件较好。试验中在不考虑与原型情况相似的条件下,将表孔闸门或电站进口闸门突然关闭和突然开启,观察到泄水波自表孔进口或电站进口处向上游传播,到达上游口门区及引航道处时,导致该处波高增加约 0.1m,其水流条件仍能满足通航要求。

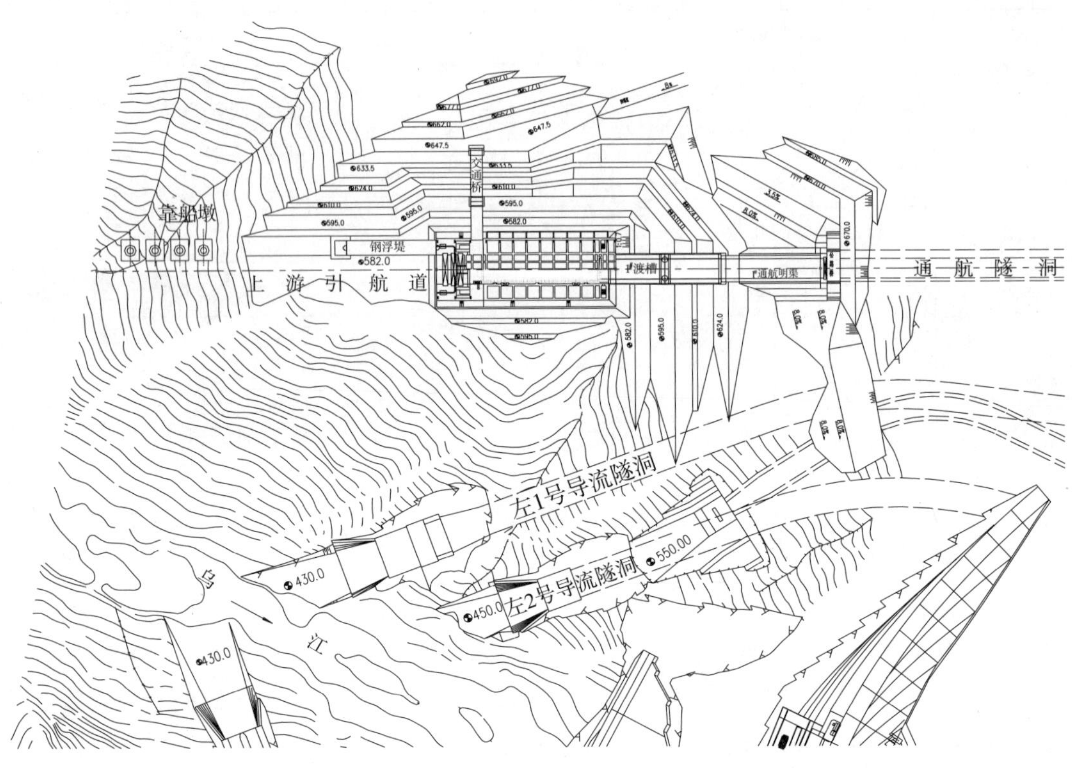

图 6.9　设计方案上游引航道平面布置图

2)上游引航道口门区船模试验

在 Q=2 500m³/s、1 909m³/s 和 4 000m³/s 流量条件下，分别对应于上游水位 630m、585m 和 626.24m，进行了船模试验。自航驳以静水航速 v_0=3.0m/s 由上游引航道口门区上行或由口门区下行进入上游引航道。船模上、下水航迹图和沿程航行参数过程线参见图 6.10～图 6.15，航行参数统计列于表 6.12。

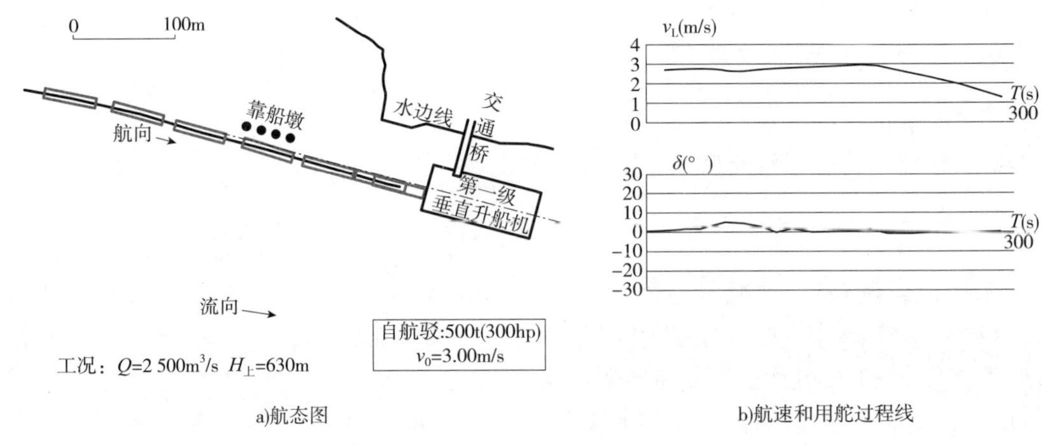

图 6.10　上游引航道口门区船模试验——下水(Q=2 500m³/s,H=630m)

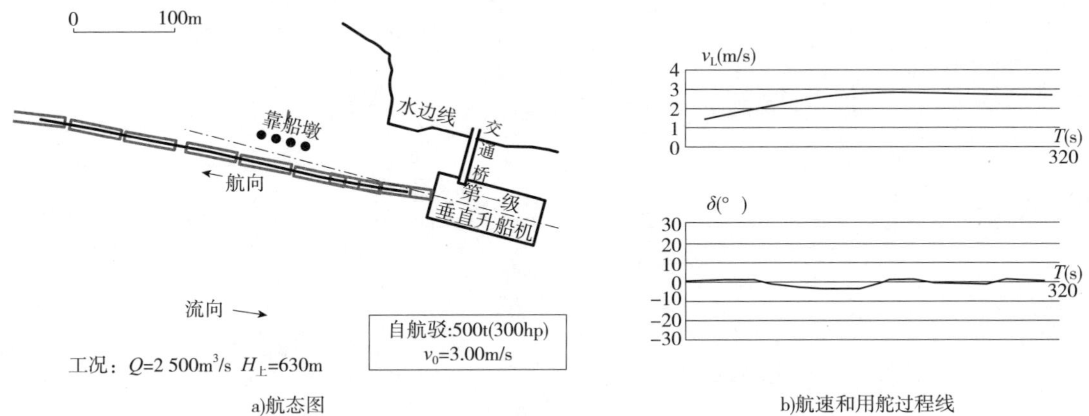

图 6.11　上游引航道口门区船模试验——上水(Q=2 500m³/s,H=630m)

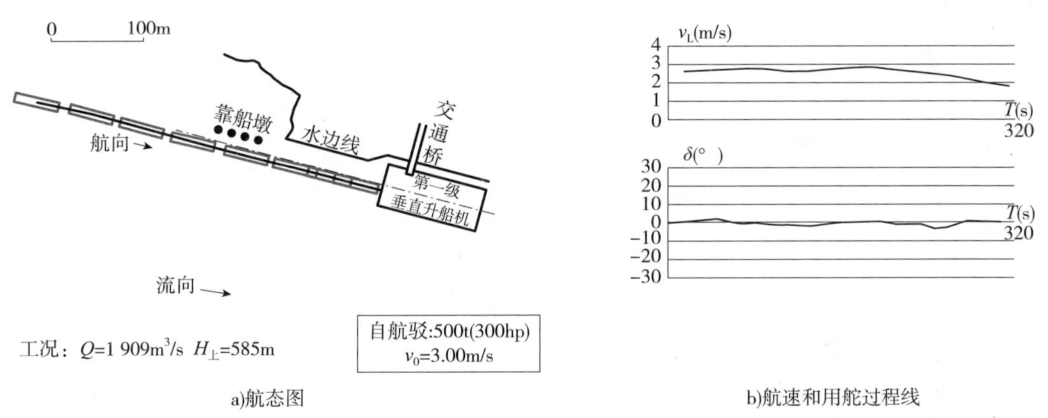

图 6.12　上游引航道口门区船模试验——下水(Q=1 909m³/s,H=585m)

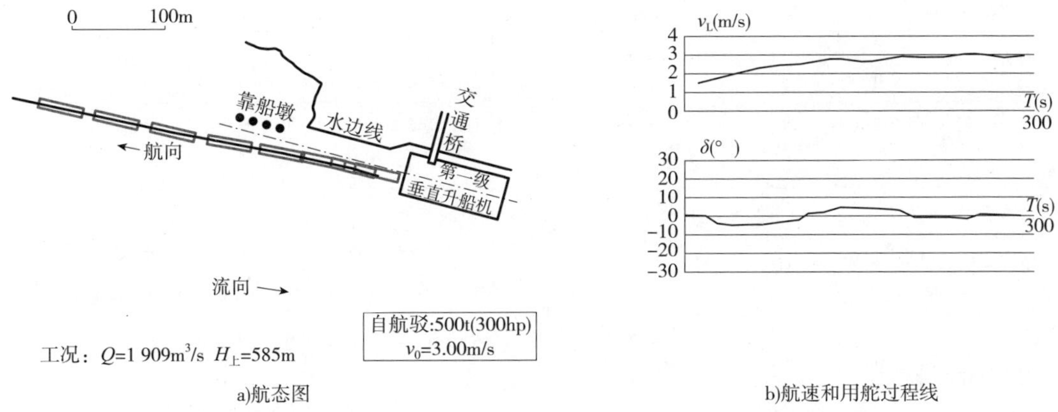

图 6.13　上游引航道口门区船模试验——上水(Q=1 909m³/s,H=585m)

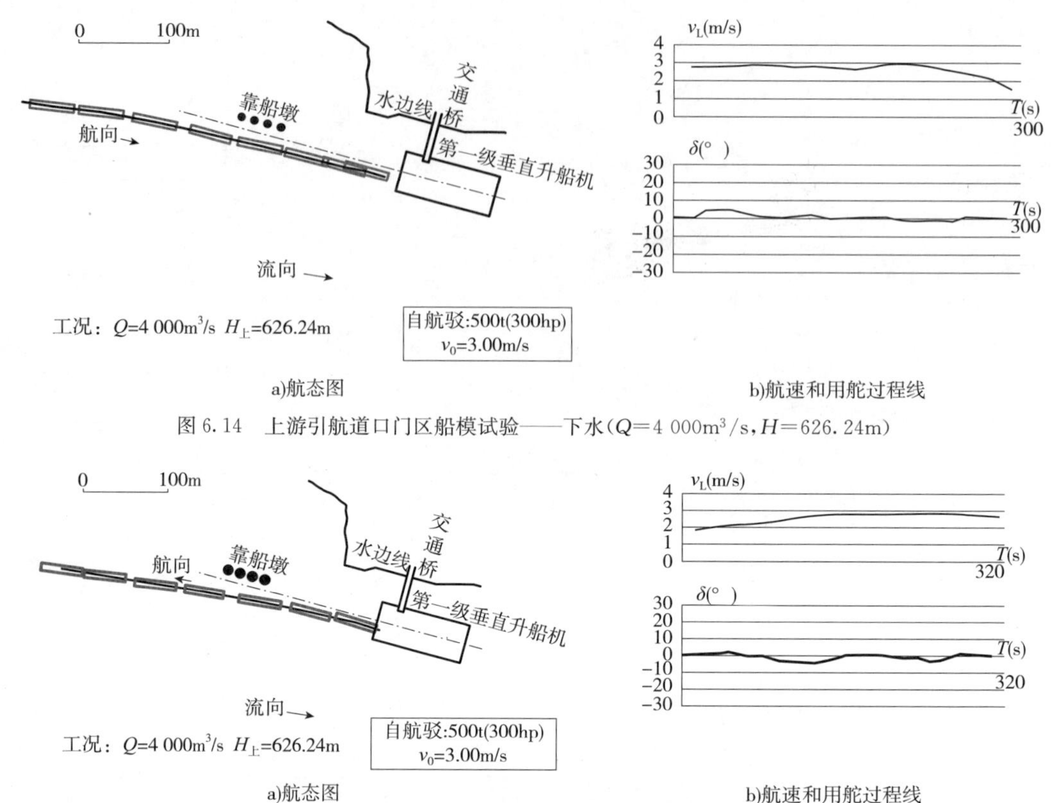

图 6.14　上游引航道口门区船模试验——下水（$Q=4\ 000m^3/s$，$H=626.24m$）

图 6.15　上游引航道口门区船模试验——上水（$Q=4\ 000m^3/s$，$H=626.24m$）

上游引航道及口门区船模航行参数统计表　　表 6.12

库水位（m）	流量（m^3/s）	距一级升船机进口（m）		上游引航道 0～120				口门区 120～260			
		航向	v_0（m/s）	v_{Lmin}（m/s）	v_{Lp}（m/s）	β_{max}（°）	δ（°）	v_{Lmin}（m/s）	v_{Lp}（m/s）	β_{max}（°）	δ（°）
630.00	2 500	上水	3.00	1.53	2.23	3.4	+3～−5	2.21	2.84	4.0	+3～−4
		下水	3.00	1.47	2.10	3.6	+4～−3	2.12	2.85	3.1	+5～−2
585.00	1 909	上水	3.00	1.55	2.11	4.0	+3～−2	2.18	2.85	3.0	+4～−3
		下水	3.00	1.37	2.02	3.1	+4～−5	2.14	2.76	4.2	+3～−4
626.24	4 000	上水	3.00	1.51	2.21	4.2	+3～−5	2.20	2.80	3.4	+3～−4
		下水	3.00	1.67	2.05	4.1	+4～−3	2.22	2.71	3.1	+2～−3

注：表中 v_{Lmin} 和 v_{Lp} 分别为对岸航速 v_L 的最小值和平均值，舵角 δ 一栏中"+"为右舵，"−"为左舵。

船模试验成果表明：由于上游引航道口门区水流流速较小，当自航驳上行或下行进出口门区时，只需采用小舵量调顺航向，航行较为顺畅。自航驳上水和下水全航程用舵量在+5°～−5°范围，漂角 β 均小于 5°，航态良好，航行指标均满足船舶（队）进出口门航行标准。

3）下游引航道口门区水流条件

下游通航建筑物位于马鞍山下游 S 形急弯处，下游口门区长度为 140m，航道中心线与该处河槽深泓线之间的夹角为 20°左右。下游引航道及口门区布置见图 6.16。该河段地形条件比较复杂，右岸突嘴对河道主流产生一定的挑向作用。在该设计方案布置下，分别在 Q=4 000m^3/s和 Q=2 500m^3/s 流量条件下对下游口门区流态流速进行了观测。

图 6.16　设计方案下游口门区流速分布

在 Q=2 500m^3/s 流量条件下，下游口门区未出现泡漩水和乱流等碍航流态，口门区内纵向流速小于 2.00m/s。口门区中部偏右区域横向流速为 0.14～0.73m/s，横向流速超标率（横向流速超过通航水流标准的测点数占总测点数的百分比）为 61%。口门区中部偏左区域处于回流区，回流最大流速为 0.76m/s。该工况下的下游口门区表面流速分布见图 6.17。

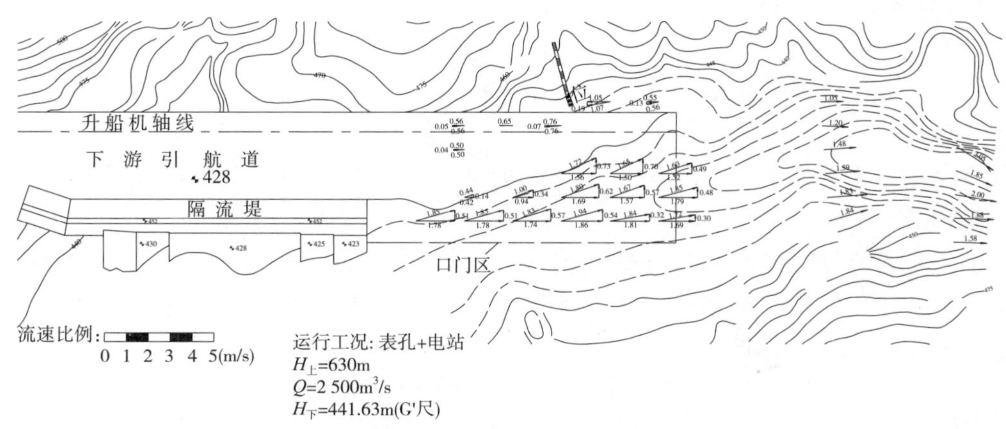

图 6.17　设计方案下游引航道及口门区平面布置图

在 Q=4 000m^3/s 流量条件下，下游口门区未出现泡漩水和乱流等碍航流态。口门区右侧宽度 12～23m 范围纵向流速超标，最大纵向流速达到 2.47m/s。口门区中部偏右区域横向流速为 0.19～0.66m/s，横向流速超标率为 32%。口门区中部偏左区域为回流区，回流流速为 0.21～1.04m/s。该工况下的下游口门区表面流速分布见图 6.18。

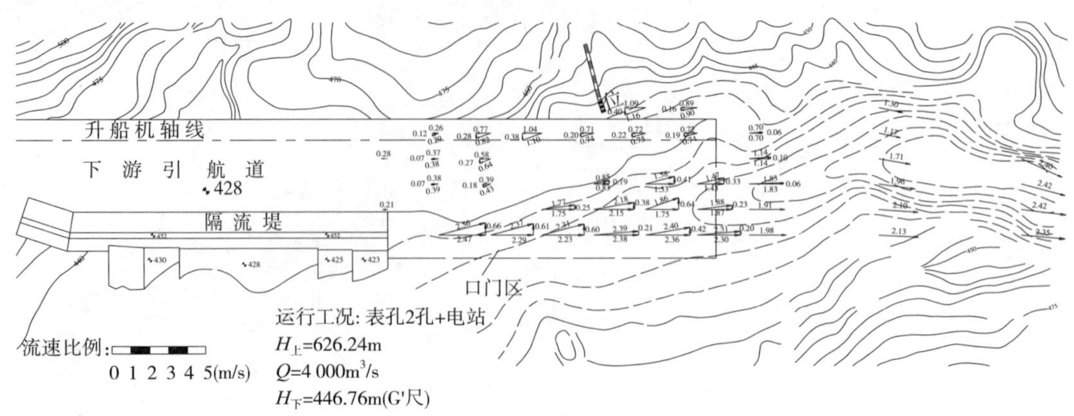

图 6.18 设计方案下游口门区流速分布

在上述流量条件下，不考虑与原型情况相似，将表孔闸门或电站进口闸门突然关闭和突然开启，观察到下游口门区及引航道处未出现泄水波。

由上述试验结果，可得到如下结论。

在 $Q \leqslant 4\ 000m^3/s$ 各级流量条件下，上游引航道及口门区水流条件较好，满足通航标准。

在 $Q=4\ 000m^3/s$ 和 $Q=2\ 500m^3/s$ 流量条件下，由于下游通航建筑物所在河道河势比较复杂，且下游口门区航道中心线与该处河槽深泓线之间的夹角为 20°左右，口门区中部偏右区域横向流速大片超标，左侧区域形成回流区，回流流速严重超标。鉴于设计方案下游口门区内水流条件不能满足通航要求，须对下游通航建筑物布置进行优化。

6.6.2 修改方案试验

1)右岸突嘴地形整治(修改方案一)

右岸突嘴位于口门区上游，对河道主流有一定挑向作用，导致下游口门区内水流与航道中心线之间的夹角偏大，从而出现了较大的横向流和回流。鉴于此，对右岸突嘴地形进行了开挖平顺整治。

由于 $Q \leqslant 4\ 000m^3/s$ 流量条件下下游通航水位范围为 447～430.4m，因此对右岸突嘴高程范围为 430～450m 的地形进行了开挖，采用半径为 75m 的圆弧形护坡与其下游地形平顺相接。另外，为平顺水流、拓宽河道，对堤头下游 70m 左右处右岸高程为 435～442m 的小山包进行了开挖。为叙述方便，该方案称为修改方案一，其具体布置见图 6.19。

(1)下游口门区水流条件

Q－700～4 000m^3/s 各级流量条件下的下游口门区表面流速分布见图 6.20。

在 $Q=700m^3/s$ 流量条件下，下游口门区内纵向流速均小于 1m/s。口门区内最大横向流速为 0.45m/s，横向流速超标率为 24%；最大回流流速为 0.40m/s。

在 $Q=1\ 000m^3/s$ 流量条件下，下游口门区内纵向流速均小于 1.5m/s。口门区内最大横向流速为 0.64m/s，横向流速超标率分别为 30%；最大回流流速为 0.58m/s。

在 $Q=2\ 500m^3/s$ 流量条件下，下游口门区内纵向流速均小于 2m/s。口门区内最大横向流速为 0.69m/s，横向流速超标率分别为 48%；最大回流流速为 0.68m/s。

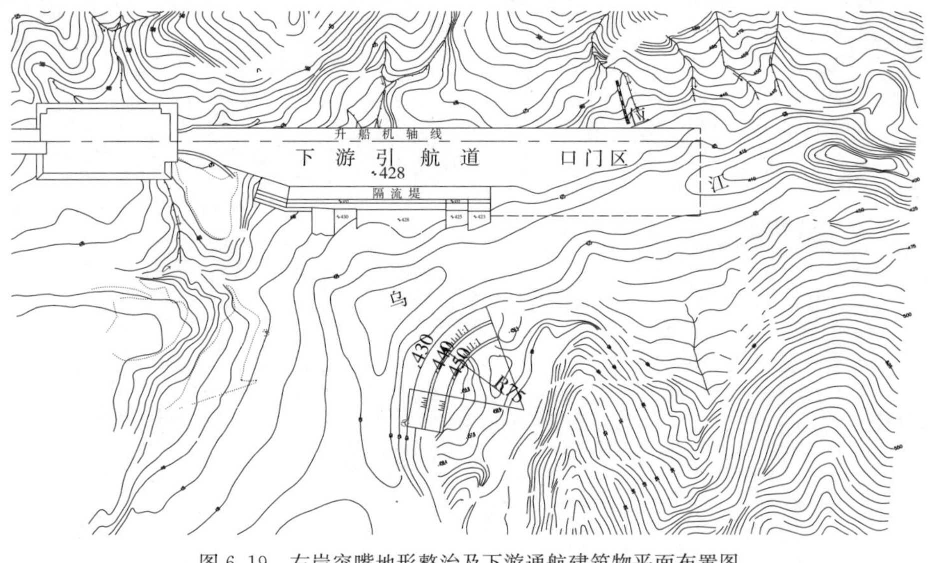

图 6.19 右岸突嘴地形整治及下游通航建筑物平面布置图

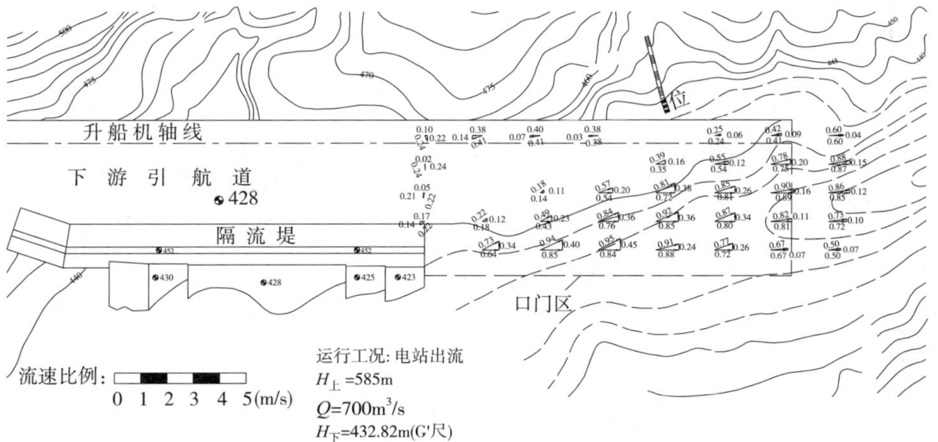

a)$Q=700\mathrm{m^3/s}$

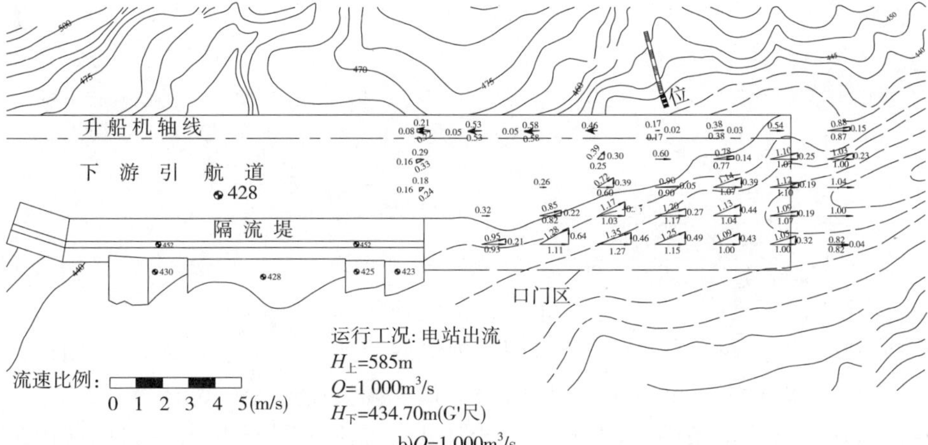

b)$Q=1\ 000\mathrm{m^3/s}$

图 6.20

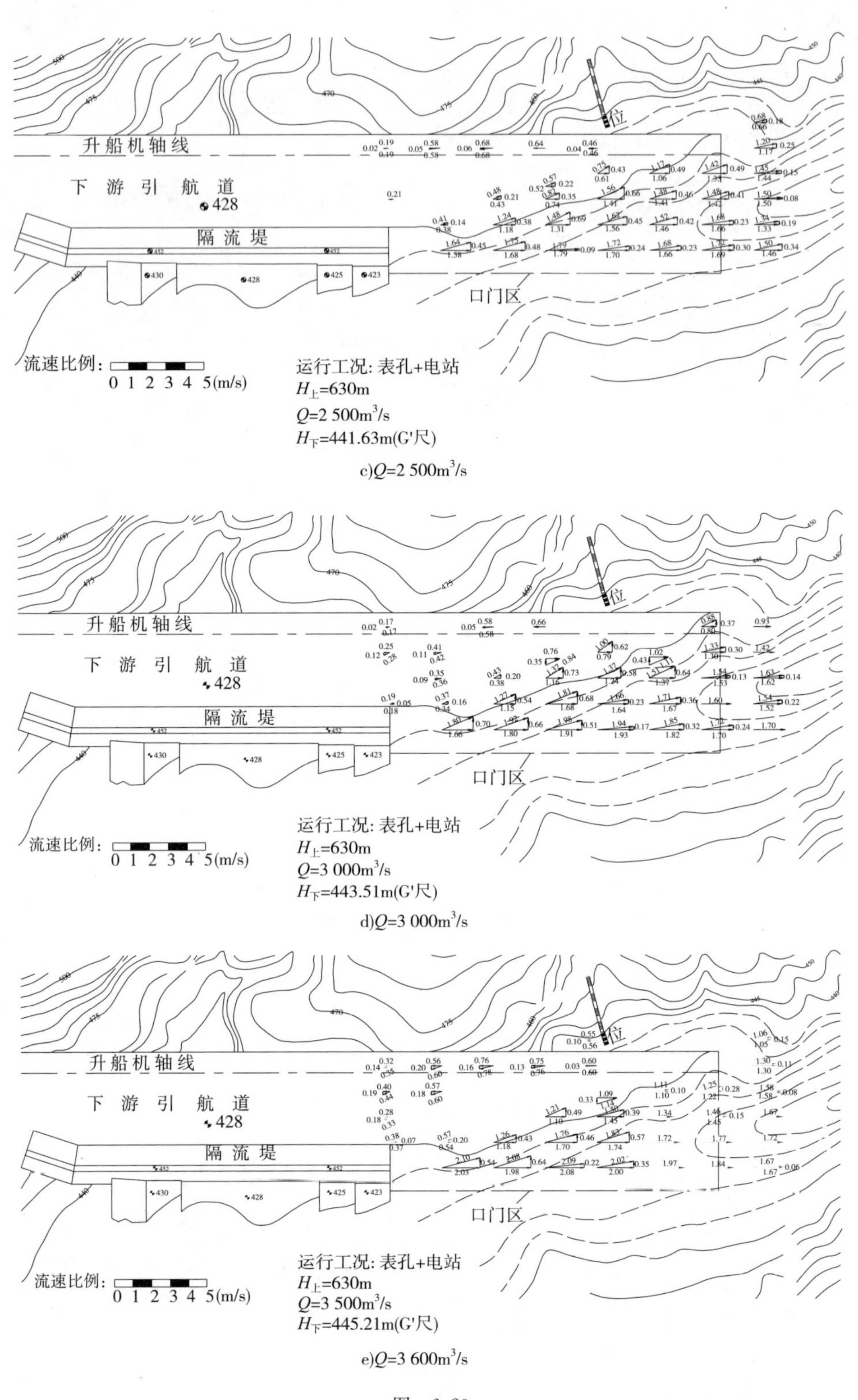

c)Q=2 500m³/s

d)Q=3 000m³/s

e)Q=3 600m³/s

图 6.20

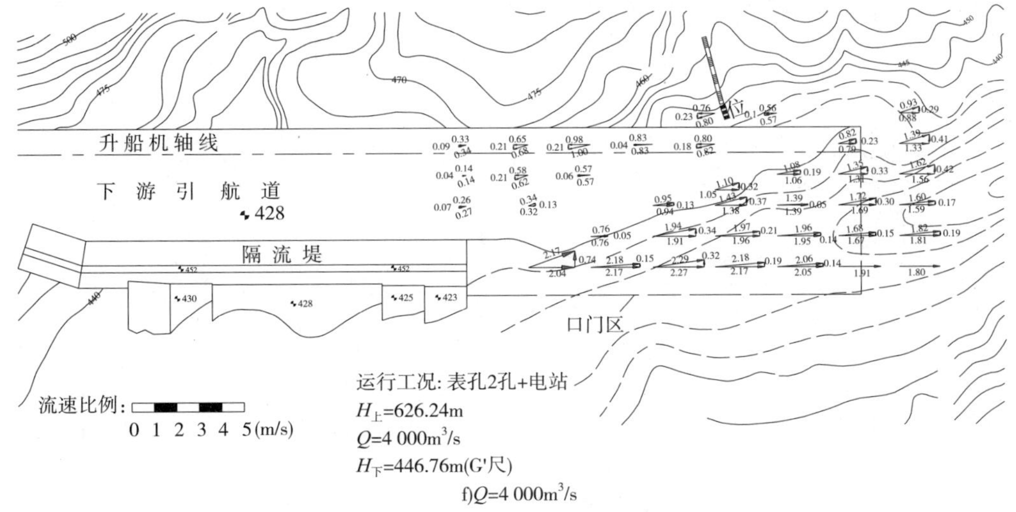

f)Q=4 000m³/s

图 6.20　下游口门区流速分布(修改方案一)

在 Q=3 000m³/s 和 Q=3 600m³/s 流量条件下，下游口门区内纵向流速均小于 2m/s。口门区内最大横向流速分别为 0.70m/s 和 0.64m/s，横向流速超标率分别为 50％和 32％；最大回流流速分别为 0.66m/s 和 0.76m/s。

在 Q=4 000m³/s 流量条件下，下游口门区右侧 10m 宽度范围内纵向流速超标，最大纵向流速为 2.27m/s。口门区内最大横向流速为 0.74m/s，横向流速超标率为 23％；最大回流流速为 0.98m/s。

与设计方案成果对比可知，对右岸突嘴地形开挖平顺整治后，Q=2 500m³/s 流量条件下，下游口门区内横向流强度有所减弱，但回流强度变化不大。Q=4 000m³/s 流量条件下，下游口门区内横向流强度明显减弱，但回流强度没有得到改善，且仍存在着局部区域纵向流速超标的问题。

(2)下游口门区船模试验

在 Q=2 500m³/s 流量条件下，进行了下游口门区船模试验。自航驳以静水航速 v_0＝2.5m/s 分别沿航道中心线左航线上行进入口门或沿航道中心线下行出口门区；以 v_0＝3.0m/s分别沿航道中心线中、右航线上行进入口门，行至口门内 20m 须停车或拉倒车。船模上、下水航迹图和沿程航行参数过程线见图 6.21～图 6.24，航行参数统计列于表 6.13。

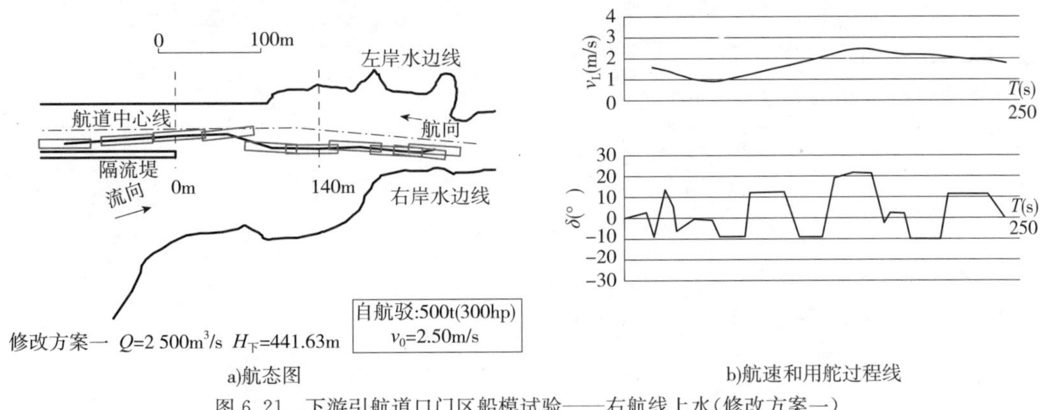

a)航态图　　b)航速和用舵过程线

图 6.21　下游引航道口门区船模试验——右航线上水(修改方案一)

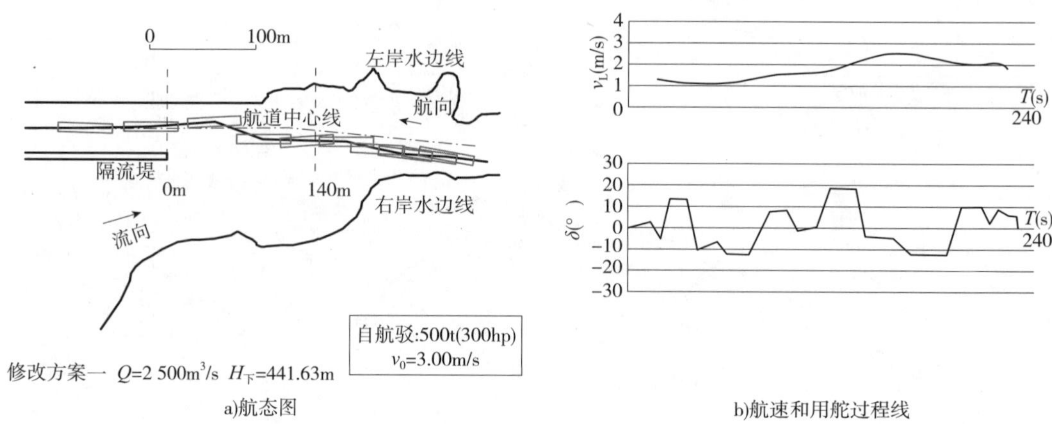

图 6.22　下游引航道口门区船模试验——中航线上水(修改方案一)

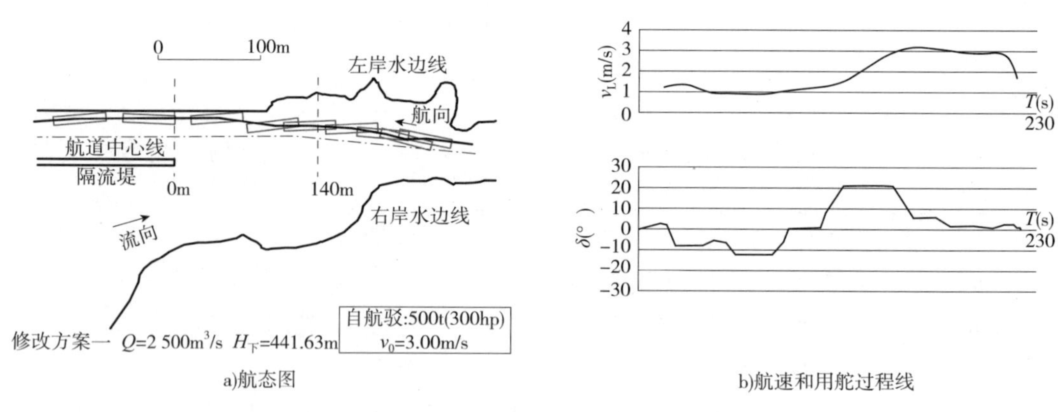

图 6.23　下游引航道口门区船模试验——左航线上水(修改方案一)

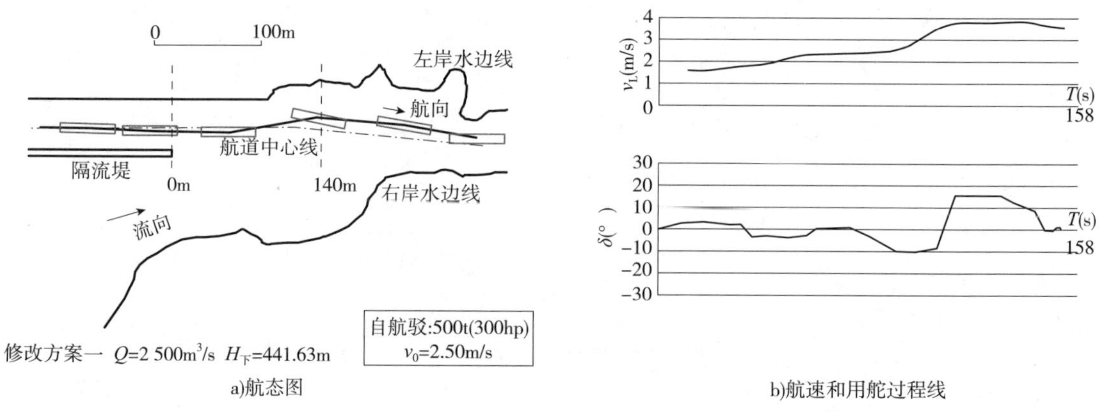

图 6.24　下游引航道口门区船模试验——中航线下水(修改方案一)

Q=2 500m³/s 下游引航道及口门区船模航行参数统计　　表 6.13

距口门(m)		0～140				140～280			
航向	v_0 (m/s)	v_{Lmin} (m/s)	v_{Lp} (m/s)	β_{max} (°)	δ (°)	v_{Lmin} (m/s)	v_{Lp} (m/s)	β_{max} (°)	δ (°)
左上	2.50	1.78	2.45	14.2	+21～−9	0.98	1.78	15.3	+13～−10
中上	3.00	1.91	2.52	17.1	+19～−13	0.89	1.89	10.2	+15～−13
右上	3.00	1.86	2.44	15.8	+21～−5	0.93	1.52	13.5	+5～−14
下水	2.50	2.31	2.50	10.1	+6～−4	2.45	3.65	7.2	+17～−10

自航驳沿中、右航线上行，至口门区中部时，受横向流作用，船体漂移较大，航态较差。自航驳沿沿左航线上行，在口门区内受横向流及回流作用，漂角稍大，航态较差。口门区左、中、右航线上行平均对岸航速分别为 2.45m/s、2.52m/s 和 2.44m/s，主用舵范围分别为+21°～−9°、+19°～−13°和+21°～−5°，最大漂角 β 分别为 14.2°、17.1°和 15.8°，航行指标不能满足船队进入口门的航行标准。

自航驳沿中航线下水，行至口门区中部，受横向流作用，漂角稍大，航态较差。全航程用舵量 δ 在+6°～−4°，最大漂角 β 为 10.1°，平均对岸航速为 2.50m/s，航行指标不能满足船队出口门航行的标准。

船模试验成果表明：修改方案一 Q=2 500m³/s 流量条件下，自航驳沿左、中、右航线上行和下行的航行指标均不能满足船队进出口门的航行标准。

(3)小结

修改方案一将右岸突嘴地形进行了开挖整治，流速流态资料及船模试验成果均表明，下游口门区水流条件较设计方案有所改善，但仍不能满足通航要求。鉴于此，在该方案基础上，对下游实体隔流堤长度和布置角度进行了比较优化。

2)下游实体隔流堤布置形式优化

试验中对下游隔流堤长度及堤头段角度进行了比较。为叙述方便，将隔流堤延长、缩短和改变堤头角度这三个方案分别称为修改方案二、修改方案三和修改方案四。各方案的下游口门区表面流速分布见图 6.25～图 6.27。

(1)修改方案二

该方案将下游隔流堤堤头延长 15m，下游口门区随之下移。

在 Q=2 500m³/s 流量条件下，下游口门区内最大横向流速为 0.72m/s，横向流速超标率为 56%。口门区内最大回流流速为 0.70m/s。

在 Q=4 000m³/s 流量条件下，下游口门区内最大横向流速为 0.50m/s，横向流速超标率为 38%。口门区内最大回流流速为 1.00m/s。

与前述成果对比可知，下游隔流堤延长 15m 后，由于隔流堤附近河势整体上未发生变化，口门区内水流条件整体上较延长前没有得到改善。

(2)修改方案三

该方案将下游隔流堤堤头缩短 15m，下游口门区随之上移。

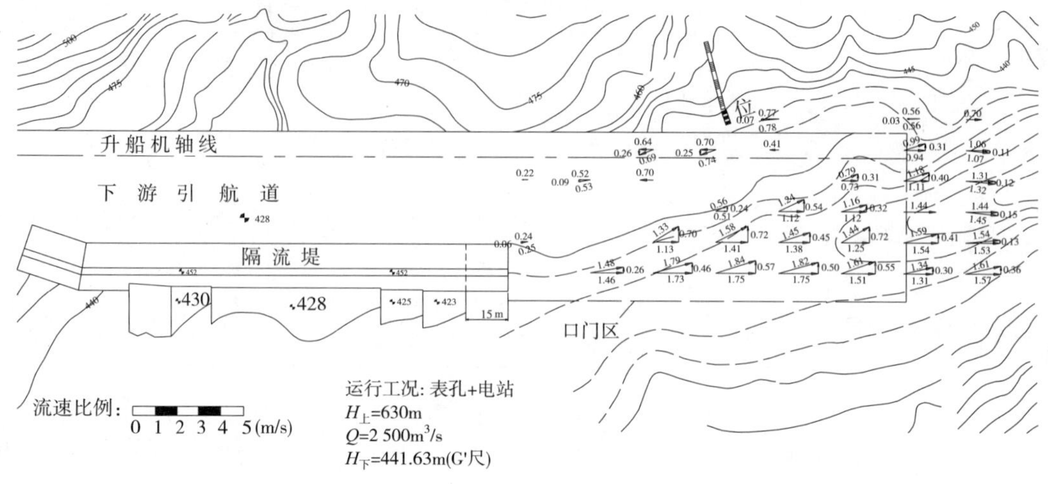

a)Q=2 500m^3/s

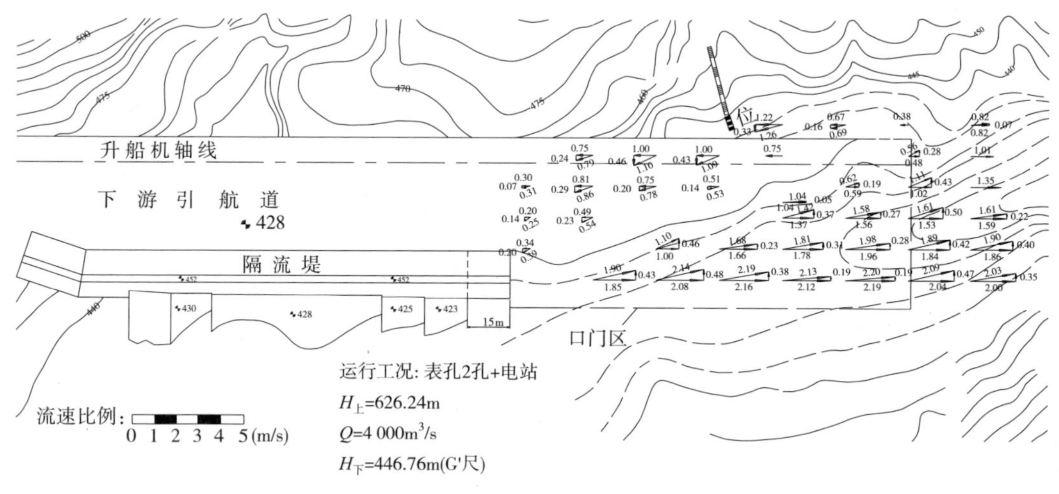

b)Q=4 000m^3/s

图 6.25　下游口门区流速分布(修改方案二)

在 Q=4 000m^3/s 流量条件下,下游口门区内最大横向流速为 0.95m/s,横向流速超标率为 65%。口门区内最大回流流速为 0.50m/s。

与前述成果对比可知,隔流堤缩短后,下游口门区回流范围和回流强度均明显减小;但由于缩短堤头使得隔流堤对水流导向作用减弱,导致口门区内横向流强度较原方案明显增大。

(3)修改方案四

该方案将隔流堤堤头 60m 范围顺时针偏转 5°。

在 Q=4 000m^3/s 流量条件下,下游口门区内最大横向流速为 1.06m/s,横向流速超标率为 51%。口门区内最大回流流速为 1.18m/s。

由于隔流堤原方案堤头处河道本身已形成锁口,堤头向河槽方向偏转后,口门区中后区域的横向流强度反而较原方案增大。

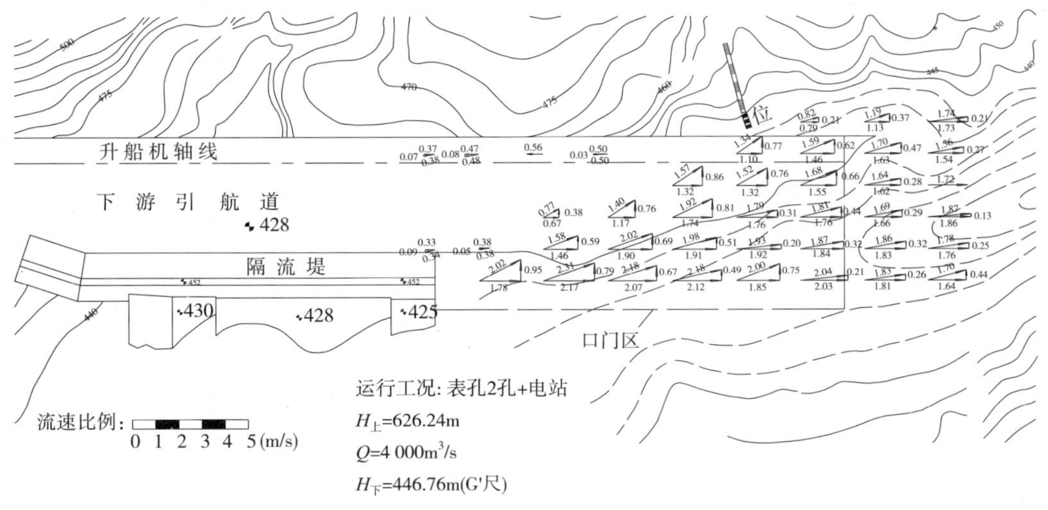

图 6.26　下游口门区流速分布(修改方案三)

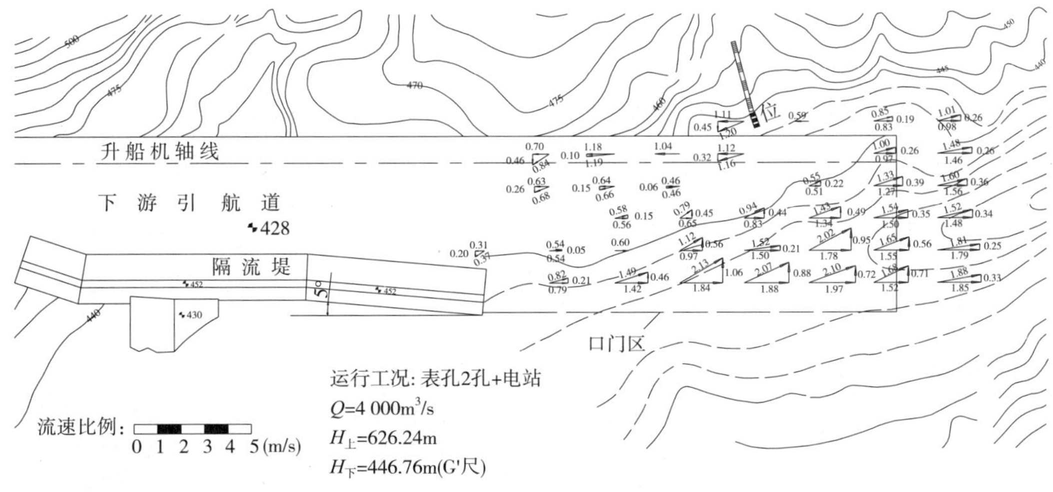

图 6.27　下游口门区流速分布(修改方案四)

(4)小结

将下游隔流堤延长或缩短,或调整其堤头角度,下游口门区水流条件没有得到改善,部分指标反而有所恶化。鉴于此,可以认为受河势条件制约,单纯调整下游实体隔流堤长度和布置角度不能改善下游口门区水流条件。

综合分析前述试验成果,可以得到以下结论。

①设计方案下游口门区水流条件不能满足通航要求。

②对下游通航建筑物所在河道右岸突嘴地形开挖平顺整治后,下游口门区内横向流强度有所减弱,但由于下游口门区所在河道河势未发生变化,口门区内水流条件没有得到本质上的改善。

③将下游隔流堤延长或缩短，或调整其堤头角度，不能改善下游口门区水流条件。

一般来说，改善下游口门区水流条件的措施包括以下几个方面。

①河道地形局部整治。

②优化泄洪调度方式。

③优化下游隔流堤（导航墙）长度和布置角度。

④通过设置潜坝来调整流量分配，避免河道主流进入口门区。

⑤下游隔流堤开孔透水。

结合构皮滩枢纽下游通航建筑物具体布置来看，下游口门区距拱坝泄洪建筑物约1.8km，距电站尾水出口约0.95km，泄洪调度方式对口门区流态影响很小。下游通航建筑物位于马鞍山下游河道S形急弯左岸，由于河道较为狭窄，且航道中心线与河槽深泓线之间的夹角为20°左右，设置潜坝亦难以避免河道主流进入口门区。受河势条件制约，调整下游隔流堤长度和布置角度不能在本质上改善下游口门区水流条件。

鉴于此，为满足通航要求，可采取以下两种工程措施。

①对下游口门区附近河槽进行开挖，尽量减小河槽深泓线与航道中心线之间的夹角。

②下游隔流堤开孔透水，以减小或破除回流和挤压横向流。

考虑到下游通航建筑物所在河道两岸地形陡峭，且山体雄厚，扩挖河床的施工难度及工程量极为巨大，而隔流堤开孔透水已在国内外航电枢纽中得到应用，因此后续试验在右岸突嘴地形整治基础上，采用该措施对下游隔流堤进行了优化。

另外，设计认为构皮滩水电站以发电为主，日常下泄流量不会大于电站5台机组满发流量1 909m^3/s，即使上游来流量达到4 000m^3/s，也是以水库调节为主，不会贸然开闸泄洪，即从水库运行调度方式来分析，下泄流量达到4 000m^3/s的可能性不大，加之Q=4 000m^3/s流量条件下游口门区水流条件较差（纵向流速、横向流速和回流严重超标），因此随后的下游隔流堤透空形式比较优化试验主要基于Q=2 500m^3/s这一流量级来进行。

3）下游隔流堤透空形式比较

口门上游62m范围为引航道停泊段。下游隔流堤开孔透水，河道水流经过引航道进入口门区，势必对引航道内流态产生干扰。根据通航水流标准可知，引航道停泊段表面流速限值为纵向流速$v_{纵} \leqslant 0.5$m/s、横向流速$v_{横} \leqslant 0.15$m/s。因此，采用下游隔流堤开孔透水措施来改善口门区水流条件的同时，应保证引航道停泊段流态满足通航标准。

试验中对下游隔流堤透空形式比较了两个方案，即导流墩方案（全高程透水）和分层透水方案，下称修改方案五和修改方案六。在Q=2 500m^3/s流量条件下，这两个方案的透水面积均为144m^2。

（1）导流墩方案（修改方案五）

该方案下游隔流堤头40m范围设置3个间距为3.66m的导流墩，导流墩之间的3个透水通道与航道中心线之间的夹角为110°，见图6.28。

在Q=2 500m^3/s流量条件下，下游口门区内纵向流速小于2m/s。口门区内最大横向流速为0.48m/s，横向流速超标率为11%；最大回流流速为0.59m/s。下游引航道停泊段内最大横向流速为0.54m/s，最大纵向流速为0.61m/s。该流量条件下的下游口门区表面流速分布见图6.29。

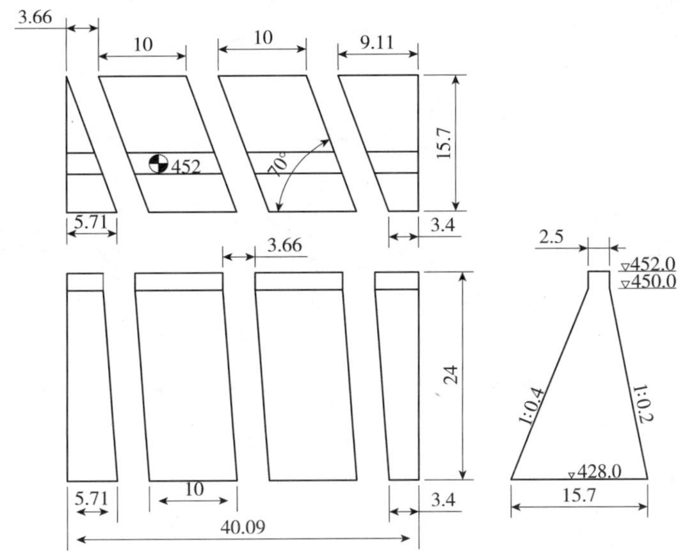

图 6.28 下游隔流堤导流墩布置形式(修改方案五)(尺寸单位:m;高程单位:m)

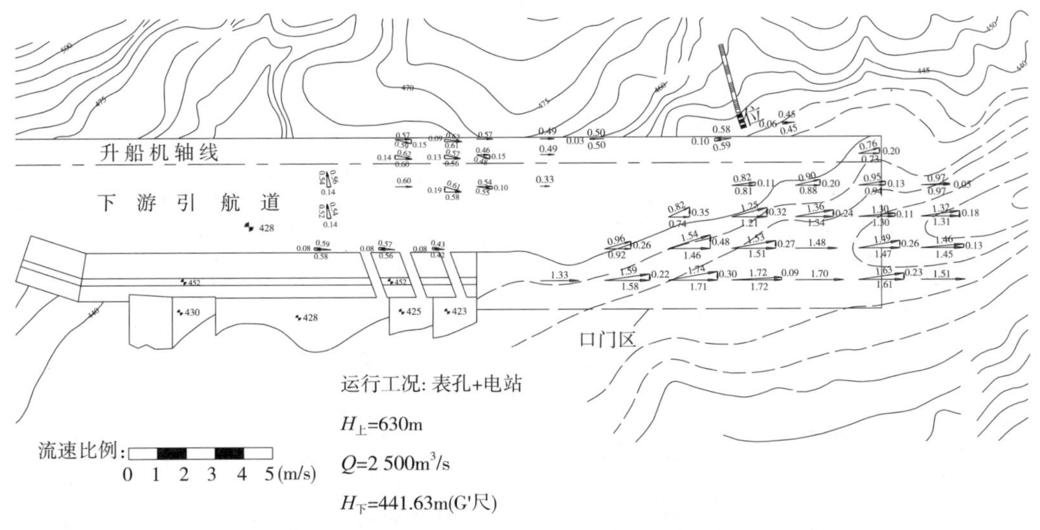

图 6.29 下游口门区流速分布(修改方案五)

修改方案五(导流墩方案)的下游口门区水流条件较实体隔流堤方案有明显的改善,但下游引航道停泊段内流态很差,出现较大的纵向流速和横向流速,水流条件不能满足通航标准。

(2)分层透水方案(修改方案六)

根据国内外工程关于隔流堤(导航墙)透空形式的研究成果[4],为了减小透水对引航道表层水流的干扰,一般建议透水孔位于水面以下,且其顶部与水面之间保持一定的高差。初步拟定构皮滩枢纽下游隔流堤透水设施运用的流量区间为 700~2 500m^3/s,结合透水孔顶部与水面之间的高差要求,提出了分层透水方案,即透水通道出口高程低于进口高程,从而保证透水通道运用时,其出口顶部与水面之间的高差不小于透水通道进口底部与出口顶部的高程差。

试验中在下游隔流堤堤头 45m 范围设置了 80 根透水管。透水管进口底部与出口顶部的高差为 2.1m。该方案称为修改方案六，其具体布置见图 6.30。

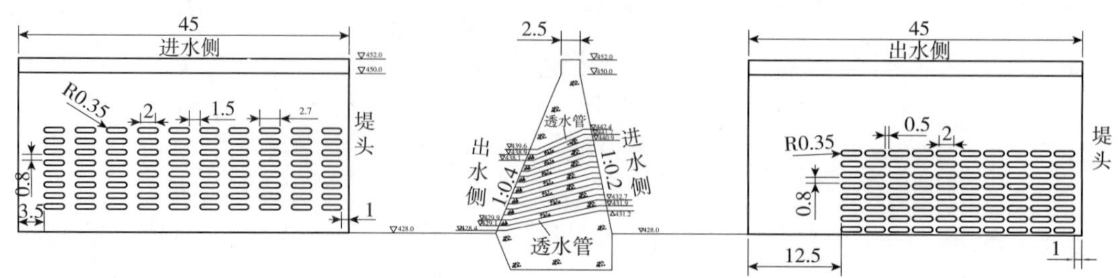

图 6.30 下游隔流堤分层透水布置形式(尺寸单位：m；高程单位：m)

在 $Q=2\ 500\mathrm{m}^3/\mathrm{s}$ 流量条件下，下游口门区内纵向流速小于 2m/s。口门区内最大横向流速为 0.37m/s，横向流速超标率为 25%；最大回流流速为 0.56m/s。下游引航道停泊段内横向流速小于 0.14m/s，最大纵向流速为 0.50m/s。上述流量条件下的下游口门区表面流速分布见图 6.31。

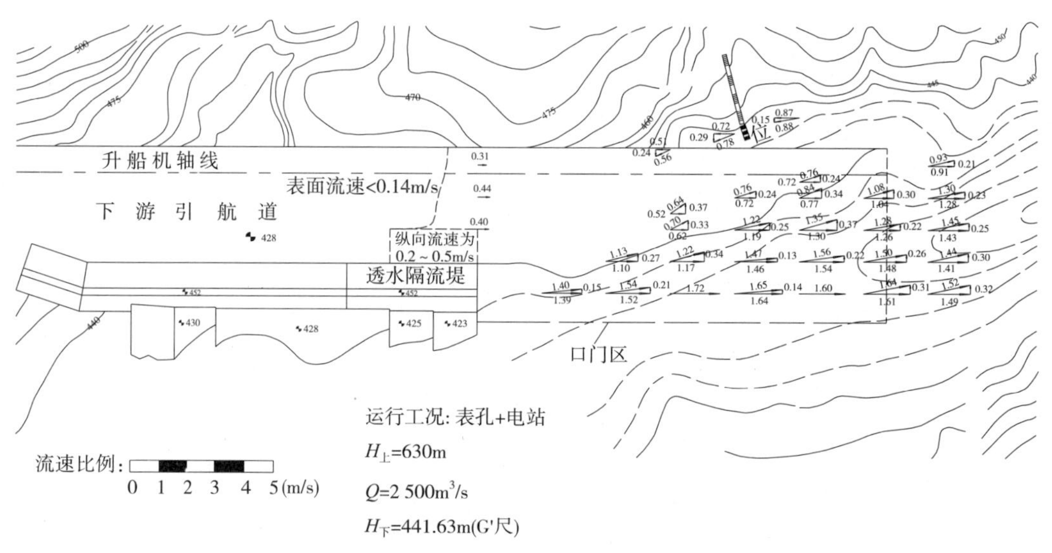

图 6.31 下游口门区流速分布

该方案的下游口门区水流条件较实体隔流堤方案有明显的改善，局部区域横向流速或回流流速超标，但超标范围不大。下游引航道停泊段内水流条件可以满足通航标准。

(3)小结

由于修改方案五(导流墩方案)为全高程透水，即使将透水通道走向布置为与河道水流流向相反，河道水流经过引航道进入口门区时，对引航道停泊段表面流态产生的干扰仍较大，虽然该方案下游口门区水流条件较实堤方案改善明显，但引航道停泊段内回流和横向流强度较大，其水流条件不能满足通航标准。修改方案六采用分层透水方式，既有效地改善了下游口门区水流条件，且河道水流自分层通道进入口门区时，对下游引航道停泊段内表面流态的干扰较小。因此，推荐下游隔流堤采用分层透水形式。

4)下游隔流堤分层透水方案数值计算

综合分析前述试验成果，结合设计要求，设定下游隔流堤分层透水形式的相关参数如下：

透水设施运用的最小流量：$Q=700\text{m}^3/\text{s}$。

透水设施运用的最大流量：$Q=2\ 500\text{m}^3/\text{s}$。

下游隔流堤透水段断面尺寸：22m×6m(高×宽)。

透水通道布置高程范围：432.5～442m。

透水通道进口与出口尺寸：设定为3m×3.5m(高×宽)。

透水通道底板厚度：0.3～0.4m。

图6.32所示为下游隔流堤分层透水布置剖面图。

基于前述基本参数，设定透水通道数量为15，透水段出口侧长度及透水面积分别为62m和126m²，针对透水通道平面角度比较了45°、37°、30°和110°四个方案，分别对应于修改方案七～修改方案十。修改方案七～修改方案九的透水通道均顺河道水流方向布置，修改方案十的透水通道则逆河道水流方向布置。

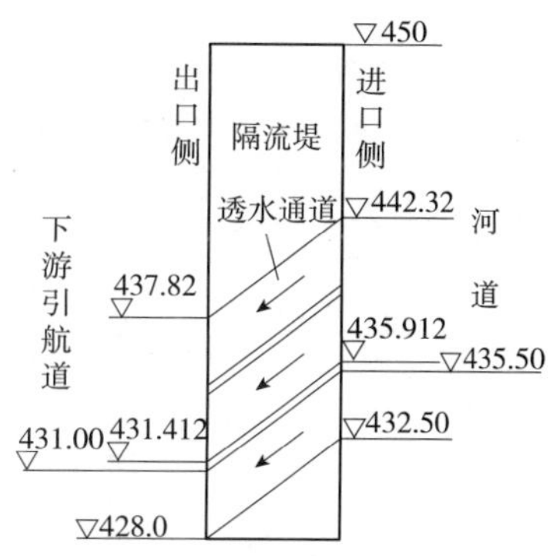

图6.32　下游隔流堤分层透水布置剖面图(高程单位：m)

为比较优化透水面积，在修改方案七(透水通道平面角度45°)基础上，将透水通道数量由15个减少为9个，透水面积由126m²减小为75.6m²，该方案为修改方案十一。

各方案的特征参数列于表6.14，具体布置见图6.33。

下游隔流堤分层透水各方案的特征参数　　表6.14

方　案	透水通道平面角度	透水通道数量	出口总有效面积(m²)	透水通道间距(m)	出口侧长度(m)	进口侧长度(m)
修改方案七	45°	3×5	126	10	62	68
修改方案八	37°				62	69.96
修改方案九	30°				62	72.39
修改方案十	110°				62	59.82
修改方案十一	45°	3×3	75.6	10和37	62	68

前述成果表明，下游隔流堤采用分层透水布置，河道水流经过引航道进入口门区过程中，引航道表面流态受到的干扰相对较小，但河道水流自透水通道进入引航道后在其内部的运动形态尚不清楚。为此，采用三维$k-\varepsilon$紊流气、液两相流VOF数学模型，选取修改方案七、修改方案九和修改方案十一进行了数值计算，以揭示引航道内部流场结构，并对方案做出定性的分析判断。

(1)控制方程

三维$k-\varepsilon$紊流气、液两相流VOF数学模型采用以下控制方程。

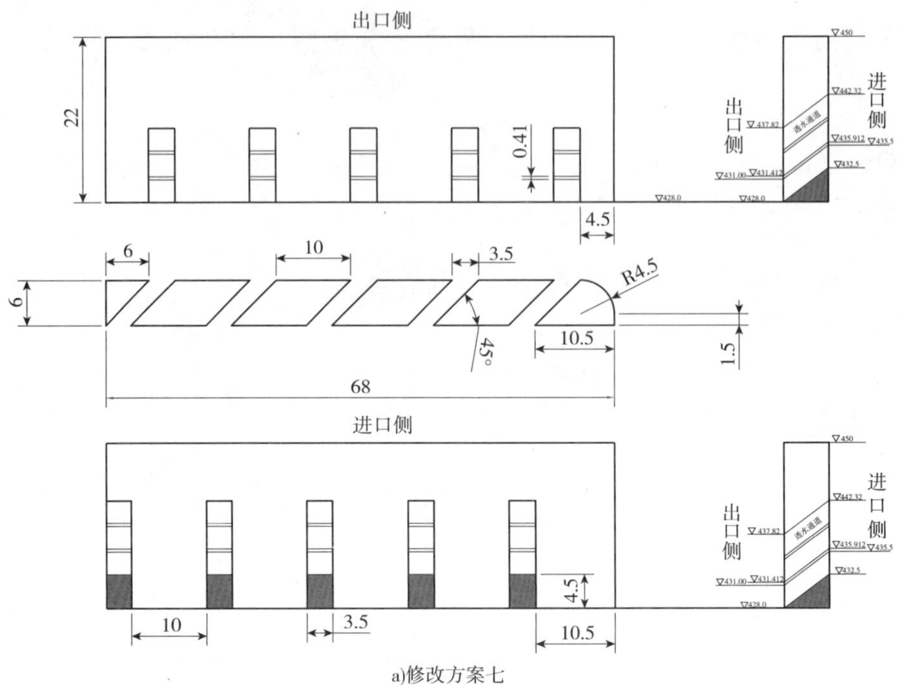

a)修改方案七

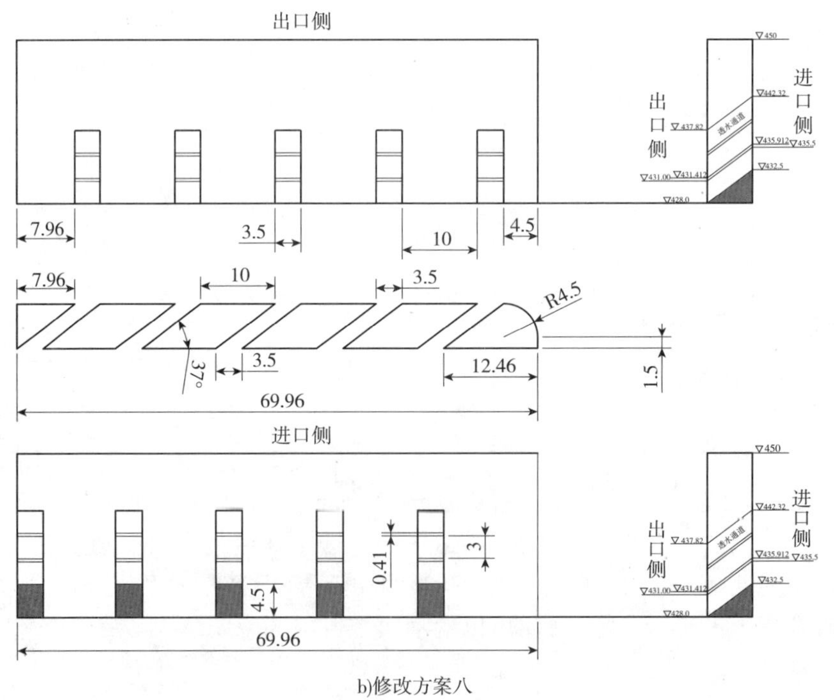

b)修改方案八

图 6.33

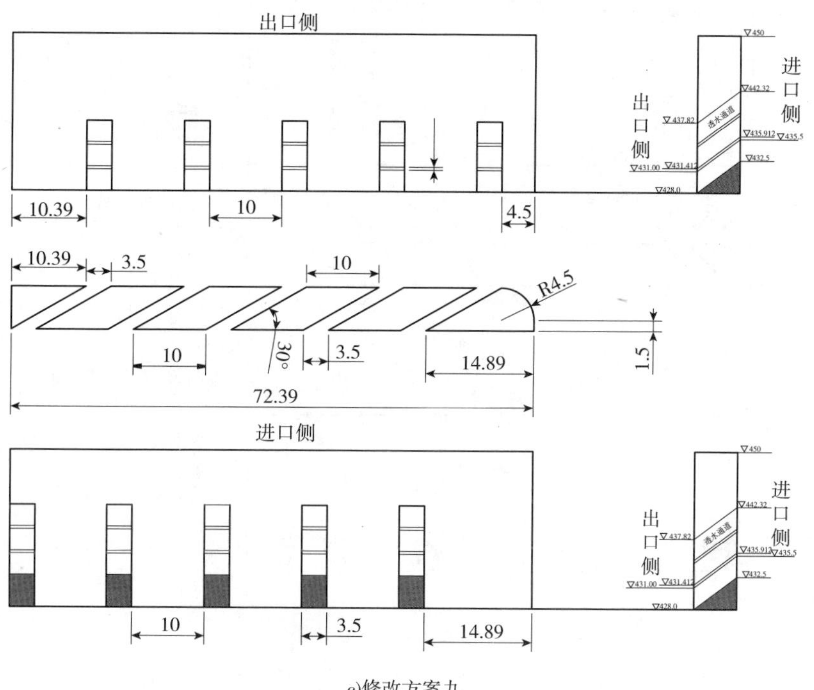

c)修改方案九

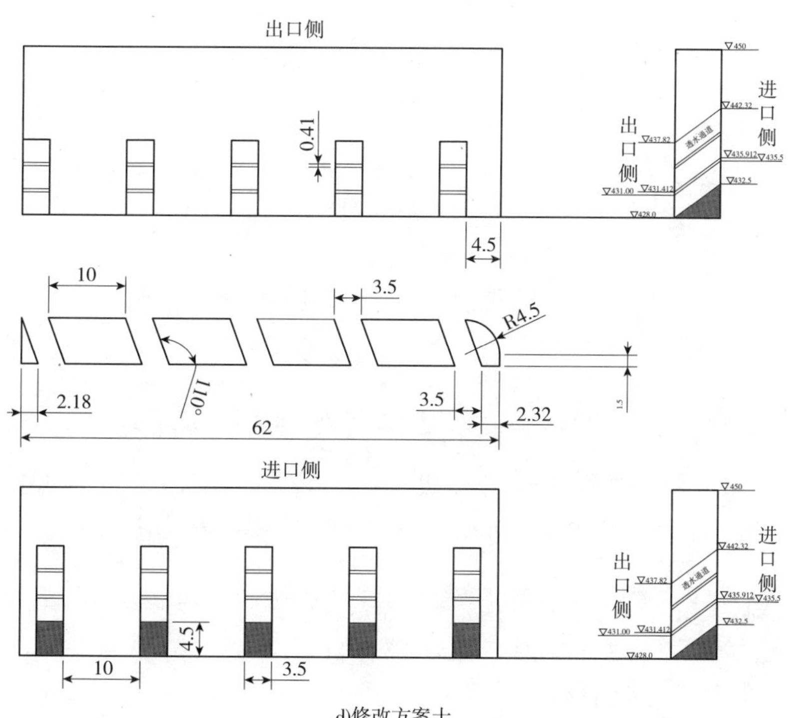

d)修改方案十

图　6.33

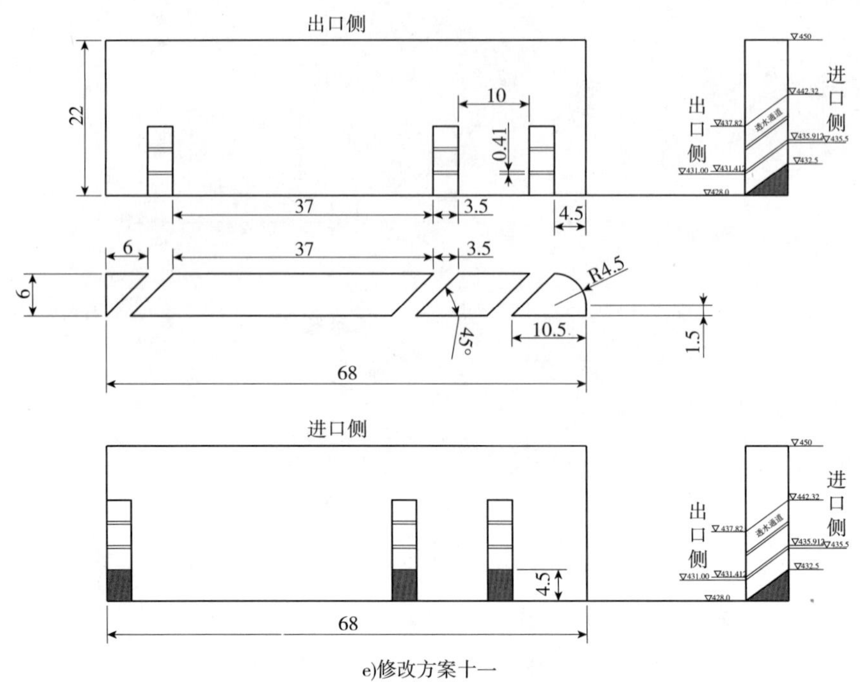

e)修改方案十一

图 6.33 下游隔流堤分层透水布置形式(尺寸单位:m;高程单位:m)

注:图中尺寸单位均为 m,高程单位均为 m。

连续方程

$$\frac{\partial \rho u_i}{\partial x_i}=0 \tag{6.11}$$

动量方程

$$\frac{\partial(\rho u_i)}{\partial t}+\frac{\partial}{\partial x_j}(\rho u_i u_j)=f_i-\frac{\partial p}{\partial x_i}+\frac{\partial}{\partial x_j}\left[(\mu+\mu_t)\left(\frac{\partial u_i}{\partial x_j}+\frac{\partial u_j}{\partial x_i}\right)\right] \tag{6.12}$$

k 方程

$$\frac{\partial(\rho k)}{\partial t}+\frac{\partial(\rho u_j k)}{\partial x_i}=\frac{\partial}{\partial x_i}\left[\left(\mu+\frac{\mu_t}{\sigma_k}\right)\frac{\partial k}{\partial x_i}\right]+C_k-\rho\varepsilon \tag{6.13}$$

ε 方程

$$\frac{\partial(\rho\varepsilon)}{\partial t}+\frac{\partial(\rho u_j\varepsilon)}{\partial x_i}=\frac{\partial}{\partial x_i}\left[\left(\mu+\frac{\mu_t}{\sigma_\varepsilon}\right)\frac{\partial\varepsilon}{\partial x_i}\right]+C_{1\varepsilon}\frac{\varepsilon}{k}C_k-C_{2\varepsilon}\rho\frac{\varepsilon^2}{k} \tag{6.14}$$

自由面采用 VOF 方法进行处理,令函数 $\alpha_w(x,y,z,t)$ 与 $\alpha_a(x,y,z,t)$ 分别代表控制体积内水与气所占的体积分数。在每个单元中,水与气体积分数之和为 1,即

$$\alpha_w+\alpha_a=1 \tag{6.15}$$

对于单个控制体积,存在三种情形:$\alpha_w=1$ 表示该单元完全被水充满;$\alpha_w=0$ 表示该单元完全被气充满;$0<\alpha_w<1$ 表示该单元部分为水,部分为气,并且存在水、气交接面。下游引航道内自由面为上述最后第一种情形。

水的体积分数 α_w 的梯度可以用来确定自由面的法线方向。计算出各单元的 α_w 值及梯度之后,就可以确定各单元中自由边界的近似位置。水的体积分数 α_w 的控制方程为

$$\frac{\partial \alpha_w}{\partial t}+u_i\frac{\partial \alpha_w}{\partial x_i}=0 \tag{6.16}$$

式中,参变量含义同上。水气界面的跟踪通过求解该连续方程完成。

(2)计算区域确定与网格划分

鉴于数值计算的目的在于揭示分层透水布置形式下河道水流自透水通道进入引航道汇入口门区过程中引航道内部的水流流态,因此设定计算区域以下游引航道为主,选取沿水流方向长度为88m的下游引航道(隔流堤堤头上游88m)和长度为20m的口门区(堤头下游20m),沿水深方向引航道底板高程428m至隔流堤顶部高程450m,见图6.34。

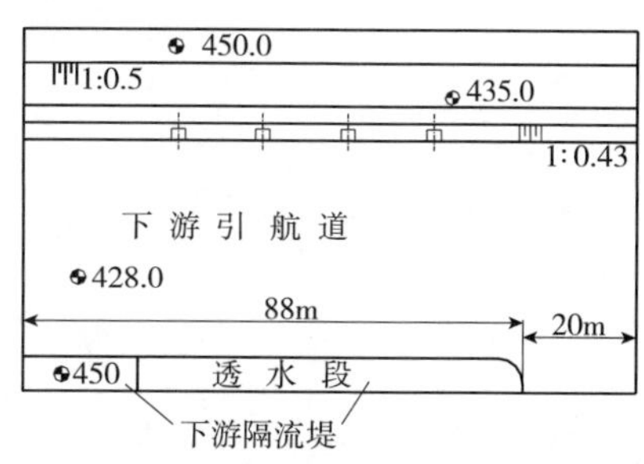

图6.34 数学模型计算区域范围示意图(高程单位:m)

采用六面体网格,网格总数量为42万。计算区域固壁边界网格见图6.35。

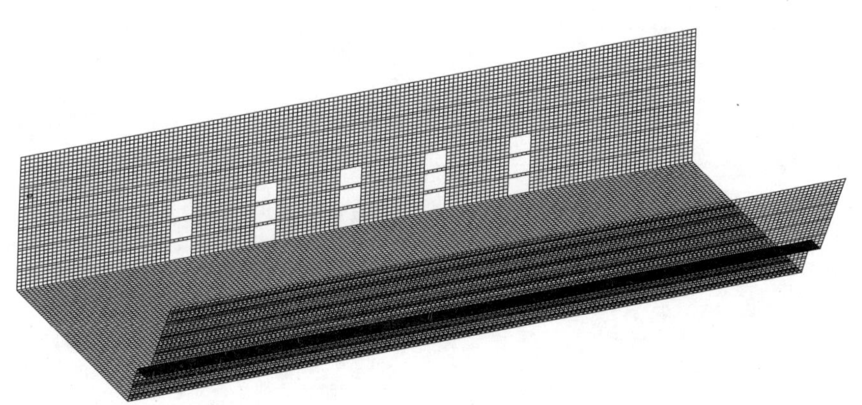

图6.35 下游引航道计算区域固壁边界网格分布

(3)计算工况及边界条件确定

数学模型模拟的计算工况列于表6.15。

下游引航道数学模型计算工况 表6.15

方案	透水孔数量	通航流量(m^3/s)	堤头下游20m处水位(m)
修改方案七	3×5	2 500	441.86
修改方案九	3×5		
修改方案十一	3×3	2 500	441.86
		4 000	447.00

不考虑口门区水流对下游引航道内流态的影响,水流进入下游隔流堤透水孔的流速,按照不同高程,分别定义为v_1、v_2和v_3,相同高程的透水孔流速相等,流速方向与透水通道走向一致,见图6.36。不同计算工况下的流速输入值列于表6.16。入流条件为流速v_1、v_2和v_3,出流条件为自由出流。

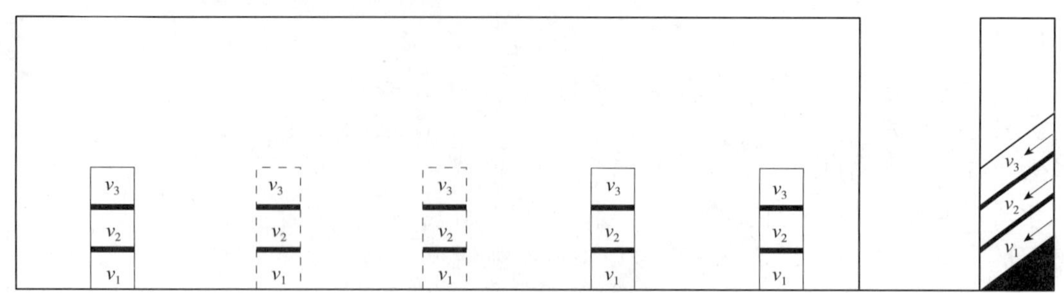

图 6.36　下游隔流堤透水孔流速输入示意图

不同通航流量条件下下游隔流堤透水孔流速输入值　　表 6.16

通航流量 (m^3/s)	v_1 (m/s)	v_2 (m/s)	v_3 (m/s)
2 500	0.98	1.03	0.98
4 000	1.47	1.78	1.68

(4)数学模型计算成果分析

为方便分析，在计算区域内沿隔流堤法线方向及沿水深方向划分了 7 个剖面，见图 6.37。

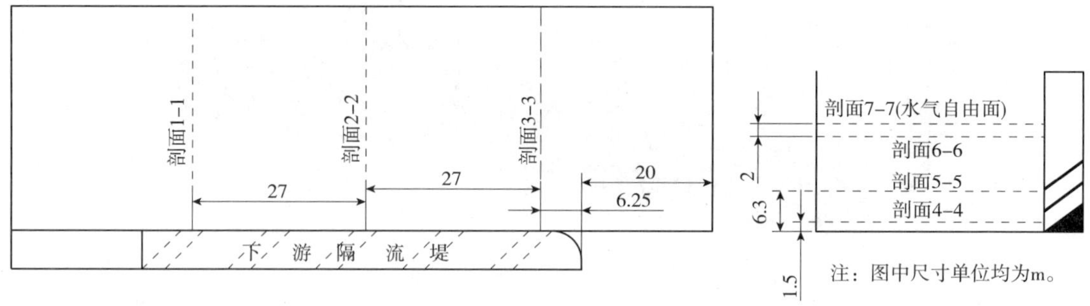

图 6.37　计算区域剖面划分示意图

修改方案七、修改方案九和修改方案十一各剖面的流场见图 6.38～图 6.41。

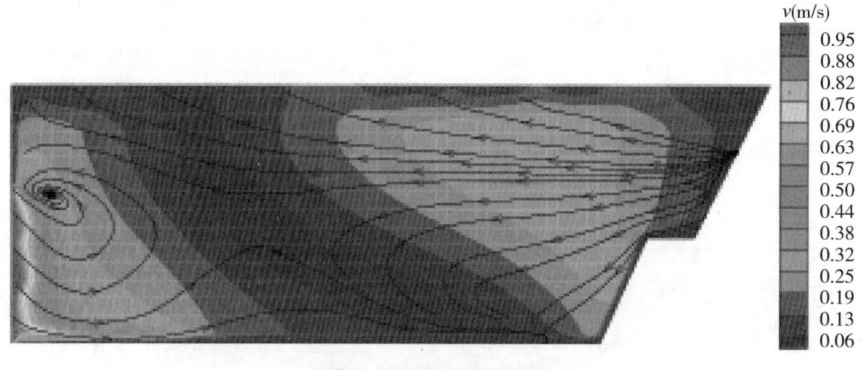

a)横断面流场图（剖面1-1）

图　6.38

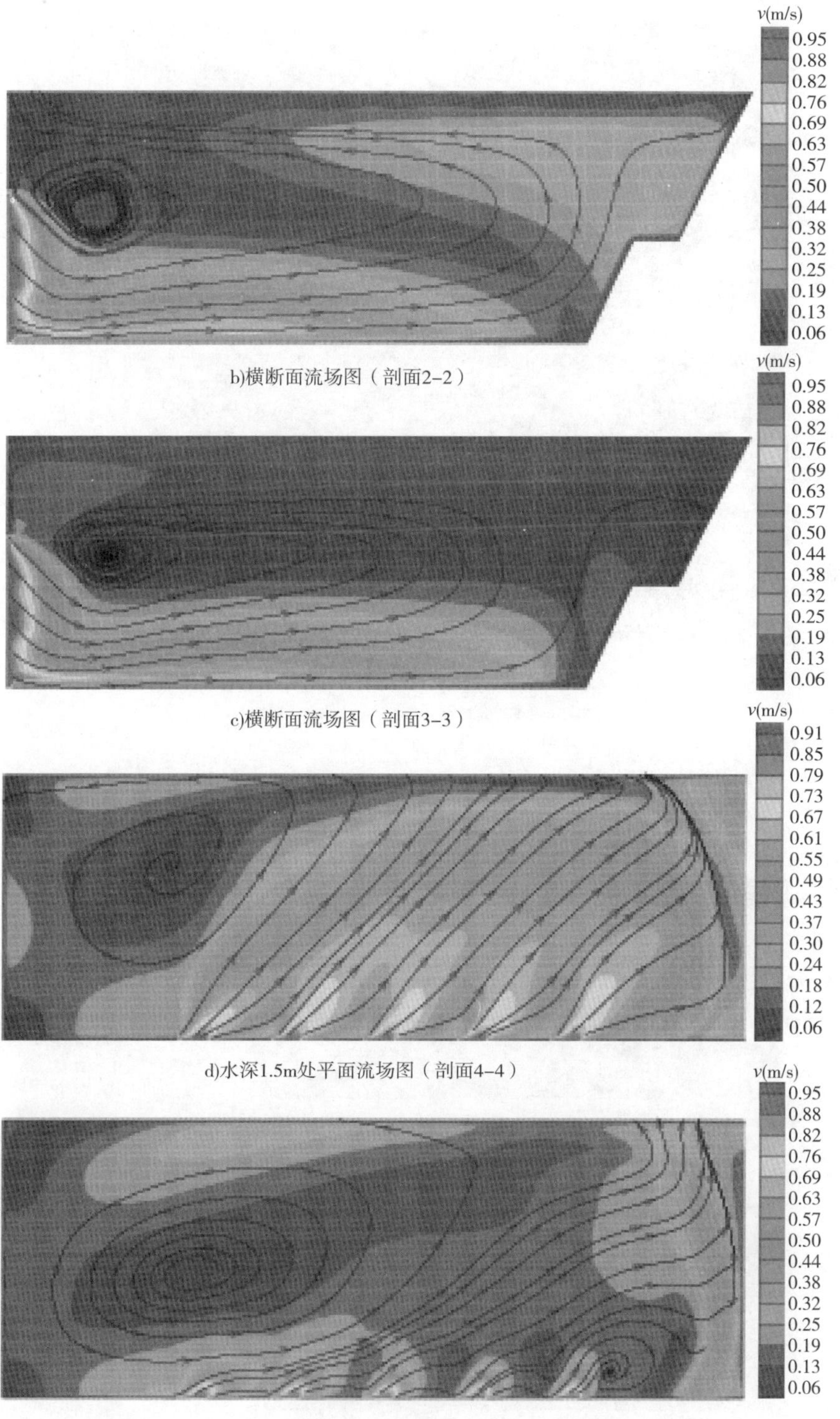

b)横断面流场图（剖面2-2）

c)横断面流场图（剖面3-3）

d)水深1.5m处平面流场图（剖面4-4）

e)水深6.3m处平面流场图（剖面5-5）

图　6.38

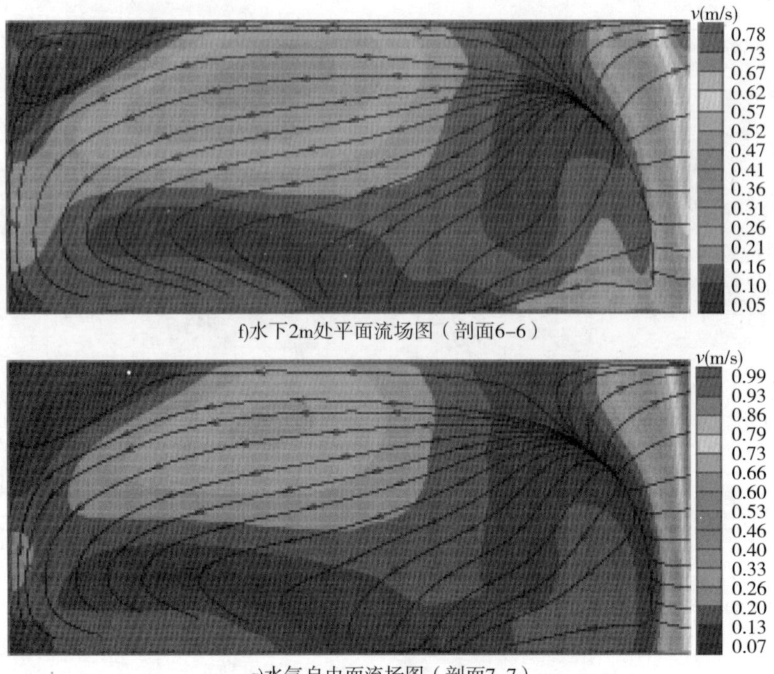

f)水下2m处平面流场图（剖面6-6）

g)水气自由面流场图（剖面7-7）

图 6.38　$Q=2\ 500\mathrm{m}^3/\mathrm{s}$ 修改方案七

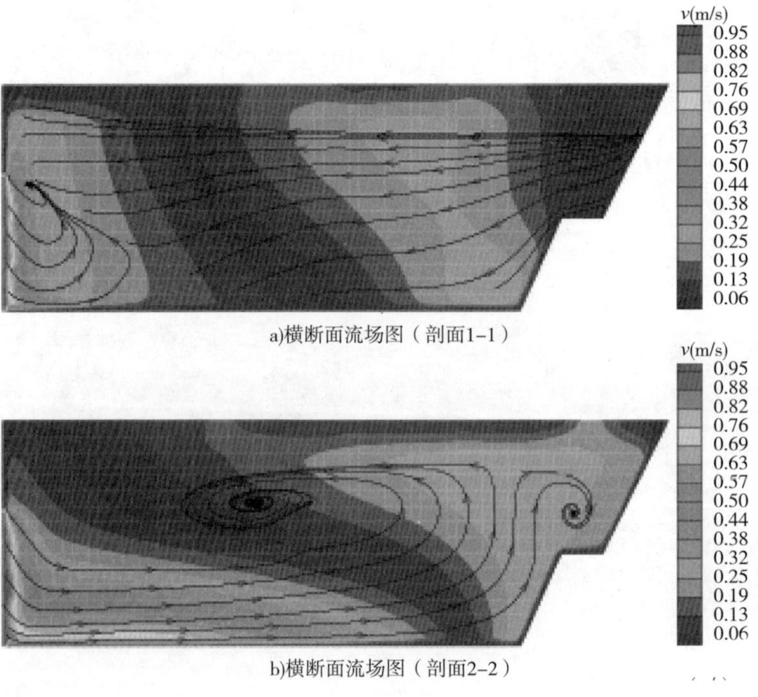

a)横断面流场图（剖面1-1）

b)横断面流场图（剖面2-2）

图　6.39

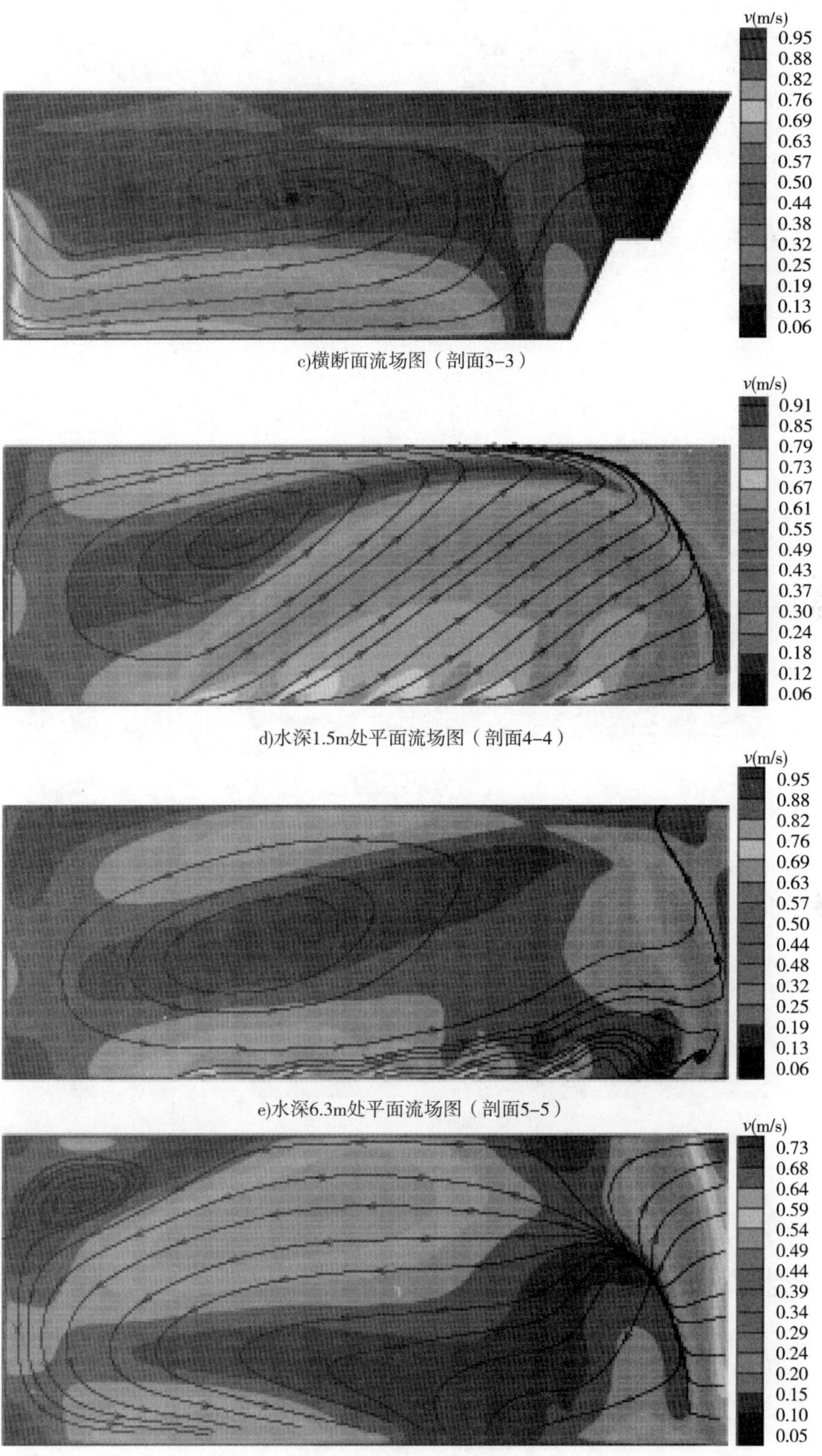

c)横断面流场图（剖面3-3）

d)水深1.5m处平面流场图（剖面4-4）

e)水深6.3m处平面流场图（剖面5-5）

f)水下2m处平面流场图（剖面6-6）

图　6.39

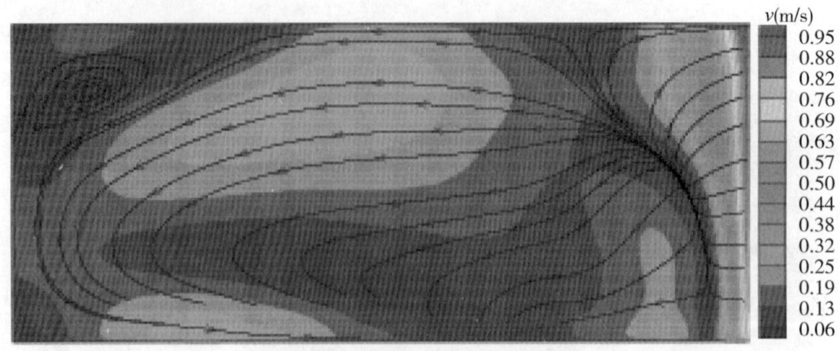

g)水气自由面流场图（剖面7-7）

图 6.39　Q=2 500m³/s 修改方案九

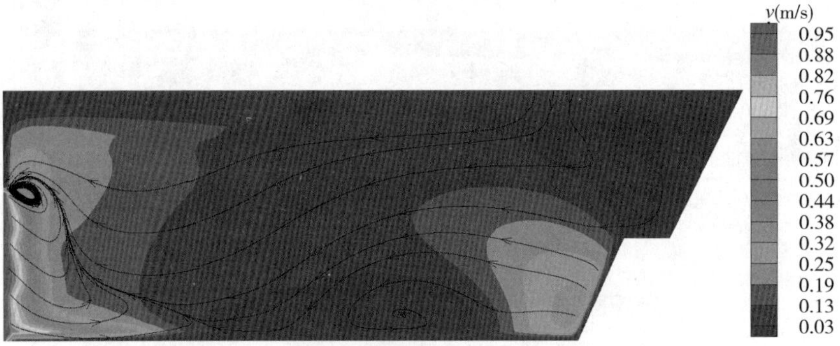

a)横断面流场图（剖面1-1）

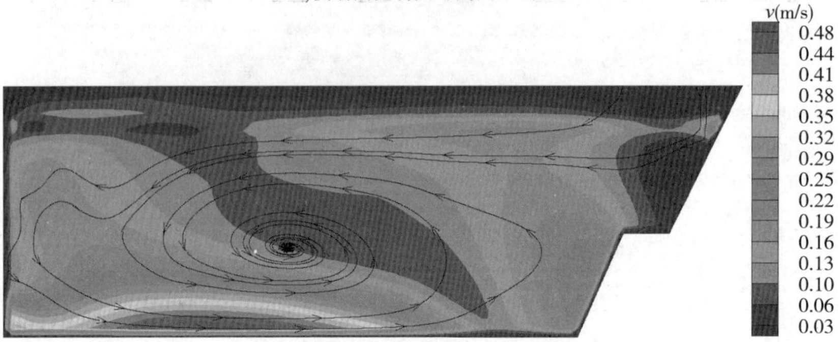

b)横断面流场图（剖面2-2）

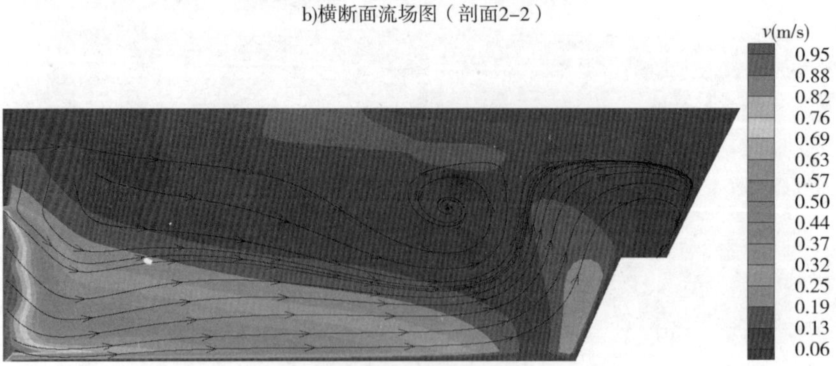

c)横断面流场图（剖面3-3）

图　6.40

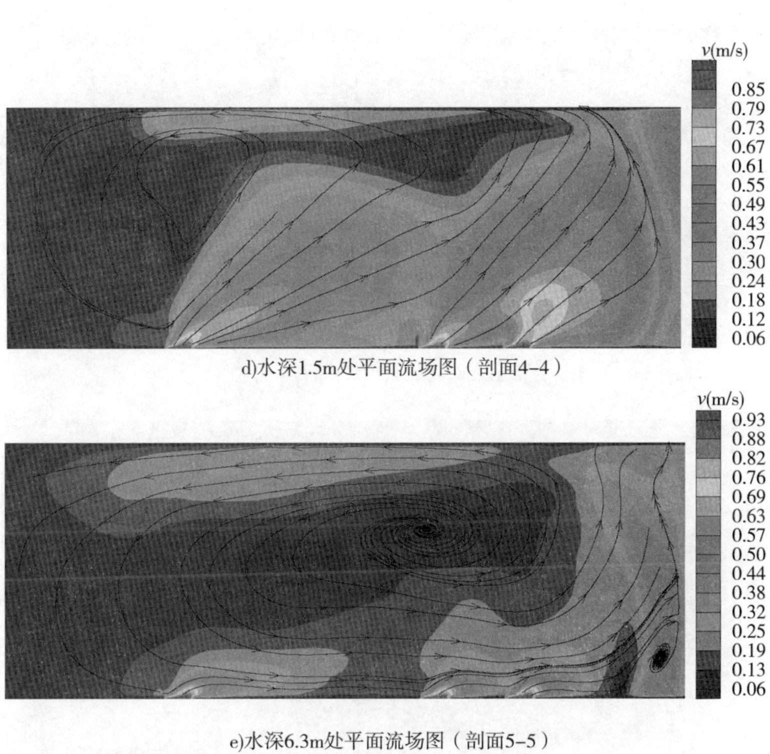

d)水深1.5m处平面流场图（剖面4-4）

e)水深6.3m处平面流场图（剖面5-5）

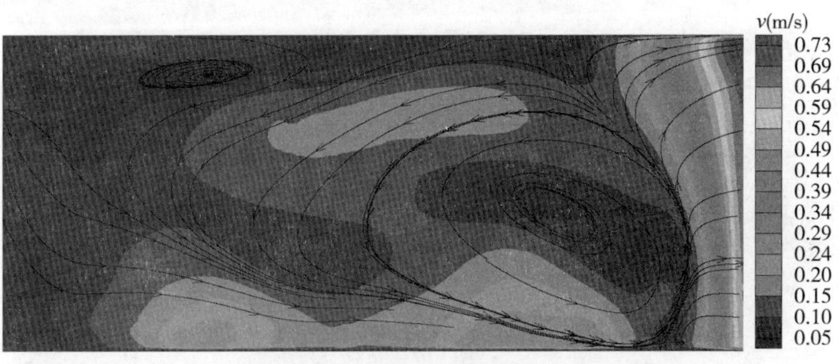

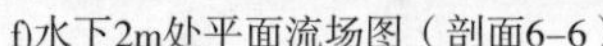

f)水下2m处平面流场图（剖面6-6）

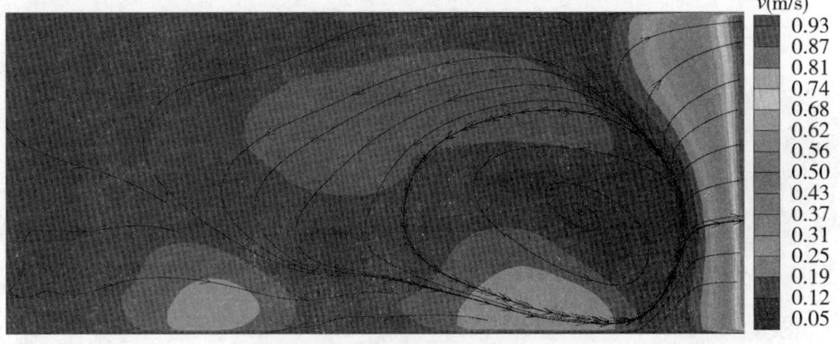

g)水气自由面流场图（剖面7-7）

图 6.40　Q=2 500m^3/s 修改方案十一

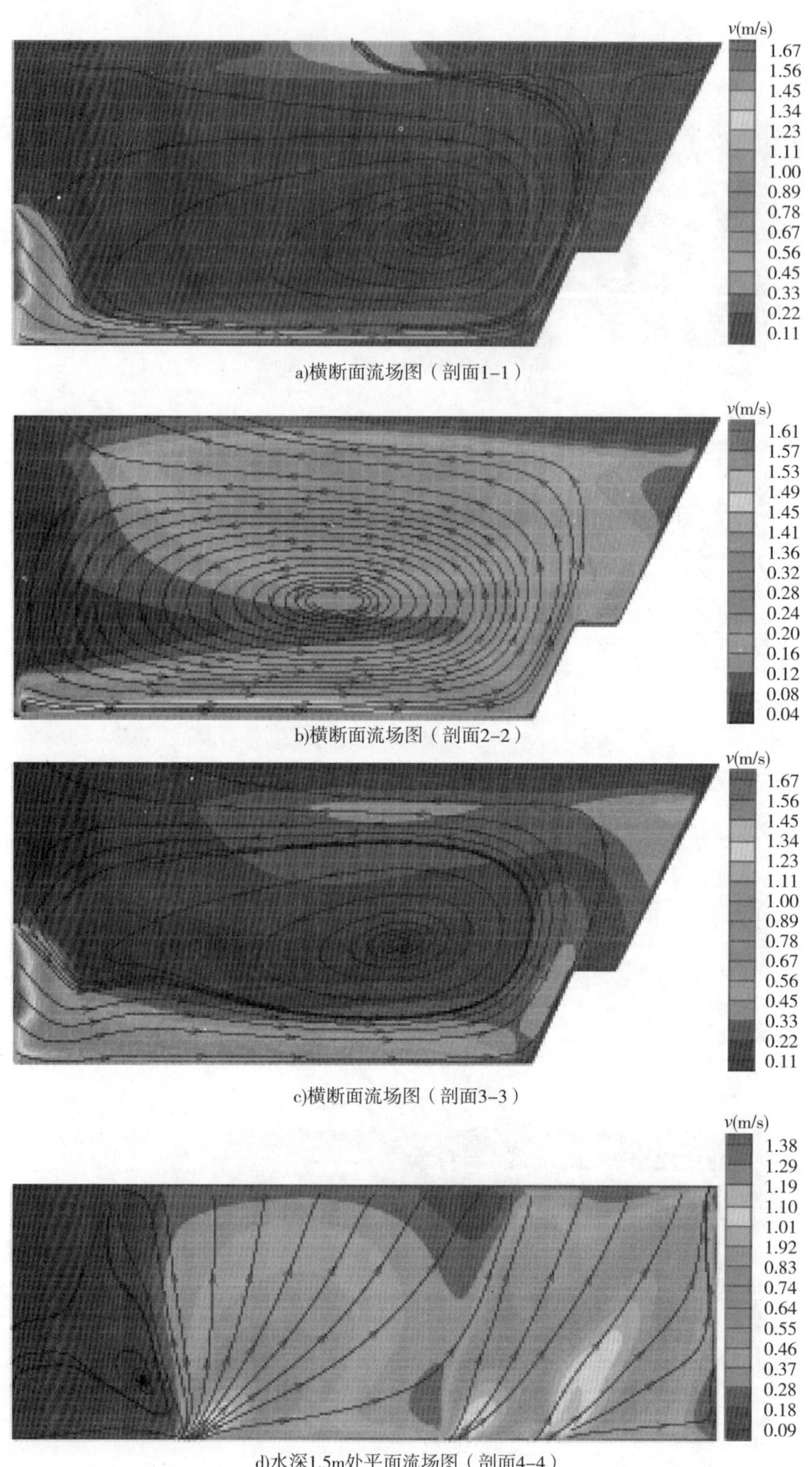

a)横断面流场图（剖面1-1）

b)横断面流场图（剖面2-2）

c)横断面流场图（剖面3-3）

d)水深1.5m处平面流场图（剖面4-4）

图 6.41

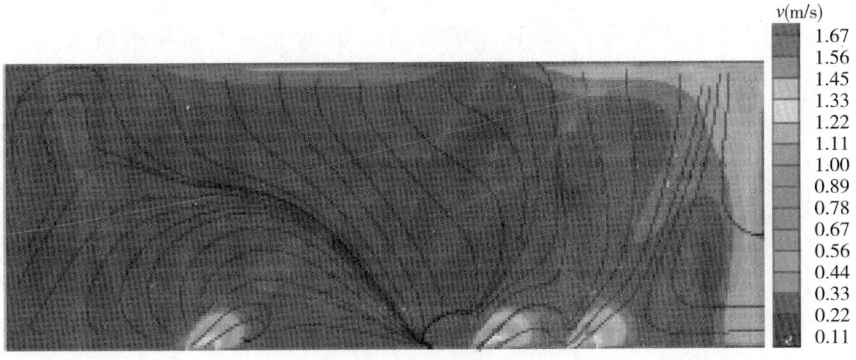

e)水深6.3m处平面流场图（剖面5–5）

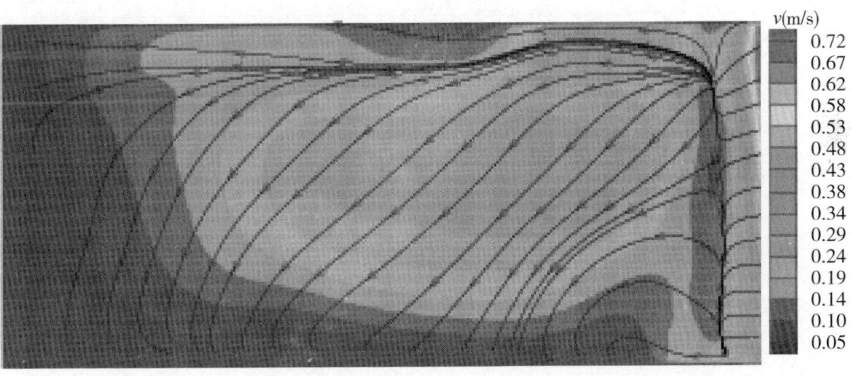

f)水下2m处平面流场图（剖面6–6）

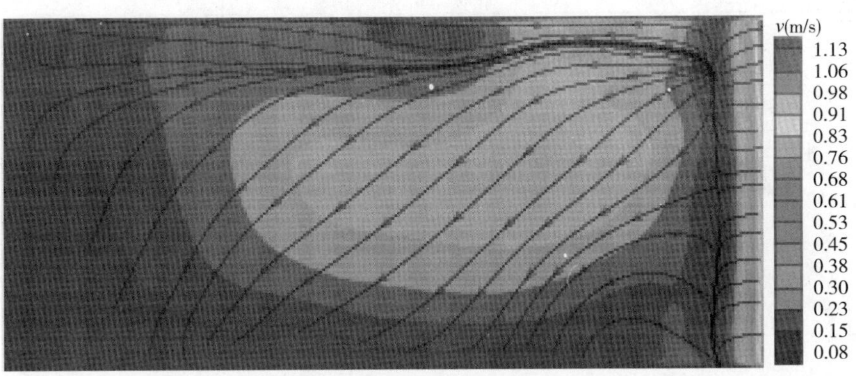

g)水气自由面流场图（剖面7–7）

图 6.41　Q=4 000m³/s 修改方案十一

①流态分析。河道水流自隔流堤上的透水通道进入下游引航道，随后汇入口门区。各方案的流场图表明：水流自透水孔下斜进入下游引航道后潜底，到达对岸区域时受固壁和静水水体挤压作用上翻，在引航道内部扩散运动，随后汇入口门区。在引航道横断面上，水流由底至

表逆时针方向扩散运动，而在引航道水体表层则出现了回流和横向流。

剖面6-6和剖面7-7的流场显示，隔流堤堤头附近处上行水流与下行水流之间存在一个分界面。在Q=2 500m^3/s流量条件下，修改方案七、修改方案九和修改方案十一的该分界面分别位于堤头下游0～13m、5.5～14m和2～11m。在Q=4 000m^3/s流量条件下，修改方案十一的分界面位于堤头下游11～13m。

综上所述，河道水流自透水孔进入引航道后，先下斜潜底，随后上行，在引航道内部扩散运动，最终下行进入口门区。河道水流经过引航道进入口门区，可减小回流和挤压横向流，有利于改善口门区水流条件，但引航道内部水流的扩散运动导致其表层水体出现了回流和横向流，对于船舶航行停靠不利。

②表面流速对比分析。数学模型计算的各方案表面流速列于表6.17～表6.20。

Q=2 500m^3/s 修改方案七下游引航道表面流速分布 表6.17

位置	堤头上游60m		堤头上游30m		堤头上游6m		堤头下游20m	
	水下2m处流速(m/s)	水面流速(m/s)	水下2m处流速(m/s)	水面流速(m/s)	水下2m处流速(m/s)	水面流速(m/s)	水下2m处流速(m/s)	水面流速(m/s)
航道中心线右11m	0.12	0.11	0.08	0.10	0.11	0.13	0.49	0.82
航道中心线处	0.14	0.15	0.15	0.18	0.08	0.11	0.64	0.90
航道中心线左11m	0.29	0.30	0.23	0.26	0.08	0.11	0.66	0.95
航道中心线左22m	0.22	0.22	0.28	0.28	0.09	0.09	0.71	0.98

Q=2 500m^3/s 修改方案九下游引航道表面流速分布 表6.18

位置	堤头上游60m		堤头上游30m		堤头上游6m		堤头下游20m	
	水下2m处流速(m/s)	水面流速(m/s)	水下2m处流速(m/s)	水面流速(m/s)	水下2m处流速(m/s)	水面流速(m/s)	水下2m处流速(m/s)	水面流速(m/s)
航道中心线右11m	0.18	0.17	0.03	0.03	0.09	0.11	0.55	0.84
航道中心线处	0.14	0.15	0.12	0.15	0.08	0.12	0.61	0.89
航道中心线左11m	0.27	0.27	0.24	0.26	0.10	0.13	0.58	0.90
航道中心线左22m	0.08	0.09	0.26	0.27	0.10	0.10	0.66	0.94

Q=2 500m³/s 修改方案十一下游引航道表面流速分布　　表 6.19

位置	堤头上游 60m		堤头上游 30m		堤头上游 6m		堤头下游 20m	
	水下 2m 处流速(m/s)	水面流速(m/s)	水下 2m 处流速(m/s)	水面流速(m/s)	水下 2m 处流速(m/s)	水面流速(m/s)	水下 2m 处流速(m/s)	水面流速(m/s)
航道中心线右 11m	0.18	0.18	0.14	0.10	0.20	0.16	0.64	0.68
航道中心线处	0.10	0.09	0.10	0.11	0.03	0.02	0.66	0.90
航道中心线左 11m	0.10	0.10	0.14	0.16	0.13	0.14	0.68	0.94
航道中心线左 22m	0.02	0.20	0.10	0.12	0.08	0.08	0.73	0.96

Q=4 000m³/s 修改方案十一下游引航道表面流速分布　　表 6.20

位置	堤头上游 60m		堤头上游 30m		堤头上游 6m		堤头下游 20m	
	水下 2m 处流速(m/s)	水面流速(m/s)	水下 2m 处流速(m/s)	水面流速(m/s)	水下 2m 处流速(m/s)	水面流速(m/s)	水下 2m 处流速(m/s)	水面流速(m/s)
航道中心线右 11m	0.08	0.08	0.15	0.17	0.13	0.14	0.47	1.00
航道中心线处	0.15	0.15	0.28	0.30	0.28	0.30	0.50	0.97
航道中心线左 11m	0.17	0.18	0.29	0.31	0.31	0.35	0.57	0.97
航道中心线左 22m	0.16	0.18	0.18	0.19	0.28	0.34	0.72	1.05

在 Q=2 500m³/s 流量条件下，修改方案七下游引航道内表面回流流速为 0.09～0.30m/s，修改方案九下游引航道内表面回流流速为 0.10～0.27m/s，修改方案十一下游引航道内表面回流流速为 0.02～0.20m/s。

在 Q=4 000m³/s 流量条件下，修改方案十一下游引航道内表面回流流速为 0.09～0.35m/s。

为方便分析，将各方案的特征参数列于表 6.21。

在 Q=2 500m³/s 流量条件下，修改方案七和修改方案九的透水面积和透水流量均相同，虽然其透水通道平面角度有所差别(分别为 45°和 30°)，但两个方案的下游引航道内表面回流强度相当，即两个方案的透水通道运用时对引航道表层水体的扰动强度是相当的。因此，可以认为在透水孔出口位置、透水面积及透水流量等参数相同的条件下，单纯调整透水通道的平面角度，不会改善引航道表面流态。

各方案布置形式参数及流速特征值　　表 6.21

流　量 (m^3/s)	方　案	透水孔与航道中心线夹角	透水孔数量	透水孔出口总有效面积 (m^2)	来自透水孔流量 (m^3/s)	下游引航道表面回流最大值 (m/s)
2 500	修改方案七	45°	15	126	126	0.30
2 500	修改方案九	30°	15	126	126	0.29
2 500	修改方案十一	45°	9	75.6	75	0.20
4 000				75.6	124	0.35

在 Q=2 500m^3/s 通航流量条件下，修改方案十一和修改方案七的透水通道平面角度及孔口形式一致，而透水面积和透水流量均较修改方案七减小了 40%，下游引航道表面回流最大流速为 0.20m/s，较修改方案七(0.30m/s)减小了 33%。由此可见，减小透水面积，透水流量随之减小，水流对下游引航道表面水体的扰动亦随之减弱。

对比 Q=2 500m^3/s 和 Q=4 000m^3/s 通航流量条件下修改方案十一的透水流量和下游引航道表面回流流速可知，随着通航流量的加大，透水流量随之增大，而水流对下游引航道表面水体的扰动也随之增大。

(5)小结

结合各方案布置形式及下游引航道流速流态计算成果综合分析，可以得到以下定性的认识。

①采用分层透水布置形式，河道水流自透水孔进入下游引航道后，在其内部扩散运动，随后进入口门区。河道水流经过引航道进入口门区，可减小回流和挤压横向流，有利于改善口门区水流条件，但引航道内部水流的扩散运动导致其表层水体出现了回流和横向流，对于船舶航行停靠不利。

②在透水孔口尺寸、透水面积及透水流量等参数相同的条件下，单纯调整透水通道的平面角度，不会有效改善引航道表面流态。

③减小透水面积，透水流量随着减小，可以有效减弱水流对下游引航道表面水体的扰动。

④随着通航流量的加大，透水流量随之增大，而水流对下游引航道表面水体的扰动也随之增大。

5)下游隔流堤分层透水方案优化试验成果

在 Q=2 500m^3/s 流量条件下修改方案七～修改方案十一的下游引航道及口门区表面流速分布见图 6.42。

(1)下游引航道水流条件

各方案下游引航道停泊段流态对比见表 6.18。

在 Q=2 500m^3/s 流量条件下，修改方案七、修改方案八和修改方案九下游引航道停泊段内表面回流最大流速分别为 0.37m/s、0.51m/s 和 0.47m/s。上述三个方案均顺河道水流方向布置透水通道，且透水孔出口位置及透水面积均相同，仅透水通道平面角度有所差别(分别为 45°、37°和 30°)，而下游引航道停泊段内表面回流强度相差不大，表明单纯调整透水通道平面角度不会减弱水流对引航道停泊段表层水体的扰动。这与数学模型计算成果所揭示的规律是一致的。

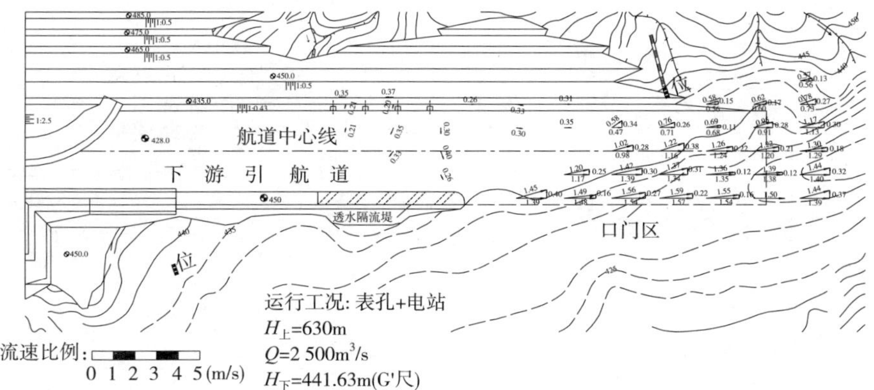

a)修改方案七

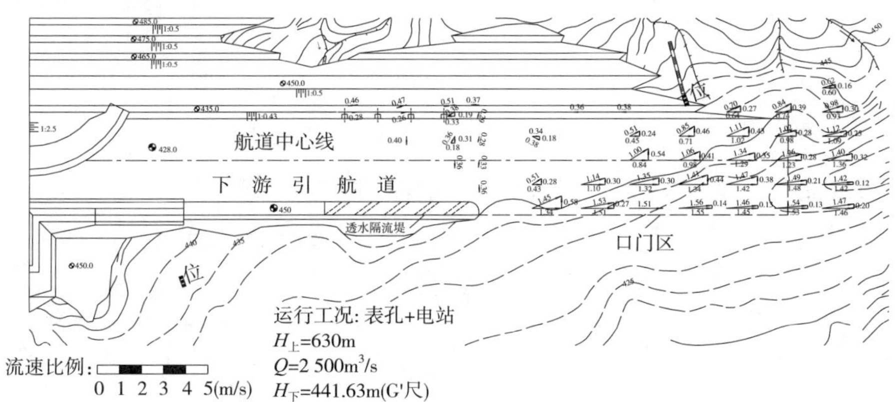

b)修改方案八

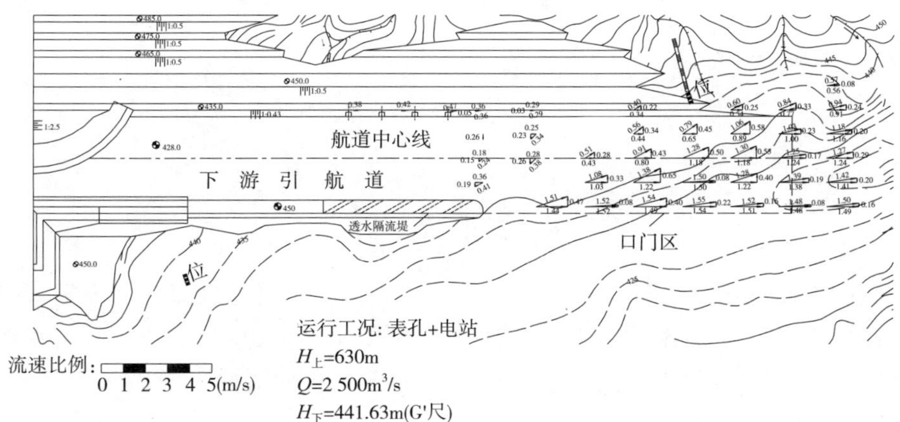

c)修改方案九

图　6.42

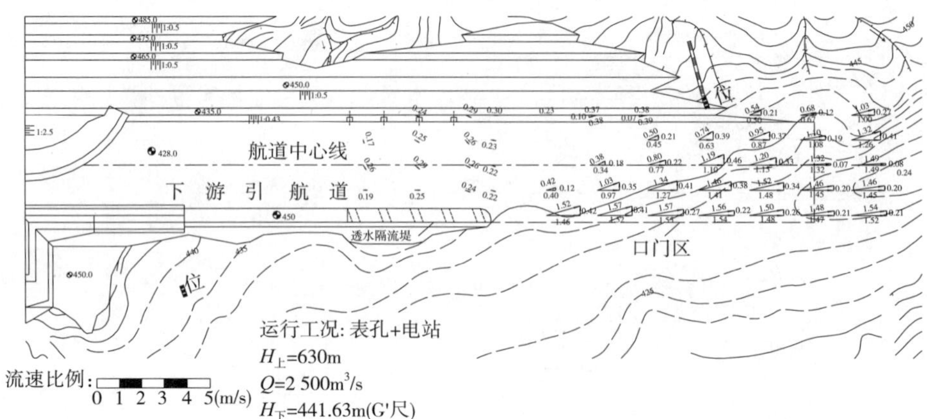

d)修改方案十

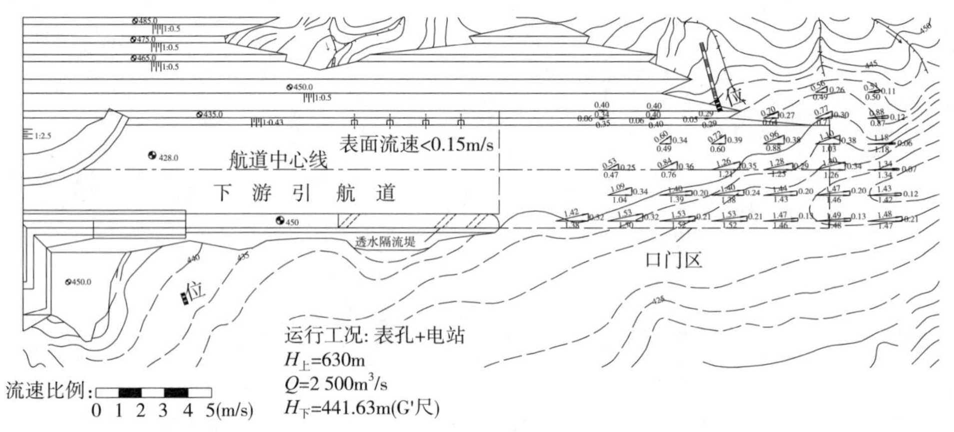

e)修改方案十一

图 6.42 下游口门区流速分布图

修改方案十的透水通道平面角度为 110°，即透水通道逆河道水流方向布置，其透水孔出口位置及透水面积与上述修改方案七～修改方案九相同。在 Q=2 500m^3/s 流量条件下，该方案下游引航道停泊段内最大纵向流速为 0.30m/s，最大横向流速为 0.22m/s，水流条件不能满足通航标准。

修改方案十一在修改方案七基础上将透水孔数量由 15 个减小为 9 个，相应地透水面积由 126m^{2}减小为 75.6m^2。在 Q=2 500m^3/s 流量条件下，该方案下游引航道停泊段内表面回流强度小于 0.15m/s，较修改方案七(表面最大回流流速 0.37m/s)减小了 60%，表明减小透水孔数量，透水面积相应减小，水流对下游引航道表面水体的扰动亦随之减弱。这与数学模型计算成果所揭示的规律是一致的。

就下游引航道停泊段内表面横向流速而言，在 $Q=2\ 500m^3/s$ 流量条件下，修改方案七～修改方案十引航道停泊段表面最大横向流速分别为 0.38m/s、0.40m/s、0.19m/s 和0.22m/s，均不能满足通航标准；而修改方案十一引航道停泊段内表面流速小于 0.15m/s，其水流条件满足通航标准。

(2)下游口门区水流条件

各方案下游口门区流态对比见表 6.22。

$Q=2\ 500m^3/s$ 流量条件下各方案的特征参数对比　　表 6.22

方　案	下游口门区流态	下游引航道停泊段流态
修改方案七	横向流速超标率 16.7%，航道中心线两侧 11m 范围最大横向流速为 0.38m/s	回流流速为 0.20～0.37m/s 最大横向流速为 0.38m/s
修改方案八	横向流速超标率 37%，航道中心线两侧 11m 范围最大横向流速为 0.54m/s。最大回流流速为 0.38m/s	回流流速为 0.26～0.51m/s 最大横向流速为 0.40m/s
修改方案九	横向流速超标率 39%，航道中心线两侧 11m 范围最大横向流速为 0.65m/s。最大回流流速为 0.38m/s	回流流速为 0.24～0.47m/s 最大横向流速为 0.19m/s
修改方案十	横向流速超标率 37%，航道中心线两侧 11m 范围最大横向流速为 0.46m/s。最大回流流速为 0.39m/s	纵向流速为 0.19～0.30m/s 最大横向流速为 0.22m/s
修改方案十一	横向流速超标率 40%，航道中心线两侧 11m 范围最大横向流速为 0.39m/s。最大回流流速为 0.40m/s，回流区最大横向流速为 0.06m/s	表面流速小于 0.15m/s

对比可知，修改方案七下游口门区水流条件最好。修改方案十一透水面积较修改方案七减小了 40%，虽然横向流和回流强度较修改方案七有所加大，但回流流速可以满足通航标准，横向流速超标范围不大。

(3)下游口门区船模试验

在 $Q=2\ 500m^3/s$ 流量条件下，对修改方案十一进行了船模试验。自航驳以静水航速 3.0m/s 分别沿航道中心线左、中、右航线进入口门区，行至口门内 20m 须停车或拉倒车，以静水航速 $v_0=2.5m/s$ 沿航道中心线下行出口门区。船模上、下水航迹图和沿程航行参数过程线见图 6.43～图 6.46，航行参数统计列于表 6.23。

在 $Q=2\ 500m^3/s$ 流量条件下，自航驳在下游口门区沿左、中、右航线上行平均对岸航速分别为 2.50m/s、2.43m/s 和 2.32m/s，沿程主用舵范围分别为 +18°～−17°、+15°～−13°和 +18°～−5°，漂角 β 均分别小于或等于 5.1°、4.7°和 9.0°。自航驳沿航道中心线下行出口门区，平均对岸航速为 2.39m/s，沿程主用舵范围为 +4°～−5°，漂角 β 小于或等于 7.0°。自航驳沿左、中、右航线上行和沿中航线下行的航行指标均满足船队进出口门的航行标准。

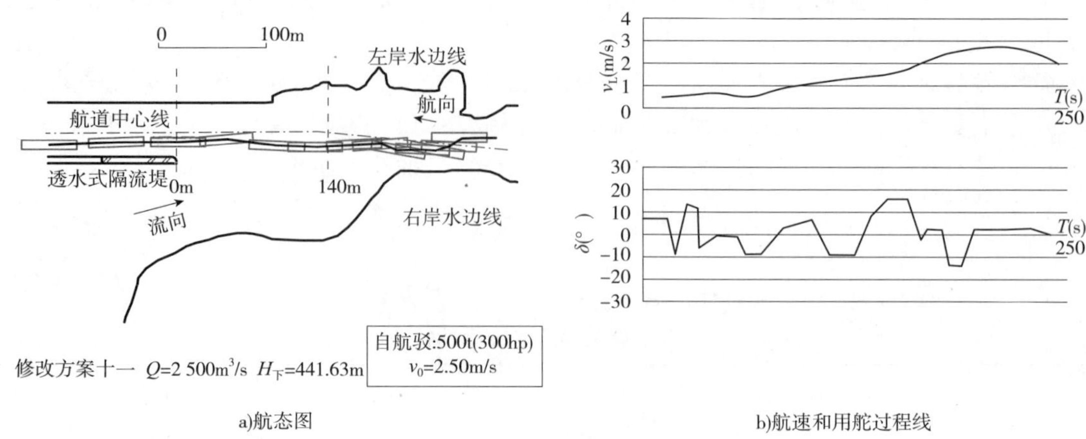

图 6.43 下游引航道口门区船模试验——右航线上水(修改方案十一)

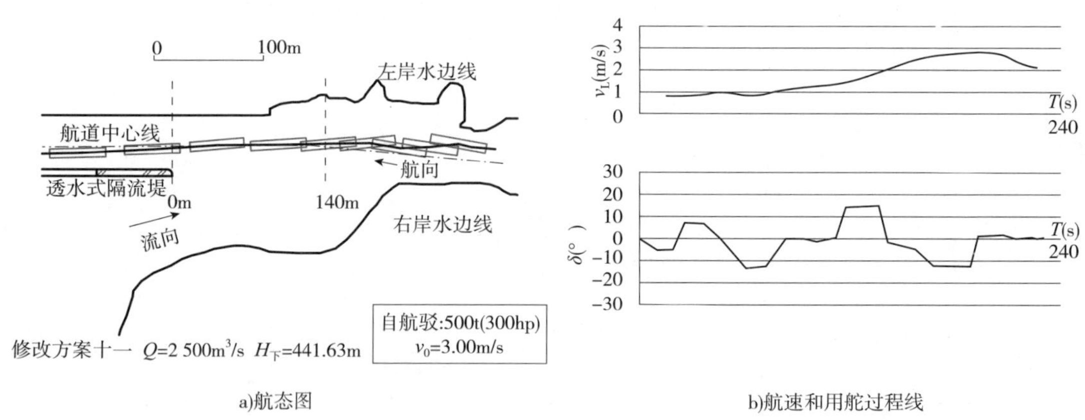

图 6.44 下游引航道口门区船模试验——中航线上水(修改方案十一)

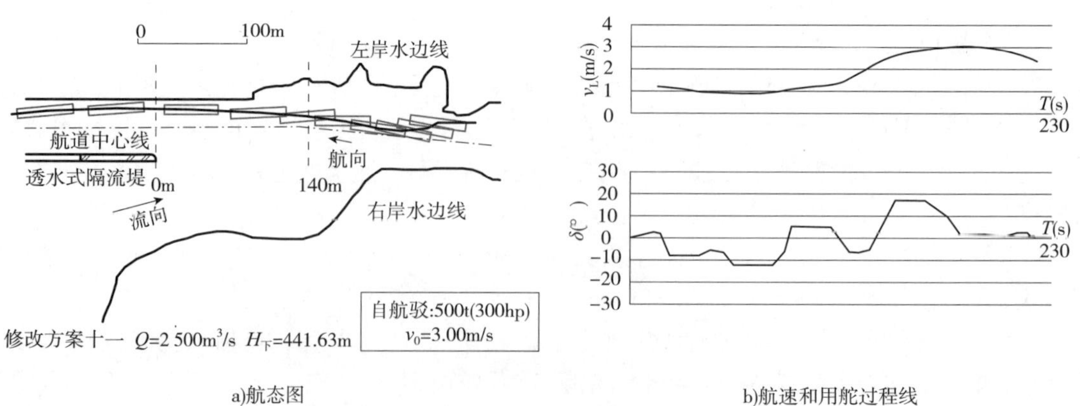

图 6.45 下游引航道口门区船模试验——左航线上水(修改方案十一)

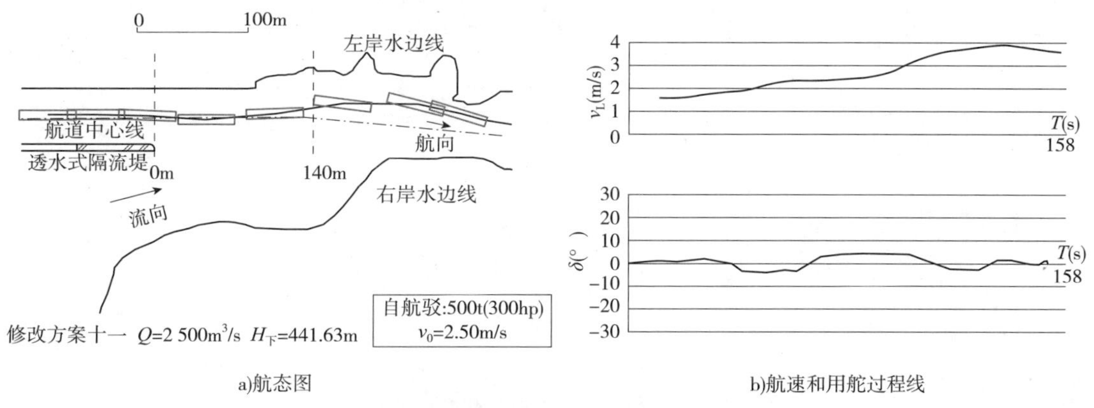

a)航态图　　b)航速和用舵过程线

图 6.46　下游引航道口门区船模试验——中航线下水(修改方案十一)

修改方案十一下游引航道及口门区船模航行参数统计表　　表 6.23

流量 (m^3/s)	距口门(m)		0～140				140～280			
	航向	v_0 (m/s)	v_{Lmin} (m/s)	v_{Lp} (m/s)	β_P^* (°)	$\delta_{pmax}{}^*$ (°)	v_{Lmin} (m/s)	v_{Lp} (m/s)	$\beta_P{}^*$ (°)	$\delta_{pmax}{}^*$ (°)
2 500	左上	3.00	1.81	2.50	5.1	+18～−17	0.81	1.70	15.6	15～−11
	中上	3.00	1.68	2.43	4.7	+15～−13	0.82	1.69	10.1	+9～−11
	右上	3.00	1.61	2.32	9.0	+18～−5	0.75	1.51	11.0	+7～−12
	下水	2.50	1.87	2.39	7.0	+4～−5	2.57	3.25	15.1	+9～−7

(4)小结

设计最大通航流量 Q=2 500m^3/s 条件下,修改方案十一下游引航道停泊段水流条件满足通航标准,下游口门区内回流流速可满足通航要求,局部范围横向流速超标,但超标范围不大。船模试验成果表明,自航驳沿左、中、右航线上行和沿中航线下行的航行指标均满足船队进出口门的航行标准。

鉴于此,确定修改方案十一为下游隔流堤分层透水形式比较优化的推荐方案。

6.6.3　推荐方案试验

1)通航水力学参数指标

(1)下游口门区水力纵比降

在 Q=1 909m^3/s 和 2 500m^3/s 流量条件下,下游口门区起始断面和末端断面的水位差分别为 0.11m 和 0.13m,口门区内水力纵比降分别为 0.8‰和 0.9‰。

(2)下游口门区波高

下游口门区内共布置了 3 个波浪测试断面,分别位于隔流堤堤头、堤头下游 68m 和 134m,每个断面布置了 3 个测点,具体布置见图 6.47。波高成果列于表 6.24。

由表中资料可知,Q≤2 500m^3/s 恒定流下泄条件下,下游引航道及口门区波高 $B_{pmax1/3}$ 均小于 0.6m,满足通航要求。

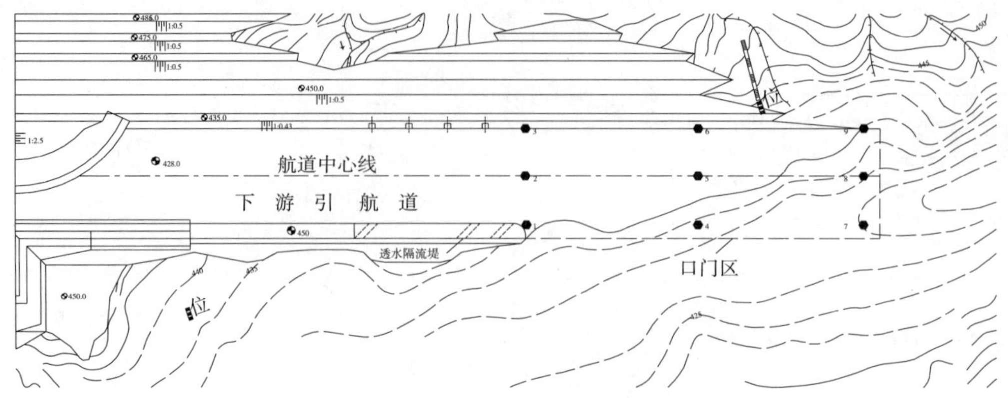

图 6.47 下游引航道口门区波浪测点布置

下游口门区波高 表 6.24

断面位置	测点编号	波高 $B_{pmax1/3}$(m)	
		Q=2 500m³/s	Q=1 909m³/s
下游隔流堤堤头	1	0.21	0.20
	2	0.23	0.21
	3	0.20	0.21
堤头下游 68m	4	0.27	0.24
	5	0.25	0.26
	6	0.31	0.25
堤头下游 134m	7	0.28	0.20
	8	0.24	0.21
	9	0.26	0.19

(3)下游口门区流速分布

Q=550～4 000m³/s 各通航流量条件下的下游口门区表面流速分布见图 6.48,特征参数列于表 6.25、表 6.26。

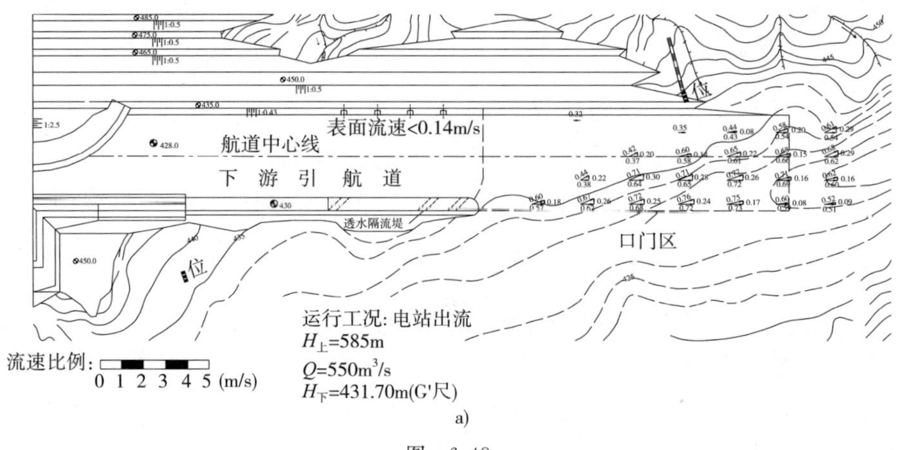

a)

图 6.48

航道中心线
表面流速<0.14m/s
下 游 引 航 道
透水隔流堤
口门区
流速比例:
0 1 2 3 4 5 (m/s)
运行工况: 电站出流
$H_上$=585m
Q=550m³/s
$H_下$=440.68m(G'尺)
下游思林电站建库后坝前水位440m

b)

表面流速<0.15m/s
航道中心线
下 游 引 航 道
透水隔流堤
口门区
流速比例:
0 1 2 3 4 5(m/s)
运行工况: 电站出流
$H_上$ =585m
Q=700m³ /s
$H_下$=432.82m(G'尺)

c)

表面流速<0.15m/s
航道中心线
下 游 引 航 道
透水隔流堤
口门区
流速比例:
0 1 2 3 4 5(m/s)
运行工况: 表孔+电站
$H_上$=585m
Q=1 000m³/s
$H_下$=434.70m(G'尺)

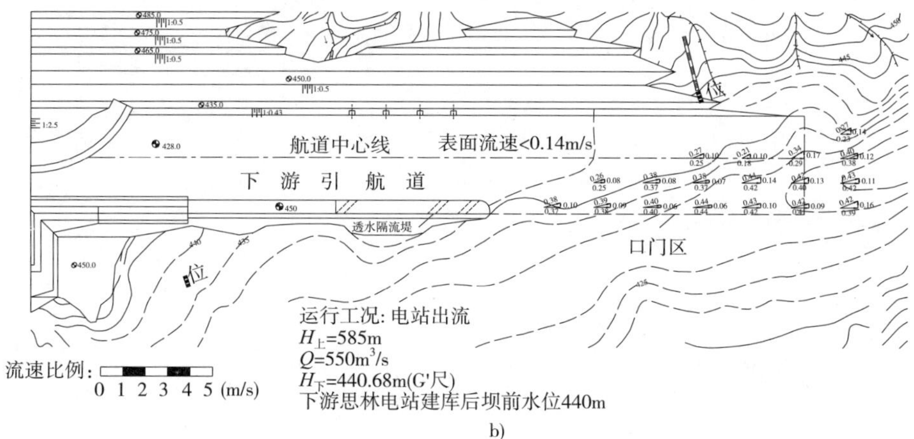

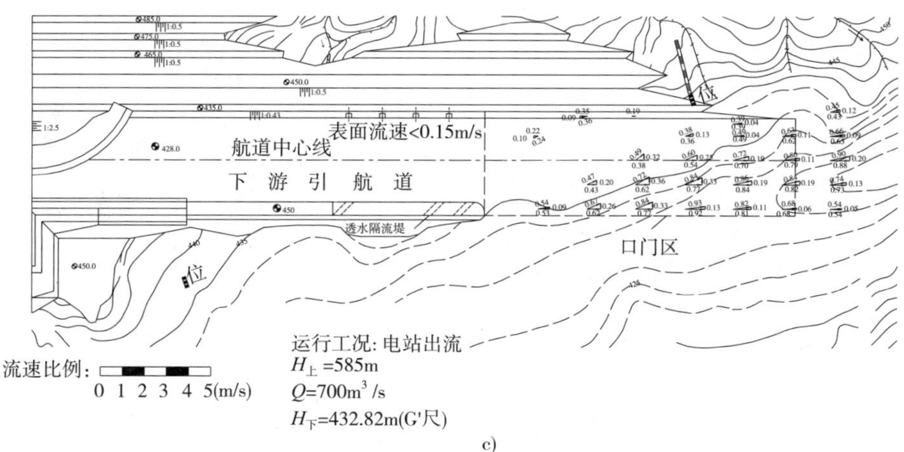

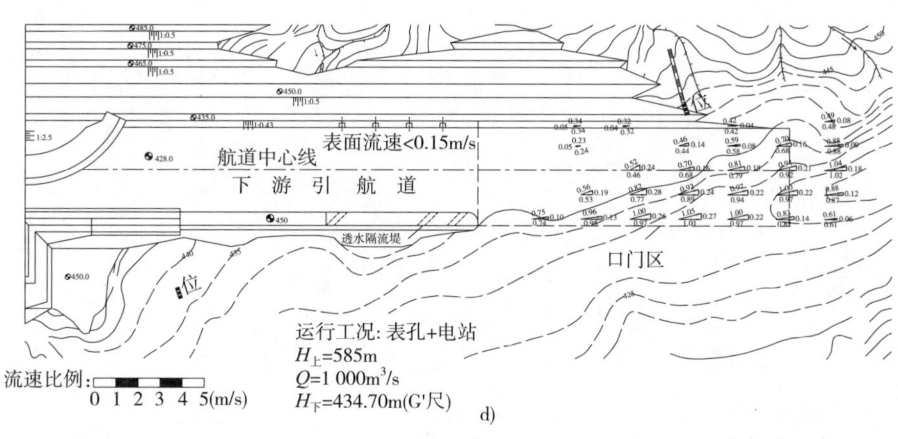

d)

图　6.48

表面流速<0.14m/s
航道中心线
下游引航道
透水隔流堤
口门区
运行工况：电站出流
$H_上$=585m
Q=1 000m³/s
$H_下$=441.23m(G'尺)
下游思林电站建库后坝前水位440m
流速比例：
0 1 2 3 4 5(m/s)

e)

表面流速<0.15m/s
航道中心线
下游引航道
透水隔流堤
口门区
运行工况：电站出流
$H_上$=585m
Q=1 500m³/s
$H_下$=437.28m(G'尺)
流速比例：
0 1 2 3 4 5(m/s)

f)

表面流速<0.15m/s
航道中心线
下游引航道
透水隔流堤
口门区
运行工况：电站出流
$H_上$=585m
Q=1 909m³/s
$H_下$=439.16m(G'尺)
流速比例：
0 1 2 3 4 5(m/s)

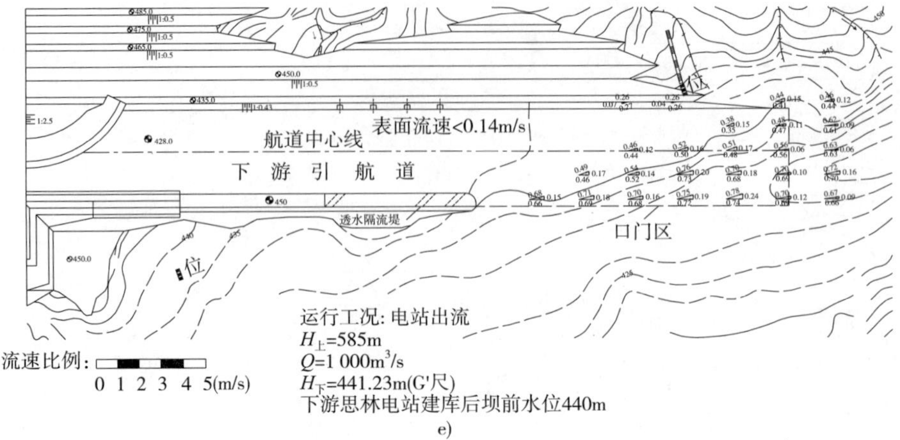

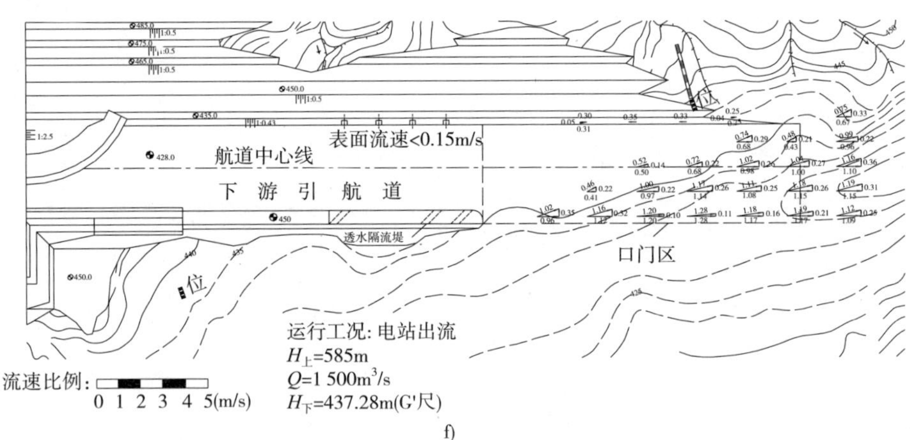

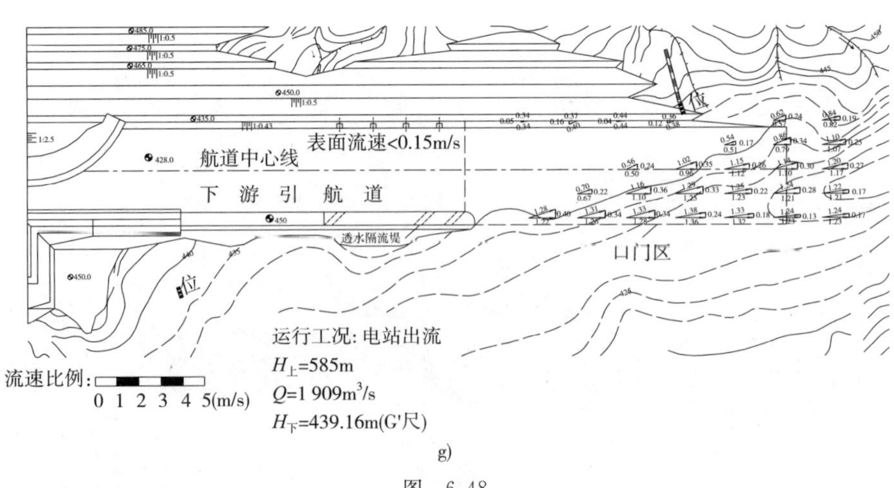

g)

图 6.48

表面流速<0.14m/s
航道中心线
下 游 引 航 道
透水隔流堤
口门区
运行工况: 电站出流
$H_{上}$=585m
Q=1 909m^3/s
$H_{下}$=443.14m(G'尺)
下游思林电站建库后坝前水位440m
流速比例:
0 1 2 3 4 5(m/s)

h)

表面流速<0.15m/s
航道中心线
下 游 引 航 道
透水隔流堤
口门区
运行工况: 表孔+电站
$H_{上}$=630m
Q=2 500m^3/s
$H_{下}$=444.50m(G'尺)
下游思林电站建库后坝前水位440m
流速比例:
0 1 2 3 4 5(m/s)

i)

航道中心线
下 游 引 航 道
透水隔流堤
口门区
运行工况: 表孔+电站
$H_{上}$=630m
Q=3 000m3/s
$H_{下}$=443.51m(G'尺)
流速比例:
0 1 2 3 4 5(m/s)

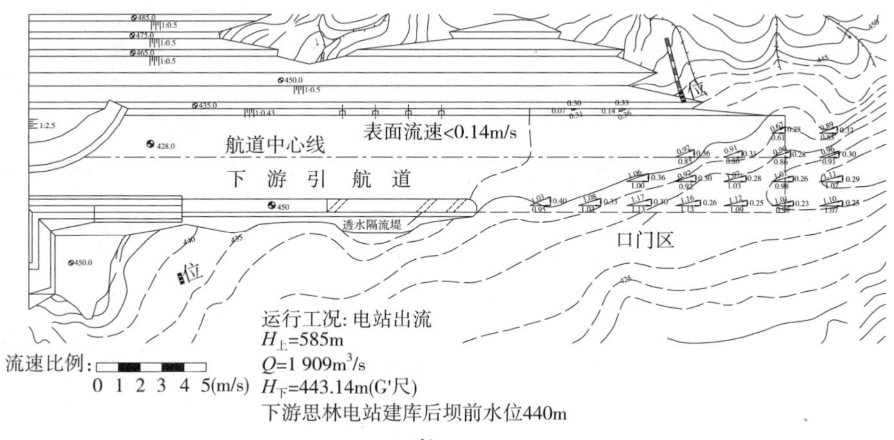

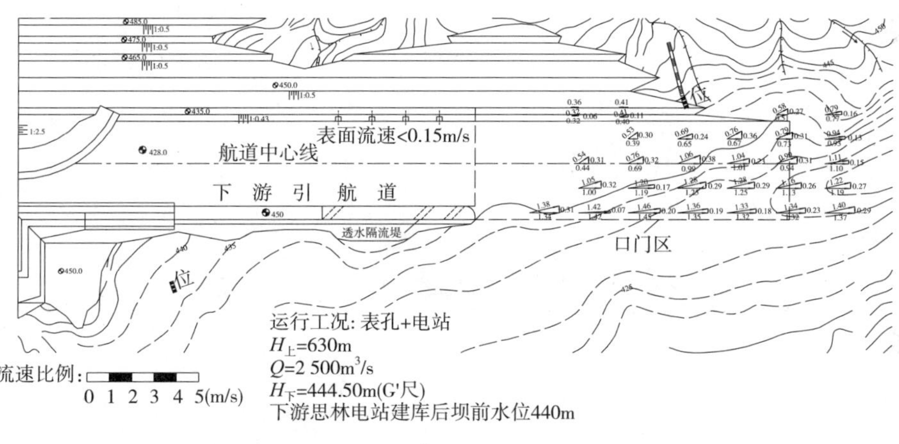

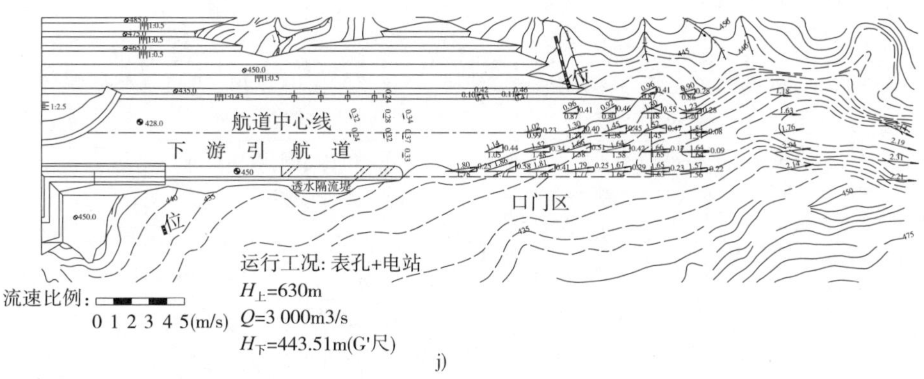

j)

图　6.48

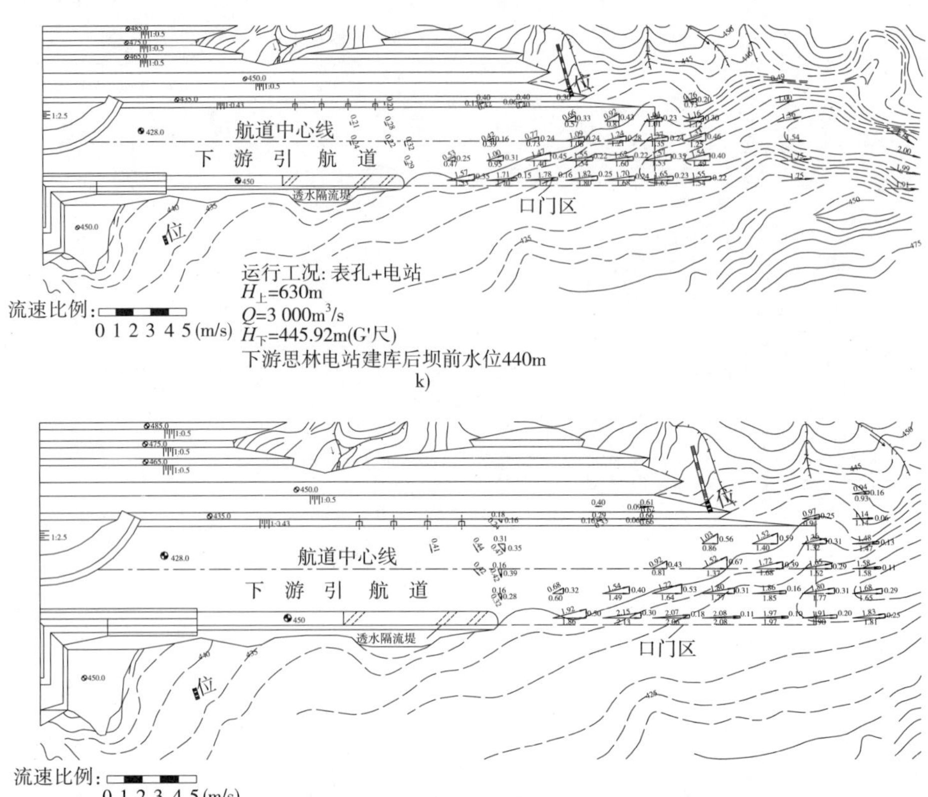

图 6.48 修改方案十一下游口门区流速分布图

推荐方案各流量条件下的特征参数(下游思林电站建库前) 表 6.25

流量(m^3/s)	下游口门区流态	下游引航道停泊段流态
4 000	横向流速超标率 54%，航道中心线两侧 11m 范围最大横向流速为 0.67m/s。最大回流流速为 0.66m/s，回流区最大横向流速为 0.16m/s	横向流速为 0.30～0.40m/s
3 000	横向流速超标率 67%，航道中心线两侧 11m 范围最大横向流速为 0.55m/s。最大回流流速为 0.47m/s，回流区最大横向流速为 0.11m/s	横向流速为 0.23～0.32m/s
2 500	横向流速超标率 40%，航道中心线两侧 11m 范围最大横向流速为 0.39m/s。最大回流流速为 0.40m/s，回流区最大横向流速为 0.06m/s	表面流速小于 0.15m/s
1 909	横向流速超标率 33%，航道中心线两侧 11m 范围最大横向流速为 0.36m/s。最大回流流速为 0.44m/s，回流区最大横向流速为 0.16m/s	
1 500	横向流速超标率 9.5%，航道中心线两侧 11m 范围最大横向流速为 0.29m/s。最大回流流速为 0.35m/s，回流区最大横向流速为 0.05m/s	
1 000	横向流速未超标，航道中心线两侧 11m 范围最大横向流速为 0.28m/s。最大回流流速为 0.34m/s，回流区最大横向流速为 0.05m/s	
700	横向流速超标率 18%，航道中心线两侧 11m 范围最大横向流速为 0.36m/s。最大回流流速为 0.35m/s，回流区最大横向流速为 0.10m/s	
550	横向流速未超标，航道中心线两侧 11m 范围最大横向流速为 0.30m/s。最大回流流速为 0.32m/s	

推荐方案各流量条件下的特征参数(下游思林电站建库后坝前水位 440m)　　表 6.26

<table>
<tr><th>流量(m^3/s)</th><th>下 游 口 门 区 流 态</th><th>下游引航道停泊段流态</th></tr>
<tr><td>4 000</td><td>横向流速超标率 59%,航道中心线两侧 11m 范围最大横向流速为 0.47m/s。最大回流流速为 0.67m/s,回流区最大横向流速为 0.04m/s</td><td>横向流速为 0.25～0.33m/s</td></tr>
<tr><td>3 000</td><td>横向流速超标率 28%,航道中心线两侧 11m 范围最大横向流速为 0.45m/s。最大回流流速为 0.40m/s,回流区最大横向流速为 0.13m/s</td><td>横向流速为 0.19～0.25m/s</td></tr>
<tr><td>2 500</td><td>横向流速超标率 33%,航道中心线两侧 11m 范围最大横向流速为 0.38m/s。最大回流流速为 0.47m/s,回流区最大横向流速为 0.11m/s</td><td rowspan="4">表面流速<0.15m/s</td></tr>
<tr><td>1 909</td><td>横向流速超标率 31%,航道中心线两侧 11m 范围最大横向流速为 0.36m/s。最大回流流速为 0.36m/s,回流区最大横向流速为 0.14m/s</td></tr>
<tr><td>1 000</td><td>横向流速未超标,航道中心线两侧 11m 范围最大横向流速为 0.20m/s。最大回流流速为 0.27m/s,回流区最大横向流速为 0.07m/s</td></tr>
<tr><td>550</td><td>横向流速未超标,航道中心线两侧 11m 范围最大横向流速为 0.14m/s</td></tr>
</table>

下游口门区流速成果表明,在 $Q\leqslant 2\ 500m^3/s$ 各级流量条件下,下游引航道停泊段内水流条件均满足通航标准;在 $Q=1\ 000m^3/s$ 和 $550m^3/s$ 流量条件下,下游口门区内横向流速和回流流速满足通航标准;在其他流量条件下,下游口门区内局部区域横向流速和回流流速超标,但超标的范围不大。

下游思林电站建库前,在 $Q=3\ 000m^3/s$ 和 $4\ 000m^3/s$ 流量条件下,下游引航道停泊段内水流条件均不能满足通航标准,下游口门区内最大横向流速分别为 0.67m/s 和 0.55m/s,横向流速超标率分别为 54% 和 67%,最大回流流速分别为 0.66m/s 和 0.47m/s,横向流速和回流超标范围较大,不能满足通航要求。当下游思林电站建库后坝前水位 440m 时,在上述流量条件下,下游引航道停泊段内水流条件亦均不能满足通航标准,下游口门区内最大横向流速分别为 0.47m/s 和 0.45m/s,横向流速超标率分别为 59%和 28%,最大回流流速分别为0.67m/s和 0.40m/s,横向流速超标范围仍较大,不能满足通航要求。

2)下游口门区及连接段船模试验成果

(1)$Q=2\ 500m^3/s$ 流量条件(下游思林电站建库后)

该流量条件下船模试验航行用车过程为上行以静水航速 3.0m/s 分别沿航道中心线左、中、右航线进入口门区,行至口门内 20m 须停车或拉倒车;以静水航速 $v_0=2.0m/s$ 沿航道中心线下行出口门区。船模航行参数统计表列于表 6.27,航态图、航速及用舵过程线见图 6.49～图 6.52。

在 $Q=2\ 500m^3/s$ 流量条件下,下游思林电站建库后坝前水位为 440m 时,自航驳在下游口门区沿左、中、右航线上行平均对岸航速分别为 2.49m/s、2.44m/s 和 2.31m/s,主用舵范围分别为$+11°\sim-6°$、$+15°\sim-7°$和$+11°\sim-7°$,漂角 β 均分别小于等于 6.0°、7.1°和 6.9°。自航驳沿中航线下水,航行指标良好。

Q=2 500m³/s 下游引航道及口门区船模航行参数统计 表 6.27

<table>
<tr><td rowspan="2">流量
(m³/s)</td><td colspan="2">距 口 门(m)</td><td colspan="4">0～140</td><td colspan="4">140～280</td></tr>
<tr><td>航向</td><td>v_0
(m/s)</td><td>v_{Lmin}
(m/s)</td><td>v_{Lp}
(m/s)</td><td>β_{max}
(°)</td><td>δ
(°)</td><td>v_{Lmin}
(m/s)</td><td>v_{Lp}
(m/s)</td><td>β_{max}
(°)</td><td>δ
(°)</td></tr>
<tr><td rowspan="4">2 500(下游思林电站建库后坝前水位为440m)</td><td>左上</td><td>3.00</td><td>1.85</td><td>2.49</td><td>6.0</td><td>+11～−6</td><td>0.90</td><td>1.75</td><td>15.0</td><td>+19～−15</td></tr>
<tr><td>中上</td><td>3.00</td><td>1.78</td><td>2.44</td><td>7.1</td><td>+15～−7</td><td>0.87</td><td>1.60</td><td>13.2</td><td>+15～−11</td></tr>
<tr><td>右上</td><td>3.00</td><td>1.71</td><td>2.31</td><td>6.9</td><td>+11～−7</td><td>0.78</td><td>1.54</td><td>15.0</td><td>+18～−17</td></tr>
<tr><td>下水</td><td>2.00</td><td>1.79</td><td>2.23</td><td>7.3</td><td>+7～−7</td><td>2.52</td><td>3.21</td><td>8.2</td><td>+9～−5</td></tr>
</table>

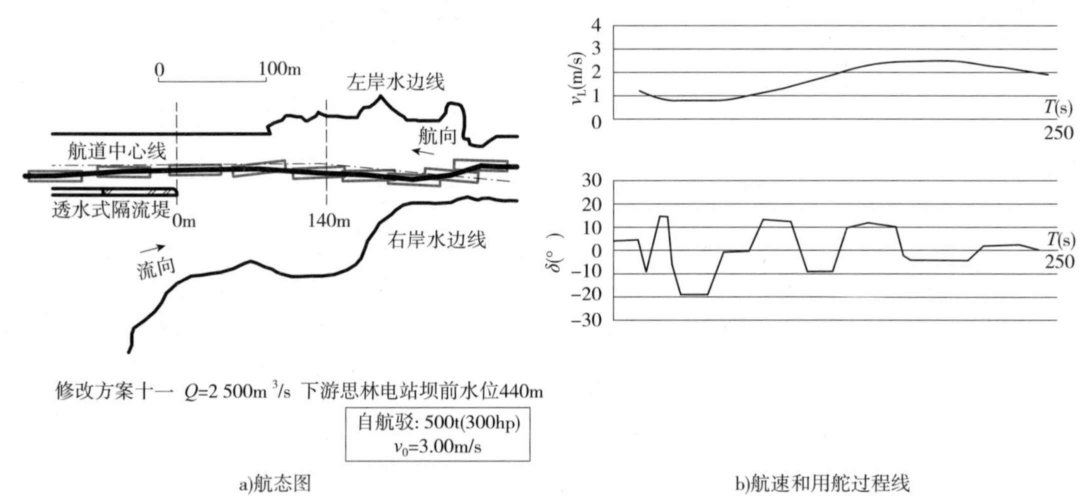

图 6.49 下游引航道口门区船模试验——右航线上水(Q=2 500m³/s)

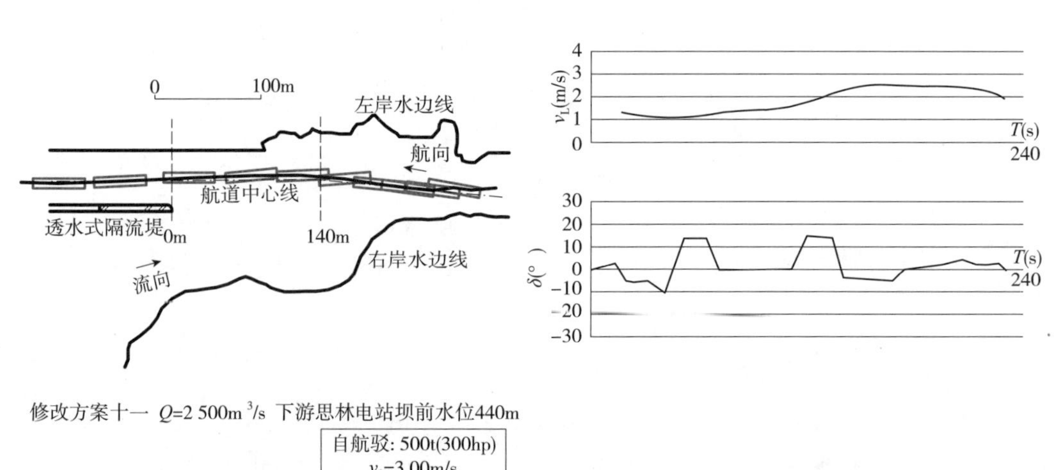

图 6.50 下游引航道口门区船模试验——中航线上水(Q=2 500m³/s)

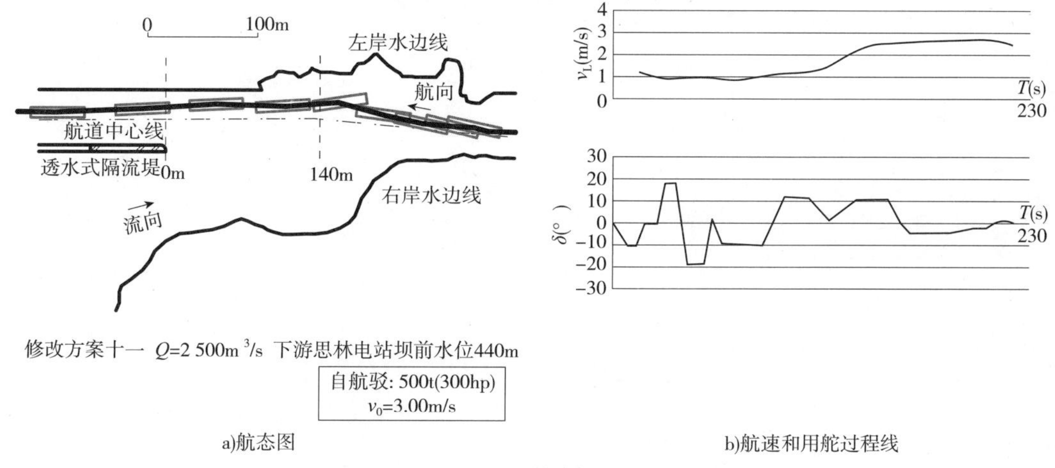

图 6.51　下游引航道口门区船模试验——左航线上水(Q=2 500m^3/s)

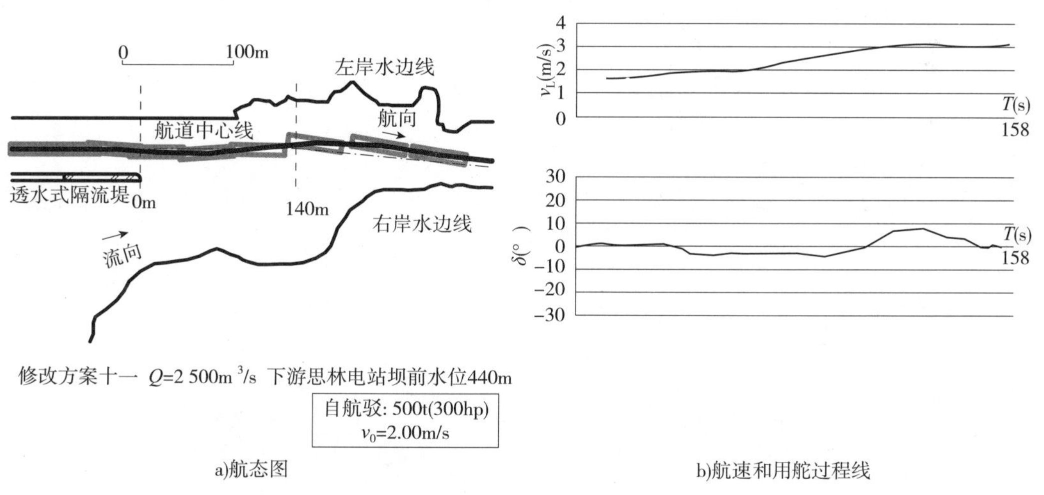

图 6.52　下游引航道口门区船模试验——中航线下水(Q=2 500m^3/s)

(2)Q=1 909m^3/s 流量条件

该流量条件下，船模试验航行用车过程为上行以静水航速 3.0m/s 或 2.5m/s 分别沿航道中心线左、中、右航线进入口门区，行至口门内 20m 须停车或拉倒车；以静水航速 v_0=2.5m/s 沿航道中心线下行出口门区。船模航行参数统计表列于表 6.28，航态图、航速及用舵过程线见图 6.53～图 6.60。

当自航驳沿左航线上行时，连接段左凸岸挑流强度有所减弱，自航驳操纵主用左向舵量调整航向，航行至口门区末端，受回流作用航态略差。自航驳沿中航线上行，口门区内航行指标良好。自航驳沿右航线上行，受主河槽水流的作用，自航驳操纵仍以主用左向舵量调整航向，平衡斜流作用。自航驳在下游口门区沿左、中、右航线上行平均对岸航速分别为 2.20m/s、2.11m/s 和 2.21m/s，主用舵范围分别为＋15°～－15°、＋14°～－17°和＋18°～－12°，漂角 β 均分别小于等于 9.8°、6.7°和 5.0°。自航驳沿中航线下水，航行指标良好。

Q=1 909m³/s 下游引航道及口门区船模航行参数统计　　表 6.28

流量 (m³/s)	距口门(m)		0～140				140～280			
	航向	v_0 (m/s)	v_{Lmin} (m/s)	v_{Lp} (m/s)	β_{max} (°)	δ (°)	v_{Lmin} (m/s)	v_{Lp} (m/s)	β_{max} (°)	δ (°)
1 909	左上	3.00	1.80	2.20	9.8	+15～−15	1.01	1.70	12.1	17～−11
	中上	3.00	1.71	2.11	6.7	+14～−17	1.12	1.69	10.2	+12～−12
	右上	3.00	1.56	2.21	5.0	+18～−12	1.10	1.51	9.0	+12～−11
	下水	2.50	1.78	2.10	6.0	+4～−6	2.59	2.98	10.1	+8～−10
1 909(下游思林电站建库后坝前水位为440m)	左上	2.50	1.87	2.34	7.0	+12～−10	1.10	1.56	11.0	+19～−15
	中上	3.00	1.68	2.24	5.7	+14～−13	1.17	1.41	10.2	+15～−11
	右上	3.00	1.64	2.12	6.1	+13～−13	1.10	1.44	11.0	+18～−17
	下水	2.50	1.81	2.34	6.0	+12～−10	2.42	3.12	8.2	+9～−5

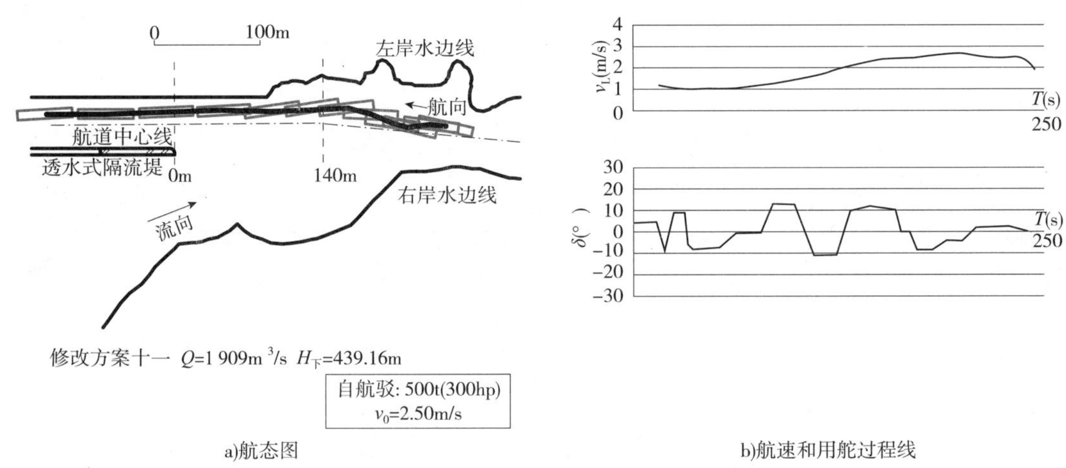

图 6.53　下游引航道口门区船模试验——左航线上水(Q=1 909m³/s)

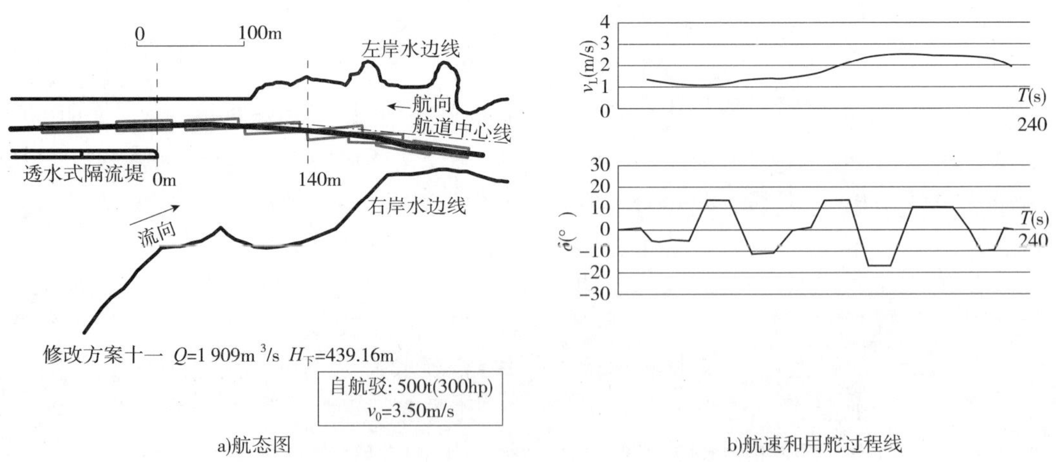

图 6.54　下游引航道口门区船模试验——中航线上水(Q=1 909m³/s)

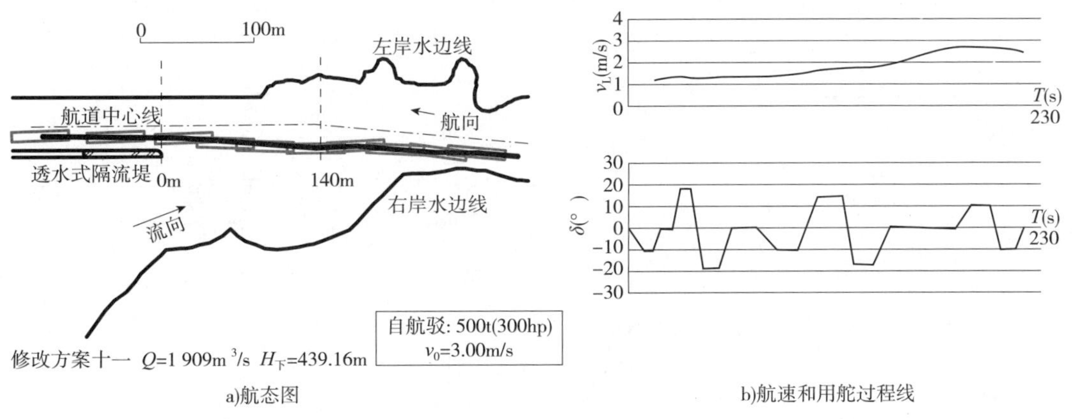

a)航态图　　b)航速和用舵过程线

图 6.55　下游引航道口门区船模试验——右航线上水(Q=1 909m³/s)

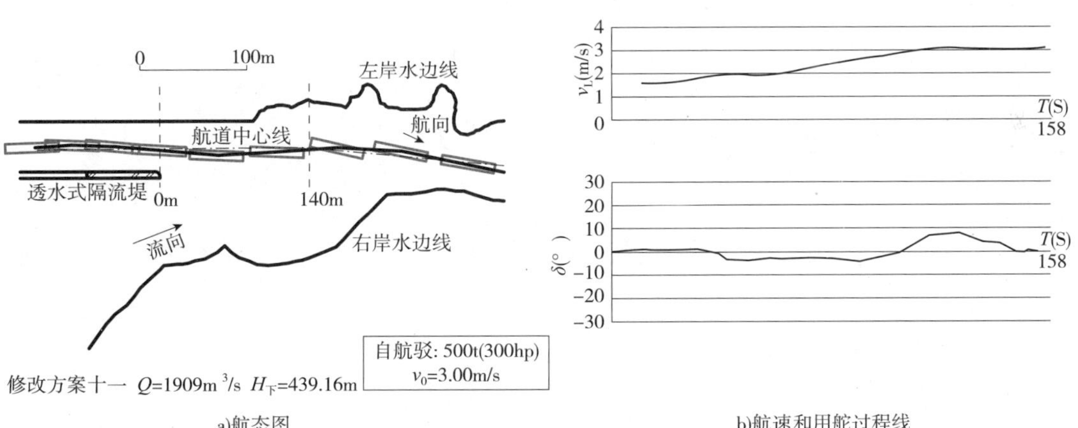

a)航态图　　b)航速和用舵过程线

图 6.56　下游引航道口门区船模试验——中航线下水(Q=1 909m³/s)

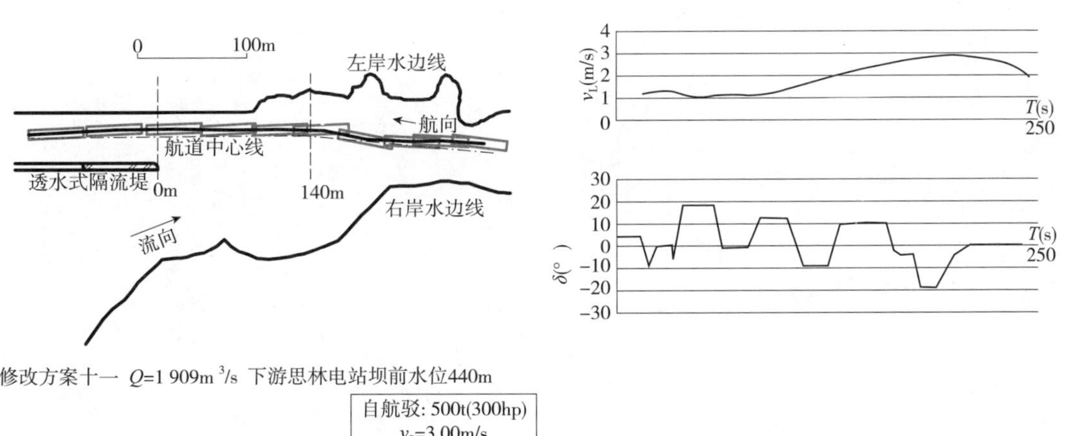

a)航态图　　b)航速和用舵过程线

图 6.57　下游引航道口门区船模试验——左航线上水(Q=1 909m³/s,$H_{思林电站}$=440m)

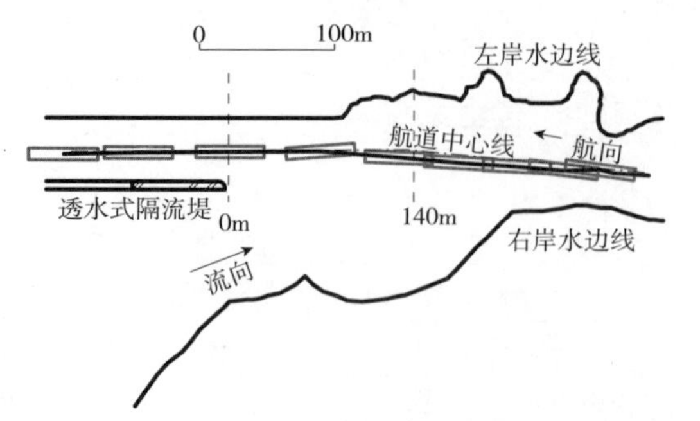

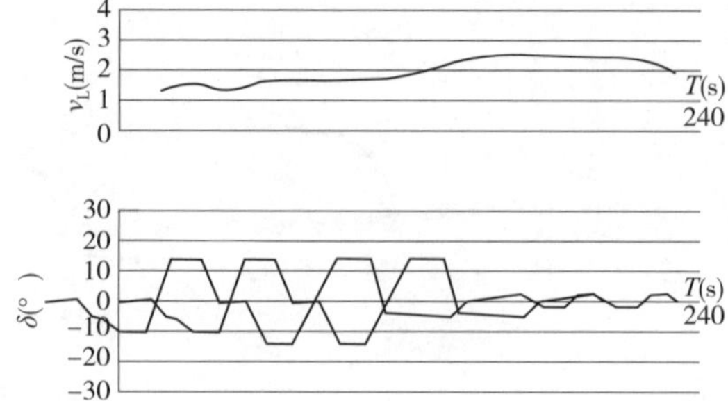

修改方案十一 Q=1 909m³/s 下游思林电站坝前水位440m

自航驳: 500t(300hp)
v_0=3.00m/s

a)航态图 b)航速和用舵过程线

图 6.58 下游引航道口门区船模试验——中航线上水(Q=1 909m³/s, $H_{思林电站}$=440m)

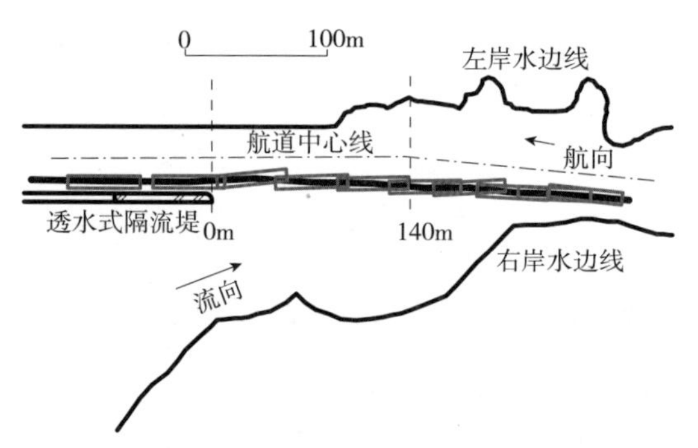

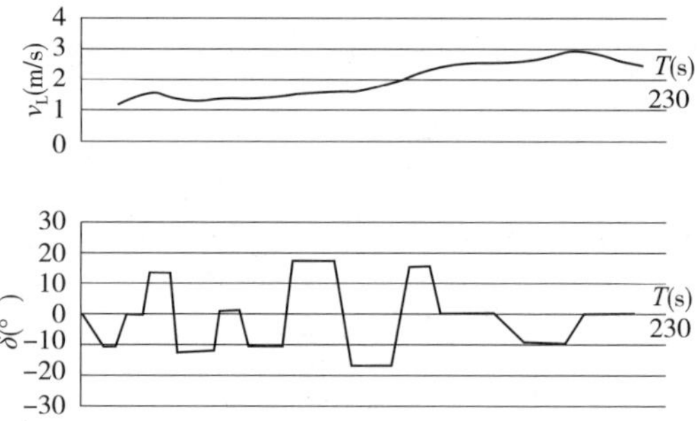

修改方案十一 Q=1 909m³/s 下游思林电站坝前水位440m

自航驳: 500t(300hp)
v_0=3.00m/s

a)航态图 b)航速和用舵过程线

图 6.59 下游引航道口门区船模试验——右航线上水(Q=1 909m³/s, $H_{思林电站}$=440m)

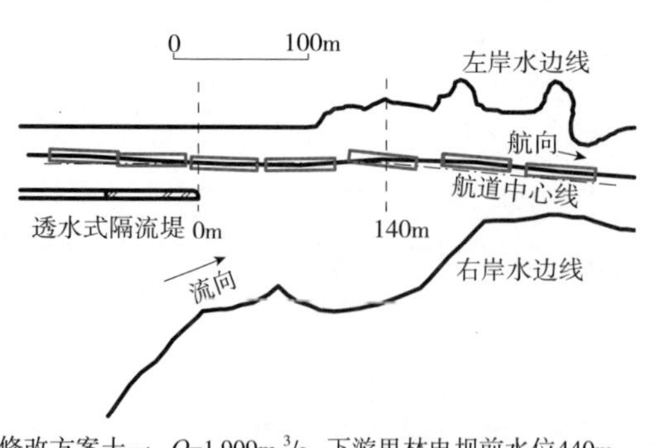

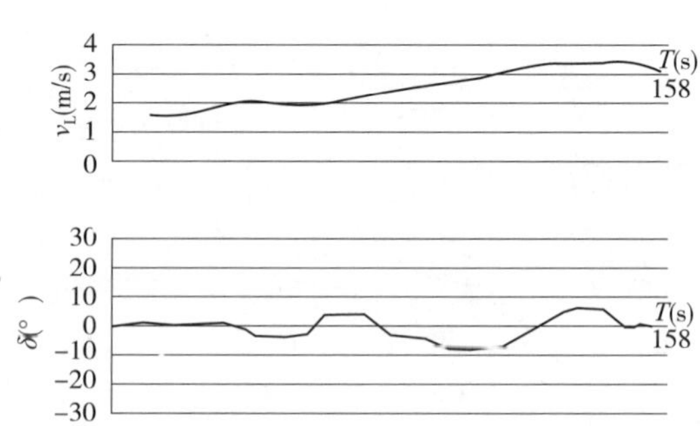

修改方案十一 Q=1 909m³/s 下游思林电坝前水位440m

自航驳: 500t(300hp)
v_0=2.50m/s

a)航态图 b)航速和用舵过程线

图 6.60 下游引航道口门区船模试验——中航线下水(Q=1 909m³/s, $H_{思林电站}$=440m)

$Q=1\ 909m^3/s$ 流量条件下，下游思林电站建库后坝前水位为 440m 时，自航驳在下游口门区沿左、中、右航线上行平均对岸航速分别为 2.34m/s、2.24m/s 和 2.12m/s，主用舵范围分别为 +12°～−10°、+14°～−13°和 +13°～−13°，漂角 β 均分别小于等于 7.0°、5.7°和 6.1°。自航驳沿中航线下水，航行指标良好。

综上所述，$Q=1\ 909m^3/s$ 流量条件下，自航驳沿左、中、右航线上行和沿中航线下行的航行指标可以满足船队进出口门的航行标准。

(3) $Q=700m^3/s$ 流量条件

该流量条件下，船模试验航行用车过程为上行以静水航速 2.0m/s 或 2.5m/s 分别沿航道中心线左、中、右航线进入口门区，行至口门内 20m 须停车或拉倒车；以静水航速 $v_0=2.0m/s$ 沿航道中心线下行出口门区。船模航行参数统计表列于表 6.29，航态图、航速及用舵过程线见图 6.61～图 6.64。

$Q=700m^3/s$ 下游引航道及口门区船模航行参数统计　　表 6.29

距口门(m)		0～140				140～280			
航向	v_0 (m/s)	v_{Lmin} (m/s)	v_{Lp} (m/s)	β_{max} (°)	δ (°)	v_{Lmin} (m/s)	v_{Lp} (m/s)	β_{max} (°)	δ (°)
左上	2.00	1.51	2.01	5.1	+10～−12	1.01	1.30	8.6	+10～−11
中上	2.50	1.88	2.21	4.7	+10～−11	1.22	1.61	4.1	+12～−10
右上	2.50	1.63	2.23	5.0	+11～−12	1.21	1.54	4.0	+10～−12
下水	2.00	1.47	1.80	6.0	+4～−3	1.82	2.35	7.1	+9～−7

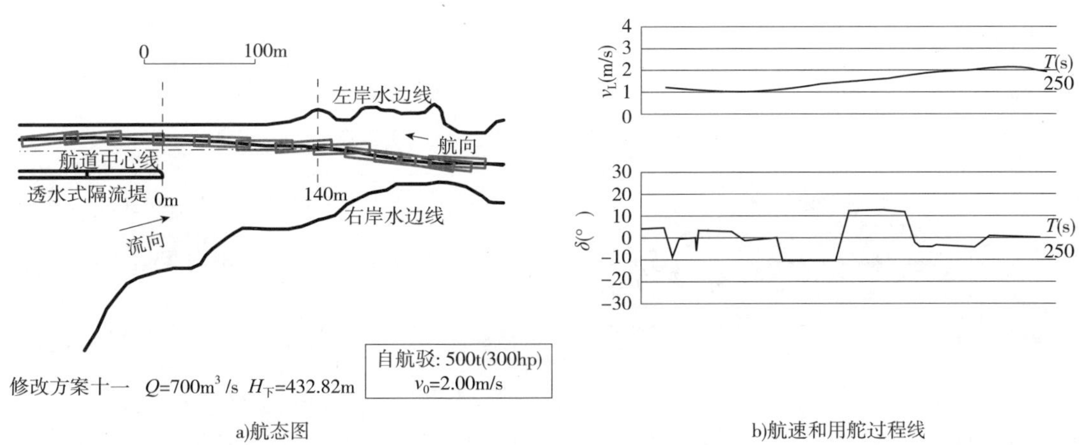

a)航态图　　b)航速和用舵过程线

图 6.61　下游引航道口门区船模试验——左航线上水($Q=700m^3/s$)

河道水面明显缩窄，当自航驳沿左航线上行时，连接段左凸岸挑流现象已不明显，自航驳操纵主用左向舵量调顺航向，航行至口门区末端处受斜流的影响不大，其航行指标良好。自航驳沿中航线上行，口门区内航态良好。当自航驳沿右航线上行时，受主河槽水流的斜流作用明

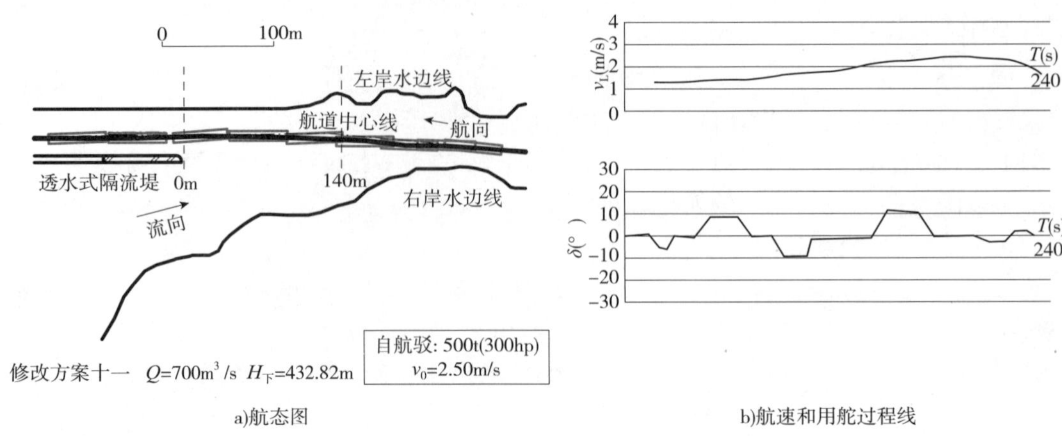

a)航态图　　　　b)航速和用舵过程线

图 6.62　下游引航道口门区船模试验——中航线上水($Q=700\mathrm{m}^3/\mathrm{s}$)

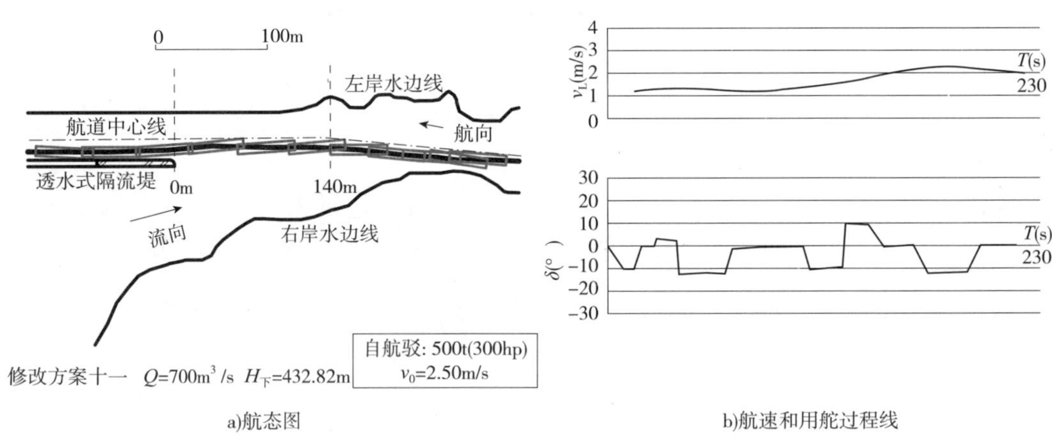

a)航态图　　　　b)航速和用舵过程线

图 6.63　下游引航道口门区船模试验——右航线上水($Q=700\mathrm{m}^3/\mathrm{s}$)

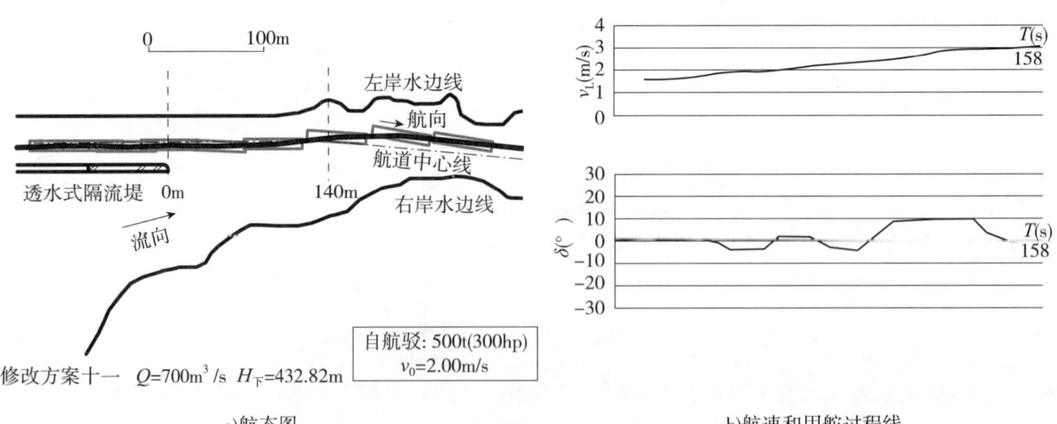

a)航态图　　　　b)航速和用舵过程线

图 6.64　下游引航道口门区船模试验——中航线下水($Q=700\mathrm{m}^3/\mathrm{s}$)

显减小，自航驳操纵仍以主用左向舵量调整航向，船舶在口门区内航行指标良好。自航驳在口门区内沿左、中、右航线上行平均对岸航速分别为2.01m/s、2.21m/s和2.23m/s，主用舵范围分别为+10°～−12°、+10°～−11°和+11°～−12°，漂角β均分别小于或等于5.1°、4.7°和5.0°。自航驳沿左、中、右航线上行的航行指标满足船队进入口门的航行标准。

自航驳沿中航线下水可保证良好的操纵性，但航行水域缩窄应注意保持航向。中航线下水全航程用舵量δ在+9°～−7°，漂角β小于或等于7.1°，航态良好，航行指标满足船队出口门的航行标准。

(4)$Q=550m^3/s$流量条件

该流量条件下，船模试验航行用车过程为上行以静水航速2.5m/s或2.0m/s分别沿航道中心线左、中、右航线进入口门区，行至口门内20m须停车或拉倒车；以静水航速$v_0=1.5m/s$沿航道中心线下行出口门区。船模航行参数统计表列于表6.30，航态图、航速及用舵过程线见图6.65～图6.68。

$Q=550m^3/s$下游引航道及口门区船模航行参数统计　　表6.30

距口门(m)		0～140				140～280			
航向	v_0 (m/s)	v_{Lmin} (m/s)	v_{Lp} (m/s)	β_{max} (°)	δ (°)	v_{Lmin} (m/s)	v_{Lp} (m/s)	β_{max} (°)	δ (°)
左上	2.50	1.55	2.31	4.0	+11～−6	1.18	1.85	7.0	+11～−15
中上	2.00	1.37	2.12	3.1	+10～−7	1.34	1.56	4.2	+11～−12
右上	2.00	1.45	2.00	3.9	+13～−7	1.28	1.54	3.8	+10～−10
下水	1.50	1.09	1.43	3.3	+4～−3	1.52	1.91	4.2	+9～−5

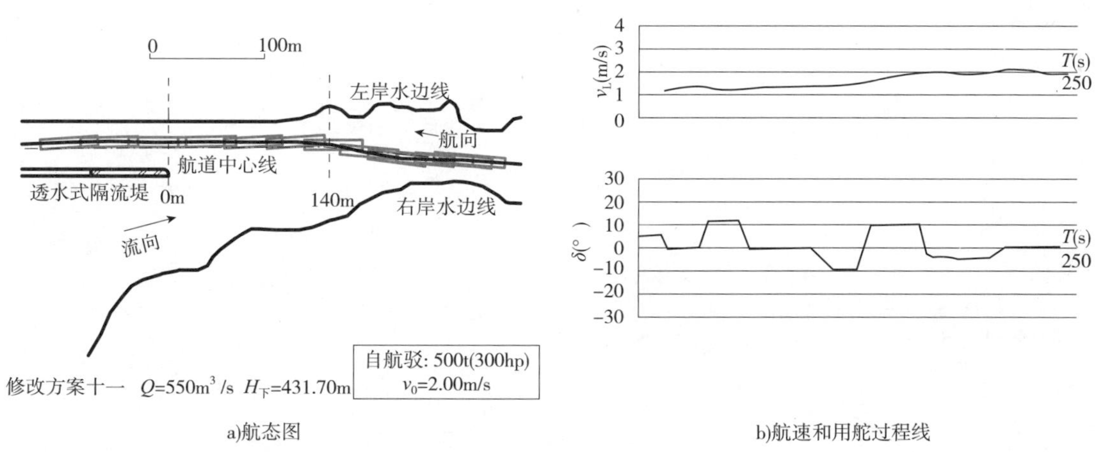

图6.65　下游引航道口门区船模试验——左航线上水($Q=500m^3/s$)

河道水面较窄，当自航驳沿左航线上行时，连接段左凸岸挑流现象基本消失，自航驳操纵主用左向舵量调顺航向，其航行指标良好。自航驳沿中航线上行，口门区及连接段的航行指标良好。自航驳沿右航线上行时，主河槽水流的斜流作用对航行影响较小，自航驳操纵仍以主用左向舵量调整航向，口门区及连接段的航态良好。自航驳在口门区内沿左、中、右航线上行平

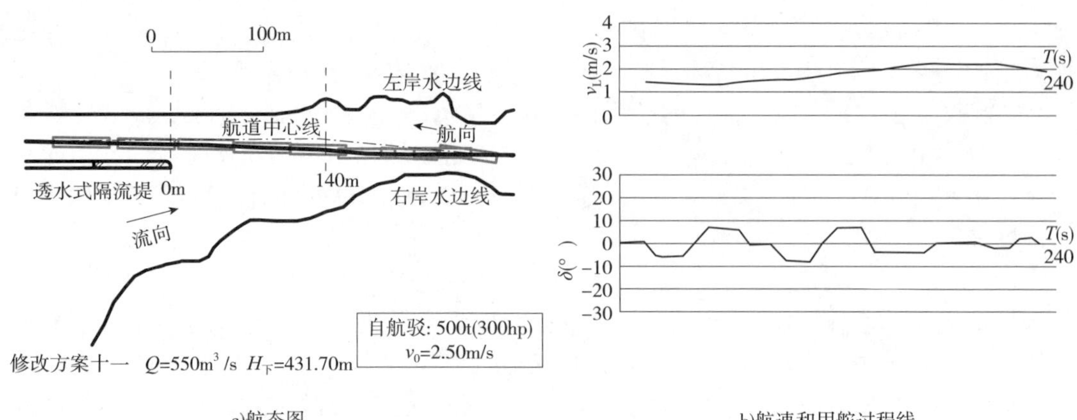

a)航态图　　b)航速和用舵过程线

图 6.66　下游引航道口门区船模试验——中航线上水(Q=500m^3/s)

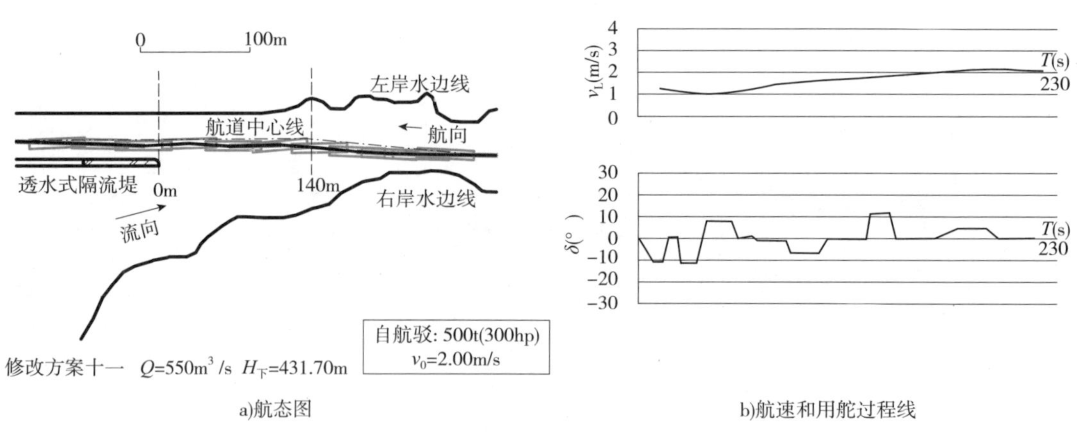

a)航态图　　b)航速和用舵过程线

图 6.67　下游引航道口门区船模试验——右航线上水(Q=500m^3/s)

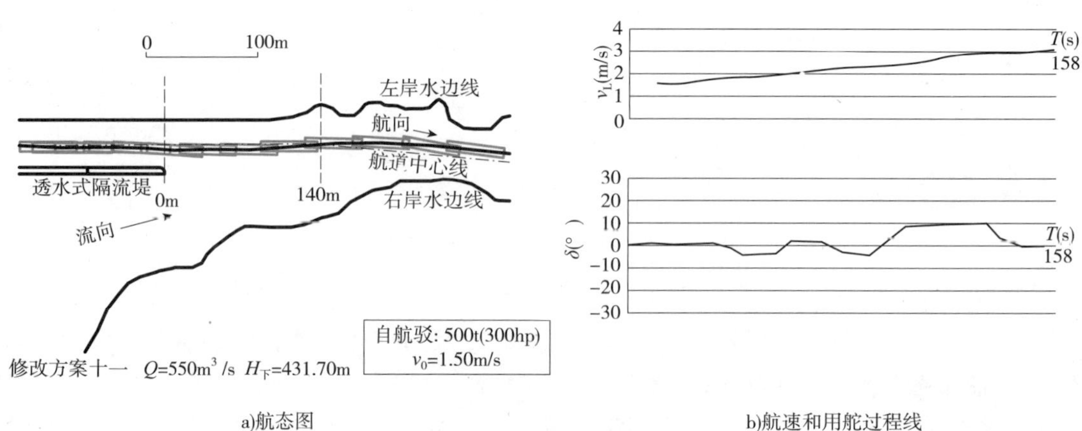

a)航态图　　b)航速和用舵过程线

图 6.68　下游引航道口门区船模试验——中航线下水(Q=500m^3/s)

均对岸航速分别为 1.55m/s、1.37m/s 和 1.45m/s，主用舵范围分别为 +11°～−6°、+10°～−7°和 +13°～−7°，漂角 β 均分别小于或等于 4.0°、3.1°和 3.9°。自航驳沿左、中、右航线上行的航行指标满足船队进入口门的航行标准。

自航驳沿中航线下水可保证良好的操纵性，由于航行水域较窄，应注意保持航向。中航线下水全航程用舵量 δ 在 +9°～−5°，漂角 β 小于或等于 4.2°，航态良好，航行指标满足船队出口门的航行标准。

(5)小结

从以上船模试验成果可知，在 Q=2 500m³/s、1 909m³/s、700m³/s 和 550m³/s 流量条件下，自航驳沿左、中、右航线上行和沿中航线下行的航行指标均可满足船队进出口门的航行标准。

另外，鉴于下游口门区连接段河道狭窄，水流流速较大，建议对该河段进行航道整治，以利于船舶的航行安全。

6.6.4　下游思林电站回水对下游口门区水流条件的影响分析

1)思林电站建库前后构皮滩枢纽下游水位对比

思林电站位于构皮滩枢纽下游 89km 处，建库后上游库区形成回水，从而抬高了构皮滩枢纽的下游水位。思林电站建库前后构皮滩枢纽下游水位(G′尺)对比参见表 6.31，水位壅高值 ΔH 与流量 Q 关系曲线参见图 6.69。

思林电站建库前后构皮滩枢纽下游水位对比　　表 6.31

流量 Q (m³/s)	思林电站建库前下游水位 $H_下$ (m)	思林电站建库后坝前水位 440m 所对应的下游水位 $H'_下$ (m)	$\Delta H = H'_下 - H_下$ (m)
550	431.70	440.68	8.98
700	432.82	440.84	8.02
1 000	434.70	441.23	6.53
1 500	437.28	442.21	4.93
1 909	439.16	443.14	3.98
2 500	441.63	444.50	2.87
3 000	443.51	445.92	2.41
4 000	446.76	448.74	1.98

由图 6.69、表 6.30 资料可知，随着流量的增大，思林电站回水对构皮滩枢纽下游水位的壅高作用相应减小。为方便分析，将下游水位壅高值 ΔH 与思林电站建库前的航道水深 h 进行了对比，见表 6.32。可知，思林电站建库后，在 $Q \leqslant$1 000m³/s 流量条件下，航道水深增加了 98%～243%；在 1 500m³/s$\leqslant Q \leqslant$2 500m³/s 流量条件下，航道水深增加了 21%～53%；在 Q=3 000～4 000m³/s 流量条件下，航道水深增加了 11%～16%。

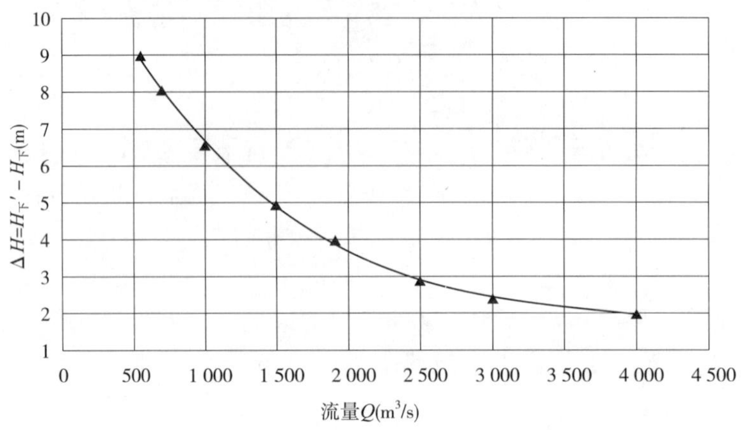

图 6.69　水位壅高值 ΔH～流量 Q 关系曲线

下游水位壅高值 ΔH 与航道水深 h 对比　　表 6.32

流量 Q (m^3/s)	航道底板高程 (m)	思林电站建库前航道水深 h (m)	下游水位壅高值 ΔH (m)	$\Delta H/h$ (%)
550	428	3.70	8.98	242.7
700		4.82	8.02	166.4
1 000		6.7	6.53	97.5
1 500		9.28	4.93	53.1
1 909		11.16	3.98	35.7
2 500		13.63	2.87	21.1
3 000		15.51	2.41	15.5
4 000		18.76	1.98	10.6

2)思林电站建库前后下游口门区流速对比

鉴于思林电站建库后，回水壅高了构皮滩枢纽下游水位，将下游口门区流速值与建库前进行了对比，见表 6.33、表 6.34。

思林电站建库前后下游口门区流速对比　　表 6.33

流量(m^3/s)		2 500				1 909			
测点位置	距口门 (m)	建库前 v_1 (m/s)	建库后 v_2 (m/s)	v_1-v_2 (m/s)	$\frac{v_1-v_2}{v_1}$ (%)	建库前 v_1 (m/s)	建库后 v_2 (m/s)	v_1-v_2 (m/s)	$\frac{v_1-v_2}{v_1}$ (%)
航道中心线右 22m	24	1.42	1.38	0.04	2.8	1.28	1.03	0.25	19.5
	46	1.53	1.42	0.11	7.2	1.31	1.08	0.23	17.6
	68	1.53	1.46	0.07	4.6	1.33	1.17	0.16	12.0
	90	1.53	1.36	0.17	11.1	1.38	1.16	0.22	15.9
	112	1.47	1.33	0.14	9.5	1.33	1.12	0.21	15.8
	134	1.49	1.34	0.15	10.1	1.24	1.01	0.23	18.5

续上表

流量(m^3/s)		2 500				1 909			
测点位置	距口门(m)	建库前 v_1(m/s)	建库后 v_2(m/s)	v_1-v_2(m/s)	$\frac{v_1-v_2}{v_1}$(%)	建库前 v_1(m/s)	建库后 v_2(m/s)	v_1-v_2(m/s)	$\frac{v_1-v_2}{v_1}$(%)
航道中心线右 11m	0	<0.15	<0.15	—	—	—	<0.14	—	—
	24	—	—	—	—	—	—	—	—
	46	1.09	1.05	0.04	3.7	0.70	—	—	—
	68	1.40	1.20	0.20	14.3	1.16	1.06	0.10	8.6
	90	1.40	1.28	0.12	8.6	1.29	0.97	0.32	24.8
	112	1.44	1.28	0.16	11.1	1.25	1.07	0.18	14.4
	134	1.47	1.16	0.31	21.1	1.24	1.01	0.23	18.5
航道中心线处	0	<0.15	<0.15	—	—	—	<0.14	—	—
	24	—	—	—	—	—	<0.14	—	—
	46	0.53	0.54	-0.01	-1.9	—	—	—	—
	68	0.84	0.76	0.08	9.5	0.56	—	—	—
	90	1.26	1.06	0.20	15.9	1.02	0.92	0.10	9.8
	112	1.28	1.04	0.24	18.8	1.15	0.91	0.24	20.9
	134	1.30	0.99	0.31	23.8	1.14	0.90	0.24	21.1
航道中心线左 11m	0	<0.15	<0.15	—	—	—	<0.14	—	—
	24	—	—	—	—	—	<0.14	—	—
	46	—	—	—	—	—	—	—	—
	68	0.60	0.53	0.07	11.7	—	—	—	—
	90	0.72	0.69	0.03	4.2	—	—	—	—
	112	0.96	0.76	0.20	20.8	0.54	—	—	—
	134	1.10	0.79	0.31	28.2	0.86	0.67	0.19	22.1
航道中心线左 22m	0	<0.15	<0.15	—	—	—	<0.14	—	—
	24	—	—	—	—	0.34*	<0.14	—	—
	46	0.35*	0.32*	0.03	8.6	0.40*	0.31*	0.09	22.5
	68	0.40*	0.41*	-0.01	-2.5	0.44*	0.36*	0.08	18.2
	90	0.29*	—	—	—	0.38*	—	—	—
	112	0.70	—	—	—	—	—	—	—
	134	0.77	0.58	0.19	24.7	0.62	—	—	—

注：表中 v_1 和 v_2栏中带“*”为回流流速值，下同。

思林电站建库前后下游口门区流速对比　　表 6.34

流量(m^3/s)		1000				550			
测点位置	距口门(m)	建库前 v_1 (m/s)	建库后 v_2 (m/s)	v_1-v_2 (m/s)	$\frac{v_1-v_2}{v_1}$ (%)	建库前 v_1 (m/s)	建库后 v_2 (m/s)	v_1-v_2 (m/s)	$\frac{v_1-v_2}{v_1}$ (%)
航道中心线右 22m	24	0.75	0.68	0.07	9.3	0.60	0.38	0.22	36.7
	46	0.96	0.71	0.25	26.0	0.67	0.39	0.28	41.8
	68	1.00	0.70	0.30	30.0	0.72	0.40	0.32	44.4
	90	1.05	0.75	0.30	28.6	0.76	0.44	0.32	42.1
	112	1.00	0.78	0.22	22.0	0.75	0.43	0.32	42.7
	134	0.83	0.70	0.13	15.7	0.60	0.42	0.18	30.0
航道中心线右 11m	0	<0.15	<0.14	—	—	<0.14	<0.14	—	—
	24	—	—	—	—	—	<0.14	—	—
	46	0.56	0.49	0.07	12.5	0.44	0.26	0.18	40.9
	68	0.82	0.54	0.28	34.1	0.71	0.38	0.33	46.5
	90	0.92	0.76	0.16	17.4	0.71	0.38	0.33	46.5
	112	0.97	0.70	0.27	27.8	0.77	0.44	0.33	42.9
	134	1.00	0.70	0.30	30.0	0.71	0.42	0.29	40.8
航道中心线处	0	<0.15	<0.14	—	—	<0.14	<0.14	—	—
	24	—	<0.14	—	—	—	<0.14	—	—
	46	—	—	—	—	—	<0.14	—	—
	68	0.52	0.46	0.06	11.5	0.42	—	—	—
	90	0.70	0.52	0.18	25.7	0.60	0.27	0.33	55.0
	112	0.81	0.51	0.30	37.0	0.65	0.21	0.44	67.7
	134	0.94	0.56	0.38	40.4	0.68	0.34	0.34	50.0
航道中心线左 11m	0	<0.15	<0.14	—	—	<0.14	<0.14	—	—
	24	—	<0.14	—	—	—	<0.14	—	—
	46	0.24	—	—	—	—	<0.14	—	—
	68	—	—	—	—	—	—	—	—
	90	0.46	—	—	—	0.35	—	—	—
	112	0.59	0.38	0.21	35.6	0.44	—	—	—
	134	0.70	0.48	0.22	31.4	0.58	—	—	—
航道中心线左 22m	0	<0.15	<0.14	—	—	<0.14	<0.14	—	—
	24	—	<0.14	—	—	—	<0.14	—	—
	46	0.34*	—	—	—	0.32	<0.14	>0.18	>56
	68	0.32*	0.27*	0.05	15.6	—	—	—	—
	90	—	0.26*	—	—	—	—	—	—
	112	0.42	—	—	—	—	—	—	—
	134	—	0.44	—	—	—	—	—	—

从表 6.33、表 6.34 中资料可知，思林电站建库后，在 $Q=550\text{m}^3/\text{s}$ 和 $Q=1\ 000\text{m}^3/\text{s}$ 流量条件下，下游口门区各测点的流速值分别减小了 36.7%～67.7%和 9.3%～40.4%，回流流速值分别减小了 56%和 15.6%；在 $Q=1\ 909\text{m}^3/\text{s}$ 和 $Q=2\ 500\text{m}^3/\text{s}$ 流量条件下，下游口门区各测点的流速值分别减小了 8.6%～24.8%和 2.8%～28.2%，回流流速值分别减小了约 20%和 0～8.6%。

从下游口门区航道中心线两侧 11m 范围的横向流速值来看，在 $Q=550\text{m}^3/\text{s}$ 和 $Q=1\ 000\text{m}^3/\text{s}$流量条件下，思林电站建库后横向流速最大值分别为 0.17m/s 和 0.20m/s，较建库前(0.30m/s 和 0.28m/s)减小了 30%～40%。在 $Q=1\ 909\text{m}^3/\text{s}$ 和 $Q=2\ 500\text{m}^3/\text{s}$ 流量条件下，思林电站建库后横向流速最大值分别为 0.36m/s 和 0.38m/s，较建库前(0.36m/s 和 0.39m/s)基本没有改善。

3)小结

思林电站建库后，回水壅高了构皮滩枢纽下游水位，增加了航道水深。在 $Q\leqslant1\ 000\text{m}^3/\text{s}$ 流量条件下，航道水深增加了 98%～243%；在 $1\ 500\text{m}^3/\text{s}\leqslant Q\leqslant2\ 500\text{m}^3/\text{s}$ 流量条件下，航道水深增加了 21%～53%；在 $Q=3000\sim4\ 000\text{m}^3/\text{s}$ 流量条件下，航道水深仅增加了 11%～16%。结合下游口门区水流条件来看，在 $Q\leqslant1\ 000\text{m}^3/\text{s}$ 流量条件下，横向流和回流强度显著减小；而在 $Q=1\ 909\sim2\ 500\text{m}^3/\text{s}$ 流量条件下，虽然回流强度有所减小，但横向流强度变化不大。

综上所述，思林电站建库后，在 $Q\leqslant1\ 000\text{m}^3/\text{s}$ 流量条件下，构皮滩枢纽下游通航条件得到了显著改善；而在 $Q=1909\sim2\ 500\text{m}^3/\text{s}$ 流量条件下，由于航道水深增幅较小，横向流强度没有减弱，通航条件整体上改善不大。

本章参考文献

[1] 严伟.彭水水电站通航水力学试验研究报告[R].长江科学院，2004，5.

[2] 中华人民共和国行业标准.JTJ 305—2001　船闸总体设计规范[S].北京：人民交通出版社，2001.

[3] 李一兵，江诗群，李富萍.船闸引航道口门外连接段通航水流条件标准[J].水道港口，2004(4)：179-184.

[4] 陈桂馥.船闸导航建筑物透空形式对通航水流条件的影响[J].水运工程，2004(9)：56-58.

第4篇

交通组织规划及管理

第7章 复杂航区船舶通航交通组织规划

7.1 概述

乌江渡铁路桥—漩塘河段位于构皮滩枢纽变动回水区，由于乌江渡枢纽下游的乌江铁路桥附近将建设遵义港区，因此该河段为通航河段。该河段河道狭窄，仅为单向通航，中洪水期构皮滩回水较低，河道水流流速大，比降大，加之受上游乌江渡电站调峰影响，水位陡涨陡落，该航段水运交通环境十分恶劣，复杂的交通环境必将给航道的安全、通畅运行带来极为不利影响，成为制约乌江航运整体发展的"瓶颈"。因此，通过研究科学的航运组织规划，并运用到海事部门对构皮滩枢纽变动回水区船舶交通调度实际工作中，是有效改善该航区的船舶通航环境，提高其实际通过能力的重要途径。

考虑到环境保护、生态、运输成本等因素，欧盟、美国等发达国家已认识到水运尤其是内河运输在交通运输体系中的作用将越来越重要，如何提高水运交通的效益成为各国政府关注的重点。数字化和智能化应用就是提高水运效益的一个重要手段。

欧美等发达国家是在 20 世纪 90 年代中期开始进行内河数字化和智能化系统的建设和探索。1998 年，美国海岸警备与研究中心建立了当时世界上功能最强大的水上交通管理和信息系统——加强型的自动识别系统。这套系统以 AIS 岸台链为核心，覆盖全美东西海岸和可航行内陆水域的大部分范围，与雷达、VTS 结合，具备计算机的信息处理功能，是一套自动从事数据采集、监视、处理，发布安全信息，实现监控功能的水上交通管理信息系统。

目前，我国在内河航运数字化和信息化方面起步比较晚，尽管已有一些应用系统，但也只是从相对单一应用需求出发开发出来的专用系统。近年来各地方水运交通部门加快了"数字港航"和"智能航运"的建设，其主要有测量新设备、新技术的广泛应用、实行数据的自动数字化采集，同时根据工作职责开发了电子政务以及水上安全实时监控等应用系统。长江南京航道局 1999 年在长江江苏江阴至太仓浏河口 131km 河段研制了电子航道图系统，此后又相继开发了基于电子航道图的航标遥测遥控系统、航道站船实时动态监控系统、水位遥测遥报系统。

近几年来，内河航务管理部门、航道管理部门投入了大量的人力、物力和财力，为内河智能航运系统的建设和集成在技术上、硬件支撑上、管理上提供了保障。仅长江领域，在信息与通信方面，完成了船岸移动通信网建设，基本实现了干线水域的链状覆盖，建成了干线 120 路微波通信工程，基本建成长途自动交换进网（程控）配套工程和长江三峡库区光纤通信传输网[1,2]。

就交通组织规划研究而言，我国专家学者借鉴道路交通流理论开展水路交通组织规划研究有效解决了复杂通航条件下的水路交通问题，如李旺生、张玮等[3]利用交通流理论开展"长洲水利枢纽船闸上下游锚地航区通航交通组织规划研究"解决了长洲枢纽上下游多桥区限制航道，多线船闸运行调度复杂工况条件下的调度运行问题，很大程度保证了枢纽上下游通航安全，并增加了船舶的通过能力。

本章在交通组织规划有关理论的基础上，认识该航段的航道特性、当地社会经济和客货运量发展状况以及航区内港口布置规划，分析当地客货运量发展需求与航道通过能力的协调程度，研究阻碍该航段实际通过能力提高的各种因素，统筹考虑有关枢纽调度的通航交通组织等因素，提出若干船舶交通组织规划方案。

7.2 代表性河段（乌江渡—漩塘）概况

7.2.1 自然条件

1）河段概况

乌江渡—漩塘河段位于构皮滩枢纽变动回水区，该河段河道狭窄，仅为单向通航，中洪水期构皮滩回水较低，河道水流流速大，比降大，加之受上游乌江渡电站调峰影响，水位陡涨陡落。各种因素导致该航段水运交通环境十分恶劣，复杂的交通环境必将给航道的安全、通畅运行带来极为不利影响，成为制约乌江航运整体发展的"瓶颈"。

2）水文、泥沙条件

根据乌江渡水文站累计53系列年的实测水文资料显示，基本水文特征值见表7.1。

乌江渡水文站基本水文特征　　表7.1

站名	多年平均径流量（亿 m^3）	多年平均流量（m^3/s）	历史最大洪水流量（m^3/s）	历史最小枯水流量（m^3/s）
乌江渡	161	511	11 400	53.7

乌江水沙一般相适应，一次洪峰过程伴随着一次大的输沙过程，但有时沙峰落后于洪峰。在时间上，年内输沙率分布不均，汛期（6～9月）输沙量占全年输沙量的70%～80%，其中4～6月的输沙量占全年总沙量的20%～30%。

乌江渡水库蓄水后的1994～2003年共计10年间乌江渡水文站的泥沙统计资料见表7.2。

乌江渡水库蓄水后的泥沙特征值统计　　表7.2

站名	多年平均含沙量（kg/m^3）	历年最大含沙量（kg/m^3）	多年平均输沙量（10^6t）	历年最大输沙量（10^6t）
乌江渡	0.004	0.009	0.1	0.167

3）水利枢纽概况

（1）乌江渡枢纽

乌江渡枢纽位于贵州省中部乌江中游遵义县境内、构皮滩枢纽上游137km，距贵阳市105km。该电站于1970年开工，1979年底第1台机组发电，1983年完建，它的建设是以发电为主、兼有航运和发展渔业等综合效益为目的。其坝址控制流域面积27 790km²，占全流域的31.6%，多年平均流量为511m³/s。目前乌江渡枢纽工程的规模和主要参数是：正常蓄水位760.00m，死水位720.00m，坝顶高程765.00m，总库容21.4亿m³，调节库容13.5亿m³，装机容量为63万kW（3台21万kW机组），保证出力20.2万kW，多年平均年发电量33.4亿kW·h，年利用小时5 300h。此枢纽具有季调节性能，与上游电站联合运行具有多年调节能力（图7.1）。

图7.1　乌江渡枢纽

工程规模为大（1）型，其中：大坝、泄洪建筑物、电站厂房等主要建筑物为Ⅰ级，次要建筑物为Ⅲ级建筑物。主要建筑物按500年一遇洪水设计，5 000年一遇洪水校核。

大坝：坝型为整体式拱形重力坝。大坝全长368m，共分为18个坝段。坝顶高程为765m，最大坝高165m，坝底最大宽度为119.5m。大坝河床段设有6孔开敞式溢洪道，中部4孔为堰流厂前挑流式，左右两边为滑雪式溢洪道，左右两岸各设泄洪隧道一条，进口高程为720m。还有排沙、泄洪中孔两个，进口高程680m。右岸设有一条导流兼防空洞，进口高程663m。

电站：发电厂房采用河床坝后封闭式。长106.6m，净宽20.5m，高56m。内装21万kW机组3台。左岸建一条长529m的交通隧洞进入厂内。

通航建筑物：预留100吨级船舶过坝位置。上游水下部分已做好。

防渗工程：大坝基础防渗采用悬挂式帷幕线沿坝轴向两岸上游延伸，总长1 000m，帷幕底线最深处延伸至河床以下200m。

导流工程：采用隧洞导流，上游为混凝土拱围堰，下游为混凝土及堆石混合围堰。

（2）构皮滩枢纽

构皮滩枢纽位于贵州中部余庆县境内的乌江干流中游河段，距上游乌江渡枢纽137km，距下游拟建思林枢纽和河口涪陵市分别为88km和455km。构皮滩枢纽的开发以发电、航运、防洪及其他综合利用为目的。坝址控制流域面积43 250 km²，占全流域的49.2%，多年平均流量742m³/s，属年调节水库（图7.2）。

图7.2　构皮滩枢纽

构皮滩枢纽正常蓄水位和校核洪水位分别为630.00m和638.33m，相应静库容为55.64亿m³和64.51亿m³。电站装机容量为300万kW。工程为Ⅰ等工程，其中大坝、泄洪建筑物、电站厂房、通航建筑物等主要建筑物为Ⅰ级建筑物，次要建筑物为Ⅲ级建筑物。

大坝、泄洪建筑物和通航建筑物挡水部分的洪水标准按500年一遇洪水设计，5 000年一遇洪水校核；电站厂房按200年一遇洪水设计，1 000年一遇洪水校核；消能防冲建筑物的设计洪水标准按100年一遇洪水设计，1 000年一遇洪水校核。

拦河大坝采用混凝土双曲拱坝型，坝身表、中孔泄洪，坝下水垫塘消能防护；右岸布置地下厂房；构皮滩枢纽通航建筑物布置在左岸，为Ⅲ级垂直升船机和导流隧洞，坝基采用垂直防渗帷幕。主要由上引航道、中间渠道、三级垂直升船机和下引航道组成。设计年过坝货运量为142万t，承船厢有效尺寸59m×11.7m×2.5m，设计一次过坝最大船舶吨位500t，上游设计最高通航水位630.00m、设计最低通航水位585.00m；下游设计最高通航水位459.00m、设计最低通航水位437.00m。

(3)水库调节运行方式及有关情况

构皮滩枢纽单独运行具有年调节能力，与上游水库联合运行则具有多年调节功能。其正常蓄水位630.00m，校核洪水位(P=0.02%)638.33m，设计洪水位(P=0.2%)632.89m，防洪高水位630.00m，死水位590.00m。正常蓄水位相应水库面积96.46 km^2。回水长度137km。水库总库容(P=0.02%)64.51亿m^3，正常蓄水位以下库容55.64亿m^3，调洪库容8.87亿m^3，死库容24.10亿m^3。

7.2.2 航道现状

1)通航条件

资料显示，目前乌江航道等级较低，航运未完全通畅，运量小，航运发展缓慢。目前乌江渡、构皮滩、思林、沙沱、彭水等枢纽均已动工修建，由于施工截流导致乌江航运中断，因此，乌江航运暂为短途运输。其中，大乌江—龚滩264km航道达到Ⅴ级标准，航道维护尺度1.6m×30m×270m，可常年通行300吨级船舶，马洛渡—大乌江19km航道只达到Ⅵ级标准，通行100吨级船舶；乌江渡—马洛渡124km航道只能季节性和区间通航；清水河开阳码头—清水河口不通航。

本章所涉及河段位于乌江渡—马洛渡航段的构皮滩变动回水区中，只能季节性和区间通航。

2)碍航滩险

当乌江渡、构皮滩、思林、沙沱、彭水等枢纽等枢纽建成后，其常年回水区形成优良的深水航道，但仅思林枢纽死水位和构皮滩枢纽坝下水位衔接，其他各相邻枢纽上、下游水位均不衔接，尚有84km变动回水区内共计需要整治滩险68个，其中构皮滩枢纽变动回水区存在34个主要滩险。

3)涉水建筑物

贵州省于“九五”期间投资2 750万元先后修建了大乌江、思南、沿河和涪陵四处港口码头，共计10个泊位和装卸设施。而目前乌江渡—漩塘河段范围内不存在一定规模的港口工程。

乌江渡—漩塘河段上游3.4km处为乌江渡枢纽，该枢纽于1979年竣工投产，但至今未建设过船建筑物，仅留有位置。

乌江渡—漩塘河段为构皮滩枢纽的脱水段，其下游为构皮滩枢纽(距上游乌江渡枢纽约137km)，该枢纽在左岸布置有500吨级三级垂直升船机和导流隧洞。

乌江渡—漩塘河段与乌江渡枢纽之间已建成的有乌江铁路桥、新旧乌江大桥和贵遵高速公路桥四座跨江大桥，见图 7.3～图 7.6。

图 7.3　乌江铁路桥

图 7.4　新乌江大桥

图 7.5　老乌江大桥

图 7.6　贵遵高速公路桥

乌江渡—漩塘河段内的楠木渡河段与 2006 年建成楠木渡战备大桥见图 7.7。该桥是连接遵义县尚嵇镇与贵阳市开阳县楠木渡镇，大桥高 70m、长 222m，桥面宽 9.5m，桥型方案为 55m＋100m＋55m 三跨后张拉预应力混凝土悬壁连续刚构，下部构造桥墩采用双薄壁墩桩基础，桥台为重力式，一孔跨越可通航水域。

图 7.7　楠木渡大桥

楠木渡大桥上游 200m 左岸已建成楠木渡取水口工程，距离上游乌江渡水库大坝约 32km，距离下游构皮滩水库大坝 105km，构皮滩电站水库正常蓄水位 630m，校核洪水位 638.33m，水库死水位 585m。氧化铝厂区高程 790～805m，提水扬程约 210m，输水距离约 3km。拟设置取水站一座，位置见图 7.8。

取水口河段位于乌江渡水电站和在建的构皮滩水电站之间，处于构皮滩水库变动回水区内。由于构皮滩水电站水库单独运行为年调节水库，与上游的洪家渡水库和引子渡水库等联合运行为多年调节水库，构皮滩水库建成后楠木渡河段水位变幅很大，从正常蓄水位 630m 消落到楠木渡河段天然水位 597.5m，水位变幅达到 32.5m，该水库的常年运行水位为 622m。取水口工程实施前后工程断面河道剖面图见图 7.9 及图 7.10。

4)航运现状

2005 年度乌江贵州省境完成客、货运量分别为 309 万人次、48 万 t，现有的船型主尺度见表 7.3。而乌江渡—漩塘河段为区间通航航段，暂无货运量统计资料。

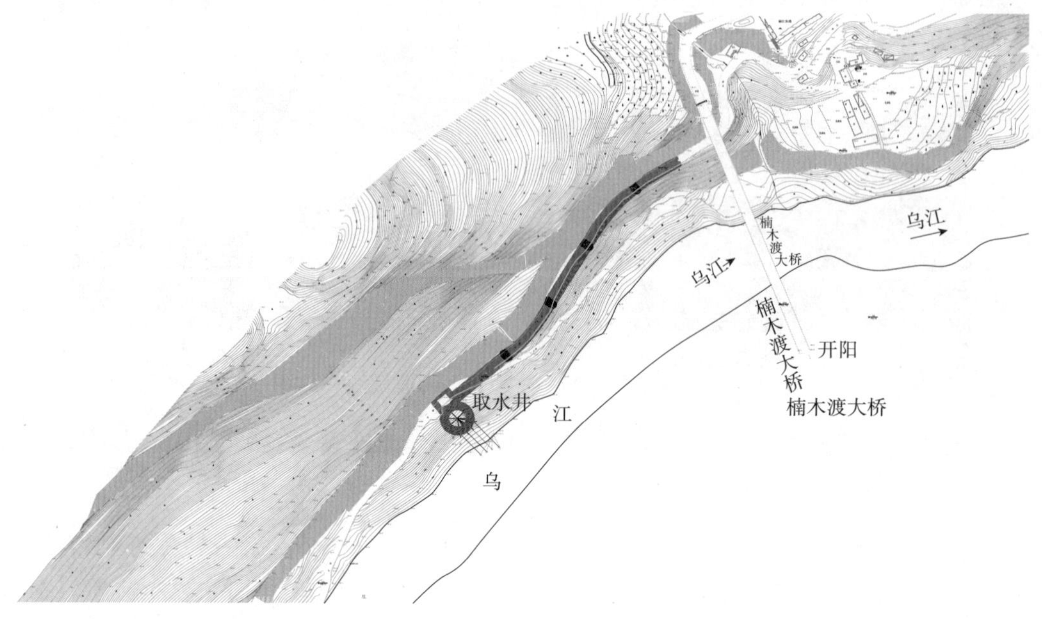

图 7.8　取水口工程平面位置

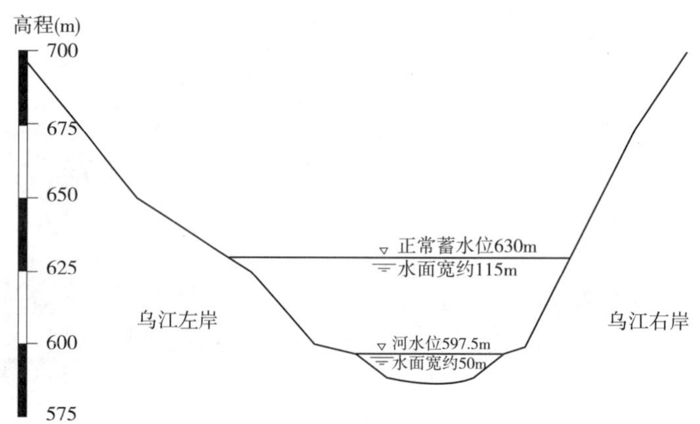

图 7.9　取水口工程实施前河道剖面

乌江现有船型主尺度　　表 7.3

序号	船舶吨位/客位	总长(m)	船宽(m)	型深(m)
1	30～70 客位客船	14～28	2.1～3.5	0.65～1.2
2	100～150 客位客船	35～40	6～8	1.8～2.5
3	100～200t 货船	31～39.5	6～7	1.75～2.2
4	200～300t 货船	38～43	7.0～8.3	2.1～2.5
5	350～500t 货船	44～48.3	8～10	2.10～2.70

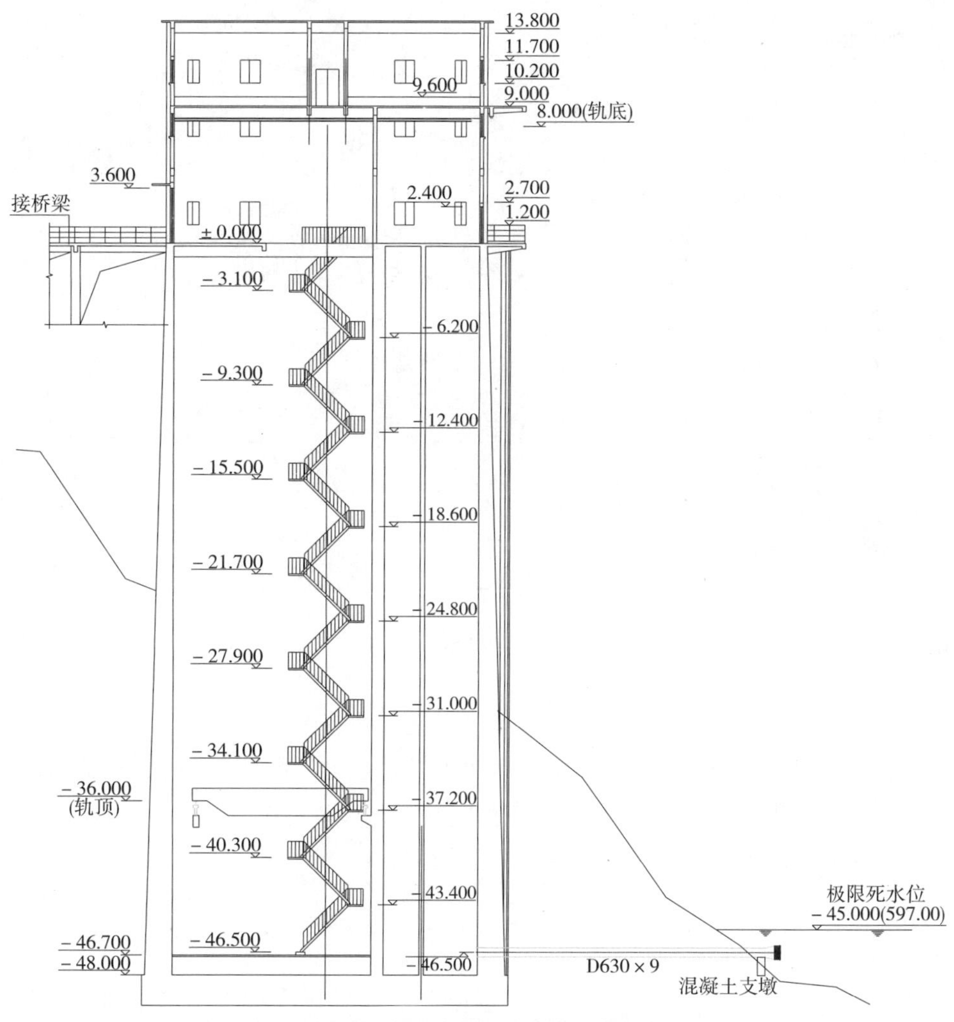

图 7.10　取水口工程实施后河道剖面(高程单位:m)

7.2.3　航道规划

1)航道等级规划

在保障航道所需设计流量的基础上,通过航道整治手段解决研究河段 34 个滩险碍航问题的基础上,使构皮滩变动回水区的航道尺度达到内河Ⅳ级单向航道标准,其航道尺度为 1.6m×30m×330m。

2)沿岸港口规划

根据《乌江(乌江渡—龚滩)航运建设工程码头工程初步设计说明书》[4](以下简称码头初步设计)显示,乌江渡—漩塘河段内规划建设遵义港区以及大塘口小码头。遵义港区主要由乌江渡、楠木渡两大港口工程组成,目前已完成初步设计工作,即将进入施工阶段。

乌江渡码头处于构皮滩枢纽回水变动区,港址位于遵义县乌江镇乌江铁路大桥下游 400m 的乌江左岸洗柴滩附近,北距遵义县城 34km,南距贵阳 107km。

该码头将建设客货综合泊位一个,其中件杂、散货年设计吞吐量为 11 万 t(煤炭出口 4

万 t,磷化工产品 6 万 t,零星件杂 1 万 t)。客运量 8 万人次。

楠木渡码头处于构皮滩枢纽库区,港址位于遵义县尚嵇镇乌江左岸楠木渡大桥下游约 100m 大沙坝附近,北距遵义县城约 37km。

该码头将建设客货综合泊位一个,设计吞吐量为 15 万 t,其中水泥 5 万 t,化肥 10 万 t,均为出口。客运量 8 万人次。

根据遵义港区码头吞吐量的不同水平年预测成果显示(表 7.4),乌江渡码头和楠木渡码头的设计水平年定为 2020 年,随着区域社会经济的发展,到了 2030 年,两个码头的客运量达到 35 万人,货运量达到 55 万 t。

遵义港区码头吞吐量预测 表 7.4

码头名称	客运(万人)			货运(万 t)		
	建成年	2020 年	2030 年	建成年	2020 年	2030 年
乌江渡码头	5	8	15	3	11	30
楠木渡码头	5	8	20	5	15	25

大塘口小型码头位于息烽地区构皮滩回水变动区大塘口滩附近。主要承担息烽县乌江两岸横渡客货运量,没有吞吐量规划。

3)通航船型规划

根据《乌江(乌江渡—龚滩)航运建设工程初步设计航道工程设计说明书》[5](以下简称乌江航道初设说明书)的研究,乌江渡—漩塘河段未来的主要通航船型如表 7.5 所示。

设计船型及机型 表 7.5

序号	船型方案	总长(m)	总宽(m)	型深(m)	设计吃水(m)	载客(货)量	主机功率(kW)	备注
1	60 座客船	22	3.6	1.1	0.6	60 客位	32	—
2	90 座客船	25	4	1.2	0.7	90 客位	51.4	—
3	200 客位客船	39	7.6	2.4	1.3	200 客位	210	—
4	300 吨级机动驳	50	9	2	1.5	300t	176.4	—
5	500 吨级机动驳	55	10.8	2.4	1.6	500t	210 272	单船 顶推
6	500 吨级驳船	47	8.2	2.1	1.6	500t	—	—

根据不利原则,乌江渡—漩塘河段所采用的设计代表船型为 500 吨级货船(55m×10.8m×1.6m)和 200 客位客船(39m×7.6m×1.3m)。

4)乌江货运量预测

根据乌江航道初设说明书的研究成果,乌江水运货运量是 2020 年、2030 年分别为 441 万 t、753.29 万 t。采用平均比例递增法预测 2020 年和 2030 年客运量分别为 346 万人次、433 万人次。

7.3 内河航道通过能力

7.3.1 通过能力基本概念

航道通过能力是指航道在计算时间内某一控制断面可能通过的最大运输量，它是一个宏观交通领域的概念。通常是航道的等级和标准、所通航船舶的尺度、通过的船舶载重吨或货运量、通过船舶数量等各因素在一定时空条件下的综合反映。通过能力的控制段为天然航道的激流浅滩、单行航道、不夜航的航道、有碍航建筑物的航段、跨河桥梁航道以及船闸和升船机等。由于限制航道通过能力的通常是航道上的控制段，所以一般只计算各航道控制段的综合通过能力。

通过能力可分为基本通过能力、可能通过能力和设计通过能力三种[6]。

(1)基本通过能力。是指航道条件和交通状况都处于理想状态下，由技术性能相同的一种标准船舶，以最小的船舶间距连续行驶的理想交通流，在单位时间内通过航道断面的最大船舶数。也称理论通过能力。这种情况实际上并不存在，而是为了简化研究所抽象出来的理想情况。

(2)可能通过能力。是指在现实的航道条件和交通状况下，航道断面在单位时间内的最大交通量，实际上是指航道所能承担的最大交通量。显然，一条航道内通行船舶的尺度、性能和速度是不相同的，恶劣天气、航道的水深、地形以及船舶会遇、船舶追越等也会对交通量造成影响。因此，可能通过能力在数值上要小于基本通过能力。

(3)设计通过能力。亦称使用通过能力。它是指根据航道重要程度，以及考虑为保证各类船舶在航道内安全航行留有一定余地，用来作为航道规划和设计的标准而要求航道承担的通过能力。设计通过能力在数值上又要小于可能通过能力。

7.3.2 通过能力计算模式

船舶的特点一是在水上，二是要流动。所以水上交通工程学比道路交通工程学更具有特殊性、复杂性。水上相遇的船舶之间或在同一航道中前后行驶的船舶之间也会保持一定距离，如图 7.11 所示。因为船舶在二维平面中运动，所以构成围绕船舶的安全区。

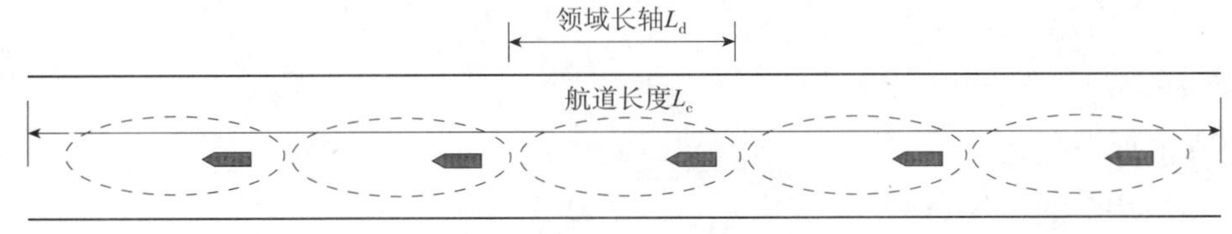

图 7.11　单向航道通航船舶领域示意图

基于以上情况，日本开创海上交通工程学的著名学者藤井弥平博士于 1963 年在研究一条水道的交通容量时提出了船舶领域概念[7]。他将船舶领域定义为绝大多数后继船舶驾驶员避免进入的前一艘在航船舶周围的领域，船舶领域又称避碰领域。

藤井通过在日本沿海水域进行多次海上交通调查并对船舶相对位置的二维频率分布进行分析研究，提出了船舶领域的模型，即以船舶（被避让船舶）为中心、长半轴沿船首尾线方向、短半轴沿船舶正横方向的一个椭圆。船舶领域的具体尺度与船速、密度和水流等因素有关。藤井通过长期以来多次观测日本沿海的海上交通实况，获得大船的领域尺度的数值为7倍船长（L）和$3L$。通常航行条件下被追越船舶的领域尺度为$8L$和$3.2L$，如图7.12a）所示，当航行在需要减速的港口内部和狭窄的海峡时，船舶领域的尺度减小到$6L$和$1.6L$，如图7.12b）所示。

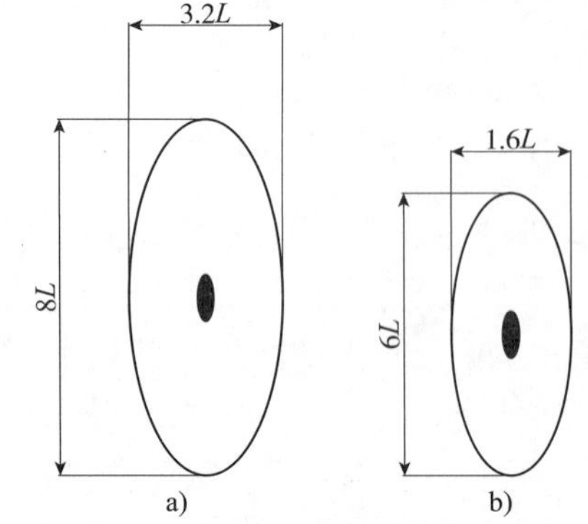

图7.12　藤井船舶领域模型示意图[7]

由于内河以及港口（狭窄水域）的交通环境与海上（开阔水域）相去甚远，故其船舶操纵及避碰特点与海上相比差异较大，所以由藤井等人提出的船舶领域模型具体参数较难完全应用于内河交通工程的研究。船舶进入限制性航道，其操纵性与在无限水域中时有很大区别。同时，与海上运输船舶不同，内河船舶在建造时由于受航道尺度的限制，因此船舶规模上大大小于海船。又由于内河水道的水流及航道环境较复杂，为了获得良好的操船特性，内河船舶舵面积比的值较海船大，因此，内河单船在同样的避让态势下，比海船采取行动的时机一般要晚。

根据藤井内河水域船舶领域三维模型，结合徐周华、刘明俊等人的研究成果，可以确定在内河航道中，船舶领域的长轴取5～$6L$，短轴取$1.6L$。

7.3.3　内河航道基本通过能力

根据藤井船舶领域模型[7]，可求得内河航道基本通过能力（C）的计算公式

$$C=(n \cdot T \cdot Q_{max})/10\,000 \tag{7.1}$$

式中：C——航道基本通过能力（万t）；

n——通航时间（h）；

T——船舶平均吨位（t）；

Q_{max}——航道船舶最大流量（艘/h）。

其计算式如下

$$Q_{max}=\begin{cases} v_f \cdot k_s & k_s>\dfrac{1}{2}k_j \\ \dfrac{1}{4} \cdot \dfrac{k_f^{\ 2}}{k_f-k_s} \cdot v_f & k_s<\dfrac{1}{2}k_j \end{cases} \tag{7.2}$$

式中：v_f——船舶畅行速度（km/h）；

k——船舶交通流密度（艘k/m）；

k_s——船舶交通流转折密度（艘/km）。

k_f——船舶交通流阻塞密度（艘/km）。

k_s值按（7.3）式计算可得

$$k_s=\frac{1\,000}{\alpha L_0} \tag{7.3}$$

k_f值按（7.4）式计算可得。

$$k_f=\frac{1\ 000}{(1+\beta)L_0} \tag{7.4}$$

7.3.4　内河航道可能通过能力

航道基本通过能力是在假想的理想条件下得到,结合实际的航道状况要对其进行修正。实际上,在航道中行驶的船舶其大小不可能是统一的,而是各种大小尺度的船舶混杂在一起。

航道基本通过能力是在研究航段船舶交通流的调查资料基础上,统计出不同大小船舶在总交通量中所占的比例。然后根据航道现状通行船舶平均吨位或规划航道的设计船型确定标准船舶,利用 L 换算系数将其他船舶的长度统一换算成标准船舶的长度,对 k_s、k_f 进行修正得出修正后的 k_{sc}、k_{fc},进而由式(7.1)计算得到修正后的航道基本通过能力 C_c。

$$k_{sc}=\frac{1\ 000}{\alpha(\sum A_iB_iL_0)} \tag{7.5}$$

$$k_{jc}=\frac{1\ 000}{(1+\beta)\sum A_iB_iL_0} \tag{7.6}$$

式中:A_i——第 i 种船舶的船长(L)换算系数;

B_i——第 i 种船舶在交通流中所占比例。

根据航道通过能力影响因子,可得到航道可能通过能力公式。

$$C_r=C_c\cdot\beta_1\cdot\beta_2\cdot\beta_3 \tag{7.7}$$

式中:C_r——航道可能通过能力(万 t);

C_c——对船长进行换算后航道基本通过能力(万 t);

β_1——船舶因吃水变化引起的减载系数;

β_2——船舶交会、追越时引起的航速损失系数;

β_3——驾驶员条件修正系数。

7.3.5　内河航道设计通过能力

当航道实际通过能力达到可能通过能力时,船舶交通流的流量达到最大值,此时的航道运行状态一般较为拥挤。所以,设计通过能力要在可能通过能力基础上进一步考虑拥挤状况、航道服务水平等因素对船舶交通的影响,为保证各类船舶在航道内安全、便捷、顺畅的航行提供保障。

航道设计通过能力是确定航道等级、评价航道运行状态和服务水平的重要参数。航道设计通过能力越小,航道的建设规模就越小,建设费用也就越低。

航道设计通过能力一般在航道规划设计工作中,根据现有和规划的两岸港口码头设计吞吐能力总和以及途径研究河段的船舶货运量的统计及预测的基础上确定的。根据多年来研究河段内,若干个航段的断面船舶流量及载重资料,结合流域社会经济发展趋势,结合当地社会经济、沿岸企业的发展态势,在此基础上,预测未来特定水平年内,满足当地社会经济可持续发展的货运量需求的航道实际通过能力值。

7.3.6　航道服务水平

航道服务水平是航道使用者从安全、舒适、效率、经济等多方面所感受到服务质量的优劣,也是船舶驾驶员对航道交通状态和服务质量的一个客观评价。是反映的某种交通条件下，船舶在航道中的运行质量。

航道服务水平可按照航道内特征航段的船舶实际交通量与航道可能通过能力之比计算(V/C)，该值有效反映了航道通过能力的利用程度与繁忙程度。

航道服务水平等级是说明航道交通负荷状况、交通流状态、航道内船舶交通的运行质量的综合反映。按照航道服务水平的计算结果可判断该航道的服务水平。

V/C 值越小，航道内船舶交通量越小，航道内的交通流状态越自由。船舶驾驶员越不受交通流中其他船舶影响，有非常高的自由度来选择所期望的速度和航行方式。此时航道内的交通流密度小，允许船舶以畅行速度行驶，很少有成队列行驶的状态。航道为驾驶员提供的舒适程度高。

随着 V/C 值增大，航道内交通量随之增加，航行中的船舶受其他船舶影响程度随之提高，驾驶员随之将感受到拥挤感，选择航速的自由度也受到影响。航道内船舶逐渐开始出现队列，船舶流稳定程度逐渐降低。

随着 V/C 值达到 1 时，即达到航道可能通过能力水平，所有船舶都以通行能力对应的、低但相对均匀的速度行驶。一旦上游交通需求和来船强度稍有增加，或交通流出现小的扰动，船舶交通流就会出现走走停停的状态。当达到最大交通量后，交通密度若继续增大，则交通量与航速同时减小，直到零为止。此时能通过的交通量很不稳定，其变化范围从可能通行能力到零，时常发生交通阻塞。

7.4 设计方案通过能力

7.4.1 设计方案介绍

乌江渡—漩塘河段航道整治目标为内河Ⅳ级单向航道，采用《乌江构皮滩枢纽变动回水区二维非恒定流数学模型研究报告》[8]（以下简称数模报告）研究成果中的优化方案二作为本书中选取的设计布置方案，见图 7.13 和表 7.6。

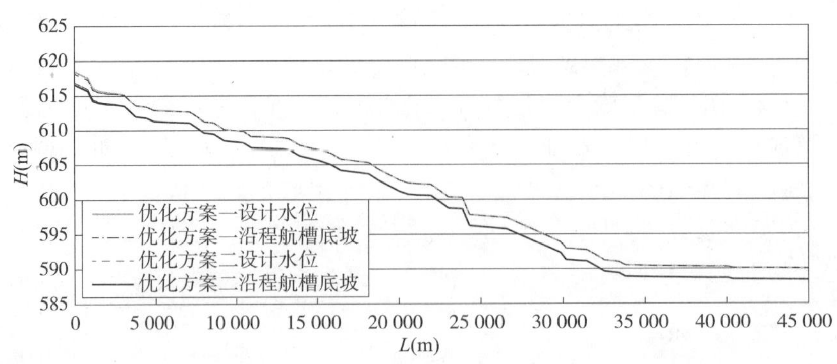

图 7.13　各方案沿程水位及航道控制底高程

设计布置方案沿程水位及航道控制底高程　　表 7.6

水尺号	二维断面号	初设断面号	优化方案二设计水位(m)	优化方案二沿程航道控制底高程(m)	水尺号	二维断面号	初设断面号	优化方案二设计水位(m)	优化方案二沿程航道控制底高程(m)
1P	72	2	618.18	616.58	27P	1 166	1 094	605.78	604.18
2P	126	56	617.31	615.71	28P	1 280	1 208	605.27	603.67
3P	146	76	615.86	614.26	29P	1 320	1 248	604.34	602.74
4P	170	100	615.51	613.91	30P	1 406	1 334	602.78	601.18
5P	206	136	615.32	613.72	31P	1 440	1 368	602.37	600.77
6P	232	162	615.25	613.65	32P	1 476	1 404	602.03	600.43
7P	274	204	615.1	613.5	33P	1 534	1 462	601.52	599.92
8P	284	214	614.79	613.19	34P	1 606	1 534	600.12	598.52
9P	320	250	613.58	611.98	35P	1 662	1 590	599.41	597.81
10P	366	296	613.36	611.76	36P	1 690	1 618	597.82	596.22
11P	396	326	612.89	611.29	39P	1 840	1 768	596.66	595.06
12P	458	388	612.77	611.17	41P	2 060	1 988	593.9	592.3
13P	546	476	612.67	611.07	42P	2 082	2 010	592.91	591.31
14P	570	500	612.12	610.52	43P	2 100	2 028	592.88	591.28
15P	604	534	611.24	609.64	44P	2 140	2 068	592.75	591.15
16P	644	574	611.09	609.49	45P	2 164	2 092	592.71	591.11
17P	686	616	610.14	608.54	46P	2 200	2 128	592.01	590.41
18P	766	696	609.86	608.26	47P	2 238	2 166	591.22	589.62
19P	800	730	609.12	607.52	48P	2 296	2 224	591.01	589.41
20P	822	752	609.1	607.5	49P	2 322	2 250	590.5	588.9
21P	932	862	608.96	607.36	50P	2 434	2 362	590.41	588.81
22P	954	884	608.83	607.23	52P	2 672	2 602	590.28	588.68
23P	1 000	928	607.88	606.28	53P	2 744	2 674	590.26	588.66
24P	1 044	972	607.48	605.88	54P	2 760	2 690	590.08	588.48
25P	1 078	1 006	607.21	605.61	漩塘	3 218	3 148	590	588.4
26P	1 128	1 056	606.58	604.98					

乌江渡—漩塘河段的航道尺度为 1.6m×30m×330m(最小水深×航宽×最小弯道半径，下同)。设计最低通航水位(流量)保证率为 95%，船舶每天通航时间为 16h，全年通航时间 315 天。

根据乌江码头初步设计显示，乌江渡—漩塘河段内只规划建设遵义港区以及大塘口小码头，而遵义港区主要由乌江渡码头和楠木渡码头组成，各建设 500 吨级客货综合泊位一个，大塘口小码头主要承担息烽地区乌江两岸横渡客货运量，码头平面布置如图 7.14、图 7.15 所示。

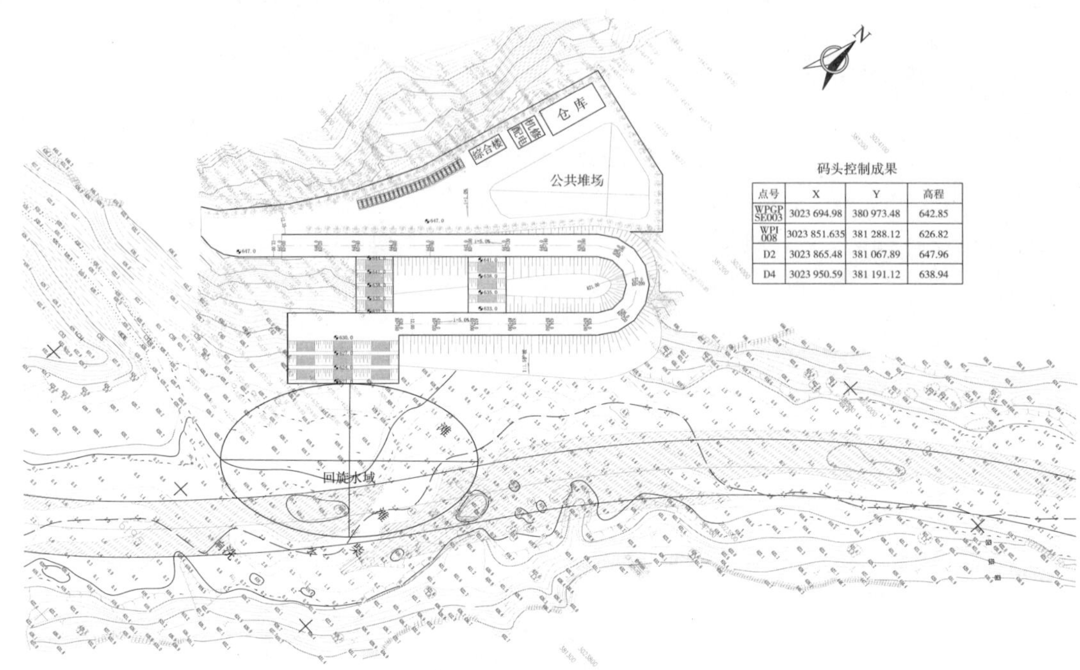

码头控制成果

点号	X	Y	高程
WPGPSE003	3023 694.98	380 973.48	642.85
WPI008	3023 851.635	381 288.12	626.82
D2	3023 865.48	381 067.89	647.96
D4	3023 950.59	381 191.12	638.94

图 7.14　构皮滩回水变动区遵义港区乌江渡码头平面布置

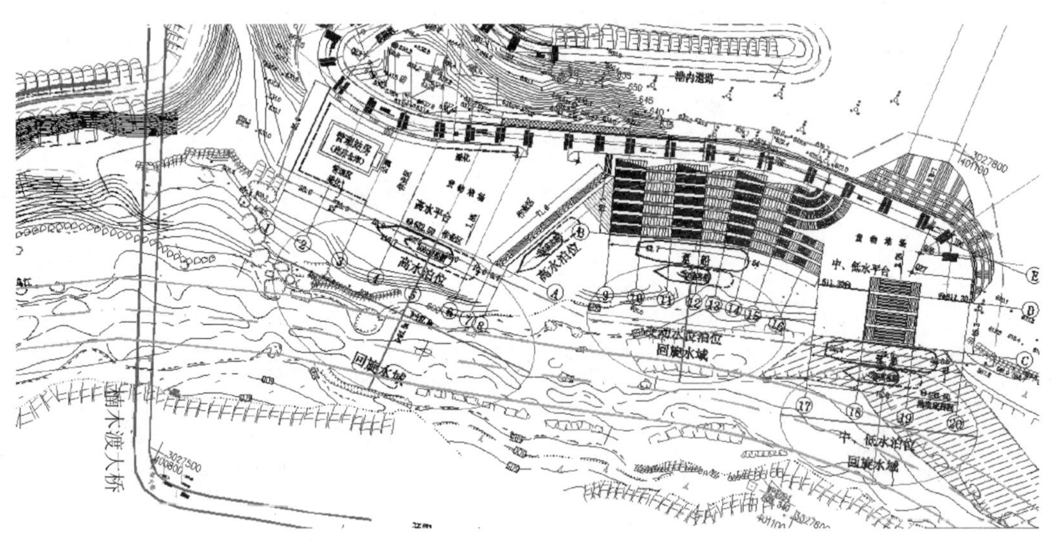

图 7.15　构皮滩回水变动区遵义港区楠木渡码头平面布置

7.4.2　设计方案航道通过能力

1)基本通过能力

根据式(7.1)～式(7.4)可计算出

船舶交通流转折密度

$$k_s = \frac{1\ 000}{\alpha L_0} = \frac{1\ 000}{5 \times 55} = 3.6$$

船舶交通流转折密度

$$k_j = \frac{1\ 000}{(1+\beta)L_0} = \frac{1\ 000}{(1+0.5) \times 55} = 12.1$$

乌江渡—漩塘河段为单向航道，因此，需要分别计算船舶上下行时的航道基本通过能力，基本通过能力为两者之和。其中由于乌江渡—漩塘河段现状条件下还没有船舶统计资料，根据《乌江构皮滩枢纽变动回水区二维非恒定流数学模型研究报告》[8]（以下简称数模报告）的整治方案实施后的二维平面流速和沿程比降的研究成果，结合船舶上滩阻力计算理论，确定上行畅行平均流速 v_f 为 7.0km/h，船舶下行平均畅行航速 v_f 为 15.0km/h。

由于 $k_s = 3.6 < 0.5k_f = 6$，因此，研究河段的小时最大船舶流量

$$Q_{\max 上行} = \frac{1}{4} \cdot \frac{k_f^2}{k_f - k_s} \cdot v_f = 30.2(艘/h)$$

$$Q_{\max 下行} = \frac{1}{4} \cdot \frac{k_f^2}{k_f - k_s} \cdot v_f = 64.7(艘/h)$$

综上可见，乌江铁路桥至漩塘航段的航道基本通过能力为

$$C = \frac{(n_{上行} - t_{下行等待}) \cdot T \cdot Q_{\max 上行} + (n_{下行} - t_{上行等待}) \cdot T \cdot Q_{\max 下行}}{10\ 000} = 8\ 856(万\ t)$$

2）可能通过能力

虽然研究河段内，目前仍处于区间通航状态，但其下游航段有一定保有量客货船在正常营运，而航道规划的船型主尺度比现有船型大。可见，未来航道通航船型较多，各船型的载重吨位也不同。因此乌江渡—漩塘河段航道可能通过能力比基本通过能力有较大的降低。经统计分析可得航道可能通过能力约为 4 000 万 t。

3）设计通过能力

乌江渡—漩塘航段上游为乌江渡枢纽，该枢纽虽然为通航 100 吨级船舶而预留了通航建筑物位置，但至今仍未建成通航，因此河段上游由于枢纽的截流而断航。

乌江渡—漩塘航段下游为构皮滩枢纽，该枢纽建设了 500 吨级垂直升船机，设计年过坝货运量为 142 万 t。因此，在不采取翻坝运输等扩能措施的情况下，乌江渡—漩塘河段的最大通过能力为 142 万 t。

可见，乌江渡—漩塘航段货运量主要来源为河段内码头的吞吐量。根据《乌江（乌江渡—龚滩）航运建设工程码头工程初步设计说明书》表明，遵义港区的乌江渡和楠木渡两个码头的设计通过能力总和为货运量 26 万 t，客运量 16 万人次。而大塘口小码头主要作用是摆渡两岸的客货物资，基本没有吞吐量。因此，乌江渡—漩塘航段的设计通过能力（设计水平年为 2020 年）为货运量 26 万 t，客运量 16 万人，到了 2030 年两个码头的货运量达 55 万 t，客运量达 35 万人。

为简化通过能力分析，将客运量按 1∶1.5 比例折算成综合货运量，由此，遵义港区的设计吞吐总量为 50 万 t，2030 年预测吞吐总量 110 万 t。

4）航道服务水平

乌江渡—漩塘航段设计通过能力明显低于下游枢纽设计通过能力，更远低于航道可能通

过能力，该航段的 V/C 值约为 1.25%，服务水平极低，由此表明，该航道通过能力的利用程度和繁忙程度极低，有很大的提升空间。

7.4.3 代表船型性能分析

乌江渡—漩塘河段的代表船型为 500 吨级货船，其主尺度为 55m×10.8m×1.6m。乌江渡—漩塘河段内航道狭窄，在个别水面宽阔水域的水下地形均为石质河床，抛锚停船的难度较大。而在设计方案条件下，整个单向航道内没有设置临时停靠点。由此可见，船舶不能在该航段内的任何地方会让，总长 48km 航段内始终保持一艘船航行的状态。以下根据数模报告的研究成果分析通航时期内，不同水情的船舶上下行所需时间，从而可计算设计方案下各水期的实际货运量。

1)船舶航行阻力

乌江渡—漩塘航段位于库区回水变动区河段，枢纽山区天然浅水航段。当船舶在浅水中航行时，船体底部与河床之间形成狭窄的水道，导致船底的水流速度增大。首先，由于水的黏性会使船舶的摩擦阻力加大，一般来说水深越浅，摩擦阻力越大；其次，船中低压区向船尾扩展，会引发船体尾部下沉，纵倾增大；第三，浅水域中出现的浅水兴波会产生比深水水域更大兴波阻力；第四，推进器盘面附近伴流涡流的增加使推进器效率下降。由于上述原因，将出现船舶阻力增大，航速下降的现象，这就是所谓的浅水效应。

浅水效应会给船舶操纵带来一定的困难，浅水效应的大小主要与水深吃水比(h/T)和水深弗汝德数($F_h=V/gH$)有关。一般认为，水深吃水比(h/T)≤3 时，则应考虑浅水航道对船舶阻力的影响。此时的船舶航行阻力要在无限水域深水航道船舶阻力 R 的基础上乘以 K_h，见式(7.8)。

$$K_h=1+\frac{0.0065V^2}{(h/T-1)\sqrt{T}} \tag{7.8}$$

狭窄航道对航行中船舶所产生的阻力增值与浅水航道一样，影响着船舶航速的提高。当船舶航行在狭窄航道上时，因水流拥挤，船首压力较高，易产生壅水现象，船尾压力较低，故易增加吃水；其次，岸壁对船行波的反射，以及水流与河底、岸壁的摩擦都引起阻力的增加。因此过水断面太小的航道对船舶阻力的影响是非常不利的。

当内河航道断面系数 n(即航道设计水位下航道过水断面的面积与标准载重船舶的船中剖面浸水面积的比值，下同)≤5 时，考虑狭窄航道对船舶的影响。此时的船舶航行阻力要在无限水域深水航道船舶阻力 R 的基础上乘以 χ_z，见式(7.9)。

$$\chi_z=1.1\cdot\left[\frac{H}{n-(1+0.2\delta^2V^2)}\right]^2 \tag{7.9}$$

由于乌江渡—漩塘河段正是典型的水浅流急的狭窄型山区河道，可见，船舶航行时的阻力除了一般的水流和比降阻力外，还要考虑航道内浅水效应和断面系数所产生的附加阻力。

由式(7.8)~式(7.9)可得，在狭窄的水浅航道中，随着船舶航速的增大，浅水效应和狭窄航道所产生的附加阻力随之迅速增大，其中浅水效应产生的附加阻力更是与速度呈二次方的正比关系。因此，在该航段内，用提高船舶发动机输出功率手段来克服航行阻力达到提高航速目的，效果明显低于一般深水宽阔航道。

船舶在急流滩上滩时，需要考虑船舶所受的浅水效应和狭窄河道的影响，此时的航行阻力 R 主要由船舶自重分力所产生的比降阻力 R_j 和水流对船舶做相对运动所产生的水流阻力 R_V 组成，见式(7.10)。

$$R=R_j+R_V=f_1(J)+f_2(V)=f_3(Q) \tag{7.10}$$

式中：R_j 和 R_V——分别为一个对应船长范围内水面比降和水流流速的函数；

R_j——比降阻力。

R_{V1} 为机动船水流阻力，R_j 和 R_{v1} 分别按式(7.11)、式(7.12)计算。

$$R_j=\beta_1 WJ \tag{7.11}$$

式中：W——船舶总排水量(kg)；

β_1——比降修正系数，取 $\beta_1=1.1$。

由于乌江渡—漩塘航段内的通航设计船型为机动单船，因此，R_V 可取机动船的水流阻力计算。

$$R_{V1}=f\Omega v_1^{1.83}+\xi_1\delta A_m v_1^{1.7+4Fr} \tag{7.12}$$

式中：f——摩阻系数，取 $f=0.17$；

v_1——考虑浅水等影响，修正后的水流对船舶的相对速度(m/s)。

v_1 可按下式计算

$$v_1=\eta v_f+U_\omega \tag{7.13}$$

式中：η——考虑浅水、窄槽、紊流等影响因素的相对流速修正系数，取 $\eta=1.15$；

v_f——水流表面流速(m/s)；

U_ω——船舶上滩至少应保持的对岸航速，取 $U_\omega=0.3$m/s。

Ω——船舶浸水面积(m^2)，Ω 按公式(7.14)计算

$$\Omega=L(1.8T+\delta B) \tag{7.14}$$

L——船长(m)；

B——船宽(m)；

T——船舶吃水(m)；

δ——船舶方形系数，取 $\delta=0.58$。

A_m 为船舶浸水部分中剖面面积(m^2)，A_m 按公式(7.15)计算

$$A_m=\beta BT \tag{7.15}$$

式中：β——船舶横断面系数，取 $\beta=0.93$。

ξ_1 为机动船剩余阻力系数，ξ_1 按式(7.16)计算

$$\xi_1=\frac{17.7\delta^{2.5}}{[(L/6B)^3+2]} \tag{7.16}$$

Fr 船舶弗劳德数，按式(7.17)计算

$$Fr=\frac{v_1}{(gL)^{0.5}} \tag{7.17}$$

机动船的有效推理可按照式(7.18)估算

$$T_0=\frac{e75H_p}{v_s} \tag{7.18}$$

式中：T_0——机动船有效推力(kg)；

H_p——主机总功率(马力)；

e——有效推力系数，可使用船舶设计书或出厂时实测成果所提供的数据；

v_s——上水船的船水相对速度(m/s)。

v_s按式(7.19)计算

$$v_s = v_f + U_\omega \tag{7.19}$$

式中：v_f——滩口段水流表面流速(m/s)；

U_ω——船舶上滩至少应保持的对岸航速，取0.3m/s。

当船舶处于自航上滩的临界状态时，给定一个V值，总有一个J值与之相对应，通常被称为该流速下的允许比降，反之给定一个J值，总有一个V值，称为该比降下的允许流速。无数组允许流速和允许比降所构成的曲线也可以称为船舶上滩能力曲线。

500吨级货船代表船型资料显示，其最大功率为210kW，有效推力为2 400kn。结合以上分析，计算水流阻力的有关要素如表7.7所示，船舶上滩能力曲线如图7.16所示。

乌江500t级货船水流阻力参数 表7.7

载重	L (m)	B (m)	T (m)	δ	β	C_1	Ω (m^2)	A_m (m^2)	ξ_1	$f\Omega$	$\xi_1\delta A_m$
满载	55	10.8	1.6	0.765	0.96	1.8	615.8	16.9	3.47	104.7	44.9
半载	50	10.8	1.1	0.72	0.95	1.8	487.8	11.3	3.17	82.9	25.8
空载	45	10.8	0.8	0.70	0.94	1.8	337.8	7.29	2.87	57.4	14.6

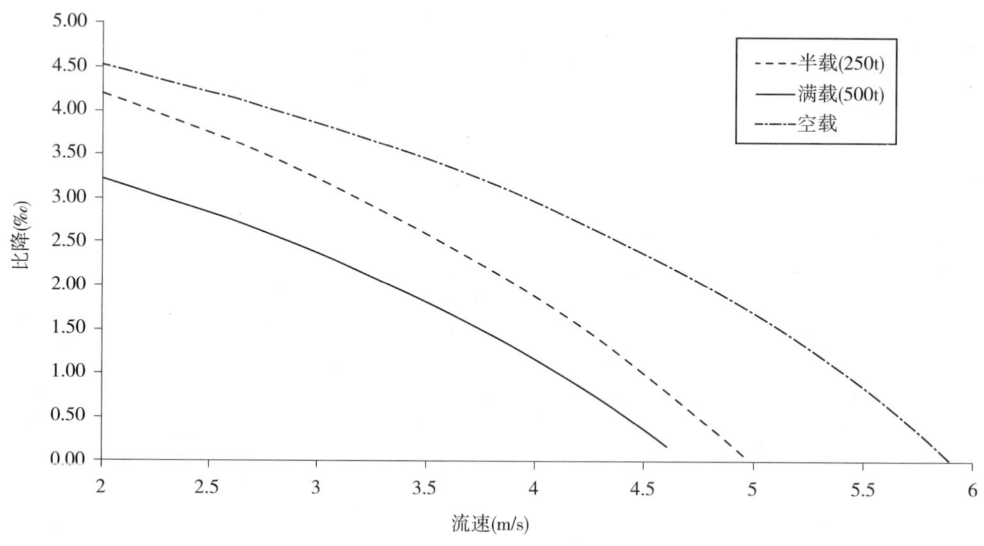

图7.16 500吨级货船上滩能力曲线

2)船舶经济航速[9]

综上可见，在乌江渡—漩塘航段内航行的船舶，需要寻找一个最为合理的经济航速，既可以降低船舶发动机功率，节省营运成本，提高船舶航速，从而提高船舶营运效率，也提高航道利用率和通过能力。

经济航速是指船舶取得最佳经济效果的航速，船舶的单位运输成本，即总成本与船舶货运量之比与航速呈曲线关系：航速提高时，货运量因航次的增多而增加；但提高航速需增大推进功率，主机的燃料消耗量增多导致总成本增加。

事实上，船舶的单位运输成本与航速的关系曲线呈马鞍形，即有一个最小值，该值所对应的航速就是经济航速。一般情况下，船舶的营运航速的选择应尽可能与经济航速接近或吻合。船舶常用的经济航速的概念有：最低耗油率航 v_h、最低营运费用航速 v_e、最高盈利航速 v_r、主机低限功率航 v_m。经济航速的选择，原则上应取各种航速中的最高者。在船舶主机性能正常时，通常 $v_h > v_r > v_e > v_m$。

v_r 和 v_e 是在收集分析船舶每航次营运天数(航程中停泊天数和航行天数)、固定营运费(每天的利息、折旧费、保险费、管理费、船员工资费、维护费、润滑油费、发电机用燃油费、全船的加热采暖空调费等)、船舶功能系数与船舶性能(螺旋桨、吃水、船体线型、航行状态等)、主机和螺旋桨推进装置形式以及燃油品种、价格等因素的基础上进行计算的。由于乌江渡—漩塘航段目前没有进行规模运输的营运船舶，一次以上参数均无法收集，因此只能进行经济航速的选取范围研究。

柴油发动机的燃油消耗率受到喷油量、换气质量、转速等影响，不是一个定值，一般来说，船舶柴油发动机负荷在 80%～85%时，油耗最小。如果发动机长期处于低功率的恶劣条件下运行时，除耗油牵会过大外，还将使燃烧室及扫气系统迅速污染积炭，汽缸活塞副过度磨损以致低温腐蚀等，影响运行可靠性，增大维修保养工作量。因此发动机功率不能低于最大连续功率的 30%。由此可见，船舶的经济航速应在发动机最大功率 30%～85%的范围内变化。其对应的航速可按照式(7.20)计算

$$v_0 = v_{max} \cdot \sqrt[3]{m} \tag{7.20}$$

式中：m——减功度；

v_{max}——最大连续功率航速。

根据以上分析，结合目前内河航道中营运船舶航速的调查，确定乌江渡—漩塘航段经济静水航速为 15km/h，最大连续功率航速为 18km/h。

7.4.4 航道通航水流条件数学模型

数学模拟计算结果显示，优化方案二实施后，最小通航流量 $Q = 112m^3/s$ 和流量为 $500m^3/s$ 的条件下，乌江渡—漩塘河段内水流归顺主河道，流态比较平顺，除范围较小的个别区域内流速大于 3.0m/s，沿程的航道范围内表面流速基本小于 3.0m/s，见表 7.8。

两年一遇洪水流量下鱼洞滩—洗柴滩航道内流速值 表 7.8

河段位置	航道内流速值范围	流速值超过 3.0m/s 的范围	超过 3.5m/s 的范围
鱼洞滩—洗柴滩	流速值一般在 2.0～4.0m/s 范围内，流速值超过 3.0m/s 的范围较多	①青坑滩段范围长约 1 014m ②鱼塘河口段范围长约 531m ③纸牌滩段范围长约 1 392m ④于龙洞滩段范围长约 785m ⑤小幺滩段范围长约 1241m	①青坑滩段范围长约 132m ②纸牌滩段范围长约 525m ③于龙洞滩段范围长约 414m ④小幺滩段范围长约 1 041m

两年一遇洪水流量 Q=5 242m³/s 条件下，河道及岸边对水流干扰作用较小，水流归顺主河道，流态也比较平顺。由于受到下游构皮滩枢纽坝前水位的回水影响，全河段主河道内流速值大小呈现上游流速值较大，下游流速值较小的规律。超过 3.0m/s 的范围主要集中在鱼洞滩—洗柴滩(表 7.8 和图 7.17)。

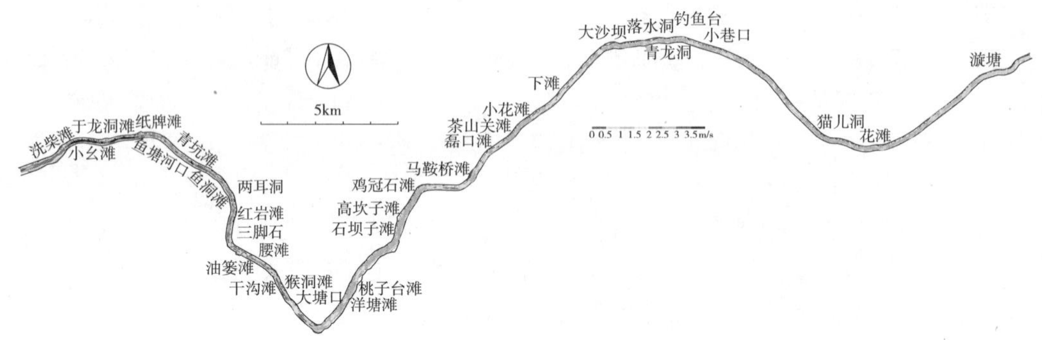

图 7.17　两年一遇洪水流量(Q=5 242m³/s)优化方案二沿程流速图

五年一遇最大通航流量 Q=7 660m³/s 时，沿程水深较大，过水面积也较大，河道及岸边对水流干扰作用较小，水流归顺主河道，流态也比较平顺。由于受到下游构皮滩枢纽坝前水位的回水影响，全河段主河道内流速值大小呈现上游流速值较大，下游流速值较小的规律。超过 3.0m/s 的范围比两年一遇洪水流量条件下大，主要集中在上至洗柴滩下至大塘口上游的范围内(表 7.9、表 7.10 和图 7.18)。

五年一遇洪水流量下鱼洞滩—洗柴滩航道内流速值　　表 7.9

河段位置	航道内流速值范围	流速值超过 3.0m/s 的范围	超过 3.5m/s 的范围
鱼洞滩—洗柴滩	流速值一般在 2.5～4.0m/s 范围内，流速值超过 3.0m/s 的范围较多	①青坑滩段范围长约 1 015m ②鱼塘河口段范围长约 841m ③纸牌滩段范围长约 1 495m ④于龙洞滩段范围长约 984m ⑤小幺滩段范围长约 1 300m	①青坑滩段范围长约 1 002m ②鱼塘河口段范围长约 465m ③纸牌滩段范围长约 575m ④于龙洞滩段范围长约 740m ⑤小幺滩段范围长约 1 119m

研究河段流速比降数模研究成果　　表 7.10

滩名	滩段长度(m)	Q=112(m³/s)		Q=500(m³/s)		Q=5 242(m³/s)		Q=7 660(m³/s)	
		流速(m/s)	比降(‰)	流速(m/s)	比降(‰)	流速(m/s)	比降(‰)	流速(m/s)	比降(‰)
洗柴滩	1 800	1.5	1.8	2.2	0.4	4.0	0.7	5.0	0.5
小幺滩	740	0.8	1.7	2.3	0.5	3.9	0.7	5.4	0.8
于龙洞滩	1 040	1.9	1.2	2.5	0.5	4.0	0.3	5.3	0.3
纸牌滩	780	1.1	1.0	2.5	0.1	3.9	1.2	4.6	0.1
鱼塘河口	1 500	1.1	0.9	2.1	0.4	3.7	1.3	5.4	1.0
青坑滩	1 100	1.7	1.2	2.6	2.1	3.4	0.3	3.9	1.3
鱼洞滩	1 070	1.7	0.7	3.1	2.2	3.4	0.9	3.9	0.9
两耳洞	560	2.5	0.8	3.1	0.0	3.5	3.2	4.3	0.5

续上表

滩名	滩段长度(m)	Q=112(m^3/s)		Q=500(m^3/s)		Q=5 242(m^3/s)		Q=7 660(m^3/s)	
		流速(m/s)	比降(‰)	流速(m/s)	比降(‰)	流速(m/s)	比降(‰)	流速(m/s)	比降(‰)
红岩滩	870	1.3	0.9	2.1	0.4	3.6	1.0	4.5	0.2
三脚石	820	1.2	1.4	3.3	0.4	4.0	0.6	5.3	0.7
油篓滩	750	1.2	1.1	2.4	1.6	4.1	0.1	5.4	1.0
腰滩	460	1.0	0.9	1.9	1.5	3.9	2.8	4.4	1.3
干沟滩	1 380	2.2	0.8	2.9	2.0	3.7	0.8	4.1	0.3
猴洞滩	1 080	1.1	0.7	2.6	1.6	3.3	1.2	4.2	0.5
大塘口	1 950	2.8	0.6	3.1	1.6	3.3	0.1	2.9	0.1
洋塘滩	530	1.5	0.5	2.9	1.5	3.0	1.5	2.8	0.2
桃子台滩	1 200	2.0	1.1	3.1	1.1	2.2	0.3	2.6	0.1
石坝子滩	1 450	2.4	1.1	3.1	1.1	2.2	0.3	2.5	0.1
高坎子滩	1 060	2.0	1.1	2.6	1.2	2.8	0.6	3.7	0.0
鸡冠石滩	1 780	2.0	0.9	2.9	1.2	3.4	2.2	4.7	0.3
马鞍桥滩	1 260	2.8	1.5	3.1	1.9	3.4	2.7	4.5	0.4
磊石滩	3 200	1.5	1.0	2.1	0.9	3.3	0.3	4.3	0.1
下滩	2 400	1.3	0.9	2.0	1.0	3.3	0.3	4.6	0.3
大沙坝	1 450	1.1	0.9	1.9	1.1	2.5	2.2	3.4	0.4
落水洞	1 220	2.2	1.2	1.7	0.9	2.2	0.0	3.3	0.3
青龙洞	930	1.7	0.9	1.5	0.7	2.9	0.2	4.1	0.3
钓鱼台	790	2.0	0.7	1.8	0.7	2.8	0.2	4.3	0.2
小巷口	2 950	1.0	0.6	1.9	0.8	2.9	0.3	4.5	0.5
猫儿洞	3 370	1.0	0.8	2.1	0.7	3.4	0.3	5.3	0.2
花滩	3 700	0.9	0.7	2.1	0.6	2.9	0.3	5.0	0.3
漩塘	3 250	0.9	0.6	2.2	1.4	3.5	2.7	4.3	0.3

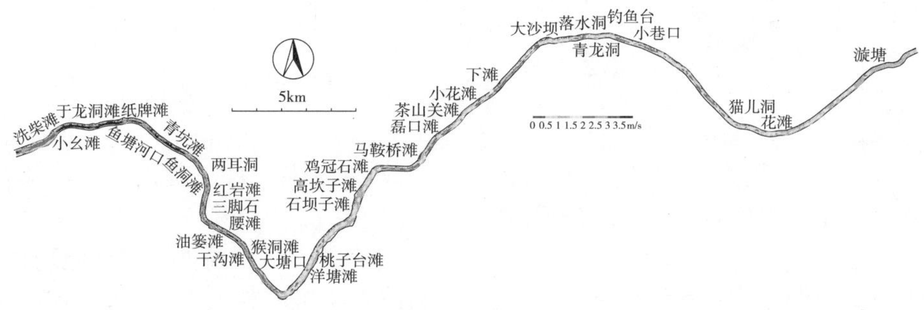

图 7.18　五年一遇洪水流量(Q=7 660m^3/s)优化方案二沿程流速图

7.4.5 通航时期内船舶上滩能力

根据各滩险航段通航期内航行水流条件和500吨级单船上滩能力曲线的对比分析显示(图7.19～图7.22)。

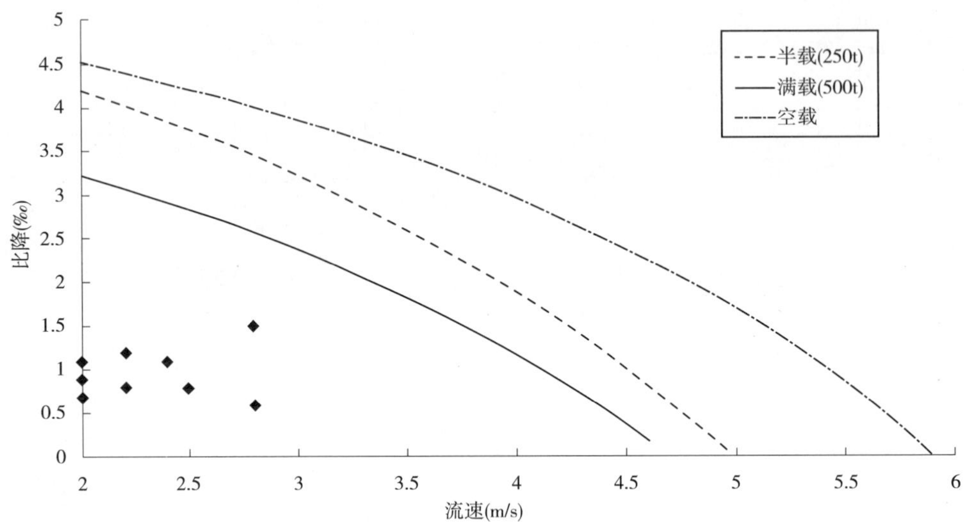

图7.19 500吨级货船在最低通航流量(112m³/s)时上滩能力情况

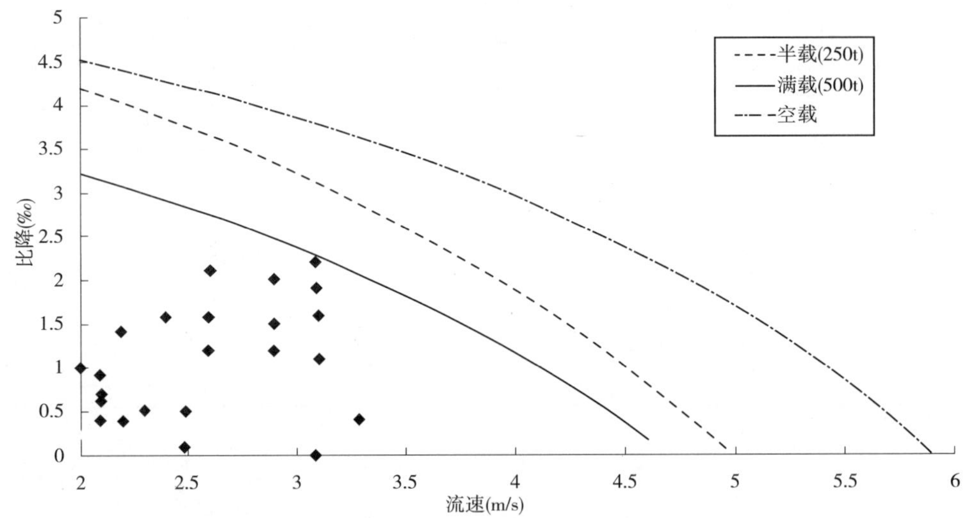

图7.20 500吨级货船在流量为500m³/s时上滩能力情况

由图7.19～图7.22可见：

(1)中枯水期，流量小于500m³/s时，除个别点外，乌江渡—漩塘河段表面流速基本小于3.0m/s，基本满足代表船型满载上滩的要求。

(2)当流量为500m³/s时，鱼洞滩航段的表面流速3.1m/s，比降为2.2‰，航行水流条件较差。分析表明，此时代表船型上行航经此处时，满载上滩难度较大。可见，当流量进一步增大时，代表船型将无法满载上滩。

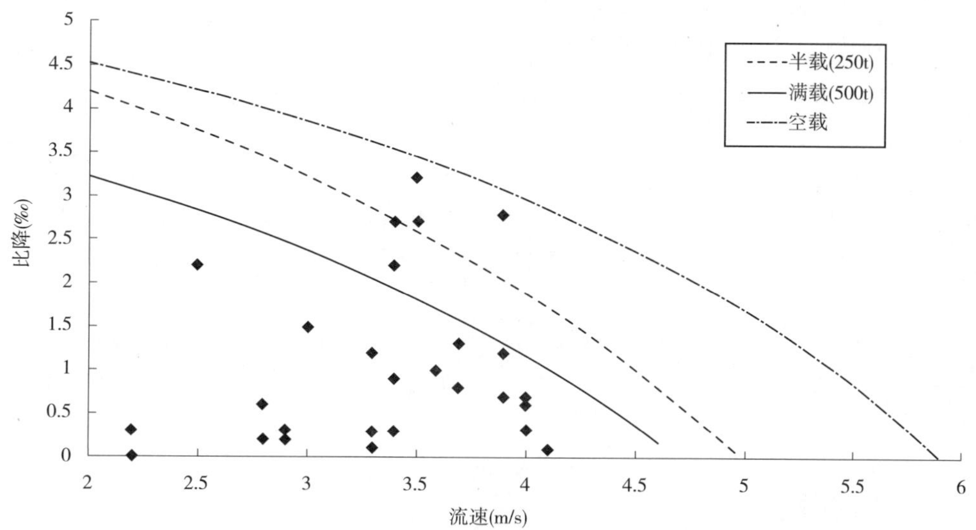

图 7.21　500 吨级货船在流量为 5 242m³/s 时上滩能力情况

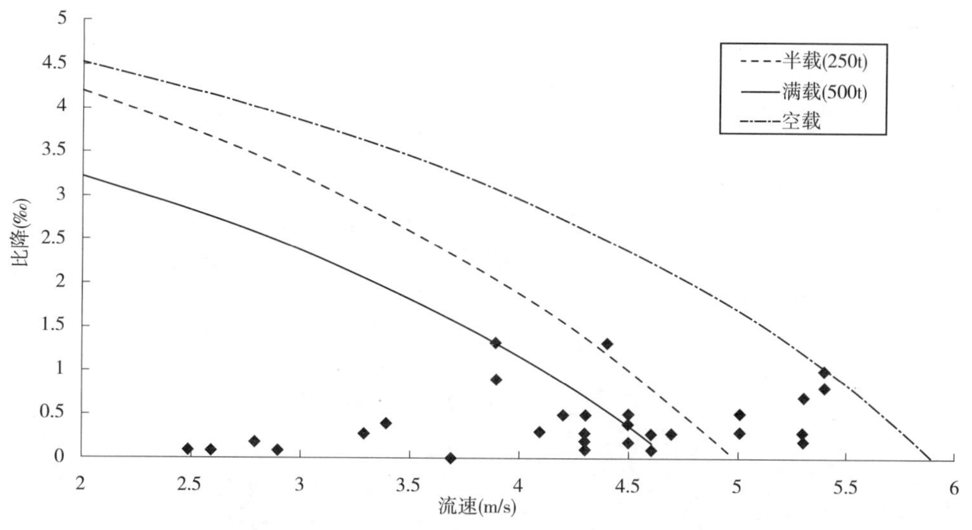

图 7.22　500 吨级货船在最大通航流量(7 660m³/s)时上滩能力情况

(3)两年一遇洪水流量时(5 242m³/s)，乌江渡—漩塘河段内出现 4.0m/s 的流速，且存在三个流速超 3.5m/s，比降大于 2.5‰急流区，如双耳洞流速为 3.5m/s、比降 3.2‰，马鞍桥滩流速为 3.4m/s、比降 2.7‰。分析表明代表船型此时无法满载或者半载上行通过研究河段，只能空载上滩。

(4)五年一遇最大通航流量时(7 660m³/s)，乌江渡—漩塘河段内出现超过 10 处流速大于 5.0m/s 的急流区。分析表明，此时代表船型只能空载上滩通过全河段。

综上所述，当乌江渡下泄流量小于 500m³/s 时，代表船型基本能够满载营运，一旦流量超过 500m³/s 时，乌江渡—漩塘河段内开始出现流急坡陡的瓶颈航段，使得代表船型无法满载营运，流量超过 5 242m³/s 时，则无法载货上行，此时水流十分湍急，但航道狭窄，下行船舶的操纵性能明显下降，存在航行安全隐患。

根据乌江渡水文站1984年以来实测流量过程(图7.23)可以看出：

(1)乌江渡站多年平均流量约507m³/s，最小日均流量为16m³/s(1993年3月26日)，最大日均流量为7 700m³/s(1991年7月10日)，为最小流量的481倍。

(2)乌江渡水电站建成后，日调节泄水的调度工况大大降低了乌江渡—漩塘河段设计通航流量(108m³/s)的保证率，且造成下泄水流日均甚至时均值变化幅度明显大于天然来流状况。如2003年3月9日流量为82.1m³/s，而10日则陡增至214m³/s，这均对船舶航行带来不利影响。

(3)多年的乌江来流来看，每年的6～9月为洪水期，历时4个月，其中2003年(枯水年)有73天流量超过500m³/s，1999年多达122天。多年来，流量大于500m³/s的年均天数约100天。

(4)从乌江渡电站下泄流量上看，10月～翌年5月为中、枯水期。中枯水期的日平均流量基本在500m³/s以下，且下泄流量小于最低通航流量(108m³/s)的天数较多。2003年小于该流量的天数为59天，1992年为30天，1999年为0天。多年来，流量小于108m³/s的天数约30天，无法通航。

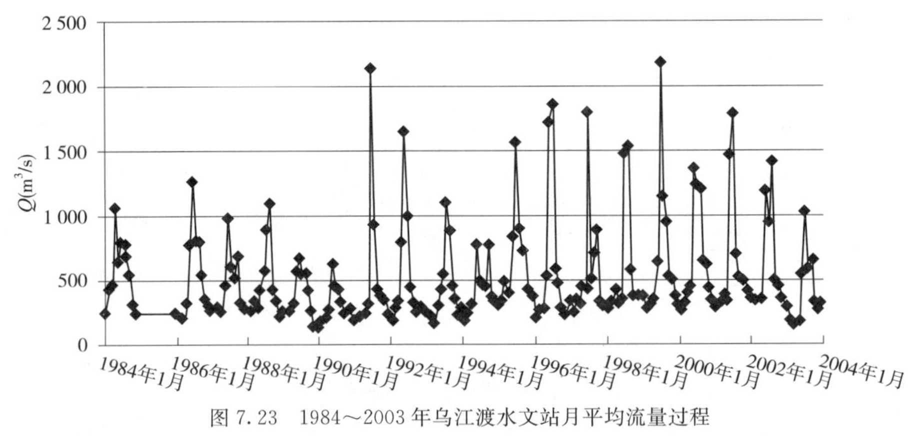

图7.23　1984～2003年乌江渡水文站月平均流量过程

根据《乌江(乌江渡—龚滩)航运建设工程初步设计航道工程设计说明书》的研究结论，通过整治，在综合历时保证率95%时的流量条件下，研究河段的航道尺度可达到1.6m×30m×330m的内河Ⅳ级航道标准，通行500吨级机动驳。

全年航行315天，每天航行16h，其中船舶营运率(船舶运营时间占总时间中比重)取50%，可得全年通航时间为则315×16×0.5＝2 520h。其中可满载营运的时间为2 120h，半载营运时间约400h。

7.4.6　设计方案的航道实际货运量分析

以上分析可知：

(1)流量小于500m³/s时，500吨级货船可满载上下行，此时可用船舶经济航速航行(15.0km/h)已达到最佳营运效益，该时期的营运时间为2 120h。

(2)大于500m³/s时，减载至半载上行，为提高船舶操纵性能保证航行安全，需要半载下行，船舶上行航速需要最大连续功率航速(18.0km/h)，该时期的营运时间为400h。

(3)考虑到乌江渡电站下泄流量小于108m^3/s的天数约30天，同时大于五年一遇洪水(7 660m^3/s)时停航，研究河段内年平均雾天为21.5天。可见，航段的年通航天数选取315天基本合理。

(4)乌江渡港区位于研究河段的进口处，楠木渡港区位于中段，采用合理的调度措施情况下，能保证两港区的船舶同时进出港作业。

按照数模研究成果，航道整治工程方案的优化方案二实施后，各滩险航段通航期内的表面流速和比降值如表7.10所示，计算不同水情的船舶上下行通过34个浅滩段的时间，从而统计船舶上下行通航研究航段的总时间和货运量(表7.11)。

设计方案的实际吞吐量计算　　表7.11

码头	载重	L (m)	B (m)	T (m)	静水航速 (m/s)	上行时间 (h)	下行时间 (h)	通航时间 (h)	通过能力 (万t)	总吞吐量 (万t)
乌江渡	满载	55	10.8	1.6	4.2/4.2	6.1	2.5	2 120	24.7	26.1
	半载	45	10.8	0.8	5.0/4.2	12.2	2.0	400	1.4	
楠木渡	满载	55	10.8	1.6	4.2/4.2	1.6	1.0	2 120	41.6	44.8
	半载	45	10.8	0.8	5.0/4.2	3.7	0.6	400	3.2	

以上的计算分析均不考虑乌江渡和楠木渡码头的平面布置对研究河段通航条件影响、港口装卸工艺耽误船舶营运时间而降低港口吞吐量以及码头泊位数量对吞吐量限制基础上进行的。

计算结果表明，若采取合理调度方案，即乌江渡码头和楠木渡码头靠离泊作业不间断进行。

(1)楠木渡码头离泊船舶等待靠泊两个码头的上行船舶驶过或靠泊楠木渡码头后出港，待泊船舶等待两个码头离泊船舶下行驶离漩塘后上行进港。在315天的通航内，每次进出港船舶均最大化配载营运(中枯水期满载，洪水期半载)。此时码头的年吞吐量能达到44.8万t，满足码头设计吞吐量需求。

(2)乌江渡码头离泊船舶等待靠泊乌江渡码头的上行船舶靠泊乌江渡码头后出港，待泊船舶等待乌江渡码头离泊船舶下行驶离漩塘后上行进港。在315天的通航内，每次进出港船舶均最大化配载营运。此时码头的年吞吐量能达到26.1万t，基本满足码头设计吞吐量需求。

乌江渡—漩塘航段基本满足设计方案的实际吞吐量最大能达到70.9万t，大于港区的设计吞吐量之和(50万t)。

7.4.7　港口对通过能力的影响

1)港口平面布置对通过能力的影响

根据遵义港区乌江渡和楠木渡码头的总平面布置设计方案显示，两个码头均只建设一个泊位，码头附近也无临时停靠点。经数学模型研究后，提出了优化方案如下。

(1)乌江渡码头最主要的问题是：乌江渡码头的水位变率达到+4.09m/h，也就是说一小时内水位最大涨了 4.09m，流速变率达到 $+2.61\mathrm{m} \cdot \mathrm{s}^{-1} \cdot \mathrm{h}^{-1}$，也就是说一小时内流速值最大增加了 2.61m/s。

调度工况一本河段处于脱水段，且乌江渡码头距离乌江渡枢纽较近，因此受乌江渡枢纽下泄流量调节影响较大。若下游水位较高即乌江渡码头受到回水影响，则乌江渡码头的水位变率、流速变率较小，水深较大，流速值也较小，对于船舶来说利于停靠。

建议将港池和回旋水域范围扩大，以减小乌江渡枢纽调节带来的水位变率和流速变率。优化方案具体为：将港池和回旋水域范围适当向上游延伸 50m，继续超挖 0.4m(图 7.24)。

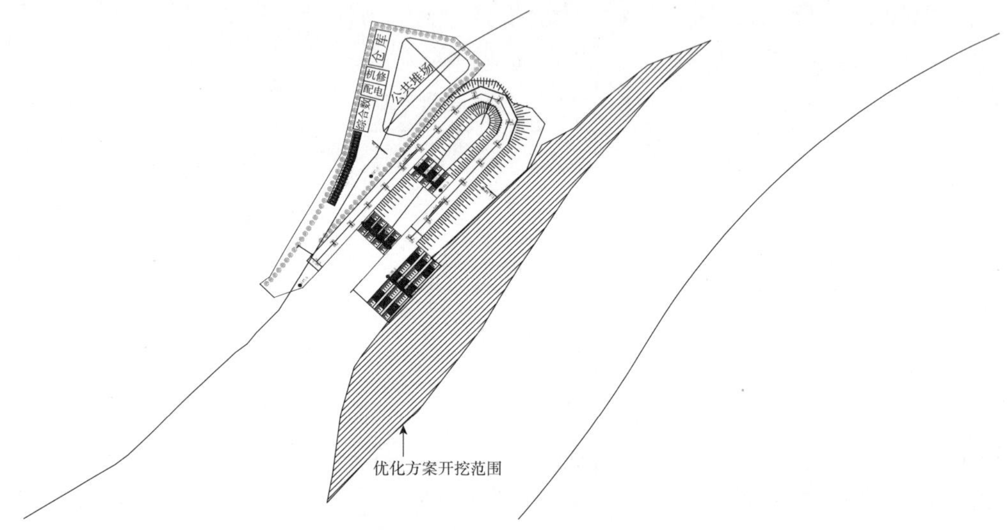

图 7.24　乌江渡码头港池和回旋水域优化方案布置

(2)楠木渡码头最主要的问题是：高水平台距楠木渡大桥太近，距离约为 102m，在高水时，楠木渡大桥左桥墩位于水下，由于楠木渡码头也位于河道左岸，楠木渡大桥左桥墩成为船舶进出码头的障碍，且高水平台岸线与楠木渡大桥桥轴线法线交角较大，交角为 22°，极易出现海事。

建议将高水平台岸线优化，具体为：高水平台岸线上游逆时针旋转 22°，下游与原初步设计方案衔接(图 7.25)。高水平台岸线上游岸线与楠木渡大桥桥轴线垂直，利于船舶进出码头。

在深窄型的山区河流上建港，码头港池和航道平面布置上的矛盾往往是难以得到较好解决，从而致使码头回转水域占用航道资源。

乌江渡和楠木渡码头的平面布置，无论设计方案还是优化方案，两个码头泊位的回转水域均占用了大部分航道资源。从而导致码头靠离泊作业将影响到过往船舶的航行安全。

由于码头附近再无其他泊位和临时停靠点，为了保证靠离泊船舶作业安全和过往船舶的航行安全，只能先进行出港作业才能安排下游船舶进港。从而导致船舶靠泊进行卸载、装载和离泊作业下行驶出漩塘后，才能安排下游待泊船舶上行进港，同时在航道上航行的船舶最多只能有同上或同下的两艘。

根据码头初步设计成果显示，遵义港区两个码头的装卸代表船型的时间约为 12h。因而，明显降低了航道和港口的运营效率。在码头回转水域占用航道宽度的影响下，两个码头只能每天完成一进一出船舶航行作业任务，研究航段的实际年吞吐量最大只能达到 29.0 万 t。

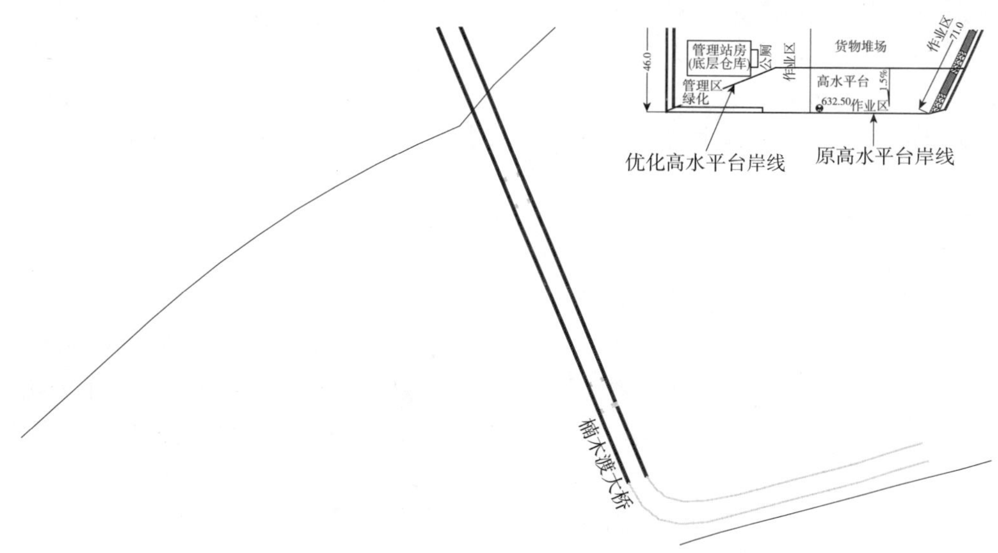

图 7.25　楠木渡码头高水平台岸线优化方案布置

2)港口作业对通过能力的影响

考虑到当地经济社会发展情况、工农业生产的季节性和货种、船型变化、船舶到港不均匀以及自然条件等诸多因素的影响,引起港口装卸工作的不平衡性。

港口往往无法组织足够的货源和客源来满足靠泊船舶的满负荷运营需求。同时到港船舶也存在吨位的不平衡性。因此,在实际吞吐量计算中需要考虑港口不规则作业影响因素。乌江航道初设研究中,港口作业不规则影响折减系数为 0.6。

在受到港口作业不规则的影响下,研究航段的实际最大年吞吐量仅为 17.4 万 t,远低于遵义港区设计通过能力。

7.4.8　设计方案存在问题分析

综上所述,在考虑各种实际影响因素的制约后,乌江渡—漩塘航段的最大货运量呈速降之势(表 7.12),并可以得出以下结论。

各种因素影响下的航道最大实际货运总量(单位:万 t)　　表 7.12

基本通过能力	可能通过能力	枢纽限航	遵义港区设计吞吐总量	遵义港区 2030 年预测吞吐总量	水流条件	泊位布置及装卸工艺	港口作业不规则
8 856	4 000	142	50	110	70.9	29.0	17.4

(1)构皮滩变动回水区单向通航航段的基本年通过能力 8 856 万 t,可能通过能力为 4 000 万 t。

(2)受上游乌江渡枢纽封航和下游构皮滩枢纽 500 吨级升船机设计通过能力为 142 万 t 的影响,在不采取翻坝运输措施的情况下,研究河段的最大通过能力为 142 万 t,远低于航道的设计通过能力。

(3)平面二维数模研究结合 500 吨级单船的上滩能力分析表明,乌江渡下泄流量小于

$500m^3/s$时，代表船型能满载营运；流量进一步增大时，为保证船舶航行安全，需要减载运营。

(4)水文资料分析表明，通航时期内，500 吨级货船满载营运时间为 2 120h，半载营运时间为 400h，此时航道的最大年货运量能达到 70.9 万 t，满足遵义港区的设计吞吐量要求。

(5)受到港口泊位数量、装卸工艺及码头回转水域均占用航道资源的影响，研究航段的最大年货运量只能达到 29.0 万 t。

(6)在受到港口作业不规则的影响下，研究航段的实际最大年货运量仅为 17.4 万 t，远低于遵义港区设计通过能力。

综上所述，构皮滩变动回水区单向通航航段的设计通过能力为 4 000 万 t，受枢纽断面的制约，在不采取翻坝运输措施时最大设计通过能力为 142 万 t，可见，航道服务水平(V/C)较小，有很大的提升空间。在到遵义港区建设规模和研究航段内助航建筑物建设水平影响下，设计方案的最大货运量仅为 17.4 万 t，既不能满足遵义港区和下游构皮滩枢纽货运量的设计要求，也远不能充分发挥该航道的航运效益。因此，必须采取有效措施提高航道的实际通过能力，提升航道服务水平，以满足港口、船闸及沿岸经济发展对航道货运量增长需求。

7.5 优化方案

7.5.1 提高实际通过能力的基本思路

根据上文分析可得，在不受遵义港区建设规模和研究航段内助航建筑物建设水平影响情况下，乌江渡—漩塘河段的货运量最大能达 76.5 万 t，满足遵义港区的设计吞吐量要求，但是考虑到港口作业不规则、码头靠泊、装卸工艺条件以及航道条件的影响下，航道通过能力大幅降低。可见，通过改善优化三个影响因素，可有效提高航道实际通过能力。

港口作业不规则性是由当地社会经济及港口物流辐射范围内企业的发展情况决定，当社会经济快速发展、企业迅猛壮大时，必然导致港口客货源量明显提高，从而有效改善港口作业的不规则性。船型标准化和大型化方向改善和发展也可以提高港口作业的不规则系数。但由于目前研究航道还处于航运发展的起步阶段，研究分析适合当地社会经济发展的船型还为时尚早。

本章研究目的为提高航道实际运力，以适应沿岸经济发展对水路运力提升的需求。而设计方案的通过能力分析显示，港口作业不规则、装卸工艺和泊位条件均对航道的实际货运量产生明显影响，但不会对航道的通过能力产生影响。码头靠泊条件、航道条件及锚泊地布置等因素，决定了航道的最大通过能力。当地社会经济发展产生的水路货运量需求超出该航段的最大运力时，必定导致该航段成为水路通道的瓶颈航段，到时必须通过改善沿岸码头靠泊条件、航道条件扩增锚泊地面积以提高航道运力。因此，优化方案研究的重点为码头靠泊和航道条件的优化，配合锚泊地的合理规划。

可见，提高航道通过能力的措施主要有改善靠泊条件和航道通航条件两方面。主要手段有：优化已有码头泊位平面布置，使靠离泊船舶与航道正常航行船舶无不干扰；拓宽浚深航道提高通航条件；合理规划锚泊地，提高船舶待泊条件等。

7.5.2　优化方案整治目标

通过优化方案的实施，提高航道实际通过能力的目标有短期、中远期目标。

短期目标为通过有效措施，提高航道的实际通过能力，使之满足遵义港区两个码头的设计吞吐量(50 万 t)的要求。

根据以上研究显示，研究航段的设计通过能力为 4 000 万 t，即便受到构皮滩枢纽运力瓶颈断面的影响，也能达到 142 万 t。遵义地区物产丰富、红色旅游业发展快速。

可见，随着社会经济的快速发展，对水路货运量必定明显提升，遵义港区吞吐量预测成果显示，到了 2030 年，港区吞吐总量将达到 110 万 t。因此，在提高航道实际运力的研究中需要设置中远期目标。中远期目标为逐步提升实际航道通过能力，使之能满足遵义港区未来发展需求，且尽量与构皮滩枢纽 500 吨级升船机通过能力匹配，并使单向航道一定程度上发挥双向航道功能，充分发挥单向航道的航运效益。

7.5.3　提高实际通过能力的措施

由于乌江渡—漩塘河段位于山区河流的峡谷段，开挖航道拓展航槽宽度的工程措施难以实现。因此，根据前人研究成果，可在乌江渡—漩塘河段内，结合船舶通航研究航段航行时间的研究成果，选择若干水面相对宽阔、流速条件满足船舶泊稳安全的滩段，规划锚泊地。缩短船舶上下行的等候时间，提高船舶运营效率和航道利用率，从而达到提高航道实际通过能力目的。

由于乌江渡—漩塘河段为石质河床，同时水急流浅，一般的抛锚难以固定船体，存在走锚的安全隐患。因此，为保障船舶的靠泊安全性，应在规划锚地区域建设临时停靠点。

1)方案布置

根据以上研究成果表明，在靠离泊遵义港区两个码头的船舶不干扰过往船舶航行安全的情况下，乌江渡—漩塘河段的最大通过能力为 70.9 万 t，考虑港口不规则作业的折减系数(0.6)，仅为 42.5 万 t。因此为满足港区的设计吞吐量的需求，除在乌江渡码头和楠木渡码头附近设立临时停靠点(P1 和 P5)以解决码头作业干扰过往船舶正常航行的问题外，还需在乌江渡—漩塘航段内布置若干个临时停靠点，以缩短上行船舶的等候时间。停靠点的最大停靠能力为 500t 级单船。

结合数值模拟计算结果，选择在通航里程适中、通航条件良好的两耳洞、大塘口和马鞍桥航段内建设备选临时停靠点(P2～P4)，优化方案的工程布置如图 7.26 所示，各临时停靠点间通航条件如表 7.13 所示。

2)优化方案通过能力

优化方案航道通过能力分析的基础为乌江航道和码头初步设计成果，即航道定位为内河Ⅳ级单向航道，乌江渡—漩塘航段上游因乌江渡枢纽截流断航，且航段中仅布置有乌江渡和楠木渡码头，航段下游为设计通过能力为 142 万 t 的构皮滩枢纽等限制条件不变。

优化方案的临时停靠点均尽量避开河道主流且靠岸布置，方案实施后，除停靠点附近的局部水域外，不会对研究河段的整体流场、水面线沿程分布产生明显影响。因此航道通过能力的计算中，也采用航道初步设计优化方案二的数模研究成果，计算不同水情的船舶上下行通航各临时停靠点的时间，船舶上下行航速与设计方案也一致。

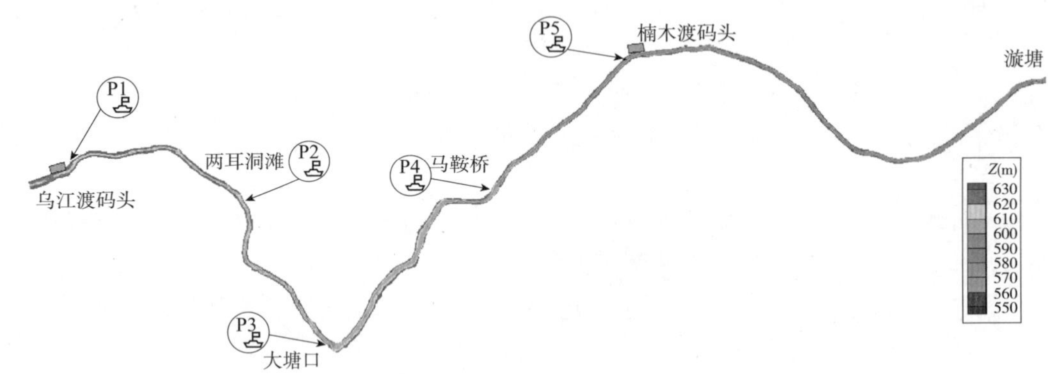

图 7.26 优化方案的工程布置图

优化方案各临时停靠点间的通航条件 表 7.13

参数 \ 停靠点		P1～P2	P2～P3	P3～P4	P4～P5	P5～漩塘
航程(km)		6.8	6.7	7.7	8.8	14
(112m³/s)	平均流速(m/s)	1.7	2.1	2.3	1.3	1.2
	平均比降(‰)	1.3	1.3	1.1	1.0	0.9
(500m³/s)	平均流速(m/s)	2.7	2.8	2.7	2.0	2.0
	平均比降(‰)	1.0	1.5	1.3	1.0	0.8
(5 242m³/s)	平均流速(m/s)	3.6	3.5	3.2	3.2	3.0
	平均比降(‰)	0.9	1.2	1.0	1.2	0.5

遵义港区两个码头均只布置一个泊位，从而导致码头上的船舶先离泊后才能进行船舶靠泊作业，进而限制了上行船舶只能在远离码头的下游漩塘河段候船，既大大降低了码头和航道的工作效率，又存在通航安全隐患。因此，在优化方案中，在靠近两个码头的下游布置临时停靠点，供准备待泊码头的船舶临时停靠。从而缩短了船舶候船点与码头的距离，又消除了靠离泊船舶与航道中正常航行的船舶相互干扰的安全隐患。

乌江渡—漩塘河段在通航期内，河道内流速较大，且受上游乌江渡枢纽非恒定流下泄水流的影响，停靠点附近水域的表面流场、水位及泄水波均随时间存在较大的变化。无论上行还是下行船舶，在靠泊临时停靠点时，均要顶流靠泊，以保证船舶靠泊安全。可见，下行船舶停靠前需要进行船舶回转掉头，在乌江渡—漩塘河段内回转不仅会占用航道资源，干扰过往船舶，而且增大了上行船舶在下游的候船时间。鉴于下行船舶对岸航速快，在正常航行时间内，优化方案的临时停靠点仅供上行船舶靠泊。

在优化方案的通过能力计算中，船舶营运率、港口作业不规则折减系数的选取与设计方案一致。

根据优化方案的整治目标，只需把乌江渡—漩塘航段内的实际运力提高到 50 万 t 即可达到短期目标，再进一步就需要提高运力至 110 万 t 甚至超过该值以满足遵义港区 2030 年预测吞吐总量需求。因此，优化方案的研究中，将 P2、P3、P4 与 P1 及 P5 有机排列，形成若干组合形式，计算各组合的实际运力，进而优选合理的组合，计算结果如表 7.14 所示。

优化方案中的实际吞吐量计算　　表 7.14

<table>
<tr><th colspan="3">停靠点
方案</th><th>P1</th><th>P2</th><th>P3</th><th>P4</th><th>P5</th><th>漩塘</th><th>通航时间</th><th>候船时间</th><th>折减系数</th><th>通过能力</th></tr>
<tr><td rowspan="4">优化一
P1 P5</td><td rowspan="2">满载时间
(h)</td><td>上行</td><td></td><td colspan="4">4.5</td><td>1.6</td><td rowspan="2">2 120</td><td rowspan="2">4.5</td><td rowspan="4">0.6</td><td rowspan="4">54.5</td></tr>
<tr><td>下行</td><td></td><td colspan="4">1.6</td><td>1.0</td></tr>
<tr><td rowspan="2">半载时间
(h)</td><td>上行</td><td></td><td colspan="4">8.5</td><td>3.7</td><td rowspan="2">400</td><td rowspan="2">8.5</td></tr>
<tr><td>下行</td><td></td><td colspan="4">1.4</td><td>0.6</td></tr>
<tr><td rowspan="4">优化二
P1 P2 P5</td><td rowspan="2">满载时间
(h)</td><td>上行</td><td></td><td>1.1</td><td colspan="3">3.4</td><td>1.6</td><td rowspan="2">2 120</td><td rowspan="2">3.4</td><td rowspan="2">0.6</td><td rowspan="4">61.6</td></tr>
<tr><td>下行</td><td></td><td>0.5</td><td colspan="3">1.1</td><td>1.0</td></tr>
<tr><td rowspan="2">半载时间
(h)</td><td>上行</td><td></td><td>2.0</td><td colspan="3">6.5</td><td>3.7</td><td rowspan="2">400</td><td rowspan="2">6.5</td><td rowspan="2">0.6</td></tr>
<tr><td>下行</td><td></td><td>0.4</td><td colspan="3">1.0</td><td>0.6</td></tr>
<tr><td rowspan="4">优化三
P1 P3 P5</td><td rowspan="2">满载时间
(h)</td><td>上行</td><td></td><td colspan="2">2.0</td><td colspan="2">2.5</td><td>1.6</td><td rowspan="2">2 120</td><td rowspan="2">2.5</td><td rowspan="2">0.6</td><td rowspan="4">73.1</td></tr>
<tr><td>下行</td><td></td><td colspan="2">0.8</td><td colspan="2">0.8</td><td>1.0</td></tr>
<tr><td rowspan="2">半载时间
(h)</td><td>上行</td><td></td><td colspan="2">3.8</td><td colspan="2">4.7</td><td>3.7</td><td rowspan="2">400</td><td rowspan="2">4.7</td><td rowspan="2">0.6</td></tr>
<tr><td>下行</td><td></td><td colspan="2">0.6</td><td colspan="2">0.8</td><td>0.6</td></tr>
<tr><td rowspan="4">优化四
P1 P4 P5</td><td rowspan="2">满载时间
(h)</td><td>上行</td><td></td><td colspan="3">3.1</td><td>1.4</td><td>1.6</td><td rowspan="2">2 120</td><td rowspan="2">3.1</td><td rowspan="2">0.6</td><td rowspan="4">63.6</td></tr>
<tr><td>下行</td><td></td><td colspan="3">1.2</td><td>0.4</td><td>1.0</td></tr>
<tr><td rowspan="2">半载时间
(h)</td><td>上行</td><td></td><td colspan="3">6.2</td><td>2.3</td><td>3.7</td><td rowspan="2">400</td><td rowspan="2">6.2</td><td rowspan="2">0.6</td></tr>
<tr><td>下行</td><td></td><td colspan="3">1.0</td><td>0.4</td><td>0.6</td></tr>
<tr><td rowspan="4">优化五
P1 P2
P3 P5</td><td rowspan="2">满载时间
(h)</td><td>上行</td><td></td><td>1.1</td><td>0.9</td><td colspan="2">2.5</td><td>1.6</td><td rowspan="2">2 120</td><td rowspan="2">2.5</td><td rowspan="2">0.6</td><td rowspan="4">73.1</td></tr>
<tr><td>下行</td><td></td><td>0.4</td><td>0.4</td><td colspan="2">0.8</td><td>1.0</td></tr>
<tr><td rowspan="2">半载时间
(h)</td><td>上行</td><td></td><td>1.9</td><td>1.9</td><td colspan="2">4.7</td><td>3.7</td><td rowspan="2">400</td><td rowspan="2">4.7</td><td rowspan="2">0.6</td></tr>
<tr><td>下行</td><td></td><td>0.4</td><td>0.2</td><td colspan="2">0.8</td><td>0.6</td></tr>
<tr><td rowspan="4">优化六
P1 P3
P4 P5</td><td rowspan="2">满载时间
(h)</td><td>上行</td><td></td><td colspan="2">2.0</td><td>0.9</td><td>1.4</td><td>1.6</td><td rowspan="2">2 120</td><td rowspan="2">2.0</td><td rowspan="2">0.6</td><td rowspan="4">80.5</td></tr>
<tr><td>下行</td><td></td><td colspan="2">0.8</td><td>0.4</td><td>0.4</td><td>1.0</td></tr>
<tr><td rowspan="2">半载时间
(h)</td><td>上行</td><td></td><td colspan="2">3.8</td><td>2.4</td><td>2.3</td><td>3.7</td><td rowspan="2">400</td><td rowspan="2">3.8</td><td rowspan="2">0.6</td></tr>
<tr><td>下行</td><td></td><td colspan="2">0.6</td><td>0.4</td><td>0.4</td><td>0.6</td></tr>
<tr><td rowspan="4">优化七
P1 P2
P4 P5</td><td rowspan="2">满载时间
(h)</td><td>上行</td><td></td><td>1.1</td><td colspan="2">1.8</td><td>1.4</td><td>1.6</td><td rowspan="2">2 120</td><td rowspan="2">1.8</td><td rowspan="2">0.6</td><td rowspan="4">83.7</td></tr>
<tr><td>下行</td><td></td><td>0.4</td><td colspan="2">0.8</td><td>0.4</td><td>1.0</td></tr>
<tr><td rowspan="2">半载时间
(h)</td><td>上行</td><td></td><td>1.9</td><td colspan="2">4.4</td><td>2.3</td><td>3.7</td><td rowspan="2">400</td><td rowspan="2">4.4</td><td rowspan="2">0.6</td></tr>
<tr><td>下行</td><td></td><td>0.4</td><td colspan="2">0.6</td><td>0.4</td><td>0.6</td></tr>
</table>

续上表

<table>
<tr><th colspan="3">停靠点
方案</th><th>P1</th><th>P2</th><th>P3</th><th>P4</th><th>P5</th><th>漩塘</th><th>通航
时间</th><th>候船
时间</th><th>折减
系数</th><th>通过
能力</th></tr>
<tr><td rowspan="4">优化八
P1 P2 P3
P4 P5</td><td rowspan="2">满载时间
(h)</td><td>上行</td><td rowspan="2"></td><td>1.1</td><td>0.9</td><td>0.9</td><td>1.4</td><td>1.6</td><td rowspan="2">2 120</td><td rowspan="2">1.4</td><td rowspan="2">0.6</td><td rowspan="4">107.7</td></tr>
<tr><td>下行</td><td>0.4</td><td>0.4</td><td>0.4</td><td>0.4</td><td>1.0</td></tr>
<tr><td rowspan="2">半载时间
(h)</td><td>上行</td><td rowspan="2"></td><td>1.9</td><td>2.0</td><td>2.4</td><td>2.3</td><td>3.7</td><td rowspan="2">400</td><td rowspan="2">2.4</td><td rowspan="2">0.6</td></tr>
<tr><td>下行</td><td>0.4</td><td>0.2</td><td>0.4</td><td>0.4</td><td>0.6</td></tr>
</table>

计算结果显示，各优化方案的航道通过能力如下。

(1)两点方案

方案1布置了乌江渡(P1)和楠木渡(P5)2个临时停靠点，初步布置于乌江渡码头和楠木渡码头下游。

P1和P5布置后，码头的调度无须仅限于先离泊后靠泊方式，可让下游船舶先上行靠泊临时停靠点，待离泊船舶离港后再靠泊码头，如图7.27所示。可见，该方案实施后，减少了船舶待泊的等待时间。同时在航道上航行的船舶最多有4艘，比设计方案多2艘。如航道中三艘上行船舶分别靠泊P1停靠点、楠木渡码头及P5停靠点，待最靠前的船舶靠泊P1后，乌江渡码头离泊船舶可下行，该船下行至楠木渡时，靠后的两艘上行船舶已经靠泊，不会影响下行船舶安全。因此，该方案明显提高了航道利用率。

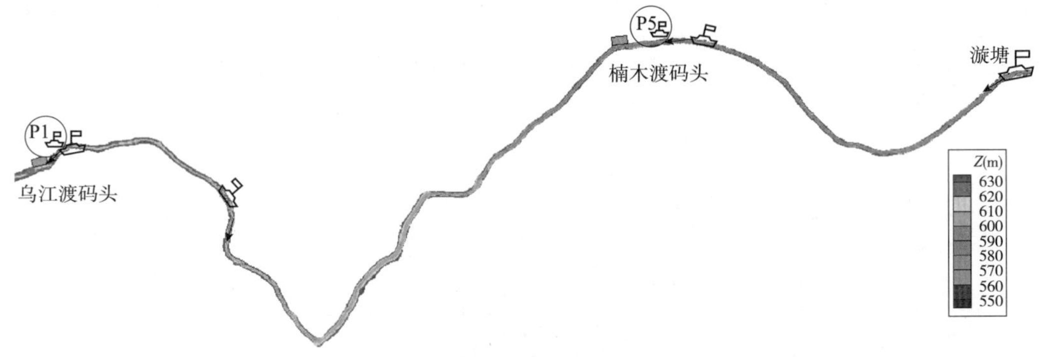

图7.27　优化方案1的航运组织示意图

该方案下，待泊乌江渡码头的船舶可从P5停靠点上行，中枯水期船舶等待时间为4.5h，洪水期8.5h。通过能力计算结果为，航道最大运力为54.5万t，由于楠木渡码头距漩塘航程短，能支持码头最大完成32.4万t货运总量，乌江渡航程远，仅能完成22.1万t。

可见，该方案下，航道通过能力能满足遵义港区的吞吐总量设计要求，但不满足2030水平年预测货运量需求。

(2)三点方案

优化方案2～方案4布置了P1、P2(P3或P4)和P5三个临时停靠点，在优化方案1的基础上相应增加布置双耳洞滩、大塘口或马鞍桥停靠点。

该方案实施后，上行靠泊乌江渡码头的船舶可临时停靠P1、P2(P3或P4)和P5三个临时停靠点。此时，在航道上航行的船舶最多可达5艘，比设计方案多3艘。如航道中四艘上行船舶分别靠泊三个临时停靠点及楠木渡码头，待最靠前的船舶靠泊P1后，乌江渡码头离泊船舶可下行，该船下行航经码头或停靠点时，下游船舶已经靠泊，不会影响下行船舶安全(图7.28～图7.30)。

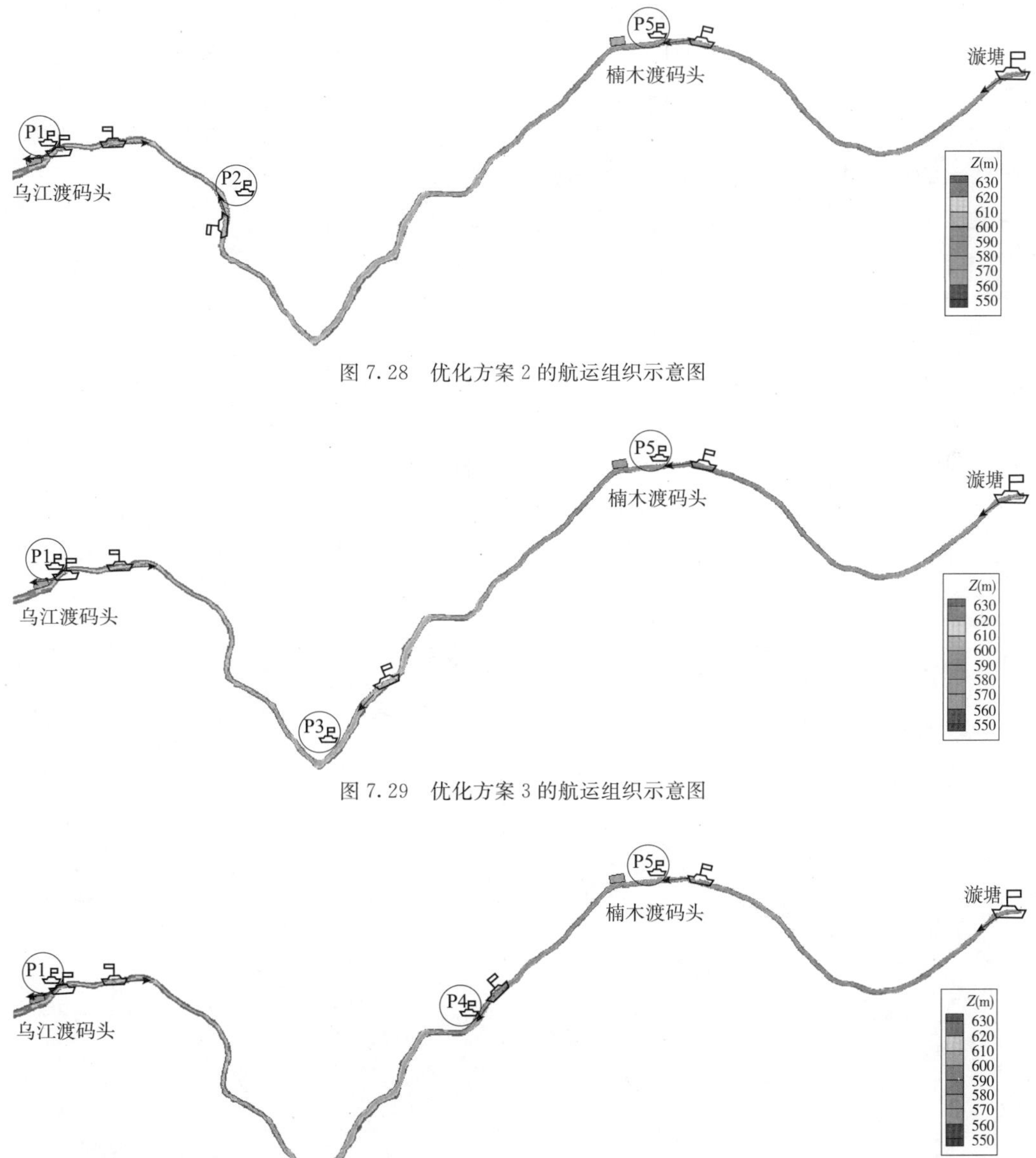

图7.28　优化方案2的航运组织示意图

图7.29　优化方案3的航运组织示意图

图7.30　优化方案4的航运组织示意图

三个临时停靠点方案下，楠木渡码头船舶完成进出港单循环作业的时间为楠木渡码头离泊下行至漩塘、乌江渡及楠木渡码头离泊下行至漩塘及从漩塘上行靠泊P5的航行时间之和；乌江渡码头的时间为从P2(P3或P4)上行靠泊P1与P5航行至P2(P3或P4)间较长的时间和乌江渡下行经过下游停靠点的航行时间之和。因此可计算年通航时间内的航道通过能力。

经计算，航道通航时间内的年最大航道通过能力如下。

①优化方案 2 中枯水期船舶等待时间为 3.4h，洪水期 6.5h。由于 P5 和 P2 间的航程较长，停靠 P5 的船舶只能待下行船舶通过 P5 后才能上行。航道最大运力为 61.6 万 t，能支持楠木渡码头最大完成 32.4 万 t 货运量，乌江渡码头完成 29.2 万 t。

②优化方案 3 中枯水期船舶等待时间为 2.5h，洪水期 4.7h。由于 P5 至 P3 的航程较短，停靠 P3 的船舶只需待下行船舶通过 P3 后就能上行，经过 P5 后，停靠 P5 的船舶可上行至 P3。航道最大运力为 73.1 万 t，能支持楠木渡码头最大完成 32.4 万 t 货运量，乌江渡码头完成 40.7 万 t。

③优化方案 4 中枯水期船舶等待时间为 3.1h，洪水期 6.2h。航道最大运力为 63.6 万 t，能支持楠木渡码头最大完成 32.4 万 t 货运量，乌江渡码头完成 31.2 万 t。

可见，三点方案的航道通过能力基本满足两个码头的设计吞吐量需求，但不能满足乌江渡码头 2030 水平年预测货运量需求。其中优化方案 3 中布置的临时停靠点间的航程相近，使得船舶等待时间较少，航道利用率较高，因此通过能力较强。

(3)四点方案

四个临时停靠点方案实在优化方案 1 的基础上增加布置 P2、P3 及 P4 临时停靠点中的两个，可得三个优化方案，分别为优化方案 5(增加 P2 及 P3 临时停靠点)、优化方案 6(增加 P3 及 P4 临时停靠点)、优化方案 7(增加 P2 及 P4 临时停靠点)。

该方案实施后，上行靠泊乌江渡码头的船舶可临时停靠 P1、P2(P3 或 P4)和 P5 四个临时停靠点。此时，在航道上航行的船舶最多可达 6 艘，比设计方案多 4 艘(图 7.31～图 7.33)。

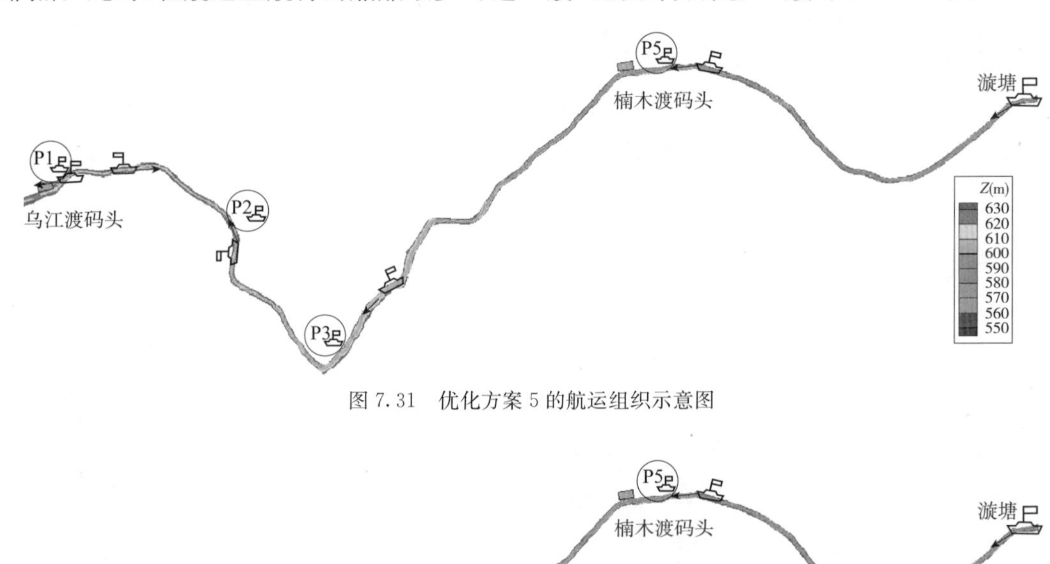

图 7.31　优化方案 5 的航运组织示意图

图 7.32　优化方案 6 的航运组织示意图

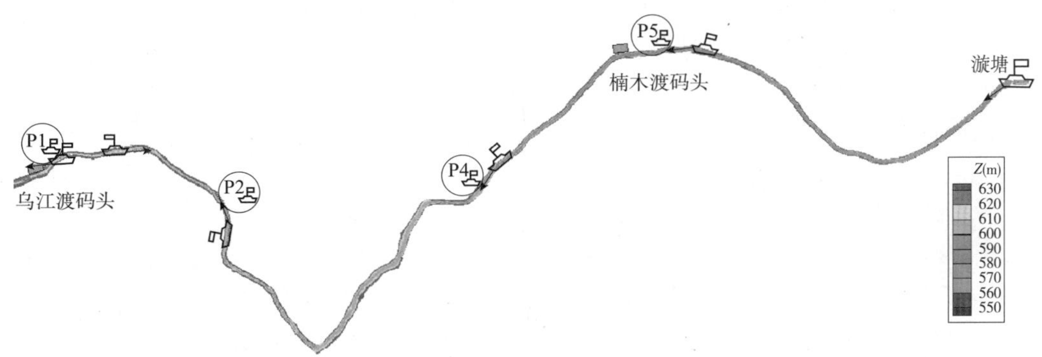

图 7.33　优化方案 7 的航运组织示意图

经计算，航道通航时间内的年最大航道通过能力如下。

①优化方案 5 中枯水期船舶等待时间为 2.5h，洪水期 4.7h。航道最大运力为 73.1 万 t，能支持楠木渡码头最大完成 32.4 万 t 货运量，乌江渡码头完成 40.7 万 t。

②优化方案 6 中枯水期船舶等待时间为 2.0h，洪水期 3.8h。航道最大运力为 80.5 万 t，能支持楠木渡码头最大完成 32.4 万 t 货运量，乌江渡码头完成 48.1 万 t。

③优化方案 7 中枯水期船舶等待时间为 1.8h，洪水期 4.4h。航道最大运力为 83.7 万 t，能支持楠木渡码头最大完成 32.4 万 t 货运量，乌江渡码头完成 51.3 万 t。

可见，四点方案的航道通过能力基本满足两个码头的设计吞吐量需求，但也不能满足乌江渡码头 2030 水平年预测货运量需求。其中优化方案 7 中临时停靠点的布置较合理，通过能力较强。

(4)五点方案

优化方案 8 是在优化方案 1 的基础上增加布置 P2、P3 和 P4 临时停靠点。

该方案实施后，上行靠泊乌江渡码头的船舶可临时停靠 5 个临时停靠点。此时，在航道上航行的船舶最多可达 7 艘，比设计方案多 5 艘(图 7.34)。

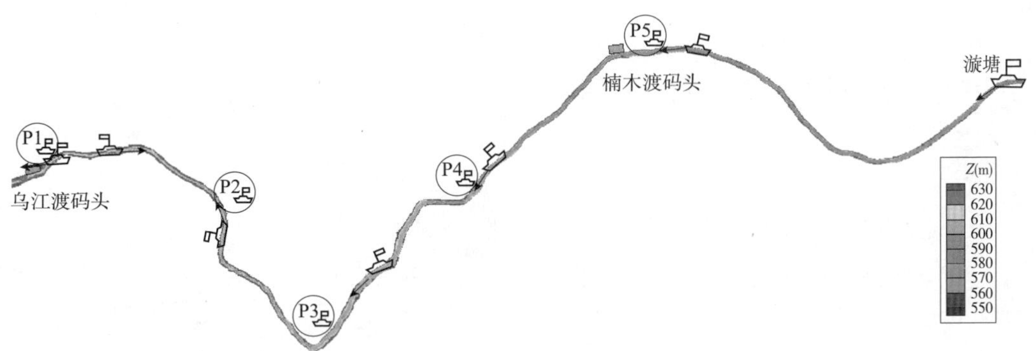

图 7.34　优化方案 8 的航运组织示意图

优化方案中枯水期船舶等待时间为 1.4h，洪水期 2.4h。航道最大运力为 107.7 万 t，能支持楠木渡码头最大完成 32.4 万 t 货运量，乌江渡码头完成 75.3 万 t。该方案的航道通过能力基本满足两个码头的设计吞吐量和 2030 水平年预测货运量需求。

该方案实施后，中枯水期的黄金通航时期内，船舶可在1.6h以内，上行至上一个临时停靠点，以避让下行船舶。在采取合理的调度措施时，如离泊船舶提前2h发出下行通知，要求上行船舶避让，上行船舶在2h时间内能从容靠泊停靠点。可见，该方案能使单向航道可一定程度上发挥双向通航功能，充分利用航道资源。

7.5.4 方案比选

以上分析显示，优化方案1的航道通过能力能满足遵义港区的设计吞吐量要求，但难以满足2030水平年预测吞吐量要求；优化方案3的航道通过能力比优化方案1有明显提升；而优化方案8的航道通过能力能基本满足遵义港区2030水平年预测吞吐量要求，同时能一定程度上发挥双向通航功能。

分析表明，三个优化方案的停靠点均不矛盾，优化方案3是在优化方案1的基础上新增P3停靠点，优化方案8是在优化方案3基础再增加P2、P4停靠点。

研究航段航运功能尚未开通，港区的设计吞吐量基本能满足当地发展对水路运力的需求，随着当地经济的发展，可能会给予研究航段更高的运力要求。

因此，经比选，推荐方案为优化方案8，分三期建设。一期工程进行优化方案1的P1和P5临时停靠点建设；随着当地水运的发展超过港口设计吞吐量水平时，二期完成优化方案3工程布置，建设P3停靠点；三期全部完成推荐方案，继续增建P2和P4临时停靠点。

7.5.5 推荐方案平面布置研究

以上研究表明，经初步选址后，在研究航段内合理布置2个临时停靠点后，航道通过能力能满足遵义港区两个码头2020水平年设计吞吐量的需求；布置5个临时停靠点后能满足2030水平年预测货运量需求，且使得单向航道一定程度上发挥双向通航功能。

为进一步研究推荐方案布置合理性，优化码头及临时停靠点停泊及航行条件，使得通航设施之间得到更好的串联，保证其充分发挥航运效益，需要进行推荐方案的通航设施的合理性布置，使其与航道有更好的适应性。

7.6 推荐方案平面布置

7.6.1 遵义港区交通组织优化

设计方案的航道通过能力研究表明，在码头初步设计中，遵义港区的乌江渡码头和楠木渡码头均只建设一个泊位，且泊位的装卸能力较差，装载或卸载一艘500吨级货船需要12h时间。从而导致无论在设计方案还是在推荐方案条件下，两个码头一天只能完成一进一出(通航四艘次)的作业任务，大大降低了码头的实际吞吐量。研究表明，在设计方案港口工艺和码头泊位数量的条件下，两个码头年吞吐量之和仅为17.4万t，远低于设计吞吐量(50万t)。因此，为了达到港区设计吞吐量水平以及充分发挥推荐方案的航运效益，必须增加码头的泊位数量且提高码头的装卸工艺水平。

经估算，由受码头设计方案所限的每天通航 4 艘次作业，提高到 12 艘次，才能满足港区设计吞吐量要求，因此，港区的其中一个码头需增加一个泊位。码头初步设计成果显示，楠木渡的设计吞吐总量大于乌江渡，建议在楠木渡码头增建一个 500 吨级泊位。若要满足 2030 年预测吞吐量水平的要求，乌江渡码头也需要增建一个 500 吨级泊位。

在码头增加泊位的同时，必须配合提升港口装卸工艺水平才能达到提高港口吞吐量的目标。

乌江渡码头在没有增加泊位情况下，若每天完成两进两出(4 艘次)船舶进出港作业任务时，中枯水期，推荐方案一期工程完工后，装卸一艘 500 吨级货船要求控制在 2h 之内；二期工程完工后可在 4.7h 之内；三期工程完工后可在 6.2h 之内。洪水期，一期工程完工后，每天只能完成一进一出(2 艘次)船舶进出港作业任务，二期工程完工后可在 2.9h 之内；三期工程完工后可在 3.9h 之内。

楠木渡码头在增加一个泊位情况下，若每天完成四进四出(8 艘次)船舶进出港作业任务时，推荐方案实施后，中枯水期，装卸一艘 500 吨级货船要求控制在 5.4h 之内，洪水期在 3.7h 之内。

7.6.2 临时停靠点平面布置

在优化方案研究中，临时停靠点的选址重点考虑船舶在各临时停靠点间的航行时间尽量均匀，从而达到缩短下行船舶的等待时间目的，尚未深入进行临时停靠点选址布置研究。

选址所在航段的靠泊和通航条件能否满足规范要求，是否影响航道中过往船舶航行安全，以及采取何种措施改善其通航靠泊条件。解决以上问题，需要在停靠点选址和布置上进行深入研究。

在对比分析最小通航流量($112m^3/s$)各航段河道的最小水深(表 7.15)和最大流速值(表 7.16)后。选定 P1 停靠点选址在紧邻乌江渡码头的下游小幺滩航段，P2 在双耳洞滩航段，P3 在大塘口滩航段，P4 在马鞍桥航段，P5 紧邻楠木渡码头的下游大沙坝航段。临时停靠点所在航段内航槽最大流速不超过 2.50m/s，水深满足 500 吨级代表船型的要求，水面相对宽阔。

各方案航段最小水深(单位：m) 表 7.15

滩段	无工程	初步设计方案	优化方案一	优化方案二	滩段	工程前	初步设计方案	优化方案一	优化方案二
洗柴滩	0.74	0.91	1.60	1.60	桃子台	0.98	1.05	1.60	1.60
小幺滩(P1)	0.67	0.85	1.60	1.60	石坝子	1.21	1.41	1.60	1.60
于龙洞滩	0.85	1.01	1.60	1.60	高坎子	1.01	1.10	1.60	1.60
纸牌滩	0.64	0.98	1.60	1.60	鸡冠石	1.36	1.54	1.60	1.60
小滩	0.59	0.96	1.60	1.60	马鞍桥(P4)	1.51	1.71	1.60	1.60
鱼塘河口	0.98	1.11	1.60	1.60	磊石滩	1.48	1.69	1.60	1.60
青坑滩	0.87	1.05	1.60	1.60	茶山关	1.43	1.61	1.60	1.60
鱼洞滩	1.24	1.58	1.60	1.60	小花滩	1.47	1.63	1.60	1.60

续上表

滩段	无工程	初步设计方案	优化方案一	优化方案二	滩段	工程前	初步设计方案	优化方案一	优化方案二
两耳洞(P2)	1.21	1.52	1.60	1.60	下滩	1.55	1.75	1.60	1.60
红岩滩	1.03	1.32	1.60	1.60	大沙坝(P5)	0.84	0.92	1.60	1.60
三脚石	0.98	1.10	1.60	1.60	落水洞滩	0.68	0.79	1.60	1.60
油篓滩	0.87	0.95	1.60	1.60	青龙洞	0.61	0.81	1.60	1.60
腰滩	0.85	0.98	1.60	1.60	钓鱼台	0.55	0.70	1.60	1.60
干沟滩	1.12	1.42	1.60	1.60	小巷口	0.74	0.81	1.60	1.60
猴洞滩	1.25	1.62	1.60	1.60	猫儿洞	1.13	1.42	1.60	1.60
大塘口(P3)	1.12	1.48	1.60	1.60	花滩	1.21	1.57	1.60	1.60
羊塘滩	1.34	1.51	1.60	1.60	漩塘	0.94	1.60	1.60	1.60

设计流量下各方案滩段航槽流速最大值比较(单位:m/s)　　表 7.16

滩段	无工程	优化方案一	优化方案二	滩段	工程前	优化方案一	优化方案二
洗柴滩	3.32	2.61	2.61	桃子台	3.04	2.55	2.55
小幺滩(P1)	1.25	1.69	1.68	石坝子	1.92	1.87	1.87
于龙洞滩	1.10	1.05	1.03	高坎子	3.02	2.51	2.51
纸牌滩	1.98	1.88	1.87	鸡冠石	2.03	1.98	1.98
小滩	1.35	1.26	1.26	马鞍桥(P4)	0.85	0.81	0.81
鱼塘河口	1.42	1.34	1.34	磊石滩	2.34	2.11	2.11
青坑滩	1.68	1.57	1.56	茶山关	1.45	1.29	1.29
鱼洞滩	2.03	2.01	2.01	小花滩	2.47	2.30	2.30
两耳洞(P2)	1.67	1.61	1.61	下滩	3.01	2.57	2.57
红岩滩	2.41	2.31	2.30	大沙坝(P5)	1.56	1.43	1.43
三脚石	1.98	1.89	1.89	落水洞滩	1.09	1.02	1.02
油篓滩	1.98	1.87	1.87	青龙洞	1.85	1.65	1.65
腰滩	2.56	2.51	2.51	钓鱼台	1.92	1.78	1.78
干沟滩	1.23	1.19	1.19	小巷口	2.01	1.84	1.84
猴洞滩	2.31	2.20	2.20	猫儿洞	1.35	1.24	1.24
大塘口(P3)	2.74	2.35	2.35	花滩	2.01	1.97	1.97
羊塘滩	3.02	2.45	2.45	漩塘	1.59	1.42	1.42

在各临时停靠点选址所在航段的通航条件整体上良好的基础,需要进一步优化布置停靠点,使得临时停靠点的位置达到最优布置。

1)P1 临时停靠点平面布置

综合地形条件、通航水流条件(最大通航流量 7 660m^3/s,下同)、工程量及距乌江渡码头的通航里程等因素,P1 临时停靠点选址位于紧邻乌江渡码头东侧的左岸缓流区处(图 7.35)。该布置方案有利于船舶靠泊乌江渡码头,前沿水域 3 200m^2范围内清除水深较浅的个别点后便能满足船舶靠离泊和航行安全要求,工程量较少。

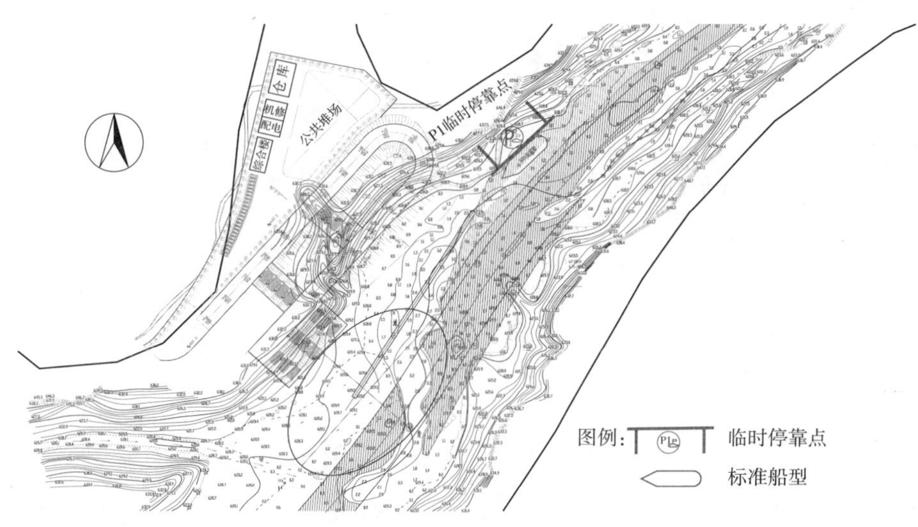

图 7.35　P1 临时停靠点平面布置

临时停靠点前沿水域天然水深条件除个别点外基本满足 1.6m 航行水深要求,且最高通航水位下其前沿水域最大流速约为 3.00m/s,停靠点走向与水流方向基本一致(图 7.36)。

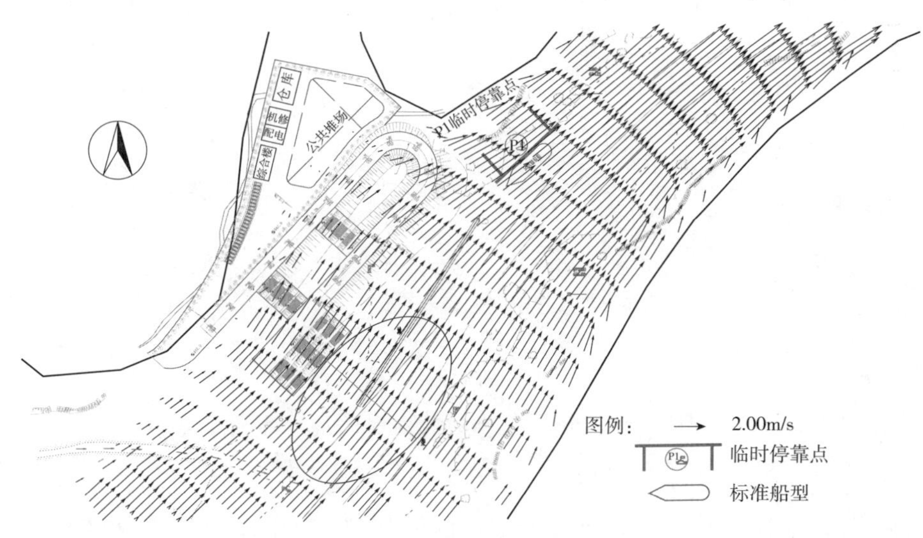

图 7.36　P1 停靠点附近水域最高通航水位下流场

2)P2 临时停靠点平面布置

P2 临时停靠点选址位于双耳洞滩滩尾左岸缓流区处(图 7.37)。该布置方案前沿水域天然水深满足 1.6m 航行水深要求，基本无开挖炸礁工程量。

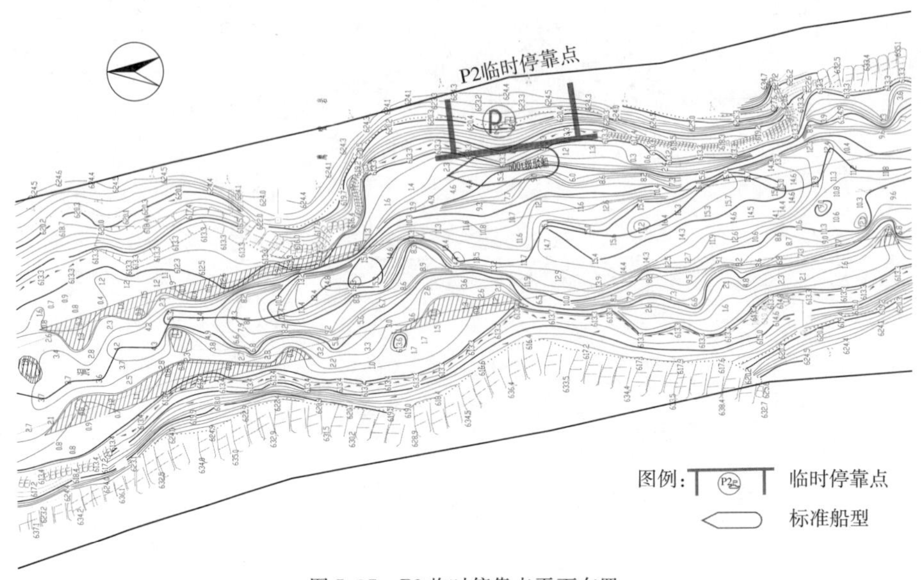

图 7.37　P2 临时停靠点平面布置

最高通航水位下前沿水域最大流速约为 2.50m/s(图 7.38)，停靠点走向与水流方向一致，基本满足船舶靠离泊和航行安全要求。

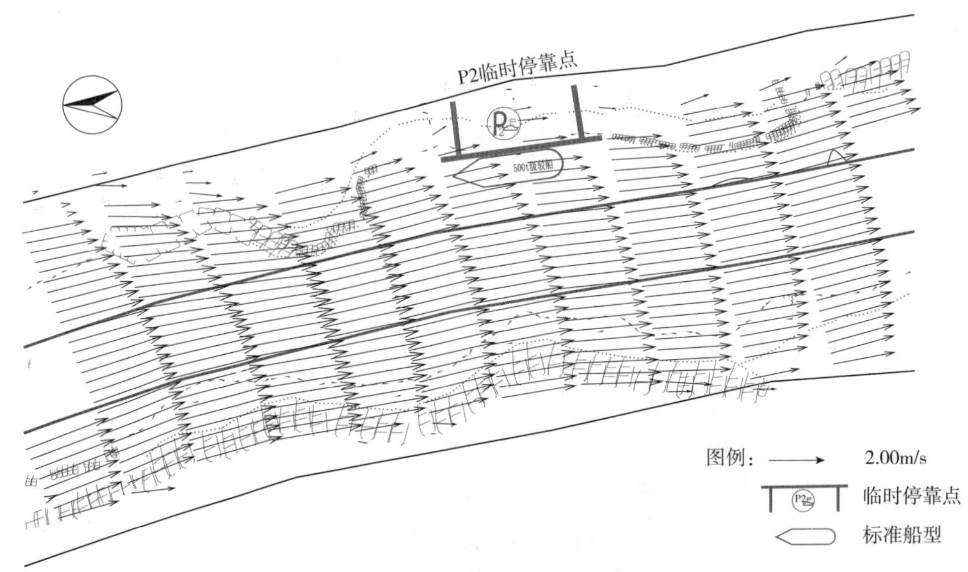

图 7.38　P2 停靠点附近水域最高通航水位下流场

3)P3 临时停靠点平面布置

P3 临时停靠点选址位于大塘口滩左岸缓流区处(图 7.39)。该布置方案前沿水域天然水深满足 1.6m 航行水深要求，无开挖炸礁工程量。

最高通航水位下其前沿水域最大流速约为 1.50m/s(图 7.40)，停靠点走向与水流方向一致，水流条件良好，满足船舶靠离泊和航行安全要求。

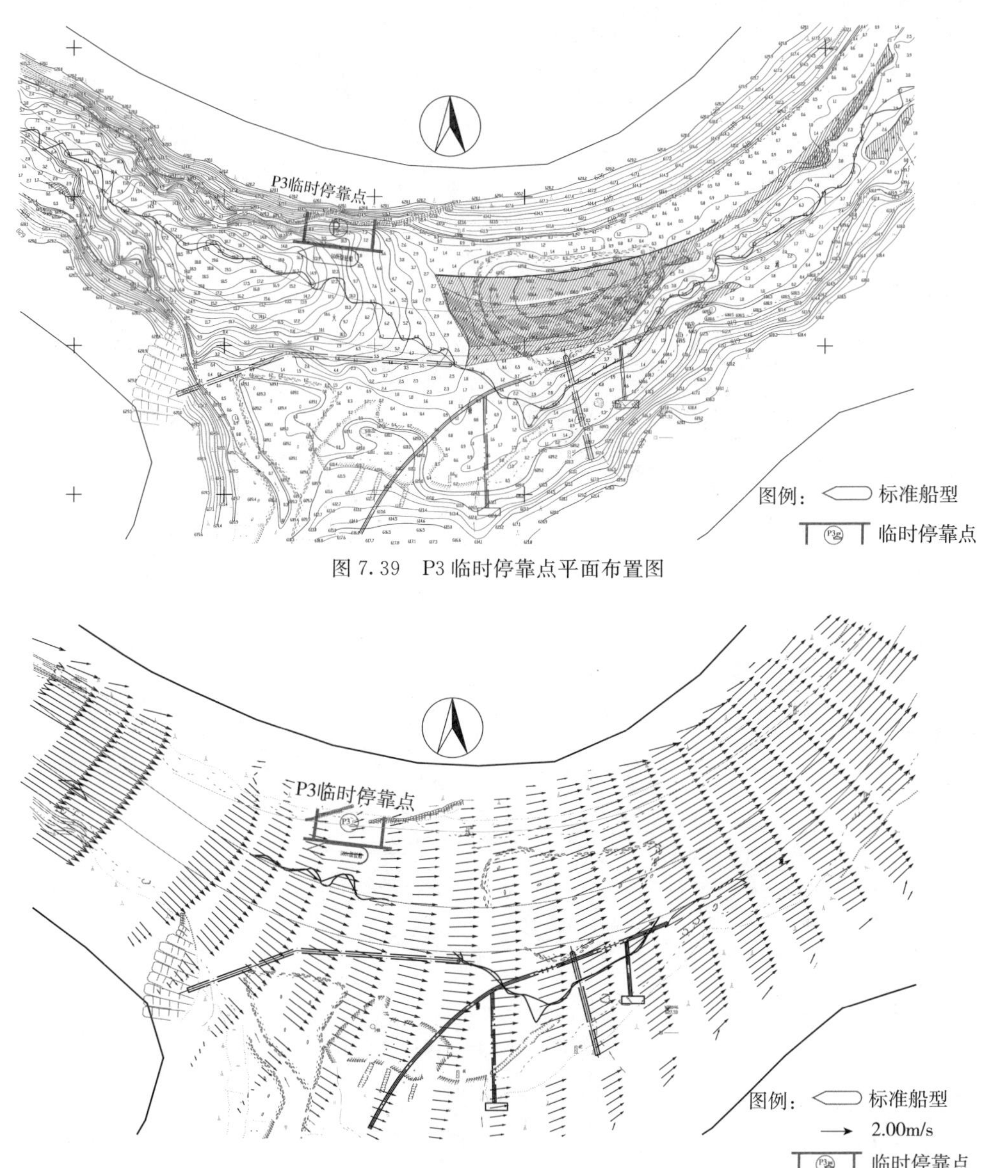

图 7.39　P3 临时停靠点平面布置图

图 7.40　P3 停靠点附近水域最高通航水位下流场

4)P4 临时停靠点平面布置

P4 临时停靠点选址位于马鞍桥航段左岸缓流区处(图 7.41)。该布置方案前沿水域天然水深满足 1.6m 航行水深要求,无开挖炸礁工程量。

最高通航水位下其前沿水域最大流速约为 2.50m/s(图 7.42),停靠点走向与水流方向基本一致,水流条件良好,满足船舶靠离泊和航行安全要求。

5)P5 临时停靠点平面布置

P5 临时停靠点选址位于紧邻楠木渡码头的下游左岸缓流区处(图 7.43),该布置方案有利于船舶靠泊楠木渡码头。在临时停靠点前沿水域 6 600m^2范围内,进行深度约 0.8m 开挖便能满足船舶靠离泊和航行安全要求,工程量约 5 000m^3。

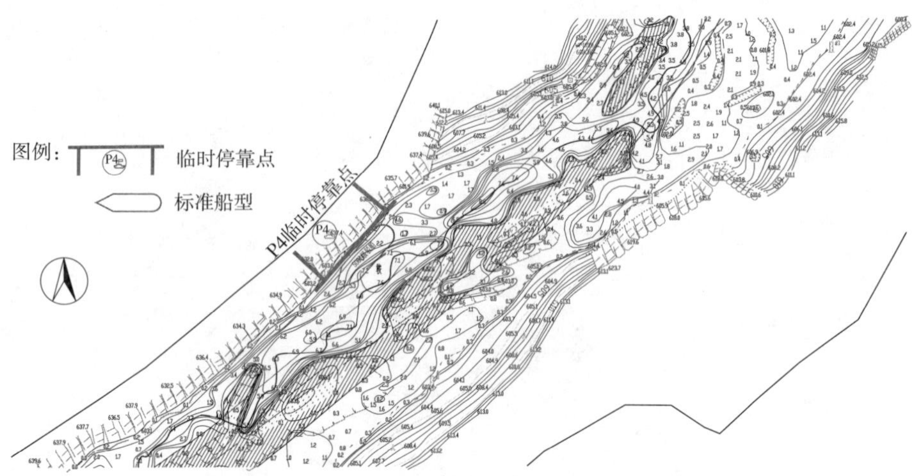

图 7.41　P4 临时停靠点平面布置

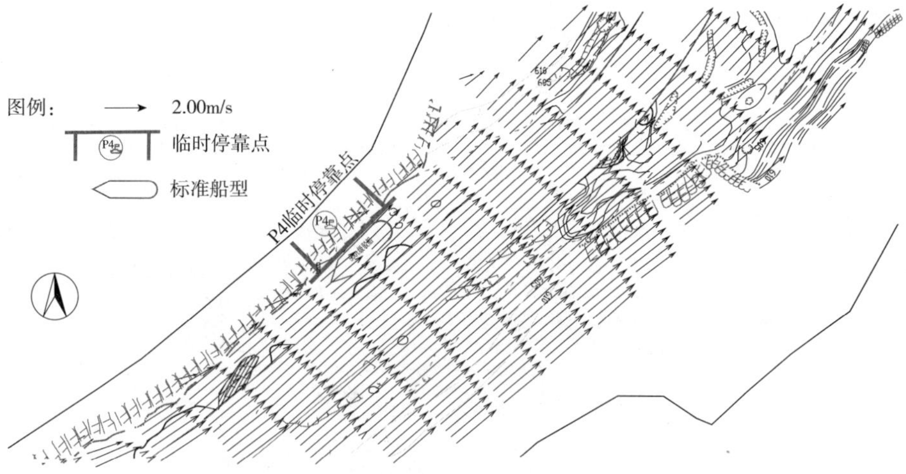

图 7.42　P4 停靠点附近水域最高通航水位下流场

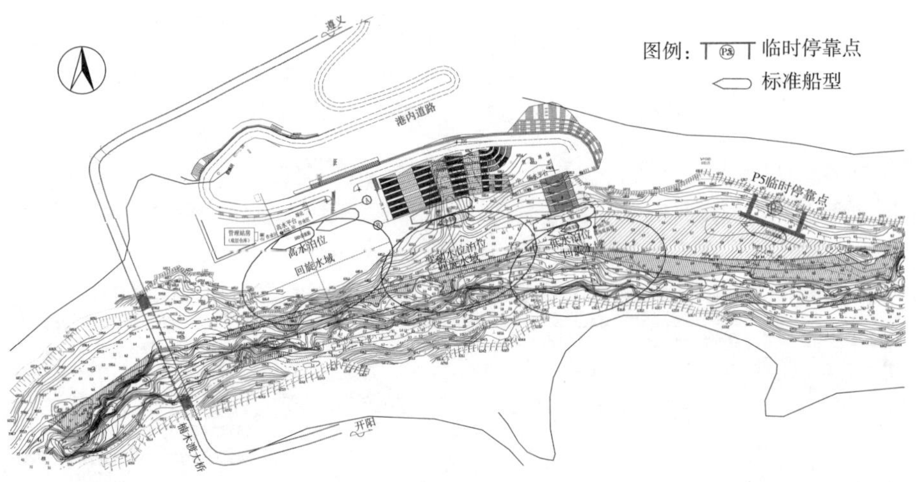

图 7.43　P5 临时停靠点平面布置

开挖后，临时停靠点前沿水域天然水深满足 1：6m 航行水深要求，且最高通航水位下其前沿水域最大流速约为 2.50m/s(图 7.44)，停靠点走向与水流方向基本一致，水流条件良好，满足船舶靠离泊和航行安全要求。

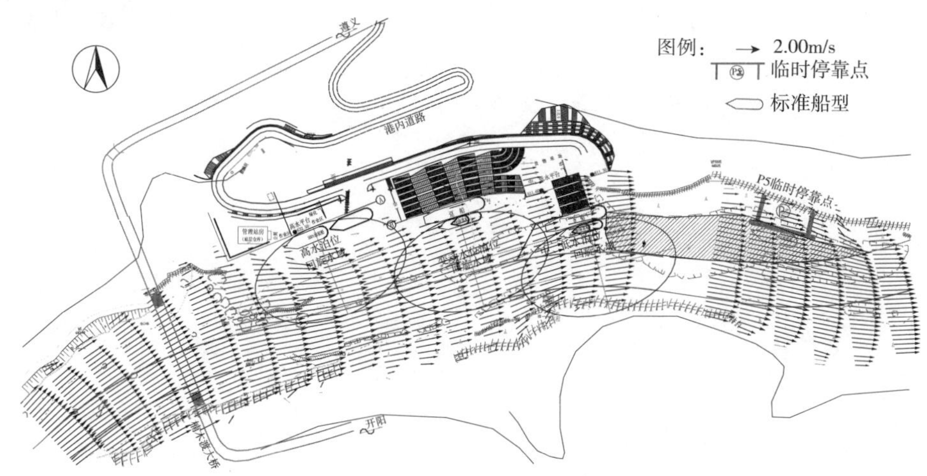

图 7.44　P5 停靠点附近水域最高通航水位下流场

7.6.3　通航保障措施

为保障推荐方案实施后的单向航道水上交通的畅通，还需实施以下安全保障措施。

(1)在推荐方案的临时停靠点附近属于增设水上助航标志航行监管系统，并需要通过相关部门验收。

(2)在推荐方案的临时停靠点上增设调度及监控系统，实施方案与乌江航道初设说明书一致。

(3)因楠木渡码头高水泊位紧邻上游的楠木渡大桥，大桥左侧主墩位于泊位前沿的延长线上，为保障洪水期船舶靠离泊安全及大桥自身安全，加强该水域的水上交通监管，并为大桥主墩增设防撞设施，防撞等级为 500 吨级货船。

(4)推荐方案实施后，研究航段的通过能力明显增强，因此漩塘航段下建设的锚泊地规模与推荐方案通过能力相匹配。

本章参考文献

[1] 刘明俊，龚道平.长江通航环境变化分析[J].船海工程，2004(2)：36-39.

[2] 梅森.三峡库区及长江干线船舶经济航行优化研究[R].大连海事大学，2009.

[3] 李旺生.长洲水利枢纽三线四线船闸右岸方案联合调度和上游公路铁路大桥桥区航道通过量专题研究[R].天津：交通运输部天津水运工程科学研究所，2008.

[4] 乌江(乌江渡—龚滩)航运建设工程码头工程初步设计说明书[R].四川省交通厅交通勘察设计研究院，2009.

[5] 乌江(乌江渡—龚滩)航运建设工程初步设计航道工程设计说明书[R].四川省交通厅交通勘察设计研究院，2009.

[6] 懂宇,等.航道通过能力及服务水平研究[D].南京:河海大学,2006.
[7] 徐周华,等.内河水域船舶领域三维模型的研究[J].武汉理工大学学报,2004(6):380-383.
[8] 张波,等.乌江构皮滩枢纽变动回水区二维非恒定流数学模型研究报告[R].天津:交通运输部天津水运工程科学研究所,2010.
[9] 张署.船舶营运航速的优化分析[R].上海海事大学,2004.

第8章

构皮滩枢纽通航管理系统

8.1 概述

在交通水运部门几十年来的不懈努力下，乌江的航道等级不断提高，航道条件也得以不断改善，2000 年的货运量达到了 500 万 t，近年来虽由于陆路交通条件改善而对水运有所影响，但乌江仍是贵州省一条重要的交通大通道。根据交通运输部长江水系办公室 1993 年修订的《长江水系航运规划报告》预测，到 2020 年乌江的货运量将达到 845 万 t，到 2030 年则为 1 080 万 t。

乌江航运开发中带有共性的关键技术问题是，水利枢纽选择何种过船设施而不致影响航运，水利枢纽的正常蓄水位的如何确定而使之不会在上下两枢纽间水位衔接不上而给航运带来困难，通航建筑物的口门如何布置，水利枢纽航道、船舶如何进行高效管理问题等。要想在水流资源开发中为航运资源的开发赢得契机，为航运资源的进一步可持续发展留下更大的施展空间，结合乌江的水利资源梯级开发对相关技术进行研究就显得尤为重要。

由此可见，研究乌江构皮滩枢纽通航建筑物工程建设中存在的关键技术问题，对于提高过船设施的营运保证率，保证船舶营运的安全畅通，提高西部地区航道建设水平，促进我国航道建设工程的技术进步和技术创新，都具有十分重要的意义。

8.2 构皮滩枢纽通航管理系统

8.2.1 通航原则与通航数学模型建立

1)保证高效通航的原则

要保障高效通航，需遵循以下原则。

(1)以各级升船机为动态考察目标，尽量使其在装载船舶至船舶目标方向的情况下运行。

(2)尽可能在第二级升船机运行的同时，在两级中间渠道中保持有船舶等待。

2)数学模型

假设当升船机与驶来船舶同处于与升船机连接的某一级引航道(或通航渠道)时，称之为升船机与船舶同端；反之，当升船机与驶来船舶分别处于升船机连接的两级引航道(或通航渠道)时，称之为升船机与船舶异端。

以某一级升船机为考察对象。与升船机同端的船舶驶完对应的引航道(或通航渠道)到达升船机所花费的时间称为同端行驶时间，记为 T_s；与升船机异端的船舶驶完对应的通航渠道(或引航道)到达升船机所花费的时间称为异端行驶时间，记为 T_d；该级升船机完成一次单向运行的时间称为运行时间，记为 T_{run}。

则数学分析模型为：

$$T_s - T_d \begin{cases} \leqslant 0\text{，升船机原地不动，同端船舶直接使用升船机} \\ >0\text{，则 } T_s - T_{run} \begin{cases} \leqslant 0\text{，升船机原地不动，同端船舶直接使用升船机} \\ >0\text{，升船机空驶向另一端，异端船舶首先使用升船机} \end{cases} \end{cases}$$

8.2.2 通航调度辅助系统

构皮滩水利枢纽通航调度辅助系统是一个多系统融合的综合性系统，在功能上主要包含航标导航、船舶的定位跟踪和调度、视频监控与无线调度指挥通信等功能，在结构上，主要由航标导航系统、船舶定位跟踪调度系统、过坝视频监控系统和无线调度指挥通信管理系统等 4 个子系统构成，它们构架于同一个平台之上，分别担负起乌江构皮滩枢纽通航管理中的各个环节，为安全高效的通航管理各司其职，见图 8.1。

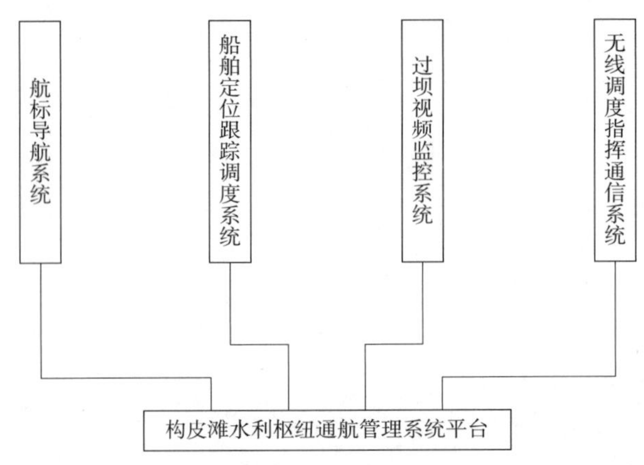

图 8.1 构皮滩水利枢纽通航管理系统

该系统设计主要是将地理信息系统(地理学、地图学和测量学等)作为基础平台，融合航标导航、船舶的定位跟踪和调度、视频监控与无线通信系统。

1)航标导航系统

航标是用来帮助引导船舶航行、定位和标示碍航物与表示警告的人工标志。设于通航水域或其近处，以标示航道、锚地、滩险及其他碍航物的位置，表示水深、风情，指挥狭窄水道的交通。

航标是一种船舶之外的装置或系统，设计或运行这些装置或系统的目的在于促进船舶和船舶交通安全、有效航行。它对水运、渔业、海洋开发和国防建设，对建立海上和内河的安全经济通道，有十分重要的作用。

通过对乌江构皮滩现场调研的结果和航运运管部门的需求分析，航标导航系统应布设在上下游过坝待闸区与通航建筑物上下游引航道应在库区及船闸之间，在待闸区附近的危险区域，如浅滩、暗礁等处也应相应布设，从而起到对过坝船舶指示航道、引导过坝和警戒提示的作用，最大限度地避免安全事故，确保船舶安全顺利航行。

航标系统的选型：考虑到乌江构皮滩水利枢纽蓄水深且水位经常变化，本航标系统应选用深水型浮标。

航标系统的工作形式：航标系统具体的布设形式和工作形式应按照相应的行业标准执行。

航标系统应具备的功能：

(1)太阳能自动供电、储能功能。航标布设在水中，远离陆地，敷设电缆的工作量大、成本高，且不易维护，太阳能供电装置能够发挥经济、易安装维护的特点，且太阳能为绿色能源，符合国家的节能环保要求，优势明显，是必然之选。

(2)航标工作状态自动监测功能。航标是否在工作、在以何种状态工作、各部分电路运行是否正常，这些信息远在陆地控制室里的操作人员几乎不得而知，工作状态自动监测功能既提高了管理的有效性，更为船舶航行的安全得到了提升。

(3)航标移位自动告警提示功能。航标离位原因可能有多种，最多的发生为航标被撞和航标漂移，航标被碰撞一直是一个很严重的问题，不但所造成直接的经济损失，而且不及时发现、修复，将危及航行的安全，建立此功能可以达到及时修复的目的，提升通航安全。

(4)航标告警信息无线传输功能。航标布设在水中，远离陆地，无法有效架设各种线缆连接，且成本高昂，所以必须用无线传输的方式实现。

乌江构皮滩水利枢纽航标导航子系统主要由三部分构成：航标、控制/显示终端和无线传输链路。

本系统采用的航标为当今业界主流的智能航标系统，航标由太阳能自动供电/储能、工作状态自动监测、移位自动告警和无线传输等 4 个相对独立的单元组成。

航标布设在水中、远离陆地，故采用太阳能自动供电、储能装置对航标本身的所有运行单元进行供电，包括航标灯器工作的供电、自动检测单元的供电、无线传输设备的供电等。此太阳能系统须具备大容量的储能装置，在南方阴雨天气长期不见阳光的情况下应可维持对系统正常供电 14 天以上。移位自动告警单元通过 GPS 位置信息进行定位检测，当航标移位超出设定的允许范围后，单元便会产生告警信号，提示相关操作人员。工作状态自动监测单元会对整个航标各个工作单元的工作状态进行定期检测，一旦发现非正常工作状态便会自动产生告警信号，此信号将包含相应工作单元的状态信息一并发至控制室，提示操作人员注意。所有的报警信息和信号都将通过无线传输设备单元进行传输，并接收来自控制室的控制指令信息，对航标的工作状态进行调整。

乌江构皮滩水利枢纽通航管理系统——航标导航系统结构如图 8.2 所示。

2)船舶定位跟踪调度系统[1-4]

船舶定位跟踪调度系统主要由地理信息系统、GPS 定位系统和通信调度系统组成。其主要原理是在电子地图上根据 GPS 定位坐标显示船舶运行轨迹，管理调度人员根据船舶运情况进行适时的对管辖区内的船舶进行调度指挥。

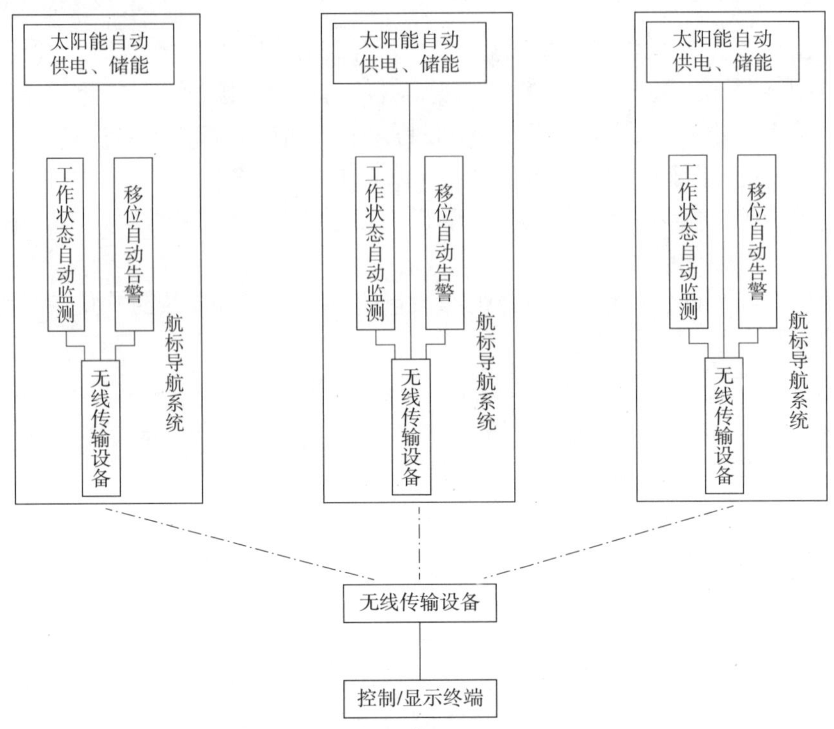

图 8.2　航标导航系统结构

地理信息系统，英文名称为“Geographic Information System”，常缩写为“GIS”，是一门融计算机科学、地理学、测量学、地图学等多学科为一体的综合学科。

GPS 是“Global Positioning System”的缩写形式，中文意为“全球定位系统”。该系统是以卫星为基础的无线电导航定位系统。

船舶定位跟踪调度系统综合运用 GIS 和 GPS 定位技术于一体，基于地理信息系统引擎和数据库技术，开发出基于图形操作界面的稳定、先进、易用的系统。

根据对乌江构皮滩实地调研的需求分析和以往的工程经验，本系统分为两个子系统：一个为适合过闸建筑物中控室管理操作的本地应用子系统；一个为面向行业相关高层管理人员进行远程指挥，或面向高层监管部门进行监督管理，或面向人民群众进行信息发布的网络发布子系统。

网络发布子系统全称为分布式网络地理信息系统，随着网络技术的发展和网络的普及延伸，它已经成为地理信息系统中的一个亮点和发展趋势，但其技术复杂性也要比传统的本地应用系统复杂得多。

目前，网络发布系统的主流为三层分布式结构，又称为浏览器/服务器结构，或简称为 B/S (Brower/Server)结构。三层式结构是从传统的客户/服务器(Client/Server，简称 C/S)结构的两层式结构发展而来的。两层式结构在过去的系统开发中得到了广泛的应用，其特点是应用程序逻辑分布在客户和服务器两端，客户端发出数据资源访问请求，服务器端将结果返回给客户端。

所谓的三层式结构，是将应用划分为三层，即用户界面层，逻辑层和数据层。界面层提供给用户一个视觉上的界面。通过界面层，用户输入数据、获取数据。界面层同时也提供一定的安全性，确保用户不会看到机密的信息；逻辑层（也称中间层）是界面层和数据层的桥梁，它响应界面层的用户请求，执行任务并从数据层获取数据，并将必要的数据传送给界面层；数据层定义、维护数据的完整性、安全性，它响应逻辑层的请求，访问数据，这一层通常由大型的数据库服务器实现，如 Oracle、MS SQL Server、Sybase、DB2 等。

三层式结构的系统构成和运行模式如图 8.3 所示。

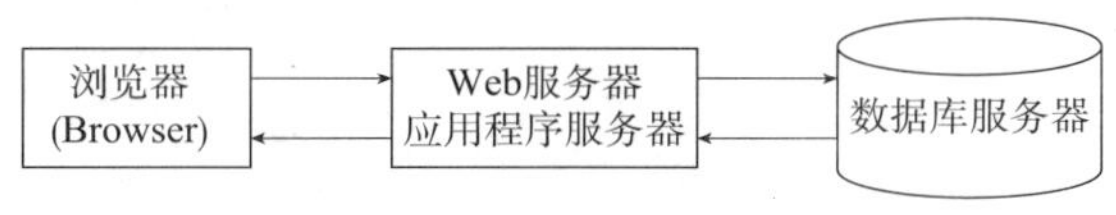

图 8.3　三层式结构的系统构成和运行模式

相对于两层式结构，三层式结构的优点在于：具有灵活的硬件系统构成及更好的支持分布式计算环境；提高程序的可维护性；瘦客户的模式；进行严密的安全管理；系统管理简单，可支持异种数据库，具有很高的可用性。

通过对乌江构皮滩广泛细致的调研工作，本船舶定位跟踪调度系统应具备如下功能。

(1)通航调度决策功能。系统可以根据上下游待闸区中的船舶数量以及各自的通航优先级，为用户提供合理的通航决策；系统可以根据当前通航船舶的位置和速度判断其到达下一级升船机所需的时间，从而为用户提供合理的升船机运行决策。

(2)地图浏览查询功能。用户可根据实际使用情况对电子地图进行放大、缩小和平移。

(3)地理信息查询功能。用户在操作界面中输入要查找的地理位置名称，系统则通过对于图元的查询后，以该地理位置为中心，高亮显示在操作界面上。

(4)船舶信息查询功能。用户在操作界面中输入要查找的船舶名称，系统通过对后台数据库的查询，将该船舶的相关信息显示在操作界面的适当位置。

(5)鹰眼功能。在操作界面中的适当位置新开一小窗口，用以显示全景电子地图，并以着颜色的方框表示操作界面主窗口的区域，使用户明晰当前察看区域在整个监控区域的位置，并可通过对鹰眼窗口的操作变换主操作界面的监控区域。

(6)船舶跟踪功能。用户在操作界面中相应位置输入要跟踪的船舶名称，系统通过对后台数据库的查询，确定其当前已在系统注册后，则主操作界面以该船舶为中心，实时跟踪其运动。

(7)历史轨迹查询功能。用户在操作界面中相应位置输入要查询的船舶名称和历史时段后，系统则在主操作界面上绘制出该船舶在相应时间段内的航行轨迹。

(8)告警跟踪功能。船舶驾驶人员通过对船舶上告警终端的操作发出告警信号，系统接收后，在主操作界面上以特殊方式（如特殊颜色或闪烁等）对告警船舶进行标注，如连接有音箱等音频外设还可发出音频提示，并在操作界面上以该船舶为中心进行实时跟踪监控。

(9)网络信息发布功能。系统管理者可以根据管理需要在网络发布子系统中发布管理或政务信息，如重要事项、天气预报、管理信息等。

综上所述，本系统由两大部分组成：一是作为本地运营部门进行现场操作管理的本地管理子系统，另一部分是作为网络管理指挥和信息发布功能的网络信息发布子系统。两个子系统均以 GIS 引擎为核心，以数据库系统存储系统中相关的各类基本信息和历史数据，GIS 引擎和数据库系统相互通信，共同协调系统的运行。

船舶定位跟踪调度系统的结构如图 8.4 所示。

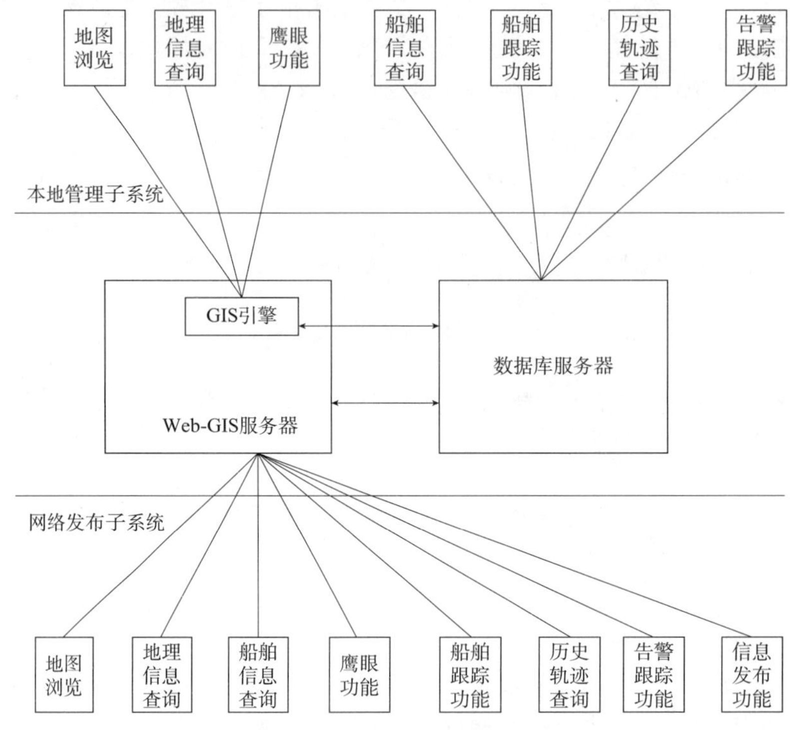

图 8.4　船舶定位跟踪调度系统

系统工作流程：

当本地用户执行了系统的某个操作，这个请求将根据执行对象的不同转向不同的方向，若为对地图操作的请求，则会直接转向 GIS 引擎，进而直接改变地图的表现形态，如放大、缩小、平移、标注等；若此请求关系到对数据库中数据的操作，则将转向数据库管理系统，在对数据库中的数据进行了查询、修改等操作后，将此结果提交给 GIS 引擎，并依据此结果改变电子地图的表现形态，如标注、高亮、产生闪烁等。

当远程用户执行了系统的某个操作，此请求会通过网络提交至控制中心的 Web－GIS 服务器，服务器将请求进行解析后，根据具体请求的不同，将其转向不同的方向，流程与本地请求方式类似，然后再将得到的结果通过 Web－GIS 服务器返回给远程用户。

3)过坝视频监控系统

视频监控系统是安全防范系统的重要组成部分，是一种防范能力较强的综合系统，视频监控以其直观、方便、信息内容丰富而广泛应用于许多场合。

视频监控的基本业务功能是提供实时监视的手段，并对被监视的画面进行录像存储，以便事后回放。在此基础上，高级的视频监控系统可以对监控装置进行远程控制，并能接收报警信号，进行报警触发与联动。其业务功能如图 8.5 所示。

(1)构皮滩视频监控系统组成

①监控前端。用于采集监控点的监控信息，并可以配备报警设备。监控前端可分为两类。

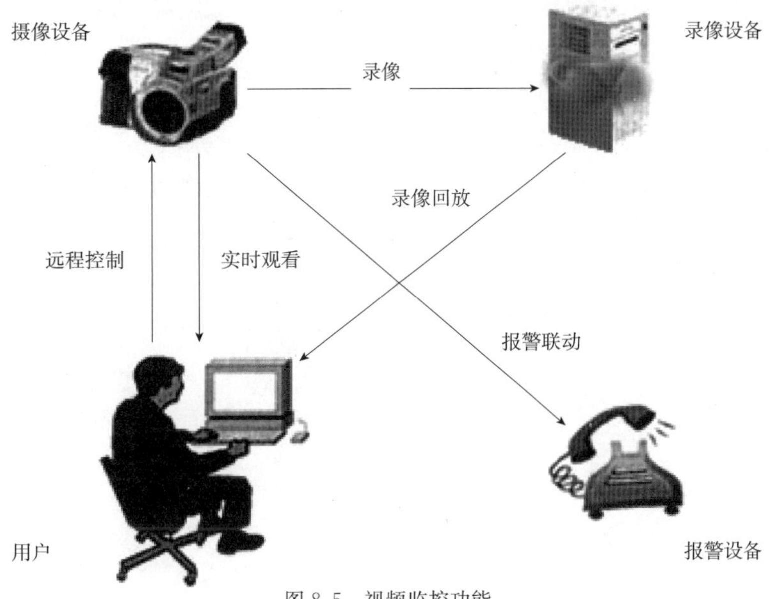

图 8.5 视频监控功能

a. 普通摄像头＋视频服务器。普通摄像头可以是模拟摄像头，也可以是数字摄像头。原始视频信号传到视频服务器，经视频服务器编码后，以 TCP/IP 协议通过网络传至其他设备。

b. 网络摄像头。网络摄像头是融摄像、视频编码、Web 服务于一体的摄像设备，内嵌了 TCP/IP 协议栈。可以直接连接到网络。

②管理中心。承担所有前端设备的管理、控制、报警处理、录像、录像回放、用户管理等工作，各部分功能分别由专门的服务器各司其职。

③监控中心。用于集中对所辖区域进行监控，包括电视墙、监控客户终端群组成。系统中可以有一个或多个监控中心。

④PC 客户端。在监控中心之外，也可以由 PC 机接到网络上进行远程监控。

⑤无线网桥(可选)。无线网桥用于接入无线数据网络，并访问互联网。通过无线网桥，可以将 IP 网上的监控信息传至无线终端，也可以将无线终端的控制指令传给 IP 网上的视频监控管理系统。

在对乌江构皮滩的前期调研工作中，通过对现场的实地踏勘，未来的过坝视频监控系统应对整个船舶过坝过程进行全覆盖实时监控，并对待闸区附近的危险区域(如浅谈、暗礁)也进行实时监控，在控制室布置显示终端(如监视器或电视墙)和后台支持设备(如视频矩阵、编/解码器、硬盘录像机等)，其系统结构组成如图 8.6 所示。

(2)系统功能

构皮滩视频监控系统应可实时监视从船舶进入一端引航道开始直到船舶驶出另一端引航道完成过坝的整个过程。摄像头应均匀布设在过坝过程中关键位置，如引航道出入口处、引航道、中间渠道两端、中间渠道错船区、升船机船厢内部等位置，并且每相邻两个位置的摄像头的画面都应相互接续，保证船舶在整个过坝过程中一直处于可被监视的状态，保证整个过坝过程中无死角。此外，在待闸区附近和待闸区至引航道之间的航道周围也应布设监控系统，以随时掌握待闸区情况和保证待闸区和引航道之间的航道通畅。

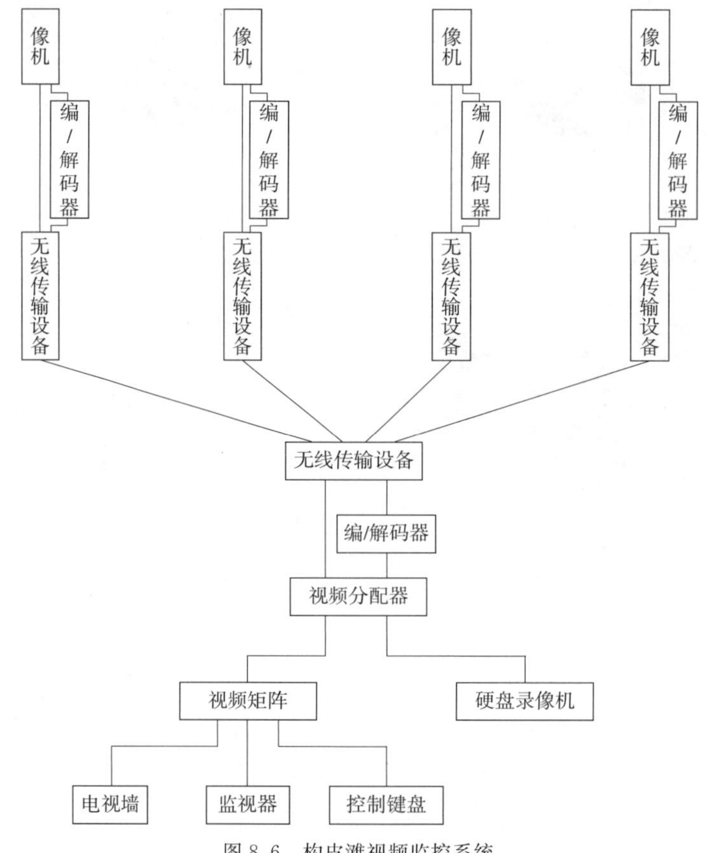

图 8.6　构皮滩视频监控系统

系统主要由三部分组成:前端监控设备、监控中心和通信链路。

①前端监控设备。前端监控设备包括摄像机套件、视频编码压缩和无线传输设备。

前端监控点将布设摄像机,包括彩色摄像机、防护罩、全方位云台、解码器、安装支架,其中解码器用于控制摄像机的焦距、光圈、景深和云台的俯仰和左右,使管理员能对现场进行全方位总体细节的监控,摄像头的视频信号通过编码压缩后通过地面无线传输网络与网络视频服务器和通信设备连接。

②监控中心。监控中心设置硬盘录像服务器,系统安装服务器端的视频控制软件,包括数据库系统。服务器将所有前端视频服务器及前端监控设备管理起来,并维护同它们的网络连接;同时,对所有在网络中实施监控工作的人员实现授权管理,所有用户可通过局域网上任一台计算机登录到服务器系统,根据不同权限对图像进行监视、查询、录像回放等。

服务器软件安装完成后,系统自动配置录像资料的存储路径,用户可根据需要使用服务器端的管理软件修改配置,系统支持录像资料的分布式存储,为大容量的存储提供了可能。

在监控中心另设置一台大屏监控主机,主要用于控制大屏显示和进行分区管理。

网络的计算机上用户只需安装客户端软件,由系统管理员提供登录服务器的合法身份和系统使用权限,就可成为监控工作站。

a. 客户端软件。包括系统配置工具、监控软件和录像查询回放软件。

b. 系统配置工具。可设置录像计划、进行镜头分组、视频服务器设置等。

c. 监控软件。可提供多画面的实时监控，云台或球机控制，音频及报警信号的接收等。

d. 查询回放软件。可根据监控点名称、日期、时间、录像类型等查询，并回放查询结果。

根据需要可在监控中心增加视频解码器设备，视频解码器输出视频信号可直接与大屏幕电视连接。

监控人员可通过对操纵键盘的操作，控制现场摄像头的转动，并对显示终端上的画面进行自由切换/组合。同时，硬盘录像机进行不间断录像，以便事后调出历史记录(录像保留时间长短取决于现场摄像头的数量、存储介质的容量，以及录像画面质量等技术细节)。

4)无线调度指挥通信系统

无线调度指挥通信系统具有调度指挥协调一致、快捷高效的特点，特别是在抢险救灾等一些应急情况下，此优势表现得尤为突出。

通过前期对乌江构皮滩的调研工作中对库区过往船舶及上下游相关部门无线通信状况的收集和研究，拟对诸多通信频率进行有效的整合，以过坝建筑物中控室为中心，进行统一的协调调度，最大限度地提高沟通和指挥效率。

(1)无线调度度通信系统组成

根据构皮滩现场实际情况，本系统设计为专用通信对讲系统是为适应通信特殊环境条件需要而设计的专用无线通信系统。本系统涉及有线/无线交换技术、大规模集成电路技术等领域，主要应用于站场作业、船舶调度等相关大规模、大范围场合，满足相关人员相互之间的通信联络；实现通信地域的无缝覆盖、通信质量的清晰可靠不间断，以及通过有线/无线转接技术实现通信方式的多元化，从而使得指挥人员在调度中心及办公室内就可对现场作业人员进行作业指挥和技术指导；通过广播接口，实现向作业人员实时自动的广播，最大程度地保证了人身安全和作业调度。

(2)系统功能

①构架无缝的全覆盖网络，确保每一时刻能与现场施工人员进行工作联系。

②具有无线/有线转接功能，可与 PABX(交换机)或 PSTN(公共电话网)互联。

③实现固定电话与施工人员之间的通话。

④实现手机与施工人员之间的通话。

⑤实现施工人员之间的通话。

⑥广播接口。实时自动地向所有手持机用户通报线路情况，实现自动人身安全防护。

⑦录音接口。可实时录音。

⑧基地台功率连续可调，三组频点分隔设置，确保通信不越区、无盲点。

⑨根据管理权限，发放有拨号盘和无拨号盘的手持机。

(3)系统配置

①构架无缝的全覆盖网络，确保每一时刻能与现场作业调度人员进行工作联系。

②手持机：根据管理权限，发放有拨号盘和无拨号盘的手持机。

③天馈线系统：天线双工器、避雷器、杆状天线等部件组成。

④车载台：根据需要配置，可流动运行于各站场间。

(4)系统特点

①覆盖面广：系统建成后可覆盖管理区域。

②调度指挥实时、快速、高效性。

③流动性强。

④灵活性高。通过有线/无线转接设备，实现指挥人员与现场作业人员的多种联系方式。

⑤系统安装便捷。

8.2.3 无线通信环节解决方案

本系统的多个环节都要应用到无线通信环节，而通航建筑物处于两山之间，无线信号并不能完全覆盖整个过坝区域，特别是在第一级中间渠道中还包含有一条长度为335m的通航隧洞，这里面的无线信号更是无法覆盖到。根据研究结果，无线信号覆盖的解决方案可由下面两个方面解决。

(1)考虑到未来构皮滩枢纽的生产生活过程中，公共无线通信网络仍将是人们沟通的主要手段，可协商无线运营商在枢纽附近增设无线通信基站，改善无线公网的覆盖情况，并在第一级中间渠道的通航隧洞内增设无线信号放大增强设备，保证无线公网信号在隧洞内传播通畅。

(2)由未来的构皮滩枢纽运营部门在过船建筑物附近架设无线局域网，覆盖范围在方圆3～5km，同时在第一级中间渠道的通航隧洞内布设无线信号放大增强设备，形成保证过坝通航的专用网络。

8.3 构皮滩通航试验与分析

构皮滩通航建筑物推荐采用带中间渠道的三级垂直升船机方案，按Ⅳ级航道、500吨级船型标准建设。其500t机动驳主尺度为55m×10.8m×1.6m(型长×型宽×吃水)。

根据长江水利委员会长江勘测规划设计研究院2006年12月编制的《乌江构皮滩水电站通航建筑物可行性研究报告》中提供的数据，通航建筑物布置及主要技术指标如下。

通航建筑物主要由上、下游引航道、三级垂直升船机和两级中间渠道组成。

(1)上游引航道长210.0m。

(2)第一级中间渠道主要由1号、2号、3号通航明渠、通航隧洞及1号、2号、3号通航渡槽组成。1号渡槽总长68.0m，位于隧洞上游；2号、3号渡槽位于隧洞下游，长度分别为136.0m、263.0m。通航隧洞长335.0m。1号通航明渠长60.2m，位于1号渡槽与通航隧洞之间；2号明渠长40.0m，位于通航隧洞与2号渡槽之间；3号明渠长65.4m，位于2号、3号渡槽之间。

第二级中间渠道总长386.4m，由长284.4m的通航明渠及总长102.0m的通航渡槽组成。

(3)下游引航道长320.0m。船厢运行参数：正常运行加速度为0.1m/s^2；快速制动减速度为-0.04m/s^2；正常运行速度为12m/min(0.2m/s)；充、泄间隙水时间为60s；船厢对齐顶紧时间为45s；密封框进退时间为45s。船只进出厢平均速度：进厢时，单向运行为0.8m/s，双向运行为1.0m/s；出厢时，单向运行为1.0m/s，双向运行为1.4m/s。单向过坝时间为39.1min，双向过坝时间为55.5min。

由以上数据，根据物理学公式

$$t=\frac{V_t-V_0}{a} \tag{8.1}$$

式中：t——时间；

a——加速度；

V_t——末速度；

V_0——初速度。

得出，船厢由静止状态达到正常运行速度所用时间为 2s；船厢由正常运行速度达到静止状态所用时间为 5s。

同样，根据物理学公式

$$S=\frac{V_t^2-V_0^2}{2a} \tag{8.2}$$

式中：S——位移；

a——加速度；

V_t——末速度；

V_0——初速度。

得出，船厢由静止状态达到正常运行速度所运行距离为 0.2m；船厢由正常运行速度达到静止状态所运行距离为 0.5m。

根据升船机单向运行一次的时间（升船机单向运行一次的时间＝运行时间＋充泄间隙水时间＋船厢对齐顶紧时间＋密封框进退时间）和升船机的运行时间（升船机的运行时间＝加速运行时间＋匀速运行时间＋减速运行时间）得出三级升船机单向运行时间公式。

第一级升船机单向运行时间为

$$(52-0.2-0.5)\div 0.2+2+5+60+45+45=413.5\text{s}\approx 414(\text{s})$$

第二级升船机单向运行时间为

$$(127-0.2-0.5)\div 0.2+2+5+60+45+45=788.5\text{s}\approx 789(\text{s})$$

第三级升船机单向运行时间为

$$(79-0.2-0.5)\div 0.2+2+5+60+45+45=548.5\text{s}\approx 549(\text{s})$$

$$t=\frac{S}{v} \tag{8.3}$$

式中：t——时间；

S——距离；

v——速度。

根据式(8.3)，船只进出船厢耗时（按设计标准 500t 机动驳计）：进厢时，单向运行为 55÷0.8＝68.8s≈69s，双向运行为 55÷1.0＝55s；出厢时，单向运行为 55÷1.0＝55s，双向运行为 55÷1.4＝39.3s≈39s。

则船只在单向过坝时在上下游引航道和中间渠道中消耗的总时长＝单向过坝时间－三级升船机运行总耗时－进出船厢时间，得出

$$39.1\times 60-414-789-549-3\times(69+55)=222(\text{s})$$

第一级中间渠道长 68＋136＋263＋335＋60.2＋40＋65.4＝967.6m；第二级中间渠道长 284.4＋102＝386.4m；则引航道及中间渠道总长为 210＋967.6＋386.4＋320＝1 884m。

船只在引航道及中间渠道中行驶速率为

$$v=\frac{S}{t}=1\ 884\div 222=8.5(\mathrm{m/s})$$

在计算各级升船机运行时间时只采用其在空气中的运行速率，而忽略了第一级和第三级升船机在水中运行的那段时间。

通过以上数据及计算，得出一个重要的结论为：船只在引航道及中间渠道中理论的行驶速率为 8.5m/s。

根据船舶在内河航道中的经济航速以及专题一的研究结论，可以发现，船舶在引航道及中间渠道中以 8.5m/s 的速度航行显然是不现实的。故得出由长江水利委员会长江勘测规划设计研究院编制的《乌江构皮滩水电站通航建筑物可行性研究报告》中确定的“单向过坝时间 39.1min，双向过坝时间 55.5min”的船舶过坝时间无法实现的结论。因此，在以下过坝过程的讨论中所采用的数据将以最大通航速度(1.5m/s)论述。

通过计算得出：上游引航道通行时间为 210÷1.5＝140s；第一级中间渠道通行时间为 967.6÷1.5≈645s；第二级中间渠道通行时间为 386.4÷1.5≈258s；下游引航道通行时间为 320÷1.5≈213s。

根据以上结论，乌江构皮滩枢纽通航建筑物船舶通坝调度方案如下。

(1)单向过坝。以第一级升船机船只下行为例，其运行程序：

第一级垂直升船机承船厢上游端卧倒门处于开启状态，船只从上游引航道靠船墩或导航浮堤经上闸首进入承船厢，船只在厢内系缆。关闭承船厢上游端卧倒门，松开夹紧装置，卷扬机驱动承船厢上升至厢内水位与第一级中间渠道水位齐平时停止，承船厢顶紧、夹紧，下闸首密封框推出与船厢对接，并向船厢与下闸首两厢门间的密封框内充水平压后，打开承船厢下游端闸门及下闸首工作门，船只解缆驶出承船厢，进入第一级中间渠道。

依此程序，下行船舶再依次通过第一级中间渠道、第二级升船机、第二级中间渠道、第三级升船机、下游引航道到达下游地区，完成过坝。总共耗时约 56.3min(3 380s)。

上行船舶则按照相反的顺序完成过坝。

(2)双向过坝。双向过坝迎向运行时，由于三级升船机独立运行时间有快有慢，先到中间渠道的船舶需在停靠段等待，待后到船只在此错船后，方可再启航继续过闸；上游引航道及第一级中间渠道上、下行船舶均按直线进闸、曲线出闸的方式运行；第二级中间渠道，下行船舶按直线进闸、直线出闸运行，上行船舶按曲线进闸、曲线出闸运行；下游引航道船舶按曲线进闸、直线出闸的方式运行。

船舶进出升船机的运行程序同单向过坝。

假设初始状态为第一级升船机处于上游引航道端，第二级升船机处于第一级中间渠道端，第三级升船机处于下游引航道端，上、下行船舶同时进入上游引航道和下游引航道为起始时刻。

由于第一级升船机和第三级升船机在初始状态下即分别处于上游引航道和下游引航道端，故下行船舶和上行船舶均可直接驶入第一级升船机和第三级升船机。

①以第二级升船机为考察对象。下行船舶直接驶入第二级升船机用时 1 293s，上行船舶通过第三级升船机、驶过第二级中间渠道需用时 1 114s，而第二级升船机在初始时刻便启动下

降至第二级中间渠道，需用时 789s，故上行船舶直接驶入第二级升船机所需时间为 1 114s，1 114s<1 293s，故上行船舶应首先占用第二级升船机，而下行船舶则需在第一级中间渠道停靠段停泊等待约 12min(704s)。

②以第一级升船机为考察对象。若下行船舶驶出第一级升船机后，第一级升船机一直在第一级中间渠道端等待上行船舶驶入，则第一级升船机的空闲时间为 1 994s(2 642－648＝1 994)，而如果当下行船舶驶出第一级升船机后，第一级升船机立即返回上游引航道端装载第二条下行船舶后再返回第一级中间渠道端，所需时间最多为 1 062s，经比较，1 062s<1 994s，故第一级升船机应返回上游引航道端装载第二条下行船舶后再返回第一级中间渠道端，以此类推，直至第一级升船机在第一级中间渠道端等待第一条上行船舶驶入的时间小于其返回上游引航道端再装载下行船舶返回第一级中间渠道端的时间(1 062s)。此时，第一条上行船舶直接驶入第一级升船机，并由第一级升船机装载运至上游引航道端，再驶出第一级升船机，直接通过上游引航道完成过坝，总用时约 55min(3 290s)。

③以第三级升船机为考察对象。若上行船舶驶出第三级升船机后，第三级升船机一直在第二级中间渠道端等待下行船舶驶入，则第三级升船机的空闲时间为 2 282s(3 138－856＝2 282)，而如果当上行船舶驶出第三级升船机后，第三级升船机立即返回下游引航道端装载第二条上行船舶后再返回第二级中间渠道端，所需时间最多为 1 405s，经比较，1 405s<2 282s，故第三级升船机应返回下游引航道端装载第二条上行船舶后再返回第二级中间渠道端，依此类推，直至第三级升船机在第二级中间渠道端等待第一条下行船舶驶入的时间小于其返回下游引航道端再装载上行船舶返回第二级中间渠道端的时间。此时，第一条下行船舶直接驶入第三级升船机，并由第三级升船机装载运至下游引航道端，再驶出第三级升船机，直接通过下游引航道后完成过坝，第一条下行船舶过坝总用时约 67min(3 994s)。

依此类推，通过对每一级升船机的空闲时间与返回装载下一条船舶后再回到当前位置的时间比较，确定每一级升船机的运行趋势，从而高效顺利的保证船舶过坝。

本章参考文献

[1] 史国友，贾传荧，等. 基于 GPRS 和电子海图的船舶导航与监控系统[J]. 中国航海，2003(4)：64-67.

[2] 陈雷，丁晓明，等. GPS/GPRS 车辆监控系统中移动终端的开发[J]. 现代电信科技，2004(1)：38-41.

[3] 张剑，刘允才. GPRS/Web-GIS 在 GPS 车辆定位导航系统中的应用研究[J]. 计算机工程，2004(13)：157-159.

[4] 刘汉云，刘欣. 基于 GSM/GPRS 远程通讯的 GPS 车辆综合监控调度管理系统[J]. 计算机测量与控制，2003(11)：846-849.

附录

构皮滩枢纽回水变动区地层岩性、岩体工程特征一览表

附表 1

序号	滩名	类型及现状	基岩特性	断层性质	基岩工程特性			疏浚土分级	备注
					岩体基本质量等级	岩体完整性	承载力值（kPa）		
1	洗柴滩	溪锥及石盘滩：左岸溪锥侵占河槽 2/3，为 5～12 棱角状乱石无规律堆积。右岸基岩伸入河槽形成礁石，上游为卵石浅滩。粒径 3～8cm	T2g—f1 关岭～法郎组：浅灰色、深灰色厚层灰岩，质纯，下部主要为浅灰色中厚层白云岩，白云质灰岩灰及泥灰岩，夹泥质白云岩，及白云质页岩	无断层通过	灰岩及白云岩 4 级，硬质岩白云质页岩，V 级软质岩	较破碎	灰岩及白云岩 4 500，白云质页岩 1 000	灰岩及白云岩 15，白云质页岩 13	需爆破作业
2	小幺滩	崩岩滩石嘴和零星暗礁占据航道，崩岩岩质为白云岩	T1 yn 永宁镇组：灰黄、灰色中厚层白云岩，角砾状白云岩及中薄层泥灰岩、泥页岩	无断层通过	Ⅳ级、硬质岩	较破碎	4 500	15	需爆破作业
3	于龙洞滩	崩岩滩两岸崩岩收窄江水，崩岩散乱堆积。崩岩岩质为致密状灰岩	T1 y 夜郎组：以浅灰色中厚层致密状灰岩为主，局部夹紫色黏土页岩	无断层通过	灰岩Ⅳ级、硬质岩页岩 V 级，软质岩	较破碎	灰岩：4 500 页岩：1 000	灰岩 15，页岩 12	需爆破作业

续上表

序号	滩名	类型及现状	基岩特性	断层性质	基岩工程特性			疏浚土分级	备注
					岩体基本质量等级	岩体完整性	承载力值（kPa）		
4	纸牌滩	崩岩滩两岸崩岩阻碍江水，崩岩岩质为含燧石灰岩，质硬	P1q 栖霞组：灰、深灰及黑灰色厚层块状灰岩，含燧石结核及少量白云质斑块	无断层通过	Ⅳ级硬质岩	较破碎	4 500	15	需爆破作业
5	小滩	崩岩滩左岸有少量崩岩右岸多处石盘伸出，河中有暗礁。崩岩岩质为含燧石灰岩，质硬	P1q 栖霞组：灰、深灰及黑灰色厚层块状灰岩，含燧石结核及少量白云质斑块	无断层通过	Ⅳ级硬质岩	较破碎	4500	15	需爆破作业
6	鱼塘河滩	溪锥及石盘滩卵石散乱覆盖于石盘上，有多处石盘伸入河心。崩岩岩质为白云岩	∈2-3ls 娄山关群：主要为淡红、浅灰色细～中晶白云岩，薄至厚层状，局部层位含大量燧石结核，风化面铁质浸染较重	在两耳洞滩遇逆断层，断层是地层分界线	Ⅳ级硬质岩	较破碎	4 500	15	需爆破作业
7	青坑滩	崩岩滩左岸崩岩乱石堆积于江中。无卵石层堆积	∈2-3ls 娄山关群：主要为淡红、浅灰色细～中晶白云岩，薄至厚层状，局部层位含大量燧石结核，风化面铁质浸染较重	在两耳洞滩遇逆断层，断层是地层分界线	Ⅳ级硬质岩	较破碎	4 500	15	需爆破作业
8	鱼洞滩	石盘滩：河中大片石盘分水流成两槽。无覆盖层。石盘岩质为燧石结核白云岩，质硬	∈2-3ls 娄山关群：主要为淡红、浅灰色细～中晶白云岩，薄至厚层状，局部层位含大量燧石结核，风化面铁质浸染较重	在两耳洞滩遇逆断层，断层是地层分界线	Ⅳ级硬质岩	较破碎	4 500	15	需爆破作业
9	两耳洞滩	石盘滩两岸石盘不规则伸入河心阻碍水流，无覆盖层。石盘岩质为含燧石灰岩，质硬	P1q 栖霞组：灰、深灰及黑灰色厚层块状灰岩，含燧石结核及少量白云质斑块	无断层通过	Ⅳ级硬质岩	较破碎	4 500	15	需爆破作业
10	红岩滩	石盘滩两岸石盘不规则伸入河心阻碍水流，无覆盖层。石盘岩质为致密状灰岩	T1 y 夜郎组：以浅灰色中厚层致密状灰岩为主，局部夹紫色黏土页岩	无断层通过	Ⅳ级硬质岩	较破碎	4 500	15	需爆破作业

续上表

<table>
<tr><th rowspan="2">序号</th><th rowspan="2">滩　　名</th><th rowspan="2">类型及现状</th><th rowspan="2">基岩特性</th><th rowspan="2">断层性质</th><th colspan="3">基岩工程特性</th><th rowspan="2">疏浚土分级</th><th rowspan="2">备注</th></tr>
<tr><th>岩体基本质量等级</th><th>岩体完整性</th><th>承载力值（kPa）</th></tr>
<tr><td>11</td><td>三脚石滩</td><td>石盘滩两岸石盘不规则伸入河心阻碍水流，无覆盖层。石盘岩质为中厚层白云岩</td><td>T1 yn 永宁镇组：灰黄、灰色中厚层白云岩，角砾状白云岩及中薄层泥灰岩、泥页岩</td><td>无断层通过</td><td>Ⅳ级硬质岩</td><td>较破碎</td><td>4 500</td><td>15</td><td>需爆破作业</td></tr>
<tr><td>12</td><td>油篓滩</td><td>溪锥滩：两岸溪锥相对，伸入河心。溪锥由棱角状乱石堆积而成</td><td>P1q 栖霞组：灰、深灰及黑灰色厚层块状灰岩，含燧石结核及少量白云质斑块</td><td rowspan="4">河床在干沟滩与逆断层垂直相交。断层长约25km。地层在此重复出现</td><td rowspan="4">Ⅳ级硬质岩</td><td rowspan="4">较破碎</td><td rowspan="4">4 500</td><td rowspan="4">15</td><td rowspan="4">需爆破作业</td></tr>
<tr><td>13</td><td>腰滩</td><td>溪锥滩：两岸溪锥将河床收窄。溪锥由棱角状乱石堆积而成</td><td>T1 y 夜郎组：浅灰色中厚层致密状灰岩</td></tr>
<tr><td>14</td><td>干沟滩</td><td>溪锥滩：左岸溪锥侵占河床，河中有礁石。溪锥由棱角状乱石无规律堆积。河中礁石岩质为中厚层白云岩</td><td>T1 yn 永宁镇组：灰黄、灰色中厚层白云岩，角砾状白云岩及中薄层泥灰岩</td></tr>
<tr><td>15</td><td>猴洞滩</td><td>崩岩：覆盖层为大量崩岩堆积河中。崩岩岩质为厚层灰岩</td><td>T2f 法郎组：浅灰～深灰色厚层灰岩，质纯</td></tr>
<tr><td>16</td><td>大塘口滩</td><td>不规则淤浅滩：为峡谷出口，水流放慢，滩口有卵石脊。卵石分布有分选性</td><td>T1 yn 永宁镇组：灰黄、灰色中厚层白云岩，角砾状白云岩及中薄层泥灰岩。上游为 T2f 法郎组灰岩</td><td>无断层通过</td><td>Ⅳ级硬质岩</td><td>较破碎</td><td>4 500</td><td>15</td><td>需爆破作业</td></tr>
</table>

续上表

<table>
<tr><th rowspan="2">序号</th><th rowspan="2">滩　名</th><th rowspan="2">类型及现状</th><th rowspan="2">基岩特性</th><th rowspan="2">断层性质</th><th colspan="3">基岩工程特性</th><th rowspan="2">疏浚土分级</th><th rowspan="2">备注</th></tr>
<tr><th>岩体基本质量等级</th><th>岩体完整性</th><th>承载力值（kPa）</th></tr>
<tr><td>17</td><td>羊塘滩</td><td>过渡段：右岸石盘，局部拱起成纵向石梁。河床基岩为中厚层白云岩</td><td>T1 yn 永宁镇组：灰黄、灰色中厚层白云岩，角砾状白云岩，中薄层泥灰岩</td><td>无断层通过</td><td>Ⅳ级硬质岩</td><td>较破碎</td><td>4 500</td><td>15</td><td>需爆破作业</td></tr>
<tr><td>18</td><td>桃子台滩</td><td>卵石及石盘：两岸溪锥将河床收窄。溪锥由棱角状乱石堆积而成。河床基岩为中厚层白云岩</td><td rowspan="5">T1 yn 永宁镇组：灰黄、灰色中厚层白云岩，角砾状白云岩，中薄层泥灰岩</td><td rowspan="5">在鸡冠石滩附近与长约 3km 北北东向断层与河床斜交</td><td rowspan="5">Ⅳ级硬质岩</td><td rowspan="5">较破碎</td><td rowspan="5">4 500</td><td rowspan="5">15</td><td rowspan="5">需爆破作业</td></tr>
<tr><td>19</td><td>石坝子滩</td><td>石盘滩：右岸台石盘侵占河道 1/2 以上。河床基岩为中厚层白云岩</td></tr>
<tr><td>20</td><td>高坎子</td><td>石盘滩：左岸石盘将河床压缩 2/3，进口有纵向石梁暗礁。河床基岩为中厚层白云岩</td></tr>
<tr><td>21</td><td>鸡冠石滩</td><td>溪锥、石盘滩：峡谷进口，左右岸均有溪锥滩，均由有棱角，乱碎石堆积，分选性差。河床基岩为中厚层白云岩</td></tr>
<tr><td>22</td><td>马鞍桥滩</td><td>石盘滩：河中大量石盘出露。河床浅，阻碍通航</td></tr>
</table>

续上表

序号	滩名	类型及现状	基岩特性	断层性质	基岩工程特性			疏浚土分级	备注
					岩体基本质量等级	岩体完整性	承载力值（kPa）		
23	磊石滩	崩岩滩：崩岸堆积物严重侵占河槽达1/2以上。崩岩岩质为含燧石结核灰岩	P1q栖霞组：灰、深灰及黑灰色厚层块状灰岩，含燧石结核及少量白云质斑块	无断层通过	Ⅳ级硬质岩	较破碎	4 500	15	需爆破作业
24	茶山关	石盘滩：两岸石盘交错，河床变窄。石盘岩质为白云岩	∈2-3ls娄山关群：主要为淡红、浅灰色细～中晶白云岩，薄至厚层状，局部层位含大量燧石结核，风化面铁质浸染较重	无断层通过	Ⅳ级硬质岩	较破碎	4 500	15	需爆破作业
25	小花滩	石盘滩：石盘伸入河心，缩窄了航道。石盘岩质为白云岩	∈2-3ls娄山关群：主要为淡红、浅灰色细～中晶白云岩，薄至厚层状，局部层位含大量燧石结核，风化面铁质浸染较重	无断层通过	Ⅳ级硬质岩	较破碎	4 500	15	需爆破作业
26	下滩	崩岩滩：崩岩堆积河床两侧收窄河水。崩岩岩质为中厚层白云岩	∈2-3ls娄山关群：主要为淡红、浅灰色细～中晶白云岩，薄至厚层状，局部层位含大量燧石结核，风化面铁质浸染较重	无断层通过	Ⅳ级硬质岩	较破碎	4 500	15	需爆破作业
27	大沙坝滩	石盘滩：河中有礁石出露。礁石高出水面0.5m，长7m、宽2m，岩质为白云岩	∈2-3ls娄山关群：主要为淡红、浅灰色细～中晶白云岩，薄至厚层状，局部层位含大量燧石结核，风化面铁质浸染较重	河床在猫儿洞滩上游1.5km处与长20km北东向正断层相交。过断层进入栖霞组地层	Ⅳ级硬质岩	较破碎	4 500	15	需爆破作业

续上表

<table>
<tr><th rowspan="2">序号</th><th rowspan="2">滩　　名</th><th rowspan="2">类 型 及 现 状</th><th rowspan="2">基 岩 特 性</th><th rowspan="2">断 层 性 质</th><th colspan="3">基岩工程特性</th><th rowspan="2">疏浚土分级</th><th rowspan="2">备注</th></tr>
<tr><th>岩体基本质量等级</th><th>岩体完整性</th><th>承载力值（kPa）</th></tr>
<tr><td>28</td><td>落水洞滩</td><td>石盘滩：两岸石盘伸入河心。石盘岩质为白云岩</td><td rowspan="5">∈2-3ls 娄山关群：主要为淡红、浅灰色细～中晶白云岩，薄至厚层状，局部层位含大量燧石结核，风化面铁质浸染较重</td><td rowspan="5">河床在猫儿洞滩上游1.5km处与长20km北东向正断层相交。过断层进入栖霞组地层</td><td rowspan="5">Ⅳ级硬质岩</td><td rowspan="5">较破碎</td><td rowspan="5">4 500</td><td rowspan="5">15</td><td rowspan="5">需爆破作业</td></tr>
<tr><td>29</td><td>青龙洞</td><td>石盘滩：左岸石盘伸入河心。石盘石盘岩质为白云岩</td></tr>
<tr><td>30</td><td>钓鱼台滩</td><td>石盘滩：石盘形成暗礁。石盘岩质为白云岩</td></tr>
<tr><td>31</td><td>小巷口滩</td><td>石盘滩：左岸石盘伸入江中，左岸溪沟正交于河床，有乱石堆积</td></tr>
<tr><td>32</td><td>猫儿洞滩</td><td>溪锥、石盘滩：右岸溪锥侵入河道。溪锥为棱角状碎石3～10cm，石盘岩质为白云岩</td></tr>
<tr><td>33</td><td>花滩</td><td>崩岩、石盘滩：巨大崩岩密布河床，使滩上下江水水面高差达2m以上。石盘岩质为含燧石灰岩，质硬</td><td rowspan="2">P1q 栖霞组：灰、深灰及黑灰色厚层块状灰岩，含燧石结核及少量白云质斑块</td><td rowspan="2">三星场上游3km处河床与长约12km北东向断层斜交</td><td rowspan="2">Ⅳ级硬质岩</td><td rowspan="2">较破碎</td><td rowspan="2">4 500</td><td rowspan="2">15</td><td rowspan="2">需爆破作业</td></tr>
<tr><td>34</td><td>漩塘滩</td><td>崩岩滩：崩岩密布河床，最大断航处。崩岩岩质为含燧石灰岩，质硬。乌江中最大断航险滩</td></tr>
</table>

附表 2

沙沱枢纽回水变动区地层岩性、岩体工程特征一览表

序号	滩名	类型及现状	基岩特性	断层性质	基岩工程特性			疏浚土分级	备注
					岩体基本质量等级	岩体完整性	承载力值(kPa)		
1	鬼错路滩	石质险滩：河床直接为基岩，无覆盖层。江水湍急。基岩岩质为中厚层白云岩	T1 yn 永宁镇组：灰黄、灰色中厚层白云岩，角砾状白云岩，中薄层泥灰岩	江口滩，逆断层与转折河床两次相交，逆断层长约 8km。北东走向	Ⅳ级硬质岩	较破碎	4 500	15	需爆破作业
2	江口滩								
3	猪圈门滩								
4	红石头滩	沙卵石浅滩：沙卵石浅滩，广泛分布，面积大。最大沙卵石浅滩为镇江阁。拦腰阻断河床 2/3，仅有东侧水槽可通航。卵石粒径 5～10cm，磨圆度较好。堆积厚度约 1.5m。结构中密～较疏松，由不同粒径沙砌石分叠层堆积，分选性较好	T2bd 巴东组：黄、淡黄色、红褐色薄～中厚层砂岩为主。夹浅灰色白云岩及少量灰白色页岩	无断层通过	Ⅴ级软质岩	破碎	2 000	13	需小药量爆破作业
5	大梁滩								
6	龙船尾滩								
7	刘家寨滩								
8	荒闪沱								
9	镇江阁								
10	晒谷坪	石质险滩：基岩石滩。河床基岩为中厚层白云岩	T1 yn 永宁镇组：灰黄、灰色中厚层白云岩，角砾状白云岩及中薄层泥灰岩	白虎滩逆断层与河床约 45°斜交，逆断层长约 24.5km。北东走向	Ⅳ级硬质岩	较破碎	4 500	15	需爆破作业
11	大洞滩	石质险滩：位于峡谷内，局部石盘伸入河床。石盘岩质为中厚层灰岩	P1d 大冶组：灰、深灰色薄至中厚层灰岩，断面常风方解石微小颗粒及脉、微晶结构						
12	白虎沱滩	石质险滩：右岸边有大石块分布。石块岩质为含燧石灰岩，质硬	P1q 栖霞组：灰、深灰及黑灰色厚层块状灰岩，含燧石结核及少量白云质斑块						

续上表

序号	滩名	类型及现状	基岩特性	断层性质	基岩工程特性			疏浚土分级	备注
					岩体基本质量等级	岩体完整性	承载力值（kPa）		
13	扁担碛	沙卵石浅滩：卵石淤积为中洲。岩床基岩为细砂岩	灰绿、黄绿色页岩，砂质页岩夹细砂岩，紫红色泥岩、页岩。质软，风化面呈鱼鳞状，疏松。极易受水流侵蚀	思南县城处与正断层45°斜交，断层长约91km。北东走向	Ⅴ级软质岩	破碎	1 000	13	需小药量爆破作业
14	母猪盘	溪锥：卵石淤积，岩床基岩为细砂岩							
15	乌杨树	石质险滩：大片水下石盘成滩，岩床基岩为细砂岩							
16	三汊河	石质险滩：泥沙落淤，岩床基岩为细砂岩	灰绿、黄绿色页岩，砂质页岩夹细砂岩，紫红色泥岩、页岩。质软，风化面呈鱼鳞状，疏松。极易受水流侵蚀	思南县城处与正断层45°斜交，断层长约91km。北东走向	Ⅴ级软质岩	破碎	1 000	13	需小药量爆破作业

附表 3

彭水枢纽回水变动区地层岩性、岩体工程特征一览表

序号	滩名	类型及现状	基岩特性	断层性质	基岩工程特性			疏浚土分级	备注
					岩体基本质量等级	岩体完整性	承载力值（kPa）		
1	雷子滩	石质险滩：两岸石盘不规则伸入河心。无覆盖层。两岸石盘岩质为灰色厚层块状灰岩，岩质坚硬	O1h 红花园组：灰色厚层块状灰岩、结构致密，细晶～粗晶结构。块状构造。断面无裂隙，节理不发育。质硬	正断层在偏岩滩与河床 20°相交通过，于江东岸与江平行。断层北北东走向，出境	Ⅲ级，硬质岩	较完整	6 000	15	需爆破作业
2	偏岩滩	卵石枯水滩：两岸石盘不规则伸入河心。无覆盖层。两岸石盘岩质为灰色厚层块状灰岩，岩质坚硬							
3	严家背滩	石质枯水浅滩：两岸石盘不规则伸入河心。无覆盖层。两岸石盘岩质为灰色厚层块状灰岩，岩质坚硬							
4	黄泥桩滩	石质枯水浅滩：两岸石盘不规则伸入河心。无覆盖层，江东岸为 S1l 龙马溪组：灰色薄厚结核状泥质灰岩							
5	于溪沟滩	石质枯水险滩：两岸溪锥将河床收窄。溪锥由棱角状乱石堆积而成。江东岸为 S1l 龙马溪组：灰色薄厚结核状泥质灰岩							
6	猫滩	石质枯水中险滩：左岸溪锥侵占河床，河中有礁石。溪锥由棱角状乱石无规律堆积。礁石岩质为块状灰岩							
7	沙溪子滩	中水岩崩滩：覆盖层为大量崩岩堆积河中。崩岩岩质为块状灰岩			Ⅲ级，硬质岩	较完整	6 000	15	需爆破作业
8	磨子路滩	为峡谷出口，水流放慢，滩口有卵石脊。卵石分布有分选性							
9	五门滩	石质枯水弯浅滩：右岸石盘，局部拱起成纵向石梁。石盘岩质为灰岩及泥灰岩	O2＋3 宝塔组：灰绿、灰红、灰色具龟裂纹灰岩及质泥灰岩	无断层通过	Ⅳ级硬质岩	较破碎	3 000	15	需爆破作业

续上表

序号	滩名	类型及现状	基岩特性	断层性质	基岩工程特性			疏浚土分级	备注
					岩体基本质量等级	岩体完整性	承载力值（kPa）		
10	小五门滩	石质枯水弯浅滩：左侧卵石淤积为水下浅碛，右岸水下石盘伸入河床。河床岩质为核状泥质灰岩	S1l 龙马溪组：灰色薄厚结核状泥质灰岩夹页岩，层间夹深灰色钙质页岩	无断层通过	Ⅳ级硬质岩	较破碎	3 000	14	需爆破作业
11	肖家湾滩	石质枯水浅滩：水流较平稳。河床岩质为结核状泥质灰岩							
12	三门子滩	石质枯水湾滩：纵向石盘斜穿河槽。石盘岩质为结核状泥质灰岩							
13	羊跳石滩	石质枯水浅滩：右岸溪锥堆积物侵占河床。河床岩质为结核状泥质灰岩		无断层通过．	Ⅳ级硬质岩	较破碎	3000	14	需爆破作业
14	陈家梁滩	石质枯水险滩：河中礁石耸立。左岩石盘侵入河中较多。礁石及石盘岩质为灰岩及粉砂岩	S1s 石牛栏组：灰色灰岩及灰绿、黄绿色页岩，砂质页岩及粉砂岩	无断层通过	Ⅳ～Ⅴ级硬质岩～软质岩	较破碎	1 000～2 500	14	需爆破作业
15	桃花溪	卵石枯水浅滩：江心洲将水流分为两汊。河床岩质为细砂岩	S2h 韩家店组：灰绿、黄绿色页岩，砂质页岩夹细砂岩，紫红色泥岩、页岩		Ⅴ级软质岩	破碎	1 000	13	需小药量爆破作业
16	小河口滩	卵石枯水浅滩：左岸溪锥堆积。为大小不等棱角状碎石。河床岩质为结核状泥质灰岩	S1s 石牛栏组：灰色灰岩及灰绿、黄绿色页岩，砂质页岩及粉砂岩		Ⅳ～Ⅴ级硬质岩～软质岩	较破碎	1 000～2 500	14	需爆破作业
17	新木滩	卵石枯水浅滩：泥沙落淤。河床岩质为细砂岩	S2h 韩家店组：灰绿、黄绿色页岩，砂质页岩夹细砂岩，紫红色泥岩、页岩。质软		Ⅴ级软质岩	破碎	1 000	13	需小药量爆破作业
18	老土坎滩	卵石枯水浅滩：滩中存局部浅点。河床岩质为结核状泥质灰岩	S1s 石牛栏组：灰色灰岩及灰绿、黄绿色页岩，砂质页岩及粉砂岩		Ⅳ～Ⅴ级硬质岩～软质岩	较破碎	1 000～2 500	14	需爆破作业

构皮滩枢纽回水变动区滩险的成因及碍航情况分析 附表4

编号	滩名	滩险概况	滩险成因	碍航情况
1	洗柴滩	左岸溪锥侵占河槽2/3,右岸石盘伸入河槽形成礁石,与溪锥交错,水流弯曲;上游为卵石浅滩,紧接乌江渡港区港池	因溪锥和石盘交错侵占河床,水流弯曲	枯水弯曲半径不足
2	小幺滩	河中有暗礁,左岸有小石嘴伸出	石嘴和零星暗礁占据航槽	枯水航宽不足
3	于龙洞滩	两岸崩岩成对口,中水成滩碍航	两岸崩岩对峙,中水时阻碍水流运动,形成陡比降、急流速	枯水槽窄,中水流急碍航
4	纸牌滩	两岸崩岩阻塞河槽,以右岸为甚。上口右岸有大暗礁严重壅阻水流,流急浪大	两岸崩岩阻碍水流,尤以右岸进口石盘缩窄河床过甚,枯水流急浪大	枯水比降陡、流速大
5	小滩	左岸少量崩岩束狭成滩,右岸伸出石盘多处,航宽不足,河中并有暗礁	崩岩和石盘伸入河心缩窄河床,上口河中礁石耸立,将河床分为两汊水,航宽更显不足	枯水航宽不足
6	鱼塘河口	左岸崩岩堆积江中,多处石盘伸入河心,航宽不足	支流汇合下游石盘伸入河心压缩河床,壅堵水流	枯水以弯浅碍航
7	青坑滩	峡谷河段,左岸有大块崩岩形成暗礁,航宽不足	左岸崩岩堆积江中缩窄河床,形成窄深水域	枯水航宽不足
8	鱼洞滩	河中大片石盘分水流成两槽,右槽较直,但进口右岸有石盘伸出,入口甚弯。左槽上段平顺,但下方左岸石盘伸出,出口甚弯。下游深塘有零星礁石	河中石盘分水流水流为多汊,水流散乱,串沟纵横,深泓曲折	枯水航宽较窄,航槽弯曲
9	两耳洞滩	基岩突出河底形成多处石盘暗礁,航宽不足	两岸石盘不规则伸入河心侵占河床	枯水航宽水深不足
10	红岩滩	上段纵向石盘成顺直航槽,下段右岸有石盘暗礁。滩下游80m河中有大暗礁	两岸石盘不规则伸入河心侵占河床	枯水航宽水深不足
11	三脚石滩	上下两滩过渡段,河中多处石盘交错,航宽及水深不足	两岸石盘伸入河心侵占河床,航线弯曲	枯水航宽水深不足
12	油篓滩	两侧溪锥相对,河宽由90m压缩至25m,流速较大但顺直,河槽中有暗礁	溪锥伸入河心,尤以右岸为甚,缩窄河床,造成局部陡比降、大流速	枯水流急且航宽不足
13	腰滩	左右溪锥束狭河床,流急,河中有暗礁	两侧溪锥将河床束窄过甚,过水断面较小,随着流量增加,中水流急	枯水航槽较窄,中水流速较急
14	干沟滩	左侧溪锥侵占河床,水流稍急,河中有礁石	溪锥侵占河床过水面积,造成中、枯水流速大	主要以中、枯水流急碍航
15	猴洞滩	大量崩岩耸立河中,星罗棋布,主流靠右岸,水流紊乱,无明显航槽	崩岩于河中零星堆积,水流散乱,航槽不明	中、枯水槽窄,暗礁碍航

续上表

编号	滩名	滩险概况	滩险成因	碍航情况
16	大塘口滩	峡谷出口，河床放宽，因右岸小溪干扰，形成江心洲，主流在右，水流顶冲下深槽河岸后急转，航槽十分弯曲，滩口有卵石脊横亘，水深极浅，加以下深槽右岸石盘暗礁，故极险	峡谷出口处河床突然展宽，且受右岸支流顶托，沙卵石在滩上淤积成沙洲。加上下游石盘挤压河床，航槽尺度不足	枯水以水浅、弯曲半径不足碍航
17	羊塘滩	过渡段浅滩，右岸石盘，局部隆起成纵向石梁，有导流作用，但水深不足	河面宽，纵向石梁将水流分为两汊，水流不能有效集中于主汊	水深、槽宽不足
18	桃子台滩	两侧溪锥相对，河宽由90m压缩至25m，流速较大但顺直，河槽中有暗礁	河面较宽，水流分散	水深、槽宽不足
19	石坝子滩	右岸大片石盘侵占河槽1/2以上，外缘潜入水下形成暗礁，航宽不足，流急浪大	右岸石盘不规则伸入航槽，航槽较窄，水流曲折	航道尺度不足
20	高坎子	左岸石盘将河床缩窄2/3，进口段有数道纵向石梁暗礁，水流湍急，航宽不足	石盘挤压河床形成狭窄的水流通道，过水断面小，水流流速较急	航道尺度不足
21	鸡冠石滩	峡谷进口，航槽右弯，左岸溪锥侵占航槽，右岸石梁挑流向左，航道尺度不足，中水左岸鸡冠石激起巨浪	右岸溪锥挑流直冲左岸，但左岸溪锥又占据航槽，又逼使水流向右急转，船行易触岸	枯水航道尺度不足；中水有浪
22	马鞍桥滩	上段河中大量石盘出露，局部隆起高出水面3～4m，下段水流成“S”形弯曲，滩尾左岸石盘阻拦，中水成大浪	大量石盘出露水面，沟槽密布，水流散乱，无明显航槽，滩尾水流顶冲石盘起浪	枯水航道尺度不足；中水流急浪大
23	磊石滩	左岸崩岩堆积侵占河槽达1/2以上，河中密布大量礁石，尤以滩尾为甚，枯水无航槽，水流成坎	崩岩堆积物严重侵占河道形成窄深通道，壅堵水流下游突然拓宽形成跌坎	河面较窄，比降陡，局部有跌坎，无明显航槽
24	茶山关	河床顺直但两岸石盘交错侵占河床，航道尺度不足	两岸石盘交错挤压航槽，航宽不足	航宽不足
25	小花滩	左岸有大片纵向石盘，有导流作用，但进口滩腰、滩尾局部航宽不足	石盘伸入河心，缩窄了航道	航宽不足
26	下滩	两岸崩岩束狭河槽，滩口上游大明礁耸立河心，滩头右岸岩堆与滩腰左岸崩岩交错	两岸崩岩堆积于河道两侧，将水流束窄，该河段水面较窄	枯水航宽不足；中水流急

续上表

编号	滩名	滩险概况	滩险成因	碍航情况
27	大沙坝滩	规划中楠木渡港池水域在滩头一带，河中石盘交错占据航槽，上口有大片石盘突起成明礁，滩上段航槽靠右而狭窄，水流曲折，下段靠左，河宽水缓	石盘伸入河中成交错边滩状，主航道狭窄	航宽不足
28	落水洞滩	两岸石盘伸出，航槽弯曲，水缓河宽	石盘伸入河心作用于水流，水路曲折	航槽窄、弯曲半径不足
29	青龙洞	上段条形石盘分水流为两槽，主流偏向右槽，进口狭窄弯曲，下游石盘分水流为若干小股，无航槽，左槽上段平缓，但下游出口被石盘拦断	左岸石盘伸入河心，将水流分散，滩上平面形态零乱，无主航槽	航道尺度不足
30	钓鱼台滩	河中石盘形成暗礁，分布紊乱，航宽不足，航线曲折	该滩平面形态较好，但水下暗礁零乱	航槽中暗礁碍航
31	小巷口	上口石盘将航槽逼向右侧，左岸溪沟冲出乱石覆盖于中下部石盘上，水深不足	左岸石盘伸入河中缩窄航槽，左岸溪沟以几乎正交汇入干流，冲积物在河中堆积	上口石盘处水深不足，下段溪沟冲积物凌乱堆积于和河床
32	猫儿洞	右岸溪锥侵占河床，水流被挑向左岸岩臂，上下深塘水缓河宽	右岸溪锥侵入河道形成突嘴挑流，水流流向稍弯	弯曲半径略欠
33	花滩	两岸崩岩堆积河槽，大者近万方，右岸崩岩与岸臂相连，河中礁石密布，高矮参差不齐，水流多处形成跌坎，不能通航	崩岩密布河床，水流散乱穿行于林立的礁石间，无明显航槽，因河底形态乱，水流易形成跌坎	中、枯水无航槽，洪水流态紊乱，极险
34	漩塘	此滩为左岸大滑坡造成。滑坡范围由沙弯渡口至下游大沙坝，长约2.5km，最宽0.8km。岩层为二叠纪阳兴灰岩，走向约与河槽平行，向右岸倾斜约20°。右岸为200m以上峭壁。河中乱石满布，不具正常河形	崩岩密布河床，水流穿泄于岩缝之中，毫无规律可言。到处为急流和跌坎	乌江中最大的断航滩险，各级水位均无法通航

沙沱枢纽回水变动区滩险的成因及碍航情况分析　　附表 5

编号	滩名	滩险概况	滩险成因	碍航情况
1	鬼错路	河面较宽，属深塘过渡段，两岸石盘交错伸入河心阻塞航槽，使航槽左弯右拐；极为复杂。漫盘水时，航行极易误入歧途	石盘占据航槽，平面形态比较复杂，航槽曲折。中、枯水均产生滑梁水	航道尺度不足，流态紊乱
2	江口滩	该滩处于弯曲河道上，河中石盘耸立将河道分为两汊。左汊处在凸岸，由于中洪水位河中石盘顶托，泥沙每年淤积于进口，经常维护。右汊位于凹岸上；由于进出口石盘出浅。“九五”期整治将主航道从左汊改为此汊，航槽比较稳定；航宽、曲率半径不够，仍然严重碍航	石盘将该河段分为两汊，右汊为通航主汊，石阡河于右汊汇入干流。因石盘边缘不规则伸入河心，造成航宽不足。滩尾右岸石盘占据河床一半以上，下水行船难于避让	滩身航宽不足，滩尾弯曲半径不够
3	猪圈门	进口处河中左右石盘交错伸入河心阻塞航槽，航槽弯曲；滩中左面大片石盘，突起部分成若干纵向石梁，靠右岸有较宽航槽口，但河中有石盘航宽不足。滩尾河面放宽，又复收缩，其间有沙脊水甚浅。“九五”期整治后仍然水浅、槽窄、曲率半径小	两岸石盘伸入河心占据部分航槽	主要以航宽不足碍航
4	红石头	河中沙洲将河道中枯水时分为两汊，右汊为死亡汊道。由于当地农民在此汊道修建碾房筑堤，枯水时基本无水。左汊为通航汊道。经过“九五”整治后，即在左岸修建导流顺坝封弯，但效果不明显，仍然存在航宽、曲率半径不够而严重碍航	江心洲将水流分为两汊，左汊为通航主汊，枯水水流基本在左汊，但中水右汊分流，造成左汊冲刷不力，淤积成滩	航道尺度不足
5	大梁滩	紧接红石头下深槽过渡段，在“九五”期，在右岸筑一丁坝群后，左岸未作整治建筑物固定沙洲，现沙洲冲刷于设计航槽内，出浅而碍航	宽浅过渡段，原丁坝群在右岸，因左岸无建筑物约束水流，仍然河宽水浅	以槽窄水浅碍航
6	龙船尾	紧接大梁滩过渡段，在“九五”期整治后，因左岸未作建筑物，大量沙卵石落淤于此出浅	河面宽阔，水流分散，原规划整治线过宽，泥沙在此淤积	航道宽度及弯曲半径均不足

续上表

编号	滩名	滩险概况	滩险成因	碍航情况
7	刘家寨	滩头紧接龙船尾过渡段，龙船尾在“九五”期整治后，大量沙卵石落淤于此出浅，左岸又有零星礁石而碍航	宽浅过渡段，因河面过宽而使水流分散，流速减缓，泥沙落淤	主要以航道宽度不足碍航
8	荒闪沱	枯水时，河面较宽，水流分散出浅使航宽不够	两反向河湾的过渡段，因弯道环流减弱，而其过水断面又较大，泥沙易在此淤积成滩	航道尺度不足
9	镇江阁	处在峡谷进口，中枯水时受峡谷水位顶托，沙卵石落淤于此，形成沙洲而阻塞航槽，使航道弯曲；滩尾两岸岸坡大块石不规则，造成中枯水流流态紊乱	峡谷进口滩，滩上河床宽阔，约150m，而峡口宽度不足60m，中、洪水对水流顶托壅水，泥沙在滩上落淤	航道尺度不足
10	晒谷坪滩	河中石盘阻塞航槽	位于峡谷内，局部石盘稍许伸入航槽	局部航宽稍欠，碍航极微
11	大洞滩	河中石盘阻塞航槽	位于峡谷内，局部石盘稍许伸入航槽	基本不碍航
12	白虎沱	峡谷出口，右岸岸边大石零乱，中洪水位时泡大，流态紊乱	中水时水流顶冲右岸大石，形成紊乱流态	中水浪大，流态乱
13	扁担碛滩	出峡后河面宽阔，卵石淤积为中洲；将河道分为两汊，右汊进口上方有石盘，枯水时，流量小，出口有浅滩。左汊为通航航道，进口有过渡段浅滩，水深不足，经“九五”期整治后，滩中航宽；曲率半径不够而碍航	峡谷出口滩，出峡后因河面突然变宽而水流分散，泥沙淤积成江心洲后将河床分为两汊，通航主汊是左汊，比较弯曲。因流量的分散而导致水深不足	汊流浅滩，弯曲半径不足，又因水流分为两汊而水浅槽窄
14	母猪盘滩	位于扁担碛滩两汊汇口下方，卵石淤浅	位于两汊道下方，两汊与滩上主流方向不一导致泥沙落淤	航道尺度不足
15	乌扬树滩	大片水下石盘成滩，靠左岸为槽口，航宽不够；且主流流向指向石盘产生滑梁水，下水船舶航行危险	江中石盘隆起成纵向石梁，将水流分为散，主流靠较窄的左岸	航宽不足，石盘附近存在滑梁水
16	三汊河	河面宽阔，河中有三汊；故名“三汊河滩”；主槽居中，进口段出浅	因河面宽阔，水流输沙能力不高，泥沙落淤	槽窄水浅

彭水枢纽回水变动区滩险的成因及碍航情况分析　　附表 6

编号	滩名	滩险概况	滩险成因	碍航情况
1	雷子滩	石质急险滩，航槽左侧有滑梁水，以槽窄、航线弯曲碍航	两岸石盘伸入江中，突嘴交错，造成航槽狭窄、弯曲	弯曲半径不足。中水期有滑梁水
2	偏岩角	卵石枯水险滩，滩口有横比降	水流顶冲江心洲，因右汊不畅和左汊深沱的吸流，产生横比降	江心洲洲头上游产生横流，不利舟楫
3	严家背	石质浅滩，枯水期航槽狭窄，水流流态恶劣	石盘侵入河心，造成航槽狭窄	航宽不足
4	黄泥桩	石质浅滩，滩口有两处并列的暗礁，滩尾两侧石盘束狭航槽，航宽不足	礁石突入江中，占据部分航槽	水深、槽宽不足
5	于溪沟	溪锥滩，中枯水两侧溪锥、石盘交错造成水流曲折，尤以滩尾右岸石盘突嘴挑流明显，较险	因溪锥、石盘交错，航槽狭窄、弯曲	航道尺度不足
6	猫滩	中水石质急险滩，枯水除航槽宽度略欠外航行条件尚可，但中水流急浪大	左岸大片石盘将河道压缩成狭长状，中水水流不畅，产生大浪	中水期流速大，流态紊乱
7	沙溪子	岩崩滩，左岸为大片石盘，右岸为早期山体崩岩堆积体，中水水流急	左岸石盘与右岸崩岩对峙压缩河床，中水时其断面积与流量增长不相适应，产生急流	中水流速较大，水流流态紊乱
8	磨子路	石质弯滩，河床两侧石盘交错，航道迂回曲折，枯水航宽、弯曲半径不足	石盘不规则伸入河心影响水流运动	航道尺度不足
9	五门滩	石质弯浅滩，航槽居河道中槽，左右两岸均有大片石盘、礁石伸入航槽，枯水期水流曲折	因河面宽阔水流分散，流量无法集中于航槽，且槽中有暗礁	航道尺度不足
10	小五门	石质窄浅滩，左侧有卵石堆积浅碛，右岸水下石盘伸入航道，枯水航槽宽度不足	河宽水散且右岸石盘伸入河槽	航槽水浅、狭窄
11	肖家湾	沙卵石浅滩，水流较平顺，碍航不明显，枯水航槽宽度稍窄	过渡段浅滩，因三级水流流向不一致而产生淤积碍航	航槽宽度不足
12	三门子	石质弯滩，纵向石盘斜穿河槽，航道从石盘中间穿过，中枯水狭窄弯曲	石盘将水流分为三槽，枯水水流散乱，中水产生滑梁水	枯水航道尺度不足，中水流态紊乱
13	羊跳石	石质浅滩，进口右岸溪锥体与左岸石盘对峙，挤压河床，滩中部右岸有暗礁，滩尾左岸石嘴伸入河心。枯水期航道水深小	对峙的溪锥与石盘缩窄了河床断面积	枯水期航道水深与槽宽不足

续上表

编号	滩名	滩险概况	滩险成因	碍航情况
14	陈家梁	石质险滩，两岸均为石盘，尤以左岸石盘伸入河心较多，航槽分为两槽，右槽为现通航主槽。枯水航道窄、弯曲半径小；中水有滑梁水	河中礁石耸立，分水流为两槽，右槽宽约30m，水流曲折，中枯水期水流宣泄不畅	枯水航道尺度不足；中水有滑梁水
15	桃花溪	卵石浅滩，江心洲将水流分为两汊，右汊为现通航主汊，主流沿右汊扫弯而下，枯水期水深浅	受河面突然展宽及下游支流顶托影响，泥沙落淤形成枯水碍航浅滩	水深浅、航槽窄
16	小河口	卵石浅滩，上段左岸溪锥形成突嘴，右岸有小乌江汇入，枯水航道出浅，滩尾航道弯曲	受两岸突嘴挑流，主流摆动不定，且支流入汇角过大，泥沙淤积成滩	航道尺度不足
17	新木滩	卵石浅滩，洪、中、枯水流流向不一致，枯水航道弯曲，水深、弯曲半径不足	三级水流流向不一使得泥沙落淤出浅	航道尺度不足
18	老土坎	卵石浅滩，滩中部存在局部浅点，枯水水深不足	原整治建筑物水毁对水流约束能力降低	水深浅、航槽窄